DAS KULTURELLE GEDÄCHTNIS · VERLAG
ASTV NON VI

Eine

unerhörte Auswahl vergessener Wortschönheiten

aus

Johann Jakob Sprengs gigantischem, im Archive gefundenen,

seit

250 Jahren unveröffentlichten deutschen Wörterbuch.

Ans Licht gebracht von
Nicolas Fink

und mit einem Vorwort
versehen von
Gabriel Schaffter

Grafisch in Szene gesetzt von
2×Goldstein+Kaiss+Schöfer

Vorwort von Gabriel Schaffter

Die Anzahl Augenpaare, welche das *Allgemeine deutsche Glossarium*, das historisch-etymologische Wörterbuch der deutschen Sprache von Johann Jakob Spreng (1699–1768), in seiner Ganzheit gesehen, gelesen und ihre Besitzer darüber rätseln ließen, lassen sich an einer Hand abzählen. Die Erklärung dafür ist rasch gefunden: Das Wörterbuch, das zur Zeit seiner Entstehung mit einer Gesamtzahl von beinahe 100'000 Artikeln das umfangreichste gewesen wäre und in seinem lexikografischen Vorhaben das Potenzial hatte, das bedeutendste seiner Art zu werden, erlebte seine eigene Drucklegung nicht und geriet im unübersichtlichen, verzettelten Zustand der handschriftlichen Druckvorlage in eine 250 Jahre währende Vergessenheit.

Die eigentliche Wiederentdeckung dieses in der Universitätsbibliothek Basel schlummernden Sprachschatzes gelang dem Germanisten Prof. Dr. Heinrich Löffler, der als Erster das gesamte Manuskriptkonvolut sichtete und dessen Wert erkannte. In der Folge stieß er die bibliothekarische Erschließung und Digitalisierung des Manuskripts an und machte sich die überfällige Publikation des Wörterbuchs zu seiner Herzensaufgabe. In einer jahrelangen Schreibarbeit, die einem klösterlichen *Scriptorium* nahekommt, führt er das lexikografische Jahrhundertwerk zusammen mit einer Handvoll Helfenden Wort für Wort einer um 250 Jahre verspäteten Veröffentlichung zu: Die Gesamtausgabe des *Allgemeinen deutschen Glossariums* soll ab Herbst 2021 im Schwabe Verlag erscheinen.

Ein weiteres dieser privilegierten Augenpaare gehört Nicolas Fink. Durch eine Zeitungsnotiz auf Löfflers Entdeckung aufmerksam geworden, hat er sich an das ambitionierte Vorhaben gemacht, die Papierberge des Manuskriptkonvoluts von Sprengs *Glossarium* zu erklimmen und dieses – zum einen Teil in Form von 20 Manuskriptbänden, zum anderen in tausenden mit Artikelzetteln gefüllten Umschlägen – von A bis Z unermüdlich zu sichten, eine Auswahl der interessantesten Artikel vorzunehmen und aus Sprengs handschriftlicher Kurrent zu transkribieren, um als Resultat die vorliegende Sammlung, in einem *Florilegium*, zu präsentieren.

Aufgrund des letztlich unglücklichen Scheiterns von Sprengs Wörterbuchprojekt bedarf es einer Einführung in die Persona des Verfassers des *Glossariums*, der bei einem erfolgreichen Druck zu einem der wichtigsten Exponenten der deutschsprachigen Lexikografie des 18. Jahrhunderts geworden wäre, schließlich aber ein Außenseiter seines Faches blieb. Johann Jakob Spreng (1699–1768) war ein Basler Gelehrter, der sich, wie es sich in dieser Zeit gehörte, mit vielen Federn schmückte. Als studierter Theologe war er in jungen Jahren als Hauslehrer und

Pfarrer an verschiedenen Stationen im deutschsprachigen Gebiet unterwegs, ehe er nach Basel zurückkehrte und als Broterwerb das nicht sehr rühmliche Amt des Waisenhauspfarrers ausübte. An der Basler Universität lehrte Spreng im Rahmen der ehrenamtlichen Professur für deutsche Poesie und Beredsamkeit und hielt Vorlesungen zur Schweizer Geschichte in deutscher Sprache, damals ein Novum an der lateinisch geprägten Universität, ehe er gegen Ende seines Lebens die Professur für Griechisch erhielt. Daneben trat er als Dichter, Psalmenübersetzer, Historiker und Festredenschreiber in Erscheinung, wovon einige Buchveröffentlichungen zeugen, und war eine schillernde, wenn auch nicht unumstrittene Person der Basler Gesellschaft.

Rückblickend muss man jedoch, besonders unter Berücksichtigung des Wörterbuchfundes, Sprengs sprachkritische und germanistische Tätigkeiten als sein zentrales Wirken bezeichnen. Er gründete die Basler *Deutsche Gesellschaft* nach Vorbild des Leipzigers Johann Christoph Gottsched, verfasste ein Dialektwörterbuch des Basler Idioms und plante, letztlich erfolglos, die Herausgabe von Texteditionen mittelalterlicher Literatur – so war er etwa als Anreger und Vermittler entscheidend an der frühen Teiledition des *Codex Manesse* von 1757 durch die Zürcher Bodmer und Breitinger beteiligt. Diese sprachkritischen, aber auch seine dichterischen Bemühungen brachten Spreng den Ruf ein, der reinen, neuhochdeutschen Schriftsprache in Basel zum Durchbruch verholfen zu haben. Dabei spielte auch sein aus heutiger Sicht pedantisch wirkender Sprachpurismus eine Rolle: Lateinische und französische (Lehn-)Wörter waren ihm ein Graus, lieber verwendete er seltsame Verdeutschungen, oft eigens erfundene Neologismen. In der Übersetzung einer lateinischen Festrede an der Basler Universität verdeutschte er die Wörter „Akademie“ zu „Erzschule“, „Mathematiker“ zu „Wisskünstler“, „Professor“ zu „Hochlehrer“ und „Studenten“ zu „Zuchtsöhne“.

Spreng wirkte in einer Zeit und in einem Umfeld, in dem die Etablierung einer deutschen Standardsprache, die als Literatur-, aber auch als Wissenschaftssprache bestehen musste, einem Wettbewerb einzelner Gelehrter glich, deren Hauptinstrumente die Wörterbücher waren. Auch Sprengs *Glossarium*, sein unglückliches *opus magnum*, das ihn über 25 Jahre bis an sein Lebensende beschäftigte, stand im Zeichen der Sprachkritik und Stärkung der deutschen Standardsprache. Dabei folgte er der Weisung Gottfried Wilhelm Leibniz', der dem Deutschen gegen Ende des 17. Jahrhunderts eine Sprachkrise diagnostizierte, da es zwar reich an Ausdrücken des täglichen Lebens sei, jedoch nicht den Bedürfnissen der Wissenschaft, des abstrakten Denkens und der Politik gerecht würde. Als Lösung des Problems schlug Leibniz einen dreiteiligen Wörterbuchplan vor, der quellenbasiert den gegenwärtigen aber auch historischen deutschen Wortschatz dokumentieren sollte. Einer dieser drei Teile sollte ein historisch-etymologisches *Glossarium* sein, das neben dem historischen auch den mundartlichen Wortschatz sowie germanisches Wortgut beinhalten würde, das Eingang in verwandte Sprachen wie Niederländisch, Englisch, Dänisch und zahlreiche weitere gefunden hatte.

Spreng folgte Leibniz' Wörterbuchplan beinahe blind und übernahm dessen Forderungen allesamt in die Programmatik seines *Glossariums*. Dieser folgend durchforstete er hunderte handschriftliche und gedruckte Quellen verschiedenster Textgattungen nach Wortmaterial. Diese reichten von Rechtstexten, literarischen Werken, über Chroniken, Lexika, Wörterbücher bis hin zu geistlichen Texten und es überkommt einen bei der Betrachtung der Quellenliste der Eindruck, kaum ein Buch sei Spreng nicht recht gewesen, um nicht irgendwie für das *Glossarium* ausgewertet werden zu können, solange es deutschsprachig, respektive einer germanischen Sprache angehörig war. Dabei ignorierte Spreng den Umstand, dass bereits ähnliche Werke diesem lexikografischen Bedürfnis nachkamen. Er hatte nämlich einen absoluten Anspruch an sein *Glossarium*: Es sollte im Vergleich zu seinen Vorgängern eine viel höhere Artikelanzahl vorweisen, aus deutlich mehr Teilbänden bestehen sowie mehr und bisher unangetastete Quellen exzerpieren. Außerdem, und diese Neuerung muss man ihm zugestehen, verwendete Spreng als erster in der Tradition der deutschsprachigen Lexikografie Deutsch statt Latein als Definitions- und Beischreibungssprache.

Und trotz der Orientierung an Leibniz kann dem Basler Wörterbuchmacher und seinem Produkt ein gewisser Eigensinn nicht abgesprochen werden. Dafür stehen etwa zahlreiche Artikel, die aus dem programmatischen Rahmen fallen, etwa solche mit enzyklopädischem Charakter, die vielmehr dem persönlichen Interesse Sprengs geschuldet waren; außerdem wird in vielen Artikeln in einem teilweise zynischen Ton Kritik geübt an den kompilierten Vorgänger-Lexikografen. Vor allem aber fallen Sprengs narrativer Stil und die teils ausufernden Ausführungen auf, die sich in ihrer rohen Unbefangenheit vergnüglich von der späteren, standardisierten Wörterbuchprosa abheben. Die Gründe dafür dürften unter anderem im unabgeschlossenen Charakter des Wörterbuchs liegen. Obwohl Artikel und Manuskriptbände zu sämtlichen Buchstaben des Alphabets vorliegen, war das *Glossarium* bis zum Zeitpunkt von Sprengs Tod *work in progress*. Wenn auch, nach Sprengs eigenen Angaben, einige Buchstabenbände druckfertig gewesen seien, blieb eine inhaltliche und sprachliche Systematisierung im Sinne einer Schlussredaktion aus.

Daher scheint es angemessener, das Manuskript des *Glossariums* als eine ungeheure, durchaus eigensinnige und im wahrsten Wortsinne verzettelte Wörtersammlung zu bezeichnen, die, wie man zu sagen versucht ist, den Charakter seines Verfassers spiegelt und welche die deutsche Lexikographiegeschichte vor Grimm im Falle eines erfolgreichen Drucks um ein unverwechselbares Werk ergänzt hätte. Über die Gründe der gescheiterten Veröffentlichung des *Glossariums lässt sich* heute nur spekulieren. Letztlich gelang es Spreng als selbstverlegendem Verfasser nicht, genügend Subskribenten zu gewinnen, die über das Modell der Pränumeration eine Finanzierung des Drucks der einzelnen Teilbände sichergestellt hätten. Spreng selbst nannte als Grund des Scheiterns den Siebenjährigen Krieg (1756–1763), der im gesamten deutschsprachigen Gebiet eine wirtschaftlich instabile Situation zur Folge hatte. Später schienen es persönliche Schicksalsschläge und der schlechte gesundheitliche Zustand Sprengs zu sein, die eine Fertigstellung und Finanzierung des ambitionierten Wörterbuchprojekts verunmöglichten.

Doch, um nach verschiedenen zeitgenössischen Beurteilungen zu schließen, scheint es auch hieran gelegen haben: Die Welt war nicht bereit dafür. Einige Zeit vor Adelungs stilbildendem Wörterbuch und beinahe hundert Jahre vor dem ersten Band des Grimmschen Wörterbuchs wurde Spreng vorgeworfen, sein *Glossarium* sei zu umfangreich, zu divers und versuche, zu vielen Bedürfnissen gerecht zu werden. Die Herausgeber des vorliegenden *Florilegiums* glauben daran, dass die Welt heute, über 250 Jahre später, bereit ist, und legen mit dieser Auswahl vergessener Wortschönheiten – kurz vor dem Erscheinen der *Glossarium*-Gesamtausgabe – einen wichtigen Pflasterstein auf dem Weg der Wiederentdeckung von Johann Jakob Sprengs Sprachschatz.

Basel im Oktober 2020

Legende der verwendeten Abkürzungen

[Kniff, Täuschung]	Zwischen eckigen Klammern stehen Erläuterungen des Herausgebers.
a.	annus (Jahr)
Alem.	Alemannisch
alt.	alt
Altd.	Altdeutsch
Altengl.	Altenglisch
Altfr.	Altfränkisch
Altniderd.	Altniederdeutsch
And./A.	andere
Angels. /AS.	Angelsächsisch
Anh.	Anhang
Anmerk./Anm.	Anmerkung
Armor.	Armorisch (Keltisch der Bretagne)
B.	Buch
basel. Landw.	Basler Landwort (eig. baselisches Landwort)
Basl.	Baslerisch
Baslerw./Baselw.	Baslerwort/ Baselwort
Bergw.	Bergwort
Beschr.	Beschreibung
Blatts./Blts./Bl.	Blattseite
Böhm.	Böhmisch
Brit.	Britannisch
c.	capitulum (Abschnitt, Kapitel)
christl.	christlich
[d.h.]	[das heißt]
Dän.	Dänisch
dergl./dgl./drgl.	dergleichen
deut.	Deutsch
Deutschlat.	Deutschlatein
Eb. das.	ebendaselbst
Eb. Ders.	ebenderselbe
[eig.]	[eigentlich]
Engl.	Englisch
etc.	et cetera (und die übrigen Dinge, und so weiter)
[ev.]	[eventuell, möglicherweise]
figürl. Verst.	figürlicher Verstand (übertragene Bedeutung)
fol.	folio (auf dem Blatt (Zählung der Foliierung))
Franz.	Französisch
fürstl.	fürstlich
geistl.	geistlich
geschrieb.	geschrieben (handschriftlich)
Glarnerw.	Glarnerwort
Gloss.	Glossarium/ Glosse
Got.	Gotisch
Gr./griech.	Griechisch/ griechisch
Grönländ.	Grönländer
Hamburg.	Hamburgisch
Haslerw.	Haslerwort
heil.	heilig
Herzogt.	Herzogtum
Hochd.	Hochdeutsch
hochfürstl.	hochfürstlich
Holl.	Holländisch
Hrn	Herrn

Isländ./Isl.	Isländisch
It.	item (ebenso, gleichermaßen, auch)
Ital.	Italienisch
J.	Jahr
Jahrhund.	Jahrhundert
K.	König
Kambr.	Kambrisch (Keltisch von Nordwales)
Kap.	Kapitel
Keis./Keys.	Kaiser
Kelt./kelt.	Keltisch/ keltisch
Kimbr.	Kimbrisch
Küferw.	Küferwort
kurfürstl.	kurfürstlich
L. /lib.	liber (Buch)
Longob./longob.	Longobardisch/ longobardisch
m.	mehr
Manns.	Mannsname
Minderw.	Minderwort (Diminutiv, Verkleinerungs-form)
N.	nullum nomen (kein Name, der Name wurde anonymisiert)
näml.	nämlich
Neulat.	Neulatein
Niderd.	Niederdeutsch
Niders./NS.	Niedersächsisch
nördl.	nördlich
np.	nempe (offen-bar, nämlich)
Oesterr.	Österreichisch
pag.	pagina (Seite)
Pöbelw.	Pöbelwort
Rthlr.	Reichstaler
Russ.	Russisch
s.	siehe
s.	sein
s.	sive (oder)
S.	Seite
S.	sanctus (ge-heiligt, geweiht)
[sc.]	[scilicet (gemeint ist)]
Schwed.	Schwedisch
Schweiz.	Schweizerisch
Schweizerw.	Schweizerwort
sect.	sectio (Buchteil, Abschnitt)
Seew.	Seewort
Skand.	Skandisch
Skyt.	Skythisch
Span.	Spanisch
Spottw.	Spottwort
Sprüchw.	Sprichwort
sprüchwörtl.	sprichwörtlich
Stammw.	Stammwort (Etymon, Grundform)
T.	Teil
Tit.	titulus (Buchtitel, Überschrift)
u.	und
u.s.f.	und so fort
u.s.w.	und so weiter
Übers.	Übersetzung
uneigentl. Verst.	uneigentlicher Verstand (uneigentl. Be-deutung)
Ungen.	Ungenannte/r
v.	vel (oder)
verd.	verdeutscht
vergl.	vergleiche

Vermehr.	Vermehrung
vermehrt./verm.	vermehrt (mit Zusätzen versehen)
Vorr.	Vorrede
Waidw.	Weidwort (Jägerwort)
Weibsn.	Weibsname
weitläuft.	weitläufig
weltl.	weltlich
Wirkw.	Wirkwort (Verb, das ein Tätigsein anzeigt)
[wörtl.]	[wörtlich]
Wörterb.	Wörterbuch
z.Ex./z.E.	zum Exempel (zum Beispiel)
Zerglid.	Zergliederungswort (Wort aus der Anatomie)
§	Paragraph
&	et (und)

Legende der verwendeten Zeichen

Mit dem ✳ bezeichnet Spreng jene Wörter, welche die Sprache der Gegenwart bereichern sollen. Etwa in Vergessenheit geratene alte Sprichwörter und Ausdrücke sowie neue Kunstwörter und Redensarten.

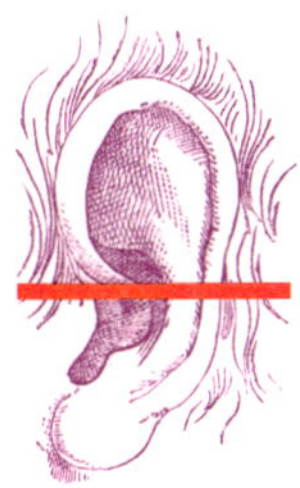

Mit dem — bezeichnet Spreng zu seiner Zeit zwar gebräuchliche, von ihm aber als überholt eingestufte Wörter und Redensarten (Sprachreinigungsversuche).

✕ bezeichnet Stichwörter, die im Grimm nicht belegt sind. Dies umfasst sowohl Material und Bedeutung als auch die unerhörte Kombination der Stichwörter.

A

Aalkugel,

✱ ×

ein seltsames Geflechte von Aalen, deren sich zu Zeiten bis Tausend in einer Kugel zusammen verwickeln; dergleichen man zuweilen in dem Minzflusse, da er aus dem Gardersee läuft, gefunden *(Cysat, Blts. 77.)*

abacinare,

×

oder **abbacinare.** Des Gesichtes berauben, blenden. Weil man Diejenigen, die man allso strafen wollte, gemeiniglich nötigte, ein glühendes Blech oder *Becken* so lange anzuschauen, bis ihnen das Gesicht ausgegangen war, so ist gläublich, daß das Wort **abacinare** von *Becken* oder **Bacino** entstanden sey: Obwol man dasselbige mit nicht minderer Wahrscheinlichkeit von dem Altfr. *Bech,* Finsterniß, wofür die Florentiner **Bacio** sagen, herleiten könnte (s. ***du Frêne*** in **abacinare**).

Aballo

oder **Avallo**, *Avalon,* ein Städtchen und Schloß in dem Herzogtum Burgund, südöstlich von Auxerre. Der Name ist altfränkisch, und bedeutet so viel als eine Apfelstadt. Ob eine solche Mänge Aepfel daselbst wachse, daß der Name daher entstanden, wird nicht gemeldet. Die umligende Gegend hieß in den mittlern Zeiten **Pagus avalensis** oder **avalisus**, d.i. Avalergau oder Aepfelgau. **(Vales. Not. Gall.)** s. *Affeltranger.*

Abbay,

×

ein altfranzösisches aus dem Deutschen entlehntes Wort, welches ein sehnliches Warten und Gehnen anzeigt. ***Tenir en abbay***, Einem die Weile lang machen, und das Maul lang offen lassen, d.i. Jemand lange aufzielen; **differre & in vanam spem rejicere.** (Spelm.) Das Wort kömmt von *Beye,* Oeffnung, Gehnung; wie auch ***Abbayance***, sehnliche Erwartung, oder Erledigung. *Dietrich von Stade* will es zwar von *beiten, byden*, warten, ableiten; es kostet aber Zwang. s. **Abeyantia.**

ABCschnecke,

✱ ×

✱ *Letterhorn, Musikhorn;* **voluta musicalis v. literata**: eine Wellenschnecke, wegen ihrer letter- oder notenähnlichen Flecken allso genannt.

abdoppeln

sich, mit einem glücklichen Wurfe aus dem Spiele frey ausgehen. *Er hat sich von dem Galgen abgedoppelt.*

Abendblau,

×

(das) wovon uns der selige *Herr Brockes* die prächtigsten Abschilderungen gelifert. *Des tiefen Raums saffirnes Blau.*

Abendgesellschaft,

✱

da gute Freunde nach vollbrachter Tagarbeit auf ein erquickliches Gespräche, oder auf ein Spiel, etwann auch auf einen Trunk zusammenkommen. Dergleichen pflegten ehmals die Edeln, die sogenannten Hausgenossen und Münzer, und die Handwerker auf ihren darzu gewidmeten Trinkstuben anzustellen, woraus mit der Zeit die Zünfte und Gesellschaften entstanden, von welchen in einigen deutschen und schweizerischen Freystädten der Rat zum Teile besetzet wird.

Abenteuerstein;

×

Franz. **Avanturine,** ist ein rötlicher Stein, voller Goldflitterchen, schön und lieblich anzusehen. Es gibt dessen Zwo Gattungen: eine natürliche, und künstliche. Die erstere, die man an vielen Orten in Frankreich findet, wird gestossen, und unter den Streusand gemänget. Die andere aber ist nur ein Gemänge von Glase und Kupferstaube, der unter das Glas gemängt worden, weil solches über dem Feuer und im Flusse gestanden. Sein Name kömmt daher, weil man denselbigen ungefähr gefunden, als Kupferstaub unversehens in geschmolzenes Glas gefallen. Die Schmelzkünstler brauchen disen Stein zu ihrer Arbeit. (*Jabl.*)

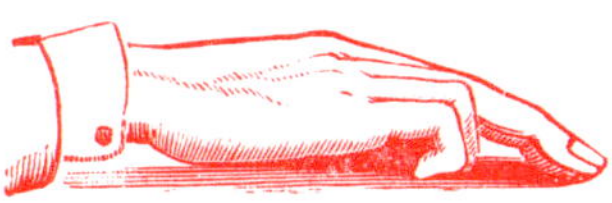

Abenteurer,

Abenteuergesellschaft; **Adventurarii, adventuraria societas:** Eine zu Hamburg und vornemlich zu Antorf [veraltet für Antwerpen] errichtete Gesellschaft englischer Kaufleute, die sich allso nennten und schrieben, weil sie sich in gedachten Städten als Fremdlinge nidergelassen hatten, und mit Leib und Gute vielerley Abenteuern zur See und sonderlich in unbekannten Meeren ausgesetzt waren. s. die Vermehr. zu ***du Frêne.***

aberben,

—

von Jemand erben; **jure haereditario consequi ab alio.** Was sollte ich ihm viel nachgehen? Ich gedenke ihm nichts *abzuerben.*

Abersel,

ein tummer, halbverrückter Kerl. Ein armer Jökel und *Abersel.* (*J.L.Fr.* aus dem *Matthesius.*)

Aberwand,

—×

(der,) Zuflucht zu einem zweyten Fürsprecher, welchem man besser als dem ersten trauet. Dises Wort wird in Bündten von den Sachwaltern vor Gerichte in einer gewissen Formel gebraucht, die etwann also lautet: „Wenn ich die vor dem Gerichte hier stehende Partey in meinem Vortrage säumen würde, so mag sie von mir abstehen und Aberwand zu einem andern haben, oder aber selbst reden, und mit tauglichen Worten ersetzen, was sie vermeynt, daß ihr dienlich sey.“ Die Deutschen sagen darfür Aberwandel.

abfälliger Wein

⁎

oder ⁎ *umfälliger Wein*, Wein, der verreucht, abstehet, oder sich umkehrt; **vinum fugiens, exolescens, dubium.**

Abfäumling,

✱ ×

Abfymling, ein abgefäumter, durchtriebener Schalk.

abfenstern

—

Jemand, Einem die Fenster oder Augen übel zurichten, den Kehrab mit Brügeln geben.

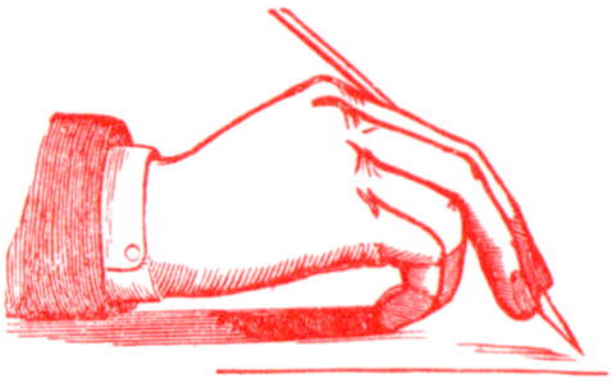

abgutzeln,

abbetteln, abschmeicheln, abliegen; **blandiendo v. mentiendo elicere** s. **extorquere.**

abmayern,

✱

sagt man erstlich von einem Gutherrn, der seinen Mayer von dem Hofgute verstößt; und demnach von einem Bauern, der einen Mayer durch allerley Ränke oder auch auf eine ehrliche Weise abdringet, daß er zu dem Hofgute an dessen Stelle komme. Niemand soll den Andern hinterlistig abmayern, bey Strafe 5 Rthlr. (*Strub* **de I. Villic.** S. 299.)

abmehren,

✱

durch die Mehrheit der Stimmen abschaffen; **pluralitate suffragiorum abrogare.** Amman Enz und Amman Engeli widerstunden der Reformation, und wollten dieselbe bey einer öffentlichen Gemeinde wieder abmehren. (*Wals.* App. Chr. Blts. 451.)

abmürfen,

✱

abmurpfen, abäzen, abfretzen, wie die Geissen; **attondere.**

Abren,

×

ein Seefisch, der seine Jungen im Ungewitter in seinem Bauche erhält, und darnach wiederum ausspeyet. (*Ficklers* verd. *Ol. Magnus* Blts. 593.)

abründen,

rund drehen, rund schneiden. *Einen Wacken abründen,* heisset, ein schwäres Geschäffte abtun, da es viele Anstösse und Hindernisse wegzuräumen gibt. Eine bündige und wol *abgeründete* Zierrede, da nämlich die Sätze richtig abgeschlossen seyn. *Ein Land abründen,* d.i. so viel rings umher darzu erobern, daß es eine gleiche Abgränzung gewinnet; ***arrondir un païs.***

Abschab,

(der,) Auskratzung oder Ausschabung einer Schrift; **rasura.** (*Perned.*) s. *verkräftigen.*

Abschliß,

✱ ×

(der,) Abschleissung, Abnützung; **diminutio vestium v. supellectilis quae deterendo sit.** *Der Abschliß* beträgt in 3 oder 4 Jahren den Kosten eines neuen Kleides. *Der Abschleiß* unsers Leibes ist so stark und gleichwohl so unvermerkt, daß der Mensch, wie Viele darfürhalten, alle Siben Jahre seinen Leib vollkommen erneuert.

abspänen,

✳

von der Brust absetzen, ein Kind entwähnen; **ablactare, submovere mamma.** (*Kilian.*) s. *entspänen.*

accabussare,

×

schwemmen; eine Strafe der Huren und Hurenwirte zu Burdach (***Bourdeaux***) in Frankreich, da man sie in einem eisernen Kefich in das Meer tauchet, und unter einem Schiffe hindurch zeucht. Ehmals war es in Marseille auch eine Strafe derjenigen, die bey dem Spiele in Flüche ausgebrochen, da sie für einen jeden Fluch Zwelf Denarien bezahlen mußten, oder, wenn sie die Geldstrafe nicht erlegen konnten, jedesmal in den Kleidern gebunden einen Strich weit in dem Meer geschwemmt wurden. s. ***du Frêne.*** Die Franzosen nennen es ***bailler la Cale***: *Schilter* hält **accabussare** nicht uneben für ein deutsches Wort, und leitet es her von *Acca*, Wasser, und *Busse*, wie denn die beschriebene Schwemmung nichts Anders, als eine *Wasserbusse* ist. s. *Lästerweiber.*

Achtundzwanzigster,

×

nennen die Türinger einen Märenträger, Ohrenbläser und Verleumder. (*Spate.*) s. *Aufstecher, Schinkenträger.*

ackergeiziger Bauer,

✳ ×

dem nicht genug Feld werden kan. (*Schottel.*)

Adelfisch,

✳

Adelfelch oder *edle Albel,* ein sehr niedlicher Fisch, der um Kostanz herum *Sandgangfisch* und zu Zürich *Plitzling* genennet wird. (***Cysat.*** Blts. 62.) In Nidersachsen heisst er *Schnäpel.*

Anbiß,

Mahlzeit, sonderlich aber die vor oder nach dem Mittag- und Nachtessen getan wird. – Soll einem Taglöner des tags mehr nicht als viermal, nemlich morgens zu Siben vhre ein suppen, zu Ailf vhre das morgenmal, zu Drey vhren das vnder- oder abendbrot, vnd fürtens der nachtimbis, darzu auch einem jeden man sommers zeiten des tags anderhalb, vnd dann im winter ein maß weins gegeben werden, – dargegen aber alle andere früessen vnd *anbiß* der taglöner, so sie bisher den leuten muetwilliglich abgetrungen, als vberflüssig hiemit gentzlich abgestellt sein. (*Spanheim. Ordn.* der Taglöhne halben, 1558.)

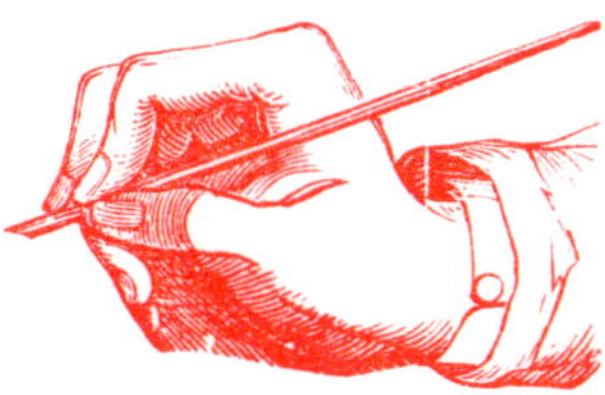

anblasen

eine Festung, d.i. durch einen abgeschickten Trompeter darvor aufblasen, und sie auffordern lassen. (*Verm. Meter* T. IV Blts. 17.)

anbolten,

×

anbulten, anstossen, anschlagen, wie auf einen Amboß. (*Dietr. von Stade.*) s. *Ambolt.*

anbrausen,

*

anfangen zu brausen; **infremere.** Der Nordwind *brauste* mit dem Abend *an.* It. Einen gräulich anbrummen oder anfahren; **graviuscule compellare quem.**

anbrieschen,

×

anbrüllen oder anschreyen wie ein Esel. s. *brieschen.*

angenaschte

*×

Speisen oder Getränke, die schon angeleckt, angebissen oder angesürpfelt worden.

angesippt,

*

anverwandt; **cognatus.** (*Tauler.*)

Angster,

Engster, (der,) eine gläserne Flasche mit einem engen Halse, Kluckglas. Wer zu eilig in *den Angster* schenkt, schüttet mehr darneben, als darein. (*Deut. Sprüchw.*) Deutschlat. **anguserum (Vocab.** 1487.)

Angstkröte,

×

ein elender Kerl von Gestalt, Verstande und Aufführung. Ist ein bekannter Schimpfname in Deutschland.

Angstmann,

*

wird an einigen Orten der Scharfrichter genennet. (*Herm.* **Lex. Iurid.** T. I Blts. 216.)

anklingen

*

einen Bienenschwarm, heißt, solchen mit dem sanften Klange eines Beckens verfolgen, bis er sich setzet und einfangen läßt. Einen Schwarm, den man *angeklungen*, und der sich in des Nachbarn Garten gesetzet, kan man mit keinem Bestande ansprechen.

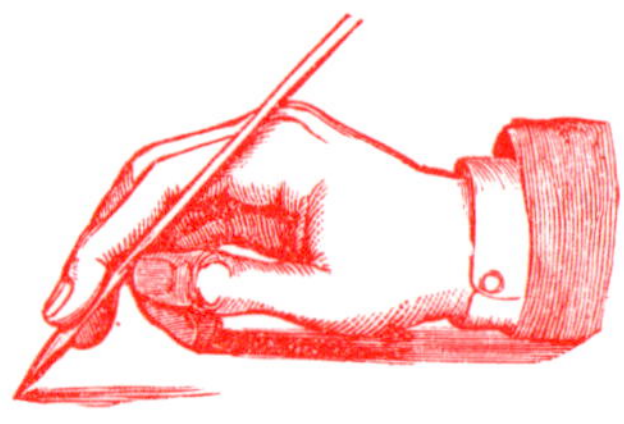

Anklopfers- oder Anklöpferleinstag,

×

das Geburtsfest unsers Herrn; **Festum nativitatis Christi.** Den Namen hat diser Tag daher, weil das gemeine Volk um dise Zeit durch die Dörfer und Flecken rennet, an Türen und Fenstern *anklopfet*, und darbey schreyet *gut Heil, gut Heil,* zum Angedenken, wie man sagt, daß die Altväter in der Vorhölle so viele Jahrhunderte lang um den Messias geseufzet, und endlich mit ihrem Gebete die Tore ihres Kerkers eröffnet hätten. (*Halt.* **Cal. med. aevi,** Blts. 141.)

Anliebung;

✱×

adosculatio, heißt bey den neuern Naturgelehrten die Anschwängerung ohne wirkliche Einsämung oder Einlassung des Samens, da sich die Zeug- und Geburtsglider lediglich berühren oder an einander reiben, wie man darfürhält, daß es von den Pflanzen, Vögeln und Fischen geschehe.

anpfetzen,

Jemand meuchelmörderisch überfallen. Im J. 1296 ist Claus Lindau, Lübscher Hauptmann, im Mecklenburgischen Orte Liebau verrätherlich *angepfätzet* [worden]; **insidiis circumventus, confectus vulneribus & spoliatus.** (*J.L.Fr.* aus *Morgenwegs Beschr.* der Stadt Lübeck.)

anpfnaischen,

✱×

sagt man von den Hengsten und Stuten, wenn sie in der Geilheit einander zuschnauben und einander reiben.

anpurren,

anstupfen, anreizen; **instigare, stimulare.** (*Richey*) s. *purren.*

anrennen,

(im Sprüchw.) *Wol angerannt ist halb gefochten*; d.i. Wer frisch zu Werke geht, der hat es halb vollbracht. Das Kreuz gefaßt, ist halbe Last. s. *Begonnen.*

anrinken,

–×

anschnallen; **fibulare, fibula arctare, adstringere** s. **connectere.**

anrocken,

✱×

(so viel als ankunkeln,) Hanf oder Flachs an den Rocken oder an die Kunkel legen; **aptare linum colo.** (*Kilian.*) It. figürlich wie *anzetteln, schmiden. Etwas Böses anrocken,* d.i. vorhaben, anlegen, anschlagen; ***machinari aliquid mali.***

ansaugen

✱

sich, sagt man ausdrücksam von den Egeln, die sich mit Saugen tief ansetzen und eindringen. Wenn eine Egel Jemand angehäckt und *sich angesogen hat,* der bestreue sie nur mit Salze. (*Kohl.* Hausb.)

anschiessen,

✱

sagt man von Fenstern, Wassern, und drgl. wenn sie ein wenig überfrieren, und sich eine dünne Eishaut darüber ziehet. Im J. 1738 ward es den ersten Maytag so kalt, daß das Wasser in den Küchen und beschlossenen Zimmern *anschoß.*

anschnäbeln *sich,*

✱

wird von den Vögeln gesagt, wenn sie sich paren.

Das Luftvolk buhlet auch, da manche Frau und Mann
sich schnäbeln züchtiglich um süsse Hochzeit *an.* (*Flemming.*)

ansprechen

✱

das Mehr, sagt man in der Schweiz bey den Landsgemeinen, wenn man das Mehr zuweilen vor dem Gewimmel nicht wol abzählen kan, und ein Jeder der streitigen oder werbenden Teile dasselbige für sich behaubtet, und den Anspruch macht, daß es für ihn ausgefallen sey, so daß man genötigt wird aufsneue zu mehren oder zu scheiden, und die Stimmen abzuzählen.

anstraussen,

tapfer oder feindlich anfallen; **percellere aliquem impetu.**

Er der Tod floh selbst vor dir,
als du ihm nicht wolltest weichen,
da er plötzlich sah erbleichen
manchen Mann durch dein Rappier,
wie von deiner kühnen Faust
mancher Feind ward angestraußt.

(*Flemming.*)

anuattern,

(*anvätern,*) dem Vater nachschlagen; **patrissare. (Voc. Cart. Aa.** VIII 7.)

Aristotels Hosen;

×

caligae Aristotelis, wird zu Ingolstadt dasjenige Tuch genennt, welches die **Candidati Magisterii** [Kandidaten für ein Amt] vor ihrer Beförderung über den Schultern tragen müssen. (*Besolds* **Thes. pract.**)

Arsch

und **Mond,** nennten unsere Alten Zwey sehr ungleiche Dinge, zwischen denen doch alberne Leute eine Aehnlichkeit finden wollen. So sagt *Walter von der Vogelwaide* zu Einem seiner Affen und Eiferer:

Her Walther ist das korn ir sit dü sprü
Singet ir eins er singet drü
Ir sit gelich als *ars und mane.*

(*Schwb. Lied.* Blts. 83.)

Arsch über Kopf,

unter übersich, Alles hintervor; υστερον πρωτερον [hysteron proteron].

Arschbäcklein;

✱×

pecten faxatilis, eine Gattung Jakobsmüschelchen.

arschbossen

Einen, Jemand den Hintern zerklopfen oder anprellen. Von *bossen,* stossen, schlagen.

Arschkratzer,

Bader; **alipilus** (*Mahl.*)

Arzneymänger,

✱×

Apotheker. s. *Krautmänger.*

Ascherledel

oder *Ascherbrechtel,* Aschenbrötel, wer immer um den Herd und in der Asche zu tun hat; **focarius;** oder was in die Asche unter oder um den Herd fällt; **quod jacet in cinere circa focum. (Voc. Cart. Aa.** VIII 7.)

atzlen,

Einem die Ohren voll plaudern, wie die Atzeln [Elstern]. *Das atzlen, kifflen vnd kriegen böser wiber.* (*Geil.* Pilg. Bl. 76.)

aufblähen

✳

sich, oder *sich aufblasen,* ist ein Fehler der Pferde, wenn sie sich aufwerfen und blähen, so oft sie gesattelt und gegürtet werden; welches daher entstehet, daß man sie gleich anfänglich zu stark und zu ungestümm gegürtet hat.

auffideln,

✳

spottsweise gesagt für *aufgeigen,* aufspielen bey kleinen Anlässen und schlecht genug, wie bei Kirchweihen, Bauernhochzeiten, und andern Dorffesten. Im J. 1203 schlug bey Stendel in dem Dorf Ossemer das Wetter dem Pfarrer, so den Bauern *auffidelte,* den Arm mit dem Fidelbogen ab. (*Halt.* **ex script. Brunsw.**)

aufgaderen,

—

aufsammeln; **colligere dispersa.**

aufgängisch,

×

morgenländisch, östlich.

Aufgang,

✳

Erfolg, Fortgang. Die französischen Waffen hatten grossen *Aufgang.* Seine Schriften haben keinen *Aufgang;* d.i. sie bleiben ligen, werden nicht gelesen. Man kan sich von diser Unternemung keinen sonderlichen Aufgang versprechen.

aufgewinnen,

mit List, Kunst oder Gewalt aufschliessen; **vi vel erte recludere.**

Er kund mit allen sinen sinnen
di starken slos nit *vfgewinnen.*
(*Heldenb.* Bl. 248.)

aufgeworfene Kunst,

eine Kunst, mit der man andern Meistern Trotz bietet, und sie zum Streite herausfordert. (*Minnes. II* 11 b.) s. *aufwerfen.*

aufküssen,

✳

mit einem Kusse auffangen. Die zärtliche Muter *küßte* die Tränen ihres Kindes *auf.*

Aufschick,

×

(der,) Aufbutz, Auszierung. Ein allzu künstlicher *Aufschick* verderbte seine Rede. Die Jungfer bringt ihr meistes Leben mit ihrem *Aufschicke* zu. Trefflicher *Aufschick* einer Krambude. Üppiger *Aufschick* eines Mägdgens. s. *Aufschmuck.*

aufstippen

oder *ufstippen mit dem Finger,* (Niders.) mit dem Mittelfinger auf etwas stupfen, und darmit ein Zeichen vor dem Richter geben, daß man Jemand ein Gut zu eigen überlassen habe. (*J.L.Fr.* aus dem alt. goslar. Stadtr.) s. *aufstupfen.*

Aufwecker,

✱

Doppelkartaune, die 96 Pfund schiesset, und 128 Zentner wigt. Dergleichen werden nunmehr in den Zeughäusern mehr zur Schau als zum Gebrauche erhalten. (*Feesch.*)

Aufzimmerung,

✱✕

Aufrichtung des Zimmerwerkes zu einem Gebäude; **exstructio, contignationum aedificii,** da gemeiniglich Einer der Zimmerleute die Einweihungsrede nach seiner Art zu halten pflegt, und die Handlung mit einem Schmause beschlossen wird.

aufzünden,

✱

vorleuchten, aufleuchten, **praelucere.** Seinen Vorfahren *aufzünden*, d.i. ihnen durch seine Tugend einen grossen Namen machen; **praelucere majoribus virtute sua.** (*Fries.*)

aufzwacken,

✱

erwischen, begierig aufschnappen. Einem alle Worte *aufzwacken,* vnd doch nicht dergleichen thuon. (*Mahl.*)

Aufzwicker,

✱✕

ein Schreiber, der einem Redenden mit der Feder folgen mag; **notarius.** (*Fries* und *Keller.*)

Augen

ausstechen, ehmals eine gemeine Strafe bey den Hebräern und Griechen, war auch den alten Deutschen nicht unbekannt. Man findet unter andern Gesätzen der Westgoten B. VI Tit. III § 7, daß dem Vater oder der Muter, die eine lebendige Frucht abgetrieben und dardurch getödtet, entweder das Leben genommen, oder beide Augen ausgestochen werden sollten. Ferners ist in den Kapitularien Karls, des Grossen, und Ludwigs, des Frommen, B. V § CCVI eine Verordnung, daß einem Diebe für den ersten Diebstahl ein Auge ausgestochen, für den zweiten die Nase gestümmelt, und für den dritten das Leben genommen werden solle. In Ansehung der Diebe stimmet darmit überein Keiser Karls V peinl. Halsgerichtsordnung § 159. Heutzutage findet man selten ein Beyspiel solcher Strafe mehr, und wird sie etwann nur noch auserordentlich an Falschmünzern ausgeübet. (*Stryk* **de jure sensuum, Diss. 2 c. 5.**)

Augen

schwingen, scharfe, verliebte Blicke werfen. *Swinge* im Liebe gerndes sinnes *ougen.* (*Minnes. I* 88 b.)

Augenschiesser;

✱✕

libella: eine Gattung langlebiger Mücken, die man sonst Jungfern nennet. (*J.L.Fr.*)

Augenspiegel,

✱

Brille. (*Mahl.*)

Augensprossen,

✱

heissen die Jäger die Zwey untersten Ende an beiden Hirschstangen, welche dem Hirsche nächst über dem Auge herausgewachsen. (*Flemm.* deut. Jäg.)

Augenstein;

✱

lapis ophthalmicus, von welchem man dichtet, daß er denjenigen, der ihn in einem Goldblatte eingewickelt bey sich trage, unsichtbar machen solle. (*Lessers* **Lithoth.** S. 1118.)

Augenwölkchen,

✱

(eine Krankheit,) s. *Augenmücken.*

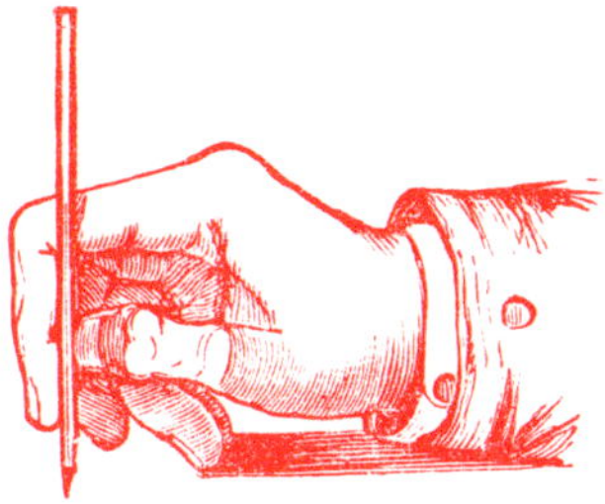

ausdärmen,

✱

eviscerare. Es geschicht dick, das die spinn sich so gar mit dem spinnen *ausdermet*, das nichts in jr bleibt vnd das sie stirbt. (*NB.* Bl. 35.)

ausdrüsen,

von Drüsen und Geschwulsten geheilet werden; **tumoribus s. tuberibus liberari.** Wann die gäul *ausdruesen* (ausgedrüset,) so werden sie darnach gesund. (*Henisch.*)

auserfahren

✱✕

Jemand, ausforschen, ausholen; **explorare.** Einen Ratsherrn soll man nicht *auserfahren,* noch ihm etwas abmerken, was oder wie man im Rate gehandelt habe. (*Gobl.* Layensp.)

aushinbladern,

✕

herausplaudern, in den Tag hinein plaudern.

aushinborzen,

✕

sich herausladen, sich wie eine Beule oder wie ein Bauch heraussetzen; **extuberare.** Sin wangst *bortzet* jm *vshin.* Er fült sin täsche das sy *vshin bortzet.*

aushirten,

✱✕

ein Vieh abfütern, wenn es von dem Hirten heimgetrieben worden. Mit Schotten vnd Sirten die Schweyn braf *vshirten* vnd geben bis gnuog. (*Schweiz. Kühreihen.*) s. *Schotten, Sirte.*

auskarren *sich*,

aufhören zu kirren und zu knarren, wie eine Türe, woran sich die Angel durch den langen Gebrauch vernützt haben.

Wenn die Bösen sterben müssen,
so ists dann zu lang geharrt,
weil die Tür *sich ausgekarrt.*
(*Kohl.* Hausb. im Christm.)

Ausländer,

Uslender, Henker, Feldmeister, Rasenmeister; **carnifex.** (*J.L.Fr.*) s. *Hofer.*

ausländisch;

✱

extraneus, heißt auch ein Bürger in seinem Vaterlande, wenn er vorlängst in die Fremde gezogen, und man von seinem Aufenthalte, Leben und Tode nichts mehr in Erfahrung bringen kan. Fällt ihm inzwischen nebst seinen Freunden ein Erbe zu, so wird der für ihn ausgesetzte und bis auf eine gewisse Zeit aufgehobene Teil *der ausländische Teil* genennet. (*Karpzovs* **Iurispr. for. RS. p.** 1078 und 1079.)

Ausliferung

der Missetäter, geschieht nach bayerischer und schwäbischer Gewohnheit auf folgende Weise: Der Vogtey Herr mag den Missetäter, den er in seinem Bezirke zur Haft gebracht, Drey Tage und Drey Nächte in der Gefängniß enthalten. Nach deren Verfliessung aber muß er Denselben an den Gränzen seiner Hofmark oder Vogtey demjenigen Herrn, der das Fraisrecht hat, auslifern lassen. Nachdem man denn den Übeltäter in Ketten und Banden dahin geführet, löset ihm der Hofmarksamtsknechts die Eisen von den Füssen, und stößt ihn über die Gränzen hinaus, da ihn der Amtsknecht des Fraisherrn wieder in Eisen schliesset. Oder man läßt an etlichen Orten den Missetäter den rechten Fuß auf die Gränzen der Hofmark, den linken Fuß aber auf den Boden des Fraisherrn setzen, und zu gleicher Zeit werden ihm von dem Amtsknechte der Hofmark die Ketten von dem Fusse abgenommen, von dem fraislichen Amtsknechte hingegen an den Fuß geleget. (*Herm.* **Lexic. Iurid.**)

auslüften

✱

Jemand, (figürl.) ausschelten; **increpare, proscindere convictiis aliquem.**

ausschellig,

×

der sich im Zorne darvon macht. Im J. 1474 da merckt man den grossen vberlast Bischoff Ruprechts von Cölln vnd wie vntreulich er handelte an dem lant vnd des stiffts mannen, vnd dieselben mit samt den tuomherren namen vff Lantgraf Herman zu einem **Administrator;** das mercket Bischoff Ruprecht vnd *wart vsschellig* vnd nicht bliblichen an einem orte vnd bekümmert lant vnd leute. (*Senkenb.* **Sel. I & H.** III 485.) s. *schellig.*

ausschlöufen

sich, sich listig oder heimlich losmachen und loswickeln. Er saß tieff in der wupp, wißte *sich* aber fein *vs der sach ze schlöufen.*

ausschnäuken,

×

ausstänkern, fürwitzig in etwas sehen, und die Nase dareinstossen, wie ein Hund die Schnäuke.

Ausschreyer,

Prediger; ***praeco.*** Albertus, einsidler ordens, ein hohberüembter lerer vnd *ausschreyer* der heiligen schrift. (*Kob. Chr.* Bl. 44 b.)

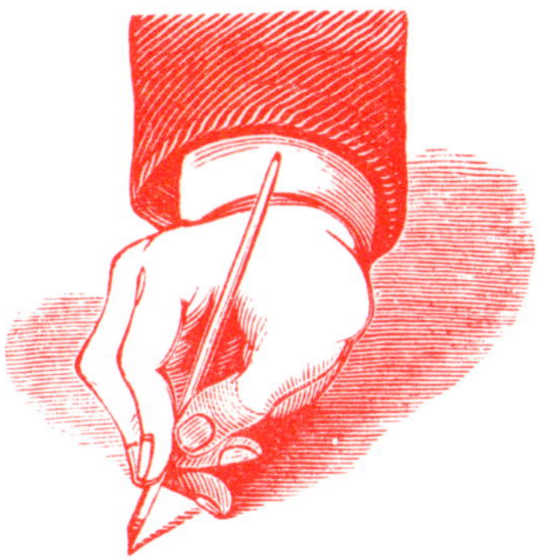

Auswerfung

✱

aus einem Gute oder Hause, heißt in den Rechten, wenn die Gerichtshülfe darzu ergangen, und dasselbige dem Kläger zugesprochen worden, der Beklagte aber nicht in Güte heraus will. *(Jabl.)*

auswerts werfen

die Vorderschenkel, wird im Gehen und Traben für eine sonderliche Zierde der Pferde gehalten, und manchmal auch als eine auserordentliche Kunst reichlich bezahlet. Es ist aber unter die unnützen Künste zu zählen, weil man dardurch die Nerven des Pferdes zur Ungebühr anstrenget, und dasselbige durch das Anstossen des Hufeisens auf hökerichten Wegen und Steinen leichtlich zum Fallen bringt. *(Jabl.)*

auswipfeln

✱

Wein oder Bier, heißt, solches Getränke mit einem ausgehängten Fichtenwipfel feil bieten. (*J.L.Fr.*)

Azel,

×

(die,) Kellerwurm, Mülleresel; **scolopendra, centipeda.** (*Faber.*)

S. 32 49

Backenschranz,

(der,) Knall, den man mit Pausbacken macht; **stlopus.** s. *Zungenschlag.*

Backofen,

unterirdische Kammer, die man mit Pulverfässern anfüllet, und, wenn der Feind sich darauf gesetzet hat, in die Lüfte sprenget.

Bad,

(figürl.) eine Tracht Schläge. *Zum Bade kommen,* den Buckel voller Schläge kriegen, wacker gezwaget und abgeschmiert werden; **verberibus accipi.** (*J.L.Fr.*)

Baderwapen;

×

als eine Badermagd den Keiser Wenzeslaw aus der Verhaftung errettet hatte, verlieh er allen Badern ein solches Wapen, daß sie in einem güldenen Schilde eine blaufärbige knotenweise gebundene Binde, und in der Mitte einen Papagayen führen möchten. (*Goldast.* Reichssatz. T. II Blatts. 82.)

badschichten,

×

heißt bey etlichen Handwerkern, wenn die Gesellen und Arbeiter des Samstags beyzeiten Feyerabend machen, unter dem Titel, daß sie in das Bad gehen. (*J.L.Fr.*)

bäckeln,

×

den Ranft von dem Brot *bäckeln,* die Kruste von dem Brote schälen; **distringere crustam panis.** (*Mahl.*)

Bädling

×

(AS.) Zärtling; **homo delicatus** (*Somn.*)

Baggert,

*

(der,) heißt in Holland und in den Seestädten ein Gerüste, womit in den Häven, Anfurten und Gräben der nach und nach eingeführte Sand und Schlamm ausgeschöpfet, und ihnen die gehörige Tiefe wieder gegeben wird. *Der Baggert* bestehet aus einem Schöpfrade mit Schaufeln oder Eimern, welche auf den Grund reichen und den Schlamm erheben. Derselbige ist an einem Gewinde befestiget, welches durch Menschen oder Pferde herumgetrieben wird. (*Jabl.*)

Balleken,

×

Ballken, (NS.) Knödel, Klösse von geriebenem Brote und gehacktem Fleische, dergleichen man in Suppen und allerley Brühgerichten gebrauchet; **pilulae, globuli.** (*Richey.*)

Ballomer,

×

Balomer oder *Balmär,* falscher Fürst oder Herr, der sich nämlich betriegerischer Weise darfür ausgibt: von *bal,* arg, schnöde, bose, und *Mar, Mer* oder *Mir,* Fürst, Prinz, Herr. *Aimoin* gedenket eines Gundibalds, der sich für einen Sohn König Chlotars auszugeben erkühnet, von dem König Guntram aber zum Hohne *Balomer* genannt worden. ***Du Frêne*** vermänget disen Namen sehr übel mit *Baldomär,* welcher Name einen kühnen Herrn bedeutet, und ehmals von dem Vater König Dietrichs in Italien, von einem lionischen Heiligen, und andern rechtschaffenen Männern mehr geführt worden. Vergl. mit *Balmund.*

Bankarmbrust,

grosses und schwäres Pfeilgeschoß der Alten; **scorpio, arcuballista.** Do begab sich, das Gneus Scipio mit *einem bankarmbrost* in ein huft geschossen vnd schwerlich wund ward. (*Schöf.* Bl. 131.) **Cn. Scipionis femur *tragula* confixum erat,** heisset es bey *Livius* B. XXIV 42, da denn *Schöferlin,* dessen Übersetzer einen kräftigen von *einem Bankarmbruste* abgedruckten Pfeil durch ***tragulam*** verstanden. *Dasypodius* nennet *einen Bankarmbrust* **balistam,** welches Wort aber bey ihm auch einen hölzernen Böler bedeutet. *Ten Kate* erklärt es deutlicher, und sagt, dises Geschoß habe den Namen daher, weil es zum Gebrauche auf eine Bank gestellt worden: **catapulta balista major, tormentum bellicum in scamno collocari solitum.** Ehmals zeigte man auf dem Schlosse Regenstein bey Quedlinburg einen grossen Armbrust, auf einem sonderbaren Gerüste ligend, und mit vielen bastenen Seilen versehen, womit man grosse Steine in das platte Land schleudern können. (*Kundmann,* Blts. 112.) s. *Reisarmbrust, Schnellbank,* und ***du Frêne*** in **Arcus de Aubur**.

banktüchtig,

✱

heißt in den Metzgerordnungen das Fleisch, das ein Metzger auf die Bank legen und verkaufen darf. Das Gegenteil ist *bankuntüchtig.* (*J.L.Fr.*)

Bannberg,

×

da das Jagen oder Fällen des Holzes verboten ist, wie *der Bannberg* oder mißbräuchlich sogenannte *Bamberg* an der Ostseite des Haubtfleckens Altdorf in dem Kanton Uri, da bey hoher Strafe Niemand kein Holz fällen darf, aus Beysorge, es möchten von denen hernach fallenden Felsen oder Steinen die darunter ligenden Häuser oder Ställe Schaden leiden.

Bannschatz;

✱×

pretium absolutionis ecclesiasticae; Bannlöse.

Einmal vf [auf] S. Vlrichi tag
mein hew [Heu] noch vf der wisen lag.
Es war lang regenwetter gsyn
vnd war da schön, ich trug es yn.
Am abend da ich heime kam,
der Pfaff *den bannschatz* von mir nam
vnd fienge mir darzu an tröwen
[drohen],
gelt Bawr ich will dich lehren hewen.
Denk daß du mir gebst *den bannschatz*
oder ich schick dir ein citatz
[Gerichtsvorladung].

(*Utz Eckstein.*) s. auch *Stettl.* Chr. I Blts. 525 a.

bardaus,

×

mit blossem Hinterteile. Von *bar,* nackt, **nudus;** und dem Isländ. *Daus,* **clunis** [Steiß]. Zu Basel sagt man, wenn Jemand über etwas stolpert, daß er den Hintern emporstreckt: *Bardaus,* da ligt er. So sagt man auch *barhaubt, barschenkel, barfuss.*

Barengrölzer

* ×

oder * *Krippensetzer,* nennet man die Pferde, die den Fehler haben, daß sie bey dem Fressen, so oft sie schlucken, die Krippe anbeissen und darzu grölzen oder rülpsen. (*J.L.Fr.*)

Baretle,

(das,) der Hut eines Herrn des grossen Rats zu Bern. Eine Tochter, die ihrem Manne *das Baretle* zum Heuratgute bringt. D.i. die ihren Mann in den Rat der Zweyhunderten befördert. *Das Baretle* ist ein Wunschhütlein, weil man nämlich darmit auf eine reiche Landvogtey gelangen und sein Haus machen kan.

Barille,

Brille. Warum hat der mensch den gerechten Gott durch falsche *barillen* angesehen? – – Wer blitzblaw *barillen* aufhat, dem scheint alles blitzblaw sein. (*Seb. Frank.*) s. *Brille.*

Barstucken

×

und *Markopeten* hiessen die Hausgeister oder Hausgötzen der alten Preussen. (*Arnk.* I Blts. 74.) s. *Chimken.*

Bart

war bey unsern Alten lange Zeit so heilig gehalten, daß sie darbey zu schweren pflegten. Ein merkliches Beyspiel dessen hat *Schilter* in s. **Glossario** von Keiser Otto I. Von disem Gebrauche hat man noch die bekannte Redensart *in seinen Bart hinein liegen,* d.i. falsch schweren, maineidig seyn. Nicht minder wird von den ehmaligen Spaniern versichert, daß sie ihre verbindlichsten Beteuerungen bey ihrem Barte getan haben. s. *Jabl.* und *Speidel* in *Bart.*

Basselmann,

×

Handkuß, Ehrbezeugung gegen einem grossen Herrn; **labratum.** (*Denzler.*)

bauchsiech,

* ×

der von dem Bauchwehe oder Durchfalle angefochten wird.

Bauernfeigen,

nennet man an einigen Orten niedliche gedörrte Birnen, sonderlich aber die Schnitze oder Hutzeln von Klockenbirnen oder Zuckerbirnen.

Baulust,

*

Begierde in dem Bergwerke zu bauen; daß man sich bald keinen Aufwand abschrecken läßt.

baulustig,

*

heißt, wer dise Sucht hat, und durch einen kleinen Gewinst sich weiter verlocken läßt.

Baumrutter,

✳

wilder Kater; **catus sylvestris.** (*Mahl.* und *Jabl.*)

Bausch

und **Bogen**, wird im Kaufen und Verkaufen der Waaren überhaubt für *gut und schlecht* gebraucht, wie *Herr J.L.Fr.* in s. Wörterb. erinnert. Eigentlich aber bedeutet es einen Tausch- und Kaufhandel; indem *Bausch* oder *Baust* von dem Altd. *besina,* kaufen, und *Bogen* von dem Angels. *bykjän,* handeln, tauschen, herzuleiten ist. s. *Baust, besina, bykgän, bühhan, Buschkauf.*

bausen,

(Pöbelw.) redlich trinken, seinen Stifel lären; **largiter potare, poculis indulgere.** Holl. ***buisen.*** Von ***buis,*** trunken; **ebrius, temulentus.**

bausinnig,

✳

sinnreich in Angebung, Aufreissung und Aufführung aller Gattungen Gebäude, wie Albrecht Dürer gewesen.

Baw,

(Brit.) Mist, Kot; **stercus, caenum.** (*Boxh.*) In gleicher Bedeutung sagen die Oberländer noch *Kühbau, Pferdsbau, Schafbau,* u. dgl. *Bau* sammeln, *Bau* zusammenschlagen, *Bau* auf die Aecker führen, u.s.f. und *Bäuli* heißt bey den Schweizern ein kleiner Vorrat von Dünge. Wer weiß auch, ob *der Bauer* nicht *dem Baw* oder *Bau* den Ursprung seines Namens zu danken habe? *Bawddyn,* nennen die Britten einen Kothansen oder schnöden Kerl, der auf dem Miste erdacht und aufgebracht worden: von *Baw* und *Dyn,* Mensch.

Becker,

wurden ehdessen, wenn sie am Gewichte betrogen, öffentlich in das Wasser geschnellet. Zu Turnmeyers Zeiten war zu Regensburg und Wien in Oesterreich der Brauch, daß man die Becker, welche das Brot zu klein buchen, auf einen Schneller setzte, und in eine Kotlache fallen ließ. (*Turnm.* bay. Chr. B. VIII.) Wackerbold, ein Beck von Zürich, ward im J. 1280 wegen verübten Betrugs und Diebstahls in einem bey dem Gesellschaftshaus zum Rüden heraushangenden Korb in das Wasser gestürzet. (*J.H. Rahns* eidgn. Gesch.) Vergl. mit *Felddiebe.*

bedönet,

widertönend, von Tönen erschallend; **resonans.** Der walt *ist wol bedönet* Da hant vogellin fröidenrichen schal. (*Minnes. I* 202 b.)

beflutet

✳ ✕

ist ein Schiff, wenn es mit hohem Wasser oder bequemer Flut irgend anländen oder einländen kan. s. *beebbet.*

behammeln,

über den Tölpel werfen, listiglich in das Spiel ziehen, wie einen einfältigen Schöpsen führen und lenken. *Ein wuocherer der die armen kauffleut be-*

hammelt zuo dem wechsel oder zuo anderm geding vnd zuom letsten verschlindt er sy. (*Megenb.*) Von *hammeln,* zum Schöpsen oder Schafbock machen.

behammen,

anhalten, gefangen nemen. Die Künigin Margaretha ließ ein schiff der mörrouber, das der wind in Denmarck warff, *behammen,* (**navis a Regina capi jubetur,**) vnd allen die köpff abschlagen. (*Eppend.* aus *Alb. Kranz* norweg. Chron.)

beherren

sich, sich freywillig an eine Herrschaft hängen, einen Schutzherrn annemen. „Er wart in dem Punt (der Drey ersten Kantonen der Eidsgenossenschaft) fürsechen [vorgesehen], das *sich* kein Lant one der anderen Rat *beherren* sölt, dann vorhar der bruch [Brauch] gewesen, das etwa der Länderen eins oder zwei zesamment vnd etwa alle dry mit einandern ouch etwa ein jedes ein sonderen Herren annament jn vf ein genampte Jarzal vnd jn Einen sin Leben lang, der versprach jnen vnd verschreib sich si nach sinem vermögen vor gwalt vnd bi recht in sinem kosten ze schützen vnd ze schirmen innert vnd vssert lants; Vnd so jnen vssert lants etwas widerfuer von andern Herren, so kriegt der selbig jr Schirmherr wider den selben, als ob es sin eigne sach wäre, in sinem kosten, doch mit jrer hülf. Dargegen gab jm das Lant des Schirmherr er was [dessen Schirmherr er war] ein genampt järliche gült, liessent jm auch die Buessen vnd Freuel so in jrem Lant fielent; vnd so jm etwas wider recht von jemant widerfuer, warent si jm ouch behulfen in jrem kosten. Sölicher Herren habent die Länder oft gemeinlich oder sonderlich gehept, wann das si ein Römischen Keiser oder Künig für jr Houpt gehalten." (Tschud. I. 277.)

beider Arzney

×

bewährter Meister, kömmt bey *Alex. Hugen* vor, welcher vermutlich dardurch einen **Doctorem medicinae theoreticae & practicae,** d.i. einen Lehrer der Geneskunde und Heilkunst andeutet, deren die erste in der Betrachtung und Lehre, die andere aber in der Ausübung und Wirkung bestehet. Wenn man in dem sechszehnden Jahrhundert auch Wundärzte unter den Hochlehrern der Geneskunde und Heilkunst gehabt hätte, so möchte man durch **utramque medicinam** etwann die mit und ohne Hand wirkende Arzneykunst verstehen.

Beinkrümme,

*

eine englische Krankheit; **rhachitis.**

beklütern,

bekleckern, verunflätigen; **coinquinare.** Sich selbsten das Nest beklütern; **sibi ipsi malum creare.** (*Stettl.* I 88 a.)

beknuseln;

Maul und Nase besudeln; **os conspurcare.** Von *Genüsel* oder *Knusel* für *Nase* (*J.L.Fr.*)

belieben

*

sich mit einander, sich paren. Wenn die Schwanen Junge zeugen wollen, findet sich das Männlein zu dem Weiblein, und *beliebt sich mit ihm,* bringet seinen Hals zu des Weibleins Halse, umfängt den mit seinem Halse, und zeucht dasselbige zu sich. Wenn *sie sich* aber *beliebt haben,* schlägt das Weiblein das Männlein mit den Flügeln weg, und jaget es von sich, hernach waschen und baden sie sich beide, ehe sie wieder essen. (*Kohl.* Hausb. T. I B. XIII 8.)

biderb,

(in böser Bedeutung,) hart, streng; **durus, rigidus, austerus.**

Der *piderb* Ruedolf
der Salczburger bischolf –
tet gar vngutleich
seinen armen lewten.
Ich chan ew nicht pedewten
wie ser er jnen oblag
mit grosser stewr der er phlag
ab jn ze nemen alle iar.

(*Ottok.* Blts. 241 a.)

bidmen,

pidemen, zittern, beben; **tremere, contremere.** Die ert *pidomte* vnd stieß größlichen dristunt (dreymal) in einer nacht. (*Etterl.*) Welches augen klein sint vnd *pidement* vnd maniguerbig, der ist gar zornig. (*Megenb.*) Christus weltzt sich für Gott vnter der last vnser sünden, zittert, zaget vnd *bidmet.* (*Mathes.* Leichpr. Bl. 230.)

bien,

für *bannte;* **excommunicabat, anathemate feriebat** [exkommunizierte, belegte mit dem Kirchenbann].

Si bienen die si wolten
und niht den si solten.

(*Minnes.* I S. 102 b.)

Bienenkörbchen,

*

ein gewisses Essen von Honigäpfeln, welche man aushöhlet, mit allerley niedlichem Zeuge füllt, und, in einem Butterteige verschlossen, im Ofen gar werden läßt.

Bienenmuter,

*

Bienenkönig; **rex apum, mater apis.** ***Le Roi des Abeilles, la Mère Abeille.*** (*Verm.* ***du Fr.***) s. *Bömodor.*

Bienst,

*

(der,) die erste dicke Milch der Weiber und Tiere nach der Geburt; **colostrum, colostra.** s. *Biest, Briesch, Beestmilch.*

Bienstkind,

✱ ×

Säugling, der die erste Mutermilch sogleich nach der Geburt trinket; **colostratus infans.**

Bier,

✱

setzten die alten Deutschen nebst einigem Essen den Todten in das Grab. *Mikrell,* der zu Anfange des vorigen Jahrhunderts eine Beschreibung des alten Pommerlandes herausgegeben, bezeuget, daß man noch zu seiner Zeit verstopfte Gläser mit schönem Biere aus der Erde, da man sie vor vielen Jahren für die Todten hineingesetzt, hervorgegraben, und daß ihm ein solches Glas, welches zum Gedächtniß aufgehoben war, einmal in dem Hause *Herrn Christof Albins,* eins Arztes zu Stetin, gezeigt worden.

Bierbrunn,

✱ ×

Brunnquelle, deren Wasser wie Bier schmecket; **fons sapore cerevisiae,** dergleichen es in Island und anderswo gibt. (*Henisch.*)

Bierhund,

alter Käs; **caseus veteraneus,** weil er nämlich zu vielem Trinken reizet. (*Spate.*)

Bierkoster;

Aletaster, heißt in Engelland der Geschworene in jedem Gerichte, der da Sorge trägt, daß in dem Verkaufe des Brots und Weins keine Untreue vorgehe. Neulat. **Emendator panis & cerevisiae.**

bierkrank

✱ ×

oder ✱ *weinkrank,* der von einem gestrigen Rausche einen schwären Kopf hat. (*Kohl.* Hausb.)

Bierprobe,

ist in einigen Seestädten die Versammlung gewisser von der Obrigkeit aus den Brauerältesten verordneten Aufseher, welche die gebraueten Biere *ausproben,* und, wo das Beste befunden worden, solches durch öffentliche Ausschläge auskündigen, das schlechteste Bier aber, welches sie gar verwerflich finden, *wraken,* d.i. *aussetzen* und für untüchtig erklären, den Brauer auch noch wol darzu strafen. (*Jabl.*)

biesen,

brausen, wüten, brausen; **aestu exagitare, fremere.** (*Henisch*) Daher kömmt *Bisont,* **bison, taurus furens,** und *Biswind,* **boreas.** Holl. ebenfalls ***biesen, bysen.***

Bieswurm,

✱

Biese, Bremse; **oestrum.**

Biforachichundida,

×

(dü,) Vorverkündigung, Weyssagung; **praesagium, prophetia.** (*Isid.* V. 5.)

Bildrecht;

* ×

jus imaginis s. imaginum, war ehmals ein Recht bey den Römern, dessen sich nur die Edelleute und Geschlechter, deren Vorfahren in hohen Aemtern gestanden, bedienen dorften, und welches darinnen bestand, daß nur ihnen gebürte, ihre und ihrer Vorfahren Bildnisse in ihren Häusern auszusetzen, oder bey Leichen und andern feyerlichen Anlässen sich vortragen zu lassen.

Billich,

Bilch, Bilgen, Pilich, (der,) oder *die Bille, Piele, Bilchmaus;* Oesterr. *die Zisel,* heißt die grosse Haselmaus; **mus noricus, mus avellanarius major,** und Neulat. **citellus.** *Der Bilch* ist eine lange, schmale Maus, in der Grösse einer Hauswisel, und hat keine Ohren, sondern an deren Statt nur Löcher wie die Vögel; sie unterscheidet sich auch mit ihrem Stumpfschwänzgen. Man findet sie in der Schweiz, noch häufiger aber in Krain. Die Felle diser Mäuse, die zu Unterfutern dienen, werden weit verführt und wolfeil verhandelt, weil sie den Winter über unter der Erde in der Mänge beysammenligen, und allso leichtlich gefangen werden. (*Geßner, Faber* und *Valvasor* in der Beschr. des Herzogt. Krain.)

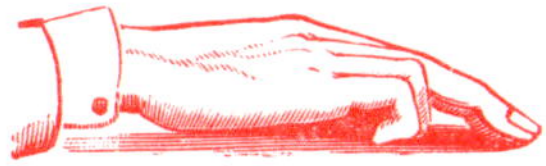

Bindeisen,

pflegt man den Ring zu nennen, welchen Zwey Verlobte einander auf die Ehe geben. (*Jabl.*)

birken,

×

die Rinde von einem Baume schälen. Holl. ***berken, barken.*** (*Kilian.*)

Birkenmayer,

ein Trinkgeschirr von Birkenholze, ausen ungedrechselt und samt der Rinde, dergleichen bey den Alten sehr üblich gewesen. (*Ten Kate* und *J.L.Fr.*) Zuweilen waren solche *Birkenmayer* ausen geschnitzet und inwendig geharzet und überwürzet. (*Kundmann,* Blts. 665.) In Holland heißt ein ***Berkemeyer*** oder ***Hensbeeker*** ein wichtiger Becher oder eine grosse Trinkschale, die Einer, der sich das erste Mal bey einem feylerlichen Gastmahle befindet, rein auslären muß. (*Halma*)

Birnbaumritter,

×

hiessen vormals die Ritter von Alkantara in dem Königreiche Leon. Sonst auch *Sant Julians Ritter.* Ihre Stiftung ist von 1179. (***Bailey.***)

Birnen

suchen auf den Buchen, sagen unsere Alten von zänkischen Leuten, die da suchen, was sie gewiß seyn nicht zu finden, nur damit sie zörnen und zanken können. (*Minnes.* T. I S. 20 b.)

Birnschütteln

✳ ✕

oder *Rüpfleinsspiel,* da ein Kind das Ander so lange schüttelt, bis Eines von Beiden zu Falle gebracht wird; **chytrinda.** (*Emmeli* aus *dem Pollux.*)

bisen,

(NS.) hin und wider laufen; **discursitare.** Von mutwilligen Kühen, die vor Wolseyn allerhand lustige Sprünge tun, sagt man, daß *sie bisen.* (*Richey*)

bisen,

sagen die Schweizer hingegen von den Kühen, wenn die Bremen und Fliegen solche wild machen, daß sie die Stiele aufheben und fürchterlich springen.

Biß,

an den Sigeln der angelsächsischen Urkunden sollte ein Zeichen der Bekräftigung seyn. *Herr Hickes* hat in der Vorr. seines nördl. Sprachschatzes, Blts. 9 aus einem AS. Briefe folgende Stelle: **In cuius rei evidentiam sigillum dentibus meis impressi, teste Muriele vxore mea** [Damit die Sache eindeutig sei, habe ich mit meinen Zähnen ein Siegel eingedrückt. Zeugin ist meine Frau Muriel.]; mit disen beygefügten Worten: **ubi usque in praesens in eadem cera apparent dentium vestigia pro sigillo.** [Wo bis zum heutigen Tage in ebendiesem Wachs die Zahnabdrücke anstelle eines Siegels zu sehen sind.].

Bitebaw,

(der,) Mummgesichte, Fratze, Larve, Popanz; **larva.** (*Silvius*)

bitter,

pitter, rauch, häßlich; **horridus.** s. biter.

Dez kindez halber tail
waz schön an alle mail
(ohne einigen Mangel oder Tadel,)
der ander tail waz rauch
am rukch vnd am bauch
vnd vberal an dem leib. – –
All die daz kind sahen
fürwar sy dez jahen
jn wer ze sehen des kindez pild
widerzem vnd wild. –
In dem nam der Dreiualtichait
wart gestossen daz kind
in die tawff an vnderwind
(ohne Anstand.)
Als bald vnd als schir
der chlain knab zir
aus der tawff waz chom
do ward jm abgenom
waz er an seinem leibe hat
schwachs vnd vnflat
so daz sein *pitter* gestalt
ward darzue gestalt
daz der künig muest jehen
er het nie gesehen
kinds leib so schön.

(*Ottok.* Blts. 176 und 177.)

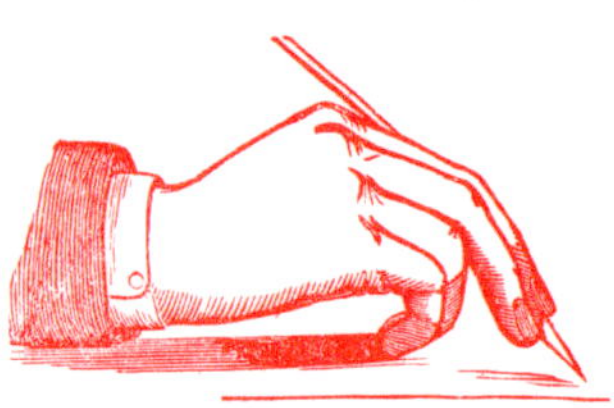

Bittschatz;

✕

benevolentia, eine Gattung freywilliger Steuer in Engelland, welche König Edward IV soll aufgebracht haben.

Als solcher mit den Seinigen Eins worden, sie sollten nach eigenem Belieben die nötigen Kriegsunkosten ausgeben, so wollte er glauben, daß der, welcher das Meiste gegeben, ihn ammeisten geliebt habe. Diser Weise soll Heinrich VII gefolgt seyn. (*Eckharts* mon. Ausz. 1701, Augstm. Blts. 49 aus *Joh. Sam. Strykens* **Dissert. de auro corornar.**) s. *Bete.*

Bitttafel,

×

hieß man ehdessen in Nidersachsen eine gewisse Britsche, worauf man Sonntags so wol in der Predigt, als auch vor den Häusern durch bestellte Kirchenpfleger das Almosen für die Haus- und andere Arme einziehen ließ. Ohne Zweifel mußte man einen ziemlichen Rückkorb darbey herumtragen, weil man neben dem Gelde auch Hanf, Flachs, Leinwand, Brot, Faulkäse, und andere Eßwaaren zu steuern pflegte. Die Einsammlung des Almosens selbst hieß man daher *eine Tafelbitte.* s. *Haltaus,* in *Tafeln.*

bitz,

×

sagt man zu Basel für *nett und stolz* in Kleidern, wenn von Frauenzimmer die Rede ist. Holl. ***bits,*** aber in weiterem Verstande.

Bläser,

✳

ein Magnet, der die Eigenschaft hat, daß er das Eisen gleichsam von sich stößt. (*J.L.Fr.* aus *Melzers* schneeb. Chr.)

blauen,

blau oder bläulich werden; wie die Berge des Abends bey schönem Wetter, die roten Trauben gegen dem Herbste, die Pflaumen, wenn sie reifen, der Buckel von einer Tracht Schläge, u. drgl.

Blauvogel;

✳

caeruleus, ein Sing- und Speisvogel, in der Grösse eines Staren, wird um den Etschfluß, und sonderlich bey Innsbruck gefangen. Er nistet auf den höchsten Felsen, da man ihn zuweilen mit Lebensgefahr aus dem Neste heben muß. Er soll mit dem in Bündten sogenannten *Steinrötele* einerley, oder solchem wenigstens nicht ungleich seyn. (*Geßn.* Vogelb. Bl. 20 und 21.)

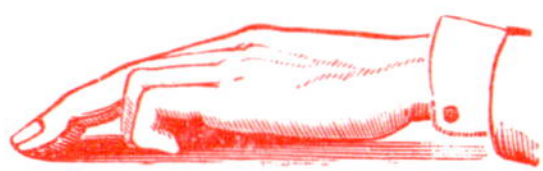

blenden,

✳

Blendtritte machen, sagt man von dem Hirsche, wenn er mit dem Hinterfusse die Fährte des vordern entweder länger oder breiter macht, weil er mit dem hintern ein wenig überschreitet, und mit den Ballen besser forteilet, so daß der Tritt dardurch merklich länger scheinet, als er an sich selbsten ist. (***Jabl.***) s. *erblenden, ereilen, verloren.*

Blickgold,

✳

woraus noch vieles Silber blicket, welches darvon muß geschieden werden.

Bliekling

✕

oder *Blienkling,* (Schweiz.) ein Spottname blasser Leute. Ein magerer arbetsäliger *Blieckling.*

blitzkräftig;

✱ ✕

electricus.

Blumenbesuch,

✱

Schaftrieb; **jus pascuorum.** (*J.L.Fr.*) Eigentlich ist es die Dienstbarkeit, die mein Nachbauer von mir leiden muß, daß ich meine Schafe oder auch ander Vieh auf seinem Grund und Boden waiden lasse. *Plumb- vnd Wasserbesuoch,* das Waid- und Tränkrecht auf fremden Gütern. (*Perned.* **Instit.** Bl. 32 b und gerichtl. Proc. Bl. 39 a.)

Blumenstücke,

✱

heissen die Gärtner die sonst sogenannten *Rabatten.*

Blutflagge,

✱

(Seew.) rote Flagge, welche man zum Zeichen des Angriffes bey einem Seetreffen aufstecket.

Blutlampe,

✱

Lebenslampe, eine durch die Scheidkunst aus Menschenblute bereitete Lampe oder Kerze, welche nicht nur des Menschen Lebenszeit über brennet, sondern auch durch ihren lichten oder dunkeln Schein von des Menschen Geblüts- und Gemütsänderungen deutliche Anzeige gibt. (Jabl.) s. *Lebenskerze.*

Blutwette,

✕

Engl. ***Bloodwit,*** heißt in den alten Gesätzen der Engelländer die Geldstrafe für vergossenes Blut.

Blutz,

✕

(die,) Beule. Ist Holländisch; aber daher kömmt auch der Name *der Blutziger* oder *Pausbäcklein,* der allerkleinsten und hohlgeschlagenen Münze in der Landschaft Basel.

Blutzapf,

Wüterich, blutdürstiger Tyrann. Assur war *ein bluotzapf,* bluot- vnd rachgirig. (*Seb. Frank.*)

bobern,

sagt man von dem schwären und gemachsamen Fluge gewisser Vögel. Der Flug des Kibitzes ist langsam und *bobert* in der Luft, derowegen er leicht zu schiessen ist. (*Flemm.* deut. Jäg. T. I Blts. 152 a.)

Bobist,

Papst; Apostel; **Apostolus.**

Bobling,

✕

Boblinus, Bobolenus, (Manns.) wackerer Sohn; junger, rüstiger Mann. s. *Babo.*

Bobo,

(Deutschlat.) Bube; **vir inutilis. (Voc. Y. IV 23.)**

Bochselierer,

der alle Sudelarbeit versieht. s. *Bosselierer.*

bochseln,

hin und wider wegen und wanken. Die klawen der Kuo söllend nit breit seyn, damit sy nit *bochsle* oder zuosammen klaffe, so sy herein tritt. (*Geßner.*) Schweizerisch heißt *bochseln* auch, Einen immerfort, und bald da, bald dort mit schnöder Arbeit bemühen.

Bock.

Von Einem, der so häftig weinet, daß er darüber schluchzet, sagt das gemeine Volk in Deutschland: *Er heulet, daß ihn der Bock stößt.*

bocken,

✱ ✕

wird von den Ziegen gesagt, wenn sie den Bock zulassen.

Bockhirsch,

✱ ✕

ist ein Tier, das einen Bocksbart und ein Hirschgeweihe hat; **tragelaphus.** (*Megenb.*) s. *Weißarsch.*

Böcke,

hiessen die Kriegsknechte bis auf Keis. Maximilian I, welcher den ehrlichen Namen der Lanzknechte aufgebracht, und eine bessere Kriegsordnung in Deutschland eingeführet. (*Verd. Meteran.* Blts. 16 b.)

Böcke,

nennte man in den Jahren 1443 und 1444 Sechszehn Bürger und Besatzungsknechte von Zürich, welche sich durch ihre Streifreisen, Kriegslisten und Proben der Tapferkeit wider die Eidsgenossen vor Andern hervortaten.

Böfel,

(das,) Getümmel. Da erhuob sich ein grosses *böfel* (**tumultus magnus**) in den gezelden der philistiner. (*Kob. Bib.* I Sam. XIV 19.) s. *böfian.*

böken,

✕

sagt man zu Basel von Leuten, und sonderlich von Weibern, die vor Hochmut kaum das Maul auftun. s. *pöchus.*

bökern,

(Niders.) klopfen, hämmern wie die Faßbinder. Von *Böker,* in der gemeinen Sprache zusammengezogen für *Böttiger*; **doliarius** (*Richey.*)

Börne,

✕

(AS. Mannsn.) Hochgeachter.

bös,

(Schweiz.) für *geschwinde,* flink, behende; **adroit.** (*Haller.*)

böse Blume,

*

böser Heinrich, ein den Rindern schädliches Kraut, mit purpurfärbigen Blumen und hirsähnlichem Samen, welches haricht und wie eine Aehre gestaltet ist. (*Geßn.* Tierb.)

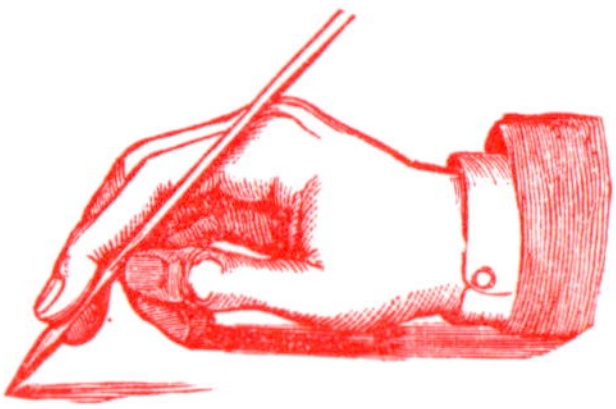

böser Pfenning,

eine auserordentliche Schatzung, die ein Herr auf seine Untertanen legt. Der lantvogt Hagenbach gebot in allem sinem gebiete von jeder moß wines ein rappen zu geben, der selbe rapp wart genant *der bös pfennig,* das was ein gros schatzung. (*Königsh.* Blts. 371.) s. *Maltschot, Ungeld.*

Bohnen;

Span. ***Favas,*** nennet man in der Insel Minorka gewisse kleine, flache, harte, bleiche und juckende Beulen, welche an den Einwohnern auf einmal Eine oder Zwo Stunden lang zum Vorscheine kommen, und eben so wieder verschwinden, um sich hernach wieder vonneuem sehen zu lassen.

Bolster,

Scherwolle; **tomentum.** (***Iun.*** **Nom.**) Daher man die Kissen, welch mit solcher Wolle gestopft worden, ebenfalls *Bolster* zu nennen pfleget.

Bonach,

×

ein Tier, halb Ochs und halb Pferd. (*Megenb.*) s. *Wapen.*

Boß,

(der,) ein starker zur Arbeit tüchtiger Kerl, grober Geselle.

– – Du bist ein junger Man
Man solt ein solchen starcken *Bossen*
von jugent ein handwerck lernen
lossen.
Es sind jr viel so grobe *Bossen*
Das sie sich nit wöln strafen lossen.
(*Waldis* B. IV Fab. XLV und XCVIII.)

Bossel,

(die) Kegelkugel. (Niders.)

Bosselarbeit,

grobes Geschäfte, Sudelarbeit in einem Hause.

Bossen,

getriebene Gold- oder Silberarbeit. Die Alten verstehen dardurch zuweilen allerley Zieraten.

bossen,

stossen; Ist so viel als das franz. **pousser,** und das Holl. **bothen,** von *batten,* schlagen. Daher kommen *Butsch,* Stoß; *Butter,* ***Bosse,*** Beule.

bossen,

(*boossen,*) schlagen, klopfen. Di von Stroßburg iltend [beeilten sich] mit dröschen vnd *bossende* (grobhin die Garben flegeln,) das jn gar vil korns wart. (Anm. zu *Königsh.* S. 156.) Hiervon kömmt *Amboß.*

Bosser,

×

Zwerg. (*J.L.Fr.*)

Brabanterele

×

messen, heißt in den Spielen des sächsischen Frauenzimmers, wenn man einem jungen Herrn auferlegt, Dasselbe mit ausgespannten und an einander geschlossenen Armen zu messen, und es zugleich seiner Geschicklichkeit überläßt, Demselben bey diser Gelegenheit einen Kuß beyzubringen. (*Frauenz. Lex.*)

brabeln,

strudelicht und unverständlich reden; **praecipitanter loqui, praecipitare verba.** (*Mahl.*)

Brach

oder *Bracht,* (der,) Schall, Gebrause, Getöse; **sonitus, fremitus, fragor.**

Man hort von bosawnen [Posaunen] *brach*
Von tamburen vnd saitenspil
waz do fremder done [Töne, Weisen] vil.
(*Eschenb.* B. I 3488.)
Di vogel hueben iren suzen *bracht*
Si teten mit irem sange kunt
des morgens kunft als si noch tuent.
(*Eschenb.* B. I 3574.)
Do waz von tamburen groz *bracht.*
(Eb. das. V 4269.)

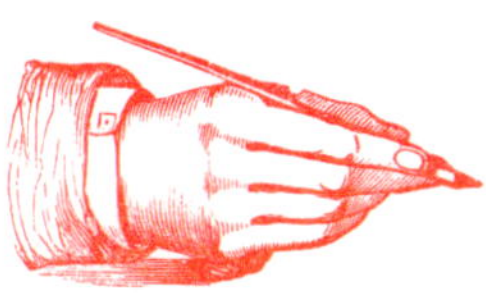

Brad,

×

(Kelt.) Betrug; **fraus, dolus.** (***Rostren.***) Ohne Zweifel kam daher das alte Sprüchwort *den Brad* oder *Braden riechen,* **fraudem subodorari,** wofür man aus Unverstande mit der Zeit *einen Braten* eingeschoben. Ist Eines mit dem Niederd. *Pratte, Parte*; **argutia, fallacia** [Kniff, Täuschung].

Brändlein,

✳

nennen die Feuerwerker lange dünne Hülsen, die sie mit einem Brandzeuge anfüllen, der eine helle Flamme, aber keine Funken von sich gibt. Man hat sie von allerley Farben, auser der grünen, welche man schwärlich herausbringt.

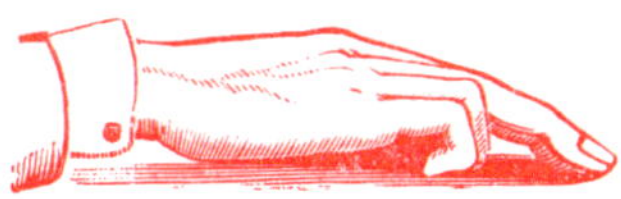

Brandflösse;

✳ ×

Franz. *Caïeux,* seyn eine Gattung Flösse, deren sich die Franzosen in Kanada bedienen, den feindlichen Schiffen die Einfahrt in den Lorenzfluß zu verwehren. Zu disem Ende beladen sie dergleichen Flösse mit allerley brennlichem Zeuge, stecken sie in Brand, und lassen sie den Strom hinunter treiben. Dise Brander werden in einer gewissen Weise von einander quer über den Strom gestellet und mit Tauen an einander gehängt. Begegnen sie nun einem Schiffe, so wird solches darvon umringet und verbrannt.

Brando

×

und *Branthoch,* (Mannsn.) berühmt, hochberühmt. s. *brand.* Beide Namen führte ein Abt von Fulda. s. *Brusch.* Beschr. der deut. Kl. Bl. 58 b.

Bratze,

✱

(die,) sagen die Franken und Oesterreicher für *Tatze*, Pfote.

brechender Mond,

✱ ×

abnemender Mond. Erbsen soll man im brechenden Mode säen, d.i. nach dem vollen Monde, oder letsten Viertel. (*Kohl.* Hausb.)

Breissem,

×

Todtenschaum, den nämlich die Sterbenden oder Erstverstorbenen zuweilen aus werfen; **spuma letalis** (*ten Kate*). *Breissem* ist so viel als *Breinsam*, d.i. Hirnsel, weil es ein hirnähnlicher Schaum ist, oder weil er dem Gehirne ausgiert.

Brembel,

Bremble, Brämble, Bremel, Brembr, (AS.) Brombeerstaude; **rubus, morus.** *Brembel-äppel,* Hagapfel; **pomum spinosum.** *Bremble-brär, Brämble-brer;* Burzeldorn mit einer stachlichten Frucht; **tribulus.** *Bremel,* was sticht und weh tut; **angens.** (*Som.*) s. *Brär, Bram.*

Breme,

(der,) Floh, **pulex:** von *bremen,* **pungere** [stechen], allso genannt. Als Dauid in Zipher vff eim berg von saul belegert was, in derselben nacht gieng Dauid selb ander in das here, vnd fand sie al schlafen, vnd nam zuo den haupten Saulis den trinckoff (den Trinkbecher) vnd sein sper, vnd gieng wider hin weg, vnd da er kam über ein grunt vff ein berg, do sprach er, sihe Saul ich hett dich wol getöt vnd wolt nit, aber du achtst mich als ein *premen.* (*Psalter* von 1503 in dem Eingange zu Ps. LXIII.)

Briefe *fressen,*

ein ärgerliches Fressen, wozu mehrmals Hofgerichts- und andere geschworene Boten von rohen Spöttern obrigkeitlicher Befehle gezwungen worden. s. *Haltaus.* in *Bote.*

Briefstab,

×

scytale. Dergleichen waren ehmals bey den Spartanern im Gebrauche. Sie hatten nämlich Zween gleichförmige Stäbe; darvon gaben sie Einen ihrem Kriegsfürsten zu Felde mit, den andern aber behielten sie verwahrlich auf dem Rathause. Wenn sie nun dem Feldherrn oder er ihnen etwas Geheimes benachrichtigen wollten, so schnidten sie ganz dünnes und schmales Pergament, machten solches oben an *dem Briefstabe* fest, und wickelten es dicht neben einander herum, daß es aussah, als wenn der Stab von einem ganzen Pergamente wäre überzogen worden. Dann schrieben sie darauf, was sie wollten; nachmals lösten sie das überschriebene Pergament von dem Stabe ab, da denn kein einiger Buchstabe ganz, vielweniger ein Verstand daraus zu erraten möglich war, indem die Schrift nicht anderst sah, als wenn es gekritzelt und getüpfelt wäre. Dises schickten sie nun einander zu; und wenn gleich der Feind oder sonst Jemand dergleichen *Stabbriefe* lesen wollte, so wußte doch Niemand etwas herauszubringen, als Derjenige, der den andern Stock hatte, um welchen das Schreiben wieder mußte gewunden werden. (*Aul. Gell.*)

Brieki,

×

(das,) Maul oder Gebärdung eines Flennenden; **os lacrymabundi.**

Brille;

perspicillum, hat ihre Benennung von dem Altd. *Bridel,* oder *Brill,* wie man es ehmals auch kurz zu sprechen pflegte. Weil dises Wort sonst die Bedeutung eines Kappzaumes (**capistri**) hat, so bezeichneten die Alten, welche das Band der Augengläser etwas plump zu verfertigen pflegten, ein **Perspicillum** wegen der Aehnlichkeit mit einem Nasbande [ein die Nase schützendes Eisenband an Helm und Pferderüstung] sofort mit dem gleichen Namen *der Brill,* und nicht *die Brille,* welche Veränderung erst in den neueren Zeiten aufgekommen. Wahr ist, daß man in dem XVI Jahrhundert darfür auch *Barill* oder *Berill* geschrieben; Solches aber geschah nur von Halbgelehrten aus Nachäffung des Namens von dem **Beryllo,** einem indianischen kristallhellen Edelsteine, von welchem, wie man einfältiglich glaubte, die ersten *Brillen* sollten verfertigt worden seyn.

Brömmelbier,

müssen an einigen Orten die unverheurateten Handwerksmeister alle Jahre, wie zur Strafe geben, so lange bis sie in den Ehstand treten.

Bröter,

✱ ×

✱*Brötling,* der in unserm Lohne, oder, wie die Schweizer reden, in unserm Mus und Brot ist; **unus ex familia heri, cui alimentum praebitur** [einer aus dem Gesinde eines Hausherrn, der mit Nahrung versorgt wird]. Seyn es deren Mehrere, so heissen sie bey den Alten *das gebrötete Gesinde,* oder *die Brotessen.*

Bromhenne,

nennen die Tyroler die Ur- oder Berghenne, weil die Brom- Heydel- und Wachholder-Beere ihr Geässe in dem Sommer seyn. s. *Grigelhahn.*

Bruderkrabbe,

✱ ×

(die,) eine Gattung Schneckenkrabben, die auser ihrem Häuslein einen Pilger oder Wallbruder vorstellen.

Brummkräusel,

✳

(der,) ein hohler Kräuseltopf mit einem Loche, welcher im Laufen brummet. It. figürl. ein murrischer Mensch, den man auch *einen Brummkater* nennet.

Brummvögel,

✳

Colobritjes, eine Gattung sehr kleiner Vögel in dem südlichen Amerika von wunderschönen Farben. Sie seyn mit einem dünnen und scharfgespitzten Schnabel versehen, und haben den deutschen Namen von dem Gesumse, welches sie machen, wenn sie fliegen, oder gleich den Bienen den Honig aus den Blumen saugen.

Bubel,

×

Wasserbubel, (NS.) Wasserblase; **bulla.** (*J.L.Fr.*)

Bubengasse,

entblößter Busen des leichtfertigen Frauenzimmers. – Die töchterlein, die mit durchsichtigen kleidern, mit pleckendem hals mit blossen armen vnd mit offner *bubengassen* herein gebrangt haben. (Mathes. Bergpr. Bl. 10 a.)

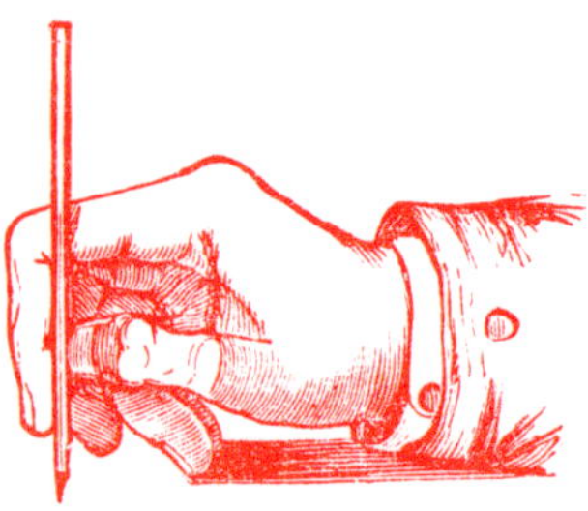

Bubenklöcklein,

×

heißt zu Basel die Klocke, die im Winter des Abends um halb Neun, und im Sommer um Neun Uhr geläutet wird, und die nach der ehmaligen Stadtordnung das Zeichen gab, daß die Wirte ihre Häuser schliessen, und die mutwilligen Bursche sich nach Hause begeben sollten. s. *lange Klocke.*

Buchfell,

×

Puohfell, Pergament. *Puohfellon;* **membranis.** (***Gl. Mons.***) s. *Schreibfell.*

Bücherkämmerer;

✳ ×

bibliothecarius. s. *Buochgoumer, Buocharzt.*

büetzen,

ausbüssen, flicken, bletzen. *Büetzt,* geflickt.

Büetzer,

Altflicker, Altbüsser.

Bürgerherrschung,

✳ ×

✳ *Volksherrschaft,* **democratia, ochlocratia.**

Bürstenbindergruß,

×

ist der längste unter allen Handwerksgrüssen, so daß die Gesellen beynahe Zwo Stunden darmit zubringen; derowegen man auch die langen Komplimente darmit zu vergleichen pfleget.

Bundspfeife,

✱

✱ *Fridenspfeife;* ***Calumet,*** ist bey den Wilden in Virginien eine seltsame, weiß- rot- und schwarzgescheckte Tabackspfeife, deren sie sich bey allerley wichtigen Handlungen bedienen. Der Kopf an disem ***Calumet*** ist sehr fein geglättet, und das Rohr oder Riet, welches etwann 2½ Schuh in der Länge hat, mit Federn von allerley Farben und unterflochtenen Weiberharen umlegt. Gegen dem Kopfe zu seyn Zween Flügel von dem seltensten und zierlichsten Vogel, den man im Lande findet, befestigt, so daß *die Fridenspfeife* dem Fridensstabe des Meerkurs nicht ungleich sieht. Mit dieser Pfeife versehen die Wilden ihre Gesandten an Freunde und Feinde, als dem heiligsten Bunds- und Fridenszeichen, und seyn durchgehends des Glaubens, daß, wer an einem solchen Gesandten sich vergriffe, von dem Himmel schwärlich würde gestraft werden. Ohne dise Pfeife wird unter ihnen kein wichtiges Geschäffte und kein Friden geschlossen, noch Jemand der Krieg angekündigt. Soll ein Fride richtig werden, so füllen sie dieselbige mit dem besten Tabacke des Landes, und überreichen sie dem neuen Bundsfreunde, der sie dann mit ihnen ausschmauchen muß.

bunte Reihe;

✱

Franz. ***Pèlemêle,*** nennet man an grossen Höfen eine feyerliche Lustbarkeit, da so wol die fürstlichen Personen, als auch alle ansehenliche Hofbediente von beidem Geschlechte nach der Ordnung des Loses parweise zur Tafel gesetzet, und herrlich bewirtet werden. (*Florins* adel. Hausv.)

Burgilla,

Bürgeln, ein Dorf in dem Kanton Ury, nahe bey Altdorf an der Schäch, hat den Namen von einer Burg, die ehmals daselbst gewesen, und wovon man noch die Überbleibsel sieht. *Bürgeln* ist sonst durch den helvetischen Befreyer, Wilhelm Tellen, berühmt, der bis in sein Ende darinnen gehauset. Es ist auch nach der Zeit an den Ort, da sein Haus gestanden, eine Kapelle gestiftet worden. Der Ort **Burgilla** ist in der gottwichischen Karte des mittlern Germaniens verzeichnet.

Butterbier

✱ ×

oder ✱ *Schmalzbier,* ist hamburgisches mit Butter angesodtenes Bier, womit sich die Friesländer ganz warm zu gurgeln pflegen. (*Sachs.* **Ampelogr. p. 358.**)

Butz,

Gespenst, Teufel; **spectrum, daemon.**

– Ob dann fürtrifft der eygen nutz
eyn lant verderblich grusamer *butz.*
(*Salat.*)

Chiminni,

Geliebter. See myn chneht, *chiminni mir*; **Ecce puer meus, dilectus meus** [Siehe mein Knecht, mein Geliebter.]. (*Isid.* IV 6 bis.)

Chral,

Gral, Kral, König. Hung. ***Kiraly***. Die alten österreichischen Schriftsteller bedienen sich dises Wortes insonderheit, wenn von den Königen in Ungarn die Rede ist. In der Mehrzahl, *die Chralen* oder *Gralen*; **reges**.

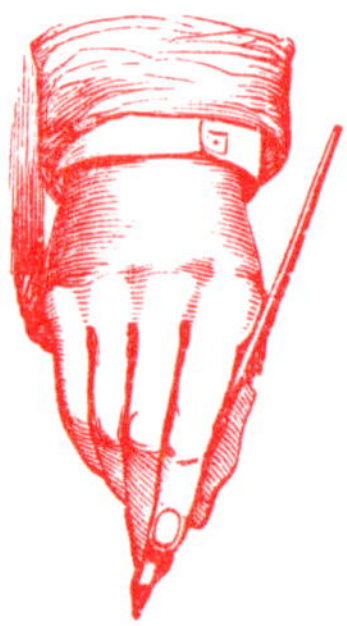

chütteren,

gurgeln, locken und schwirren, wie die Vögel; **garrire**. *Chütteren* wie ein Gockelhan, der ein Huhn decken will, **cucurire**. (*Mahl. Fries.*) Von *chuten*.

Churwahlen,

×

werden die Graubündtner genennet; daher auch heißt ihre aus dem Lateinischen und alten Toskanischen gemängte Sprachart *die churwelsche*. s. *Churwelsch*.

Cocodrill,

(der und das,) Krokodil.

Cokainea terra,

×

Schlauraffenland, das Land der Faulheit und Wollüste. Franz. ***Païs de Cogaigne***. Ehdessen nennten die Bauern in Engelland Diejenigen, welche sich von dem Pfluge zu dem wollüstigen und müssigen Stadtleben begaben, ***Cokaignes***, oder, wie man nunmehr sagt, ***Cockneys***, d.i. Bürger des Schlauraffenlandes, ***Cokainea terrae***, oder Schelmen, ***Coquins***, wie es Hickes in s. AS. Sprachl. Blts. 231 erkläret. Der Name dises Saus- Braus- und Schmauslandes kömmt von dem Brittischen *Koginiäth*, **coquinaria** [was zur Küche gehört].

Commentel,

×

(das,) Tütsche, Tunke; **embamma**. Ausgesotten Kirschen, Weinbeer oder Preyselbeer (Erbseln) geben ein gut *Commentel* oder eindunck zum Gebratenen. (*Mathes*. Hochzeitpr. Bl. 69 b.) s. *Commentichen*.

Commentichen,

×

(das,) Senfschüsselchen. (*Kohl.* Hausb. T. I B. VI 23.) Darfür hat Kilian *Kommeken*; **vasculum, catillus, alveolus** [kleines Gefäß, Schüsselchen, kleine Wanne]. Das Stammwort ist *Kom*, Schüssel.

Curtisan,

(der,) Hofmann; It. ein Aufwärter des Frauenzimmers. It. ein Pickelheering oder Marktschreyer; It. ein Geistlicher aus dem Papsttum, der zu Rom eine Pfarre und Pfründe erkauft und sich vermittelst der päpstlichen Briefe einem Landesherrn oder einer Kirche aufdringen will. Im. J. 1520 wurden *die Curtisanen*, welche mit anfechtung der Pfründen grossen muotwillen verüebt, aus aller Eydgnoschaft verbannet, vnd von den Eydgnossen mit einhälligem Rathschlag, solche, da sie ihrem gwerb ferners in ihren landen nachziehen wurden, in säck zuo stossen, vnd ohne alle gnad dem Wasser zuo befehlen, entschlossen. (*Stettler* T. I S. 598 und *Simmler* vom Reg. der Eidsgen. p.m. 425.)

d

Dachtel,

(die,) bedeutet zu Basel ein kräftiges Erinnerungszeichen, das man einem tummen Kerl mit der flachen Hand wider die Ohren gibt. Vergl. mit *Dusel.*

Däsch,

(Schweiz.) Tasche. It. ein Scheltwort unter Weibern.

Dammbrecher;

×

aggerum ruptores, die aus Bosheit einen Damm durchstechen, und dardurch ein ganzes Land in unverwindlichen Schaden setzen, werden in den Niderlanden an dem Orte, da die Zerreissung des Dammes geschehen, mit dem Feuer gestrafet. (*Dammhouder.*)

Dampfhorn;

*

wird in dem Niders. und Holl. gesagt. Man pflegte die Spitze eines Rindshornes an einem Stecken fest zu machen, und in den Kirchen die Lichter darmit auszuleschen, und den Dampf zu verhindern. Nachmals wurden auch die blechernen Leschnäpfe *Dampfhörner* genannt. *Dampfhorn* heißt man scherzweise auch eine grosse krumme Nase oder Habichtsnase. (*J.L.Fr.*)

Danegeld;

×

tributum danicum, hieß ehmals die jährliche Steuer, welche die Engelländer den Dänen, um sich vor ihren Einfällen und Räubereyen zu versichern, bezahlen mußten; oder die Steuer, die der König von allen Untertanen, die Geistlichkeit ausgenommen, erhub, die längst den Küsten verlegten Völker, welche alle feindliche Landungen verhüten sollten, daraus zu bezahlen. Nach der Hand pflegte man auch andere Königsgelder allso zu nennen, bis nach dem König Steffan, das ist, etwann in dem XII Jahrhundert, da *des Dänengeldes* nicht mehr gedacht wird, und die königlichen Hülfsgelder forthin unter dem Namen des **Tallagii** oder *der Taxe* mit Beyrat und Einwilligung der Reichsstände eingetrieben wurden. (*Spelm.* in **Danigeldum.**)

darvonbolzen,

* ×

d.i. darvonschiessen wie ein Bolzen oder Pfeil, sagt man bergmännisch, wenn man vor der Zeit von der Arbeit gehet, und Schicht machet.

Daubenfritz,

Däubler, Daubenvogt, Daubenhändler; **columbarius.** (*Kohl.* Hausb. T. I B. XIII 109.)

Dauerbaum,

* ×

Endrachendrach, ein Baum auf der Insel Madagaskar von solcher ungemeinen Härte und Festigkeit, daß er auser und in der Erde dauert, und fast nicht verwesen soll, welches auch dessen Name, welcher in der Landessprache *beständig* oder *dauerhaft* heißt, zu erkennen gibt. Der Baum wächst hoh, und sein Holz ist schwär, hart wie Eisen, und gelb inner der Borke.

David,

heißt zu Nürnberg das Kleinod, welches *der Übersinger* oder Siger unter den Meistersängern an dem Halse tragen darf. Es bestehet in einer silbernen Schnur, woran Drey grosse silberne und vergüldte Schillinge gebunden seyn, deren mittelste und schönste den König David mit der Harfe vorstellet.

St. Davids *Tag,*

ist ein Fest, welches die Einwohner des Herzogtums Wallis [Wales] auf den ersten Tag des Märzens zu Ehren des heiligen Davids, ehmaligen Bischoffes dises Landes, feyern, weil ihre Väter auf solchen Tag unter der Anführung dises Heiligen einen herrlichen Sig über die Angelsachsen erfochten. An disem Feste bestecken die Walliser ihre Hüte mit Lauch, zum Angedenken, daß ihre Feinde zur Unterscheidungsfarbe und zur Losung in dem Treffen auf ihren Helmen und Hauben Lauchsträusse geführet hatten. (***Bailey.***)

Debbel,

*

Dibbel, oder *Döbel,* (der,) heißt bey den Schreinern, Zimmerleuten, Mäurern und Schlössern ein viereckichtes Stück Holz, welches sie in ein Loch, das sie in eine Mauer geschlagen, treiben, einen Haspen, Haken, Nagel, oder Anders desto besser zu befestigen. (*Jabl.*) Von *deuben, dobben,* fügen.

Deimler,

×

Deumler, Spitzbube. Wir erfaren, wie jetzt so vil Spitzbuben vnd *Deumler* sein, die mit der Schrift spilen, wie die Kriegsknecht vnterm Creutze vmb den Rock Iesu Christi. (*Mathes.* Leichpr. Bl. 132 a.) Das Wort scheinet von dem AS. *dym,* dunkel, weil ein Spitzbube seine Streiche in dem Dunkeln spielet, hergenommen zu seyn.

delben,

(Alem.) graben; **fodere**. *Ich delbe,* ich grabe. *Du dilbist* oder *dilbis,* du gräbst; *er dilbet,* er gräbt; *ich dalp,* ich grub. *Du dulbest,* du grubest. *Wir dulbent,* wir gruben. *Gedolben,* gegraben. *Ze delbende* oder *delbenne,* zu graben. Aus Unverstande der Abwandlung haben *Schilter, Scherz* und Andere die falschen Zeitwörter *dilben, dolben, talpen,* und *tulpen* ausgehecket. Angels. *delfan.* Engl. ***to delve.*** Daher das Lat. **talpa**, Maulwurf. s. *telpen.*

Delft,

×

(die,) Graben. Die Stadt dises Namens in Holland ist von dem Wassergraben oder Kanal, der von der Mas dahin geleitet worden, allso genannt. (***Guicciard.* descr. Belg. P. III** pag. **103.**) Holl. ***Delf, Delve*** oder ***Dilve.***

Demütigungstage;

×

the Days of humiliation, werden in Engelland Zween allgemeine Bußtage genennet, deren der erste den 30 Jäners zum Gedächtniß der Enthaubtung König Karls I, der andere aber den 2 Herbstmonats zum Gedächtniß des grossen Brandes zu London im J. 1666 feyerlich begangen wird.

Dengelstumpf,

(der,) eine Gattung grosser Sicheln, kürzer als die Sensen; allso genannt, weil sie auch getengelt wird. Es soll Niemand auf dem Gemeingrunde noch anderen Wiesen und im Holze, mit Sensen oder *Dengelstumpfen*, mähen, bey Strafe eines Güldens. (*Besold* aus der Megeldörfer Gemeinordn.)

Denkblasen,

×

(das,) das Blasen mit Posauen an dem ersten Tage des bürgerlichen Jahres [Rosch ha-Schana] der Jüden; wie auch an dem Jubelfeste; **monimentum clangoris** [Schmettergedenken]. (*Frosch. Bib.* III B. M. XXIII und XXV.)

Diamantschrift,

✳

die kleinste Schrift der Buchdrucker; ***Nonpareille, Sédanoise.***

diddig,

×

(Brit.) fridsam, willig, leicht zu bereden und zu lenken; **placidus, facilis** [angenehm, umgänglich]. In gleichem Verstande sagt man auch zu Basel von einem unbändigen Gesellen, der durch die Züchtigung gemürbet worden, daß man ihn *tetig* gemacht habe.

Dieb:

(Sprüchw.) Die grossen *Diebe* henken die Kleinen. Kleine *Diebe* henket man; vor den Grossen zeucht man den Hut ab. Wer stehlen will, der stehle so viel, daß er die Galgenlöse darvon zahlen könne, und dennoch übrig habe. **Dat veniam corvis, vexat censura columbas** [Mit den Raben geht die Zensur nachsichtig um, die Tauben quält sie.]. Wer *einen Dieb* erhält, ist selbst des Stranges wert; **Iudex damnatur, cum nocens absolvitur** [Ein Richter wird (selbst) verurteilt, wenn der Schuldige freigesprochen wird.].

Dielen *dreschen,*

ist eine lächerliche von den abergläubischen Alten hergebrachte Gewohnheit in dem Aargau. Da tun sich in der Neujahrsnacht, sonderlich wenn es helles Wetter ist, hier und dar etwann Sechs Bauern zusammen, und legen entweders auf offenem Felde oder auf einem bequemen offenen Platze ihres Dorfes eine lange tännerne Diele dergestalt, daß eine Höhlung darunter bleibe; auf dise Diele schlagen sie mit ihren Flegeln so kräftig zu, daß man vor dem fürchterlichen Gerassel bey der stillen Nacht in der Ferne erschrickt; und dises treiben sie so lange, bis sie entweder die Flegel oder die Diele in Stücke schlagen. Geschieht das Erstere, so wollen die Bauern daraus wahrsagen, daß sie eine schlechte Ernde zu erwarten haben, und läres Stroh dreschen werden. Ist aber das Letstere, so soll es dasselbige Jahr eine reiche Ernde geben, und über dem vielen Dreschen der Boden ihrer Tennen reissen.

Dietrichsbern,

Verona, eine Stadt in der venetianischen Lombardey: Der Etschfluß läuft dardurch, und gibt ihr allso einige Aehnlichkeit mit der Stadt Basel. Den Zunamen soll sie von Dietrich, dem ersten gotischen König in Italien, wegen seiner besondern Neigung zu Derselben, empfangen haben. Ich glaube aber, daß sie vielmehr wegen ihrer beständig grossen Bürgerschaft *dietrich Bern*, d.i. volkreich Bern, genennt worden sey.

Diffe;

canis foemina [Hundeweibchen]. s. *Tiffe.*

digel,

×

digle, digellike, diglike, digollike, dihlike, dygle, dyglike, dygyl, dyhle, heimlich, geheim, verborgen; **secretus, opertus, occultus**. *Digolnesse, Dygylnesse,* Heimlichkeit, Geheimniß, Einsamkeit. *Digelan, diglian,* verbergen; **occultare**. (*Som.*) s. *dägl, diegellike, diogollike, Diolu.*

Digelwriter,

×

(AS.) Geheimschreiber; **secretarius**. (*Som.*)

Dille

*

oder *Tille,* (die,) die Hülse eines Lichtstockes; **tubulus candelabri**. It. eine Zwinge; **copula ferrea**. Die eiserne Spitze des Pfeils samt *der Tille,* worein das Holz eingezapffet, ist über 3 Untzen schwer, gegen 4 Zoll lang, und viereckicht unten zugespitzt. (*Kundmann,* Blts. 602.) *Dillen* werden sonst auch die Röhren an den Wasserpumpen genennt.

Dille,

*

(die,) der hintere Teil an den Bajoneten, welche man in die Flinte stößt. Die Bajonete mit dem Griffe seyn besser, als die mit *der Dille*, weil sie in dem Laufe stecken, und man allso feuern lassen kan, wenn man will. (*Wirz.*)

Ding,

geistlicher Bann; **anathematis vinculum** [Fessel des Kirchenbanns]. Der Bann brachte weder Sorge noch Furcht, sondern nur grössern Widerwillen mit sich. Da nun die Geistlichen weder Messe lesen, noch einigen Gottesdienst mehr verrichten wollen, so versammelten die Appenzeller eine vollkommene Lansgemeinde, und schafften *das Ding*, so hiessen sie das Interdict, ab. Der Landammann mußte an öffentlicher Landsgemeine ein Mehr machen, und rufen: Welchem wolgefällt, daß wir nicht im *Ding*, das ist Bann, seyn, der hebe seine Hand auf. (*Walsers* Appenzellerchr. im J. 1425.)

Ding,

Aufführung, Lebenswandel; **vitae ratio**. Von einem ehrlichen Mittelmanne sagen die Schweizer: Er ist ein frommer, guter Mann und *aufrechts Dings.*

Ding,

für *Dingstag*, **dies Martis.** (*Halt.* **Cal. med. aevi, p. 6.**) s. *Dystag, Erchtag.*

Ding,

Geburtsglid an Menschen und Tieren. Ob zwene ein ander anloufent vnd kumet ir eines wip [die Frau von einem der beiden] vnde wil ir man helpen vnd vahet ienes mannes *dinc* vnder den beinen ... (*Alem. Landr.* K. CXCVI in Cod. Fesch.) Die leut mit beiden *dingen* heissen hermafroditen. (*Megenb.*) Die äffin hat *ein ding* als ein weip vnd der aff als ein hunt. (*Eb. Ders.*)

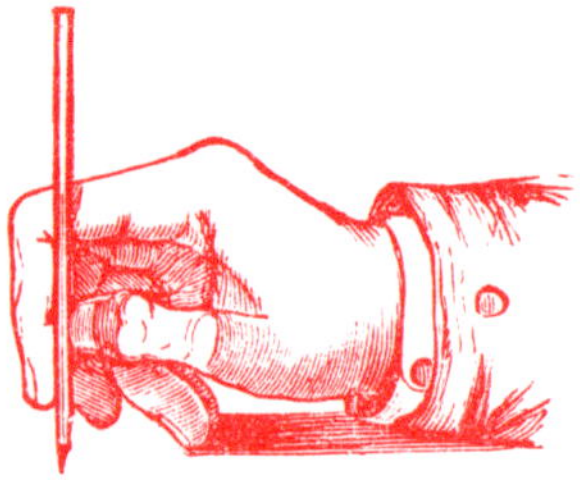

Dingeferkel,

×

Antonsferkel. Der Papst hat *die Dingeferkel* (Tönjesferkel) verboten, dem heil. Anton zu geben. (*J.L.Fr.* aus *Rechenbergs* **Hist. eules. sec. XIV.**)

dinglich,

gerichtlich; **judicialis.** *Dinglicher Tag*, Gerichtstag; **dies judicii solennis, dies placitalis.**

Dingpflicht,

hieß ehmals die Pflicht eines jeden mannbaren Landsassen, Bürgers und Untertanen, wenn er schon keine Rechtssache vor dem Richter schweben hatte, dennoch dreymal des Jahrs, nämlich im Hornung [Februar], Mayen und Herbste bey der grossen Gerichtsversammlung und Landsgemeine zu erscheinen. *Herr Haltaus* hat aus unzähligen Stellen der alten deutschen Rechte, da diser *Dingpflicht* gedacht wird, verschiedene zusammengetragen. s. *Ungebot.*

Dips,

×

(der,) Räuschchen. *Er hat einen Dips*; **languidus est vino** [Er ist vom Wein ermattet.]. Ist ein Baslerw. von dem AS. *dippan*, tauchen.

Dirdundey,

(das,) halbwollener und halbseidener Zeug. Neulat. **lunscena. (Vocab. Aa. VIII 7.)** Zu Basel heißt man dergl. Zeuge noch *Dirledey.*

dirgel,

×

(Brit.) verborgen; **occultus, abditus.** (*Boxh.*) Darvon kömmt das Schweiz. *Dürchel*, Tauchente.

Dirgele,

×

(das,) Honigküchlein. (*Mahl.*) Scheint herzukommen von dem schweizerischen *torken*, etwas von Teige zurichten; und soll etwann so viel heissen als *Törkele* [teigige Masse].

Dobber,

ein Nachen von Binsen; **cymba juncea.** (*Halma.*)

dobern,

döbern, schwatzen, von allerley Dingen sprechen; **raisonner, causer; sermones serere, fabulari.** (*Mathes.* hin und wider.)

dökeln,

(Schweiz.) tändeln, spielen wie die Kinder mit den Docken [Puppen].

Döps

✕

oder *Düps,* (das,) nennet man in den deutschen Klöstern die Türe, die aus dem Konvent in den Hof führet.

Dörpel,

Dörper, tummer, ungeschickter, grober, tölpischer Kerl; **homo rudis, rusticus, stupidus, hebes.**

dörrmäulen,

durstig und trocken sitzen. Ihr begiesset euere Wänste, da *ich* hier *dörrmäule*: **Vos vestros pantices madefacitis, cum ego hic sim siccus** [Ihr weicht eure Wänste ein, während ich hier dürsten muss.]. (*Crucig.*)

Domstagbuch;

✕

Engl. ***Doomsday-book***; das grosse Register von allen Lehn- und Landgütern in Engelland, und von ihrem Werte, welches auf Befehl König Wilhelms, des Überwinders, gemacht worden, und in der königlichen Schatzkammer verwahrt wird. (*Jonsons* **Dict.**)

Don,

✕

(dü,) Wasser, Flut. Ist ein uraltes Wort, wovon die Namen der *Donau, Tanais, Dwina,* und anderer Ströme entstanden. Vergl. mit *Düne* und *Tünne*. s. auch *Tonn*.

Donaldus,

✕

(kelt. Eigenn.) für *Donwald,* **dominus maris**, Gebieter zur See. Von dem Kelt. *Don* oder *Tonn*, **aqua**, und *gallud*, walten, Gewalt haben.

Doppelstein,

✱

ein durchsichtiger Spat, der Alles, was man dardurch sieht, doppelt zeiget; **spatum pellucidum objecta duplicans, cristallus islandica, androdamas, rhombites.** (*Waller.*)

Dorflötsch,

fauler Dorf- oder Bauerhund. (*Geil. Pilg.* Bl. 142 b.) Von *löutschen*, ligen wie ein Hund unter der Bank oder auf dem Miste. s. *Lötsch*.

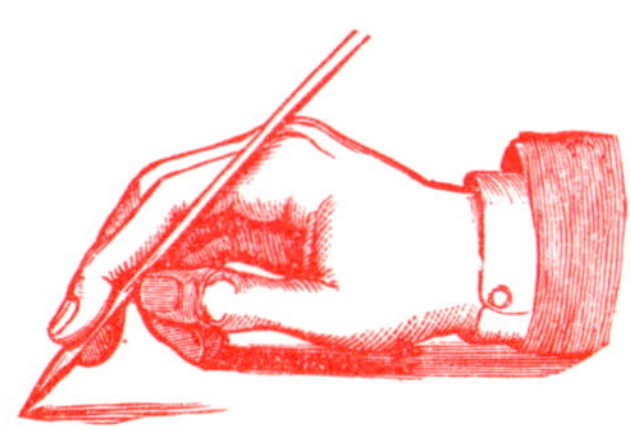

Dorf- und Landwesen;

✱

status rei rusticae.

dorken,

✕

(Schweiz.) in Teig oder etwas dergleichen ungeschickt arbeiten, und darmit umgehen, als ob es Mist wäre. *Einen Dorkis* nennen die Basler ein übel geratenes Teigwerk oder Gebäcke. Vergl. mit *Dork*.

Dornenpeitsche,

✳

ein Werkzeug der Furien s. Wutälfen.
Die Furien, in deren blutgen Händen
stets fürchterlich *die Dornenpeitsche* braust,
verfolgen ihn, wenn zwischen Marmorwänden
der Lüste Sklav erraubtes Gut verschmaust.
(*J.P. Uz.*)

Dorngründling,

✳ ✕ –

Steinbeisser, Steinsmerling; **aculeata dacolithos** [stachliger Steinbeißer], ein kein gar wertes Fischgen, mit einem stachelichten Maule. (*Geßner.*)

Dotschkopf,

✕

ungeschickter Kerl, alberer Tropf. (Schweiz.) Holl. ***Dotskopp.***

Dotter,

✕

***Datula,* solanum foetidum [stinkendes Nachtschattengewächs]**, heißt eine Gattung asiatischer Dorn- oder Tolläpfel, wovon die Leute in einen tiefen und ziemlich langen Schlaf versinken, oder sich wie Narren gebärden.

Dotterbrot,

✳

Schleckbrot von Zucker und Eyerdottern. (*J.L.Fr.*)

dotzeln,

verrückt und zerrüttet seyn; **perturbatum esse.** *Das dotzeln* im kopf vberwand jn das er vil in seiner phantasey erzeiget. (*Senkenb.* **Sel.** T. V S. 476.)

Drach *auf dem Getraide,*

✕

ein von den Zauberern oder abergläubischen Leuten erdachtes Tier. Mich berichtet ein **Necromanticus**, (sagt *Kohler* in s. Hausb. über den Augstmon.) wenn man die ersten Zwo Garben, die in den Bansen von dem Wagen geworfen werden, in einem Winkel kreuzweise über einander legte, so könnte Einem *der Drach* nichts aus der Scheune wegführen. Denn er sagt mir, daß *der Drach* auf dem Getraidicht in etlichen Scheunen läge, und das Getraide, darinnen er wie ein Schwein naschete, ausfrässe, und dasselbige, wenn er den Kragen voll hätte, den Leuten, die ihn hielten, zuführte. – Wiederum sagt *Kohler* T. I B. V 16, Er sey berichtet worden, daß die gedachten Zwo kreuzweise gelegten Garben die Rispen oder Aehren übersich kehren sollen.

den Drachen *haben,*

sagt das gemeine Volk in Sachsen von alten Weibern, die es beschuldiget, daß sie einen Bund mit dem bösen Feinde getroffen.

Drachenöde,

×

Einöde, da sich Drachen aufhalten. (*Mal. 1.3.)

Drachenstein,

✳

der wie ein Widderhorn aussieht, wird in dem Fürstentum Wolfenbüttel bey Gandersheim gefunden, und von abergläubischen Leuten wider die Hexen gebraucht.

Drachersi,

×

hiessen ehmals gewisse Landfresser und herumschwärmende Schmarotzer in Böhmen. Man bericht mich, es sey eine rott in disen landen (Böhmen) vorweilen von einem Edelmannssitz auff den andern gezogen, vnd sey nicht wider ausgezogen, bis kein korn vnd habern auff dem traidboden, vnd kein wein vnd bier im keller gewesen, vnd aller vorrath auffgefressen war. Daher man sie *die Drachersi* geheissen, vielleicht vom aufftragen [trag er sie?], weil sie vil vom Adel arm gefressen. (*Mathes.* Hochzeitpr. Bl. 77 a.) Vielmehr ist zu glauben, daß sie ihren Namen von *thrägend,* Leutschinder, Placker, **exactor**, empfangen haben. s. *Thräg.*

drauschelicht,

×

druschelicht, dicht, gedrungen; **condensus, spissus, coactus**. *Boik* gebraucht dis Wort in s. Kräuterb. von Gewächsen, deren Blätter Blumen oder Samen dick und buschicht beysammenstehen. Das Knawelkraut ist ein einzig schottecht und *drauschelecht* Steudlein. – Das Augentrost ist ein *drauschelecht* schönes Steudlein; und so von andern mehr. s. *Drusche.*

Drehgolk,

(der,) oder *die Drehkölke*, Wasserwirbel; **vertex**. s. *Golk.*

Drehstücke,

✳ ×

nennet man in dem Bernsteinfange und Handel die schönsten Stücke nach den sogenannten Haubtstücken. *Drehstücke* heissen sie, weil sie etwann faustgroß seyn, und allso noch für die Drechsler taugen. s. *Graus.*

Drempel,

(der,) heißt bey den Niderdeutschen eine Schwelle; **limen**. (*Hadr. Iun.* und *Halma.*) Vergl. mit *Darpel* und *Durpel.*

Dreusche,

(die,) plauderhaftes Weib, Kreischerinn; **foemina garrula, loquacula**. (*Spate.*)

Droll,

Bergmännlein, von welchem erzählet wird, daß es sich sehr geschäfftig erzeige, und doch nichts schaffe. ***Trolus*** **cimbrica lingua gothicae affini cacodaemon ruber dicitur** [Der Troll wird in der kimbrischen Sprache, ähnlich dem Gotischen, roter böser Geist genannt]. (***Adr. Iun.***) *Droll,* Hausgeist, **daemonum genus, spiritus familiaris** [Dämonengeschlecht, Hausgeist] (*Spate.*)

Drost,

✳

heißt an vielen Orten in Nider- und Obersachsen ein Landshaubtmann, der das Recht auf dem Lande verwaltet, und in den Niderlanden *Ruart* oder *Rugwart* genennt wird. Das Wort ist zusammengezogen aus *Drotset,* d.i. Einer, der über den Drot (**populum** [Volk]) gesetzt ist. Darfür hat man auch *Drossat;* Neulat. **Drossatus.**

Drotset,

×

heißt bey den Schweden so viel als ein Statthalter des Königs und Afterkönig, **Vicarius Regis.** Muß mit den Truchsessen, **Dapiferis** [Speisenträgern], nicht verwechselt werden. (***Loccen.*** **Antiqq. sueogot. L. II c. 11.**) s. *Drost.*

Drunkelbeere,

heissen in Meckelnburg die Heydelbeere, **vaccinia.** (*Kohl.* Hausb. in dem Maymon.)

Drus,

×

(Kelt.) Druide, gallischer Priester. Armor. *Drued* oder *Druh. Druses;* Armor. *Druhes,* Druidinn. Von *Drus,* **quercus [Eiche]**, welchen Baum die Druiden wegen seines Mistels für heilig hielten. (***Gr. Rostren.***)

Drutselmann,

Tolmetsch; **interpres [Übersetzer].** Von dem Franz. ***Trucheman.*** (*J.L.Fr.*)

Dryman,

×

(AS.) Zauberer. *Drymen*; **venefici, magi** [die Giftmischer, Zauberer]. (*Som.*) s. *Dry.*

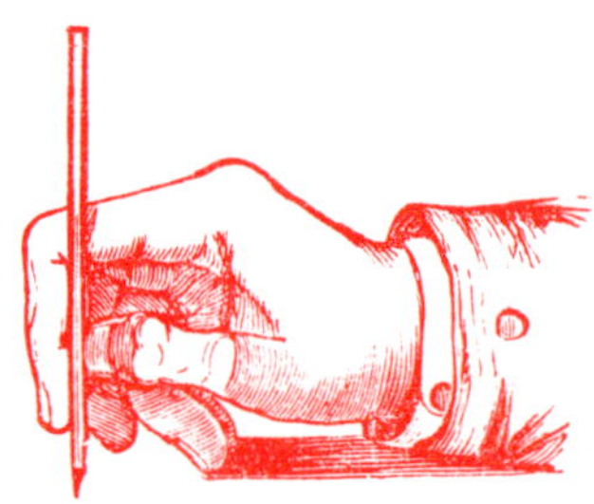

Dryme,

×

(AS.) Vers, Gedichte; **versus.** (*Som.*) s. *Dräm.*

Drymer,

×

(AS.) Gespenste; **spectrum.** (*Som.*)

Dryminga,

×

(AS.) Gemurmel, Gesause; **susurrus.** (*Som.*)

Dubbeltje,

×

eine holländische Münze, die Zween Stüber oder einen guten Groschen gilt.

Dubel,

✱ ×

(der,) heißt in der Schweiz ein ausgedienter Wucher- oder Faselstier [Zuchtstier], der zu der Mastung verschnidten wird.

Dude,

×

(der,) Dudelsack. (*Kohlers* Hausb. T. I B. XIII 121.)

Dürrzweig,

Unmann, Verschnidtener; **spado.** (Vocab. Aa. VIII 7.)

düsig,

(NS.) schwindelicht, taumelicht; **vertigine laborans.** (*Richey.*) s. *bedüset, dösig.*

Dunti,

×

(Baslerw.) ein schläfriger, ungeschickter Kerl. Sie hat *einen Dunti* zum Manne; d.i. [Zettel endet nach *d.i.*]

durchmotten,

×

in der Erde wühlen; und figürlich überhaubt *durchwühlen,* genau durchsuchen, durchstänkern.

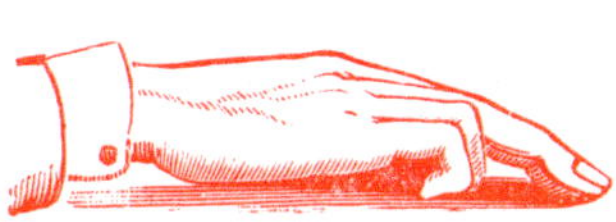

durchnagelt,

× –

sagen die Seeleute von Schiffen, die durch das feindliche Geschütze gewaltig beschädiget worden. Lieber sagt man *durchbohrt, in Grund gebohrt.*

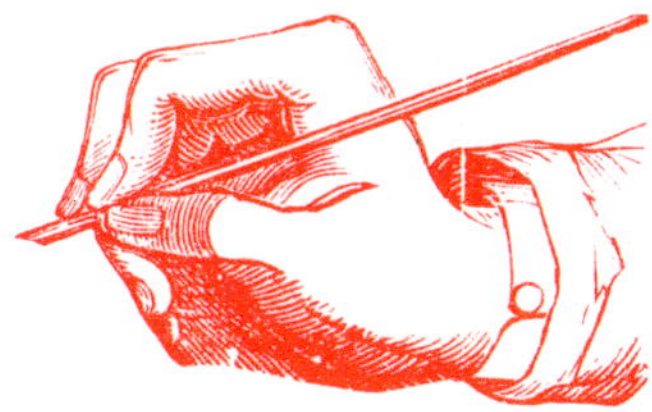

durchschmalgern,

eine Schrift hin und wider durchstreichen und beklecken; **interlinere, variis locis delere** [überschmieren, an verschiedenen Stellen auslöschen]. (*J.L.Fr.*) s. *schmalgern.*

durchschneuken,

durchstänkern, durchwühlen, wie ein Hund mit *der Schneuke.* s. *schneuken.*

durenbutzen,

×

(Schweiz.) durch die Gurgel jagen, verschlemmen, verprassen. It. Jemand vom Brote schaffen.

durigeln,

×

durchigeln, sagt man in der Schweiz von einer Kälte, die durch Mark und Beine dringt, und darinnen wie mit Igelstacheln arbeitet. Das wetter was so ruch, *das es duriglete.* s. *iglen.*

Durstschlange,

*

deren giftiger Biß unnatürlichen Durst verursachet; **dipsas** [giftige Schlange].

Dusel,

(die,) heißt zu Basel eine Gattung kräftiger Ohrfeigen. Engl. ***Dowse.*** Eigentlich ist es ein Schlag, der taumeln macht, wie man aus dem Engl. ***to doze,*** tumm und schwindelicht machen, abnemen kan.

Duttenbirne,

die auf einer Seite geklobet ist, wie eine Weiberbrust; **pyrum mammatum, pompejanum** [gebrüstete, pompejische Birne]. (*Henisch.*)

Duttichheim,

eine Stadt wie Lalenburg [Schiltburg]; **civitas cujus incolae ob vecordiam male audiunt, Cescos Germanie** [eine Stadt, deren Einwohner aufgrund ihrer Unsinnigkeit in Verruf stehen, ein Cescos Germaniens]. Denn eben dergleichen Dinge erzählen die Alten von Ceskus, einer Stadt im Pampfylien. (*Henisch.*)

duzen:

„All Edellüt *tutzen* einander, vnd wen sie nicht für Edel halten, den *irtzen* sie, zuo mercken das er ein Burger oder nit *tutzens* von jnen *genoß* seye. (*Al. Hug.* Bl. 6.) – Im obersten grad gegen jren kinden: Dieselben *tutzen* jre Sün bis sie Bischoff werden, vnd *tutzen* jre Töchtern, bis sie gefürst Ebtissin werden. Doch keren sich die Hertzogen nit an die ordnung, die *tutzen* jre Sün, bis sie Cardinäl werden. – Im mittelgrad. Dieselben *tutzen* die Sün vnd Töchtern, bis der Sun ein Thuombherr [Domherr] auf einer bischofflichen Stift oder sunst ein Prelat oder Doctor Theologie, oder die Tochter ein gefürstin Prelatissin würdt. – Im nidersten grad. Dieselben *tutzen* jre Sün, bis sie Meister der geschrifft, Baccalauri der Rechten oder Evangelier werden; doch die Edellüt nit, bis jre Sün Priester oder Licentiaten der Rechten werden. Vatter und Muotter des nidersten grads *tutzen* jre Töchtern in Clöstern, bis sie Priorin werden, ausgescheiden Edellüt *tutzen* jre Töchtern, bis sie Ebtissin werden. – Die Fürsten *tutzen* vngewonlich einich Priester oder Doctor, ausgenommen die Herren von Osterreich, haben darinn sunder verantwurten. – All Thurniers Edelleut mögen *tutzen* die geistlichen, die nit Priester, bewert Juristen oder Meister der freyen künsten seind. Sie sollen doch keins Fürsten Rathsleut oder Cantzler *tutzen*, sie seyen denn auch Edel, *alsdann billich ein Edelman den andern tutzen soll.* – Edelleut *tutzen* vngewonlich der Stetten, darinn Bischoff sitzen oder die des reichs seulen seind, Rathsleut, sonder pflegen sie die gewonlich zuo *jrtzen. – Keinem vngebornen* (unedeln) *man, wie hoch verdient oder verfreiet er sey, gezimpt einen Edelman zuo tutzen, bey verlierung seiner rechten,* es were dann das er jm vom Vatter mag (Verwandten) oder mit weyben so nahe verwandt, vnd darbei auch an ehren so fürnem wer, das es dem Edelman on schmach gebürt zuo leiden. – Keiner Statt gebürt einichen Thurners genoß oder kundtlichen verdienten Edelman zuo *tutzen*, sie hab dann auch Edelleut sein genoß bei jnen im Rath sitzen. Doch meinen etlich Stett, des vom Reich genoß gemacht, oder verfreit sein, oder die der Vier Stützen eine des Reiches sind. – Burgermeister oder ander Oberkeit sampt dem Rath mögen alle jre burger, so nit geborn Herrn oder bewort Juristen oder Meister der geschrifft sind ... *tutzen*. – Ein Burgermeister oder ander Obrer der Statt, der nit Edel ist, soll die Stattknechte vnd Diener all *tutzen*, ausgenommen einen Edelman, der der Statt Hauptman ist, vnd Juristen, oder Schuolmeister (**Professores**) vnd den Stattschreiber. – All Doctores vnd Licentiaten mögen tutzen die Schuoler jrer faculteten, so nit Priester oder Edel sind. – Vicarii vnd Officiales *tutzen* in person jrs Bischoffs einen Priester, wie jm gebürt zuo thuon.“ (*Eb. Ders.* Bl. 6 und 7.) s. *ihrzen*.

Dysting,

×

nennet man in Schweden einen Eismarkt oder eine Jahrmesse, die auf einem hart gefrorenen Flusse gehalten wird. Die Benennung wird von *Dysa*, einer alten Königinn, und *Ding* oder *Ting*, **mercatus** [Handel, Jahrmarkt], hergeführet.

Ebentischler,

*

Kunstschreiner, der in Ebenholz und anderm kostbarem Holz arbeitet, und zugleich mit Elfenbein, Schildkröten und Perlenmuter allerley Figuren einleget.

Ebergeld

*

heißt dasjenige Geld, welches die Bauern, wenn sie einen Hacksch [Eber] oder Stier zu der Heerde halten, den Edelleuten bezahlen müssen. (*Hermanns* **Lex. Iurid.**) Ohne Zweifel muß das gleiche Recht in Ansehung des Ebers bey der Heerde Schweine gelten.

Ebrisch- oder *Vogelbeerbaum*,

* —

wird unter die wilden Obstbäume gerechnet. Dessen rote Beere dienen zu einer herrlichen Arzney für Menschen und Vieh, wie auch zu einem Lockasse für die Vögel. (*Flemm.* deut. Jäg.) s. *Aeberesche, Quitsche.*

echt,

wenn nur; **dummodo**. Dem fulen [faulen] hunt ist allein vmb [um] den sack mit brot zuo tuon, den beschirmet er mit aller krafft, *echt* jm [ihm] der blib, suß hat er guote ruow. – Also tuont wir ouch, *echt* vns numen [nur] der sack blibt vnd das zytlich guot nit entgang, es far suß vmb den hirten vnd vmb die schoff [Schafe], wie es wöll. – *Echt* er *numen* gesunt ist, so meynt er, er hab gnuog. Sie sprechent, ich frog nit, wie es mir suß ergang, *echt* ich *numen* frisch vnd starck bin, so hab ich eben gnuog. (*Geil.* Pilg. Bl. 143 b und 211 a.) Er achtete nüt wie es in sime lande gienge, *echte* man ime nuwent (nur) vil dartruog ze essende. (*Königsh.* Blts. 261.) s. *eht, ehte.*

Eckelname,

Übername, Schimpfname, Spitzname. Mehrenteils ist man der Meynung, es komme dises Wort von *eckeln,* weil dergleichen Namen gemeiniglich eckelhaft seyn. Es zeigt aber *Herr Dietr. von Stade,* daß *Eckelname* oder Niders. *Oekelname* von *öken*, vermehren, **augere**, herkomme, und, wie das Skandische *Auknafn* bey *dem Verelius,* so wol einen neuen Amtsnamen, als einen Schimpfnamen, bedeute.

Eckelvögel,

* ×

werden in Afrika auf der Moritzeninsel gefunden; seyn so groß als Schwäne; haben dicke Köpfe und Füsse, und anstatt der Flügel hautichte Lappen mit 3 oder 4 Federn; darbey auch ein unartiges Fleisch, das im Kochen je länger je zäher und eckelhafter wird; daher ihnen der Name gegeben worden. In ihrem Magen soll sich ein faustgrosser Stein befinden. (*Lessers* **Lithoth.** aus *Dappers* Beschr. von Afr.) [Ev. ist der Dodo gemeint.]

Edderdun,

×

ist der zarte, kostbare Flaum, der uns von Hamburg kömmt, und womit die Reichen ihre Better füllen. s. *Edder* und *Dun*, u. *Eidergans.*

Edebar,

Edevar, (NS.) Storch. Nach diser Aussprache käme die Benennung von *Ede*, Vogel, und von *faren*, und bedeutete allso einen Fahr- oder Streichvogel. s. *Adebar*, Edn, *Odber*, *Hovar*.

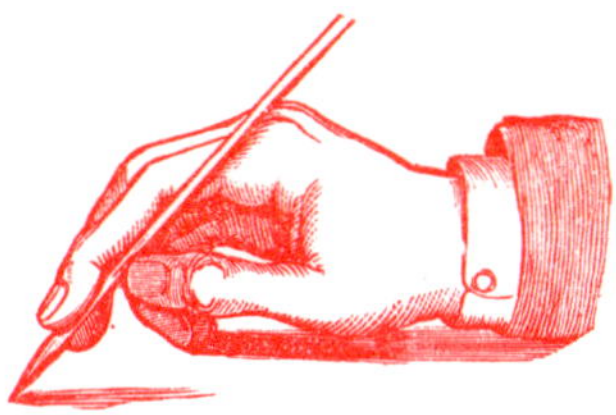

edel,

kommt von *Od, Aud, Aed,* Gut, Reichtum, Glücke, und bedeutet einen Mann, der Güter hat, dergleichen ehmals die Freyen in Germanien waren, zum Unterschiede der Knechte, die nichts Eigenes besassen. Dise Wortleitung ist natürlicher, als *Herrn Wachters* Meynung, der die Benennung des Adels von *Atta*, Vater, herführet, weil der Adel nichts Anders, als ein von den Ahnen ererbter Vorzug, **Majorum claritas**, sey. Aber auf dise Art hätte kein Stammvater und Stifter eines adelichen Geschlechtes schon *edel* heissen können, und es wäre lächerlich gewesen, die Junkergen und Freyinnen junge *Aettel* und *Aettelinnen* oder *Aettinnen* zu nennen. Der Einwurf, daß durch dise Erklärung die Reichen mit den Edeln vermischt werden, hat keinen Bestand, denn voralters war es wirklich allso, wie Jeder gestehen muß, der die Verfassung der ehmaligen Deutschen ansehen will; sonderlich wenn man betrachtet, daß die hohen Freyen, welche von den grossen Landsstücken, die sie besessen hatten, ein Ansehnliches verloren, von dem hohen Adel zu dem nidrigen Adel heruntergesetzt wurden.

Edelglas
oder *Gottes Glas,*

✱ ×

sehr feines natürliches Glas, welches Gott in der Erde wachsen läßt. (*Mathes*. Bergpr. Bl. 186.)

Edelnase,

✱ ×

Nasfisch, der aus dem Meere in die Elbe steiget. s. *Zertfisch*.

Edelschatz,

✱ ×

allgemeines Gut, Freygut.

Kunst ist *ein Edelschatz* vnd also
angetan,
wer si für sich will alleine han
bi dem verswint si teglich,
darumb versinne des der wise sich
vnd werde milt des so er kan.
(*Sachsensp.* Vorr.)

Edens Baum,

✱ ×

✱ *Paradisbaum*, wird die **olea bohemica** [böhmischer Ölbaum] wegen des lieblichen Geruchs ihrer Blumen genennt. (*Zwinger.*)

Edoras,

×

(AS.) Haus; **tecta, domus.** (*Som.*) Ist die Mehrzahl von *Edor*, Etter [Zaun]. s. *Eder*.

eggern,

×

(NS.) häkeln, kräkeln, sticheln, zänkeln; **verbis v. facetiis acerbis insequi aliquem** [jemanden mit bitteren Worten oder Scherzen verhöhnen].

Ehbrecher,

(öffentliche und überwiesene) mußten zu Augstburg ehmals ein aschfärbiges Kleid zur Strafe tragen, und nachdem dises abgekommen, in Notfällen, öffentliche Frönen tun. (*Werlichs.* Augstb. Chr. III Teil, im J. 1542.)

ehender,

—

wider alle Sprachregeln für *eher*; **citius, potius**. Man muß sich verwundern, daß Männer in der Schweiz, die sich mit ihrer Sprachkunst vor Andern breit machen, dises Wort noch gebrauchen.

Ehgraben

oder *Eegraben,*

Schüttgraben, dardurch man allen Wust und Unflat ausschaffet; **cloaca, latrina.** (*Mahl.* und *Zür. Richtbr.*) Von *Ee,* Gesätze, Recht, weil kein *Ehgraben* ohne sonderbare Erlaubniß gemacht werden darf: Oder es ist eine verkehrte Aussprache für *Eingraben*, wie er sonst auch genennet wird. s. *Eingraben, Angraben.*

Ehketzer,

✳ ×

der zu nahe in das Geblüte heuratet. Vor der Sündflut haben die Leut groß vnzucht vnd schandbüberey getrieben, zu nahent in die Blutsfreundschaft geheirat, vnd *Ehketzerey* angerichtet. (*Mathes.* Bergpr. Bl. 9 b.)

ehlicher Geburt

Urkunden wurden vormals nicht aus Taufbüchern, sondern aus den Kundschaften ehrbarer, frommer und redlicher Männer erteilet. Exempel darvon finden sich bis gegen die Zeiten der Reformation, woraus man nicht unrichtig schliesset, daß vorher keine andern Taufregister, als etwann in einem jeden Geschlechte, nicht aber in den Kirchen, wie die sogenannten Seelen- oder Todtenbücher, gehalten worden, weil sonst die Obrigkeiten unter andern Kundschaften bey solchen Fällen gewißlich die Urkunde eines Pfarrers nicht würden übergangen haben, wovon man gleichwol in folgenden Exempeln keine Spur findet. „Swelich burger in dirre stat ist deß vater ritter was, der sol ze ritter werden e er xxx jor alt werdi. Tuot er deß nit, er sol gewerf geben mit dien burgern alle die wile vntz er nit ritter worden ist. Sprichet aber er das er vnder xxx joren si das sol stan an sinem eide vnd sol man gelouben.“ (*Zürich. Richtbr.*)

Exempel einer alten Urkunde ehlicher Geburt aus *der deutschen Ret.* Bl. 58. „Wir N.N. thuont kund allen, denen die disen brieff ansehen lesen oder hörent lesen, das vor vns in vnserm

rath erschinen ist N. vnd vns ertzelt wie das er etliche jor vff sinem hantwerk vsserhalb vnser stat in francken gewesen, vnd fillycht sin wonung do selbst zuo eelichem stand zuo verendern in meinung dortzuo im *vrkund eelicher geburt* notturfftig sei: Vnd jm als doruff der worheit wie er geborn vnd herkomen vrkund ze geben begert, Vnd hat doruff ein mercklich antzal erberer frumer leut, die einsteils vnsers raths vnd die andern vnser burger sind in vnserm rath für vns gebracht, die alle dorumb vff jr eide so sy vor vns gethan gesagt haben, das der genant N. von frumen vater vnd muoter eelichen geborn, allwegen vnd noch von mengklich do für gehalten vnd in guotem lob herkomen sei. Darumb vnd deß alles zuo vestem vrkind geben wir jm disen brief besigelten mit vnser stat by ende der geschrifft cleinen vffgetruckten insigel....."
Ich habe so gar eine fränkische Urkunde vom J. 1613 in Händen, darinnen Schuldheiß, Bürgermeister und Rat die Urkunde einer ehlichen Geburt noch vom J. 1608 auf ihre Gelübde und Eide nemen, ohne die geringste Meldung einer priesterlichen Kundschaft zu tun. s. *Ehregister.*

Ehrenfrau;

* ×

stolata mulier **[mit der Stola bekleidete Frau]**, die zunächst bey der Braut sitzet. Wird sonst *die gelbe Frau* genennet.

Ehrenvormund
oder *Obervormund,*

*

tutor honorarius, wird derjenige genennet, der nicht so wol selbst die Vormundschaft verwaltet, als aber vielmehr die Handlungen der Vormünder beobachtet, und die Hand darauf hat, daß der Mündling dieselben in desto grösserer Achtung habe. (*Oberländ.*)

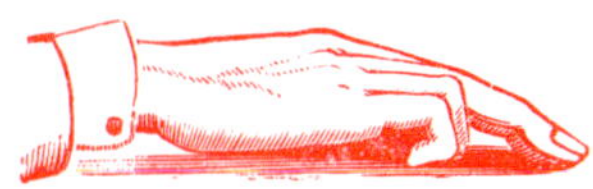

Die Eiche *fällt nicht von Einem Streiche,*

(Sprüchw.) **Nunquam primo ictu sublimis sternitur ilex**. Ein schwacher Druck in Feind erobert keinen Sig. Klopfe streng am Himmel an, bis dein Gott dir aufgetan. Ein Mal, kein Mal.

eichel,

hiessen die Alten, was ganz ächt, durchgut und unbeschädigt war. *Eichelganz*, vollkommen ganz, durchaus ganz; **ex asse integrum & incorruptum**. *Eine eichelganze Jungfer.* s. *achlaan.*

Eichenmistel,

woraus die gallischen Druiden ehmals so viel Wesens gemacht, soll auch in Meissen noch immer in so grosser Achtung seyn, daß Viele denselbigen in Silber einfassen lassen, und ihren Kindern wider allerley Unheil an den Hals hängen. (***Io. Praetorius*** **de coscinomantia.**)

Eidechsfisch;

✱ ×

Axiolatl, ein Speisfisch in dem Mexikanersee, einer Eidechse gleich, einer Spanne lang, und eines Daumens dick. Man sagt, daß er weibliche Geburtsglider und monatliche Reinigung habe.

Eidfinger,

✱

die Drey Finger, welche zu dem Eidschwure aufgerecket werden, sonderlich aber die Zween Finger, die ein Bischoff oder Abt zum Segen und Weihen gebrauchet. (*Seb. Fr.* Chr. T. III Blts. 75.)

Eiferwasser,

✱

ein verfluchter Bitterkelch, welchen nach dem göttlichen Gesätze ein verdächtiges Ehweib von der Hand des Priesters annemen und verschlingen mußte, und wovon, wenn sie unschuldig war, ihr Leib keinen Schaden empfieng, hingegen aber, wenn sie sich schuldig befand, ihr Bauch aufschwall, und die Hüfte erfaulten. (IV B. M. V.)

eigenköpfig,

✱

eigensinnig, eigenrichtig, halsstarrig, hartnäckig; **cervicosus.** (*Fries.*)

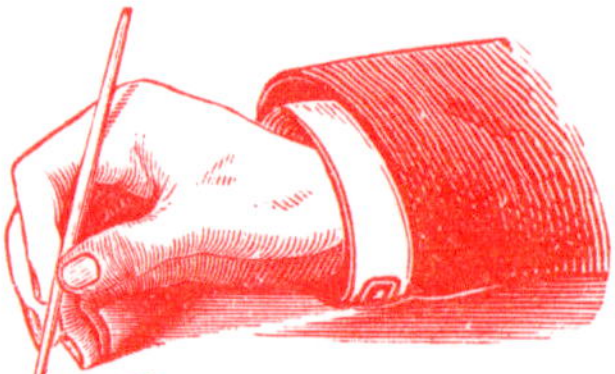

eikern,

✱ ×

auf Essig stechen; und figürlich, gritteln, stänkern, zänkeln, nichts vertragen können. s. *äkerig.*

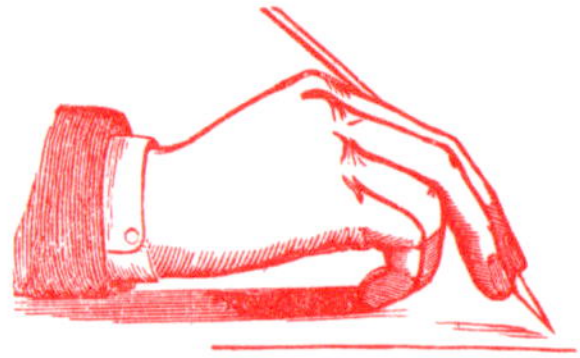

Eile *kömmt langsam heim;*

(Sprüchw.) *Eile* stürzt den Wagen um. *Eile* mit Weile; **Qui nimium properat, serius absolvit. Festina lente [Wer sich zu sehr übereilt, wird später fertig. Eile mit Weile.].** s. *Langsam.*

einbetten,

✱

sein Lager an einem Orte aufschlagen; **lectum instruere in loco aliquo.** *Sich* bey den Schweinen *einbetten*; **una cum porcis cubare.** *Er ist* bey uns *eingebettet*; Er behilft sich bey uns, Er ist Tag und Nacht bey uns.

Einbilderinn,

Inbilderin, Fantasey, Einbildungskraft. *Die fantasy oder inbilderin* muoß alwegen geschwetzet haben, d.i. sie mag nit müessig gon, *sie inbildet vnd fantasiert alwegen.* (*Geil.* Pilg. Bl. 8.)

Einblümungen;

allegoriae, oder Bilder und Gemälde, die eine Sache sinnreich vorstellen. s. *Madeyen.*

Einbrand,

✱ ✕

die Wärmung oder Heizung eines Ofens. Er zählt alle Scheiter dar, die zu jedem *Einbrande* verlangt werden. Das nötige Holz zu dem jährlichen *Einbrande.*

Einbrand,

✱ ✕

nennet man auch im Scherze einen dichten Rausch, oder die Hitze, die man sich durch vieles Saufen in den Leib jagt. Heute gedenkt er *den Einbrand* von gestern mit einer frischen Humpe zu leschen.

Einbringen *des Weibes,*

✱

zugebrachtes Gut; **paraphernatia, bona uxoris illata [Nebengaben, von der Frau (in die Ehe) eingebrachte Güter].** Dieweil die Gläubiger der Erstigkeit [Erstanspruch] halben gegen einander verfahren, so werden sie in nachfolgender Ordnung bezahlet: Zum Ersten die Begräbnißkosten; Zum Andern *des Weibes Einbringen*; Zum Dritten die Pfandhaber; u.s.f. (*Karpzovs* **Iurispr. for. RS. p. 254.**)

einfier,

✕

steifsinnig, starrköpfig; **morosus, sententiae suae tenax.** Diogenes wuosch jm ze essen ein grüen krut. Aristippus sagt, Warist du nit so eigensinnig vnd *einfier*, vnd redetist was Dionysio gefiel, so dörftist [brauchtest] du nit krut essen, u.s.w. (*Seb. Frank.*)

Eingehürnin,

✕

Einhörninn, des Einhorns Weibchen. (*Kob. Bib.* Hiob XXXIX 13.)

eingirgeln,

✱ ✕

(Küferw.) die Böden an den Fässern und Zübern in die Girgel oder Fugen der Dauben oder Daugen schliessen. Franz. ***enjabler.*** s. *einkrosen.*

Einhauchung;

✱ ✕

inhalatio. Von *der Einhauchung* des gesunden Atems junger Leute glaubet man, daß sie das Leben der Greisen verlängere.

einleffeln,

✱

klein und leffelweise einnemen. s. *ausleffeln.*

einmauern,

✱

einvermauern, verzimmern, einverzimmern einen Menschen, d.i. Solchen zwischen Vier Mauern allso verschliessen, daß er sein Lebtag nicht mehr herauskomme. Heutzutage höret man von solcher Strafe nichts mehr. Ehmals aber *vermauerte* man nicht selten die Ehbrecherinnen, und versorgte sie mit Essen und Trinken bis in ihren Tod. Ein merkwürdiges Exempel der Vermaurung, da ein Vater seinen eigenen Sohn wegen eines Todtschlags zu vermauern genötigt ward, sehe man in *Gilg Tschudis* Chr. T. I Blts. 344. Man erzählet auch viel von Vermauerten, die man Hungers habe sterben lassen; Es ist aber nichts erwiesen. So streng aber die Vermaurung ist, so gab es doch ehmals Jungfrauen, welche sich aus lediger Andacht freywillig darzu entschlossen.

einquälen,

✱ ✕

mit Mühe und Not beybringen. Einem die Arzneyen *einquälen.* (*Schottel*)

Einrat,

✱ ✕

ist eigentlich ein Rat von Grossen oder Lehrern an Geringere und Untergebene. Es wird auch in böser Bedeutung gebraucht. Eva gehorchte dem listigen *Einrate* des Erzfeindes aller Menschen. s. *Anrat.*

einreiten,

einfahren, sagt man von Schuldherren oder ihren Pressern, welche sich mit ihren Pferden bey einem Schuldner einlagern, und bis zu völliger Bezahlung auf dessen Kosten zehren.

Einsatz,

✱ ✕

pflegen die Aerzte und Badmeister die bequeme Zeit des Einsitzens in ein Bad, oder des Antrittes und der Dauer einer Badkur zu nennen [Badesaison oder Kurzeit]. Allso wird zu Obernbaden in der Schweiz die Badzeit in Drey *Haubteinsätze* eingeteilt. Der erste beginnt mit der Ostern, wenn sie nicht zu frühe einfällt, und währet bis zur Pfingsten; der zweyte aber fängt um Pfingsten an, und erstreckt sich bis auf St. Jakobs Tag; und der dritte erstreckt sich von disem Tage an, bis in den Herbst, oder so weit es die Witterung erlaubet. (*Scheuchz.* schweiz. Naturgesch. T. II.)

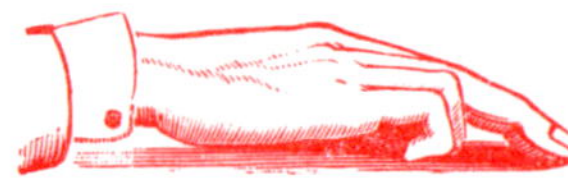

Einschnidtlein;

✕

Tütsche; **embamma** [Sauce zum Eintunken]. Offt kost *das einschnitlein* mehr als die Gans. (*Mathes.*)

Einsidler;

✱ ✕

taenia. Franz. ***Solitaire***, wird ein platter, weißlicher, sehr langer Wurm genennet, der in des Menschen Gedärme nur einzeln zu wachsen pfleget, und, wo er nicht bald getödtet wird, Denselben völlig ausmägert.

einstirzelig;

✱ ✕

unicaulis, unistirpis [einstängelig, einstämmig]. s. *Stirzel.*

einsuppen,

einschlürfen. Ein waiches Ey *in sich suppen.* (*Naturb.* Bl. 56.)

eintraben Einem,

vorrücken, Einem die Meynung derb heraussagen. Der Küchenmeister (zu Kana) *wird* dem Breutigam *haben eingetrabt*, wie denn recht ist; daß er nämlich den guten Wein zum Letsten sparte. (*Mathes.* Hochzeitpr. Bl. 142 a.)

einwanden,

×

mit Wänden einfassen.
Badkästen wol gebutzet aus
sich etlich da befinden.
Die fassen auf
des Flüßlins lauf;
das Bächlin *sie einwanden*,
damit es nicht
zerfließ villeicht
vnd vnnutz geh zuschanden.
(*Cys.* aus einer Beschr. des Lützelauerbades.)

einzünden,

×

ein Feuer einmachen, einbrennen, einheizen. *Er hat eingezündet,* Er glühet von übrigem Weine oder Branntenweine. (Ist eine schweizerische Redensart.)

Eisbecher,

∗ ×

Becher von Gletschereise, deren man sich zur Kühlung des Getränkes bedienet.

Eisgebirge,

∗

nennet man überhaubt die kettenweise verbundenen, und mit beständigem Schnee und Eise bedeckten Bergstrecken, die gleichsam in ganzen Güssen dahin gesetzt seyn, und durch welche, als durch Mauern, ganze Länder geschieden werden. (*Gruner.*) s. *Eisberge.*

Eismauern,

∗ ×

seyn bey den Russen und Kosaken gebräuchlich, welche die tiefen Gräben ihrer Festungen im Winter aufeisen, und die Eisschollen schichtweise in Form einer Brustwehre über einander setzen, wie auch die Mauern und Wälle so lange mit Wasser begiessen, bis sie ganz und gar mit Eise überfroren, und allso schier unersteiglich werden. (*Fesch.*)

Eisnase,

×

Eiskap; Russ. ***Suetenoës***, ist ein Vorgebirge über Kamtschatka, das sich weit in die Nordsee erstrecket, und immer von ungeheuren treibenden Eisstücken umgeben ist.

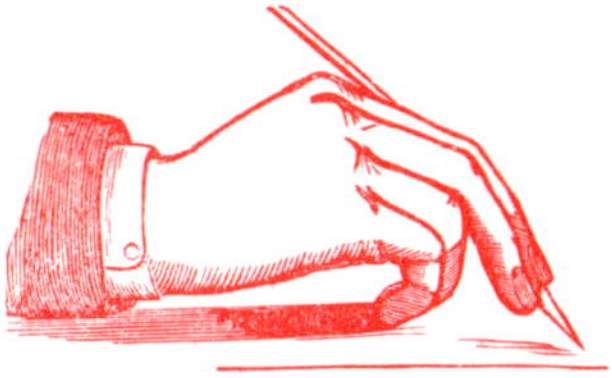

Eissäge,

∗ ×

wird in dem Winter gebraucht, die Gräben offen zu halten. Darmit gehet es allso zu: Es wird nach einer vorgespannten Schur [Schnur?] das Eis durch Zween Männer entzwey geschnidten. Wenn denn Zwo Linien so breit, als man sie voneinander haben will, geschnidten seyn, so wird das Eis von etlichen Männern mit Aexten in die Quere zu Stücken gehauen, und untergesteckt. (*Fesch.*)

Eisschilpe,

×

Eisschulpe, (die,) Eisscholle; **glaciei crusta** s. **frustum [Eisschicht oder -brocken]**.

Eissenbärt,

×

(die,) Nachtfrau, von deren die alten Weiber erzählen, daß sie den Kindern nachsetze; **mormo [weiblicher Spukgeist]**. (*Kirsch.*) Der Name ist von *egiso,* schrecklich, und *Bart,* und bedeutet also vielmehr ein Schreckmännchen.

Elb,

×

(Mannsn.) herrlich, fürstlich. s. *Alf.*

Elb,

Elf, Alp, Alpmännchen, Drückmännchen; **incubus** [nächtlicher Dämon]. *Zehrende Elben,* Zehrwürmer der Kinder, Mitfresser; **dracunculi** [wörtl. Drächelchen (Fadenwürmer)]. (*Spate.*)

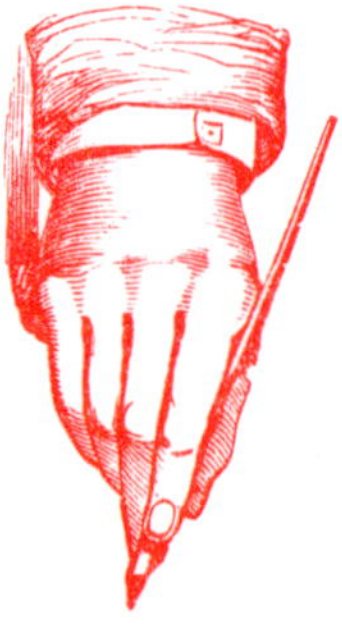

Elbe,

Nachtfrau, Hexe; **lamia, saga [weiblicher Vampir, Zauberin]**. s. *entsehen,* **vereri** [sich fürchten].

Elbe,

nennet man auch in Sachsen eine jede unbekannte Krankheit der Kinder, von welcher man glaubet, daß sie von dem bösen Geiste herrühre, und nur von einer Hexe geheilt werden könne. In Beschreibung des ehlichen abergläubischen Alters erzählet *Luter,* wie nach dem Wahne vieler Eltern die Hexen die Kinder vermittelst angehängter Zauberzedel von einer unbekannten Krankheit, welche sie *die Elbe* heissen, gesund machen müssen. (*Eckharts* mon. Ausz. von 1702 Apr. Blts. 8.)

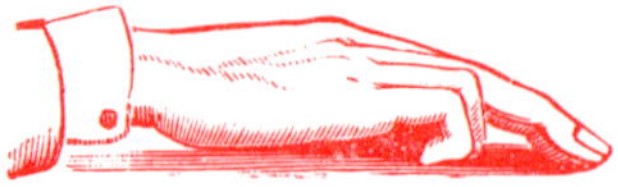

Elben oder *Elfen,*

×

werden die grösten Flüsse in Schweden genennt. (*Büschings* Erdbeschr. T. I S. 418.) s. *Elve.*

elbisch,

alber, wunderlich. Ein *elbischer* Fantast. (*Wörterb.* von 1482.)

Elder,

×

(die,) Schafeuter; **uber ovilli pecoris.** (*Kilian.*)

Elefantenlaus,

*

(eine Frucht;) **anacardium [wörtl. ohne Herz]**: *Liba,* der Baum, worauf sie wächst, wird auf dem Feuerberge in Sicilien und in Ostindien gefunden.

Elefantenmeister,

Nashorn; **rhinoceros.** (*Ernsting.*)

Elend,

(sprüchwörtl.) Was ist, wer in *dem Elend* lebt? Ein Todter, den man nicht begräbt; **Exul sine sepulcro mortuus** [Ein Verbannter, der ohne Grab tot ist]. Sein *Elend* nicht kennen, ist das gröste *Elend*; **Miseriam nescire suam, summa miseria.** *Elend* kan ein Bidermann scheinen, aber nicht seyn; **Miser dici bonus vir, esse non potest.** *Elend* ist, wer Neider darbet; **Miserrima est fortuna, quae inimico caret** [Die Fortuna ist die trostloseste, welche keinen Feind kennt.].

Elfenring,

*

ein besengter Kreis oder Ring im Grase, da nach dem Aberglauben der Landleute die Elfen oder Hexen sollen getanzt haben.

Elfrübel,

(der,) heißt in Türingen ein mächtiger grosser Kerl; **longurio, Titanis filius** [grober Mensch, Sohn eines Titanen] (*Spate.*)

Enderlinge,

*

werden die Würmer genennet, welche die Natur dem roten Gewilde im Frühling, wenn es haret, zu den Schweißlöchern, zuweilen auch aus Maul und Nase, heraustreibet, und die man für eine Geblütsreinigung diser Tiere hält. (*Flemm.* deut. Jäg. T. I Blts. 90 b.)

Engelland,

wird derjenige Teil des Herzogtums Schleswig genennet, von welchem die ehmaligen Bezwinger der Britten sich hergenennet haben. Danemarck begreifft zwey stuck **terrae firmae** **[Festlands]**, den einen theil **Scandiae** an Schweden, vnd dann *Engelland* an Holstein grentzende. (*Henisch.*) s. *Angel.*

englische

*

Krankheit. s. *Beinkrümme.*

englische Hauben,

×

ehmals eine Gattung gespitzter Sturmhauben, wie auch andere nach gleicher Form gemachte Hüte. Die Engelischen, (welche im J. 1365 in das Elsaß kamen,) hattent *spitz helm* vnd *huben von stahel* vnd warent wol bezügt. Von dem kam der sitten vs im Elsaß, am Rin vnd in allen landen, das man lange kleyder vnd tschäggen truog vnd *spitz huben* machet, denen man noch spricht *Englisch huben.* (*Schodeler.*)

englischer Schweiß
oder
englische Sucht;

hydronosus, anglicus sudor. Eine unbekannte Seuche, die im J. 1529 den Rein hinauf in die Schweiz kam, und sonderlich in dem Spätjahre eine grosse Mänge Volkes hinriß. Den Namen hatte sie daher, weil sie aus Engelland soll gekommen seyn. Diejenigen, die darmit behaftet waren, lagen etwann 24 Stunden, Etliche minder, Wenige darüber, die daran sturben. Wer 24 Stunden überlebte, der kam gemeiniglich auf. Die Krankheit drückte den Menschen in einen tiefen Schlaf; so man ihm dann nicht mit Rütteln, Pfetzen, Hin- und Herlegen und Tragen wehrte, und allerley mit ihm anfieng, damit er nicht entschliefe, so starb er in dem Schlafe dahin, und verschlief sein Leben. Nebst der Verwehrung des Schlafes mußte man den Kranken wol zudecken, und bey 8 oder 9 Stunden schwitzen lassen; dardurch genas er; welche man aber zu lange im Schweisse behielt, die sturben. (*Wursteis.* und *Seb. Fr.*)

entbreideln,
×

entbridelen, abzäumen, entzäumen; **detrahere frenos.**

entbürgern
Jemand;
✱×

jus civitatis adimere alicui [jemandem das Bürgerrecht wegnehmen]. Zu Basel heißt es: *Einem das Bürgerrecht auf den Buckel binden.*

Entengrütze,
✱

Meerlinse, Pfützenmoos; **lens palustris** [Sumpflinse; kleine Wasserlinse?].

Entenmayer,
×

Zungendrescher, Plauderer, Wäscher; **rabula.** (*Wehner.*)

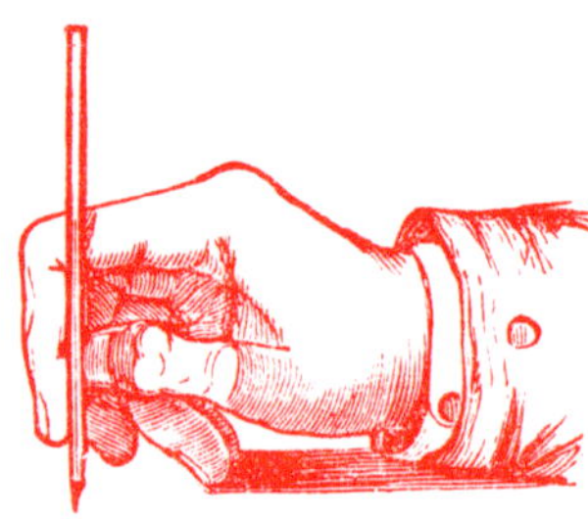

Enthältniß,
✱

Aufenthalt und Schutz in einer Burg oder Stadt: **tutela, refugium, praesidium** [Obhut, Zuflucht, Schutz]. Wer ehdessen in den Zeiten des Faustrechtes dises Schutzes geniessen wollte, der mußte, wenn er auch ein Fürst gewesen wäre, Brief und Sigel ausstellen, den Burgfriden zu halten, und die Stadt oder Burg wie Andere zu schirmen, so lange *der Enthalt* währte. (*Senkenb.* X T. II S. 375 und 376.)

entkriechen;

✳

reptando evadere [kriechend hervorkommen].

Was tat der Held, der einst mit Haut
und Knochen
Sechs Pilger fraß, der Fürst Gargantua?
Er war kaum halb der Muter Ohr
entkrochen,
so rief er schon: Ist nichts zu trinken da?
(*Hagedorn.*)

entkrusten

✳ ×

ein Brot, die Rinde von dem Brote schneiden oder schälen. s. *abkrusten.*

entlaucht,

×

entschloß, aufschloß, öffnete. Altfr. *intlauh.* Von *entlüchen, intlühhan;* **aperire** [öffnen, sichtbar machen].

Ir antlucz sach man sew [sie] behullen
ain sloyr (Schleyer) chlain vnd weiz
dadurch gaben gleiz (Glanz)
jr wengel (Wangen) rosenuar
[rosenfarben]
wo dew erschinen par. (frey, bloß)
Wer auch sich dahin *strawcht* (strich,)
da sich der sloyr *entlaucht*
vnd von jrn wenglein verrukcht
der ward verzukcht
in frewden hoch enpor.
(*Ottok.* Blts. 165 a.)
Do man das grab *entlaucht*
(näml. des heil. Ludwigs Grab,)
do enphuer [entfuhr] vnd enstrawcht
(vergieng)
manigem siehen [Siechen, Kranken]
sein geprest [Gebrechen].
(*Eb. Ders.* Blts. 179 b.)

entnasen,

✳

die Nase schänden oder abhauen; **denasare.** (*Mahl.*)

entnesteln,

✳ ×

die Nestel auflösen. Eine Brust *entnesteln*, ein Frauenzimmer in der Ohnmacht *entnesteln.*

entnieren,

verschneiden, der Mannheit berauben. In dem nicenischen **concilio** wart geordnet das die, die sich aus vngeduld der fleischgirigkeit *entnyereten,* hinfüro in die priesterschaft nit auffgenomen werden solten. (*Kob. Chr.* Bl. 130 b.)

entnucken,

einschlummern; **dormitare.** *Wieder entnucken*; **redormire.** *Entnuckt,* **semisopitus [halb schlafend].** (*Fries.*) In einer geschrieb. Bibel von 1458, welche *Herr Dr. J. Frid. Mayer* in der Geschichte der deutschen Übersetzungen der Bibel anführt, stellet der Glossenmacher *Herrn Adam* vor, wie die wilden Tiere durch die Engel zu ihm geführt worden, und fährt dann allso fort: „Da diser aber sich vnter jnen zue keinen gesellen können, da ordnet Got, das Adam *entnuckte* vnd nicht vollen entschlief. Hie nimpt man es also, das Adam in *dem entnucken* entzuckt wart vnd jm wurden himlische ding geoffenwart, vnd da *er entwacht*, da wissagte er künfftige ding von der ainigung Christi vnd der Christenheit vnd von der süntflut.“ s. *entnafzen* [entschlafen], *Nückerlein.*

entrechnen,

✳ ×

ist, wenn Zween mit einander abrechnen, und durch Verstoß oder Betrug der Eine oder der Andere seine Rechnung nicht findet, wie er vermeynt hatte. Wie ich mich auch bey N. vorsehe, komme ich doch niemals zu meiner Bezahlung; denn immer *entrechnet er* mir etliche Gülden. Wenn Zween Seefahrer, der Eine gegen Osten, und der Andere gegen Westen die Welt umsegeln, so *entrechnet* der Erste, der Andere aber überrechnet einen Tag bey seiner Heimkunft.

entrinnen

✳

dem Vieh, sagt man von einem jungen Anwachse in den Wäldern, wie auch von andern jungen Bäumen auf Wiesen und Aeckern, die zu einer solchen Höhe gediehen, daß ihnen das Wild oder ander Vieh nichts mehr angewinnen kan.

entschnappen,

entwischen; **elabi, effugere** [entschlüpfen, entfliehen]. Nichts *entschnappet* seiner Tadelsucht.

Entsiglungskunst,

✳ ×

eine sonderbare Kunst gewisser Statsleute, alle Briefe, wie sie auch immer verschlossen und versigelt seyn, unvermerkt zu erbrechen [öffnen] und wieder zu versigeln. Von den neuen Lateinern werden solche *Entsigler* **Apertularii** genennet.

entstecken

✳

Jemand, entzünden.
Entstecke mich, du höchste Liebe;
und fülle mich mit jenem Triebe,
der deinen David einst entflammt!
(*Drollinger.*)

entweihen

✳

einen Priester, geschieht in der römischen Kirche wegen gewisser Übeltaten mit besonderer Feyerlichkeit; es wird nämlich Demselben auf einer darzu aufgerichteten Büne von dem Bischoffe die Haut von den Fingern, welche den Leib des Herrn berührt, wie auch um die Kronschur, und allen den Orten, wo er ehmals gesalbt worden, abgeschabt und abgeschnidten, sodann die priesterliche Kleidung aus- und dargegen ein schlechter weltlicher Rock angezogen, worauf ihn der Bischoff von der Büne herunter begleitet, oder wol gar mit einem Fußtritte die Treppe hinunterstößt, daß ihn der Henker in Empfang neme, und das Todesurteil an ihm vollstrecke.
Ist aber, welches sehr selten geschieht, eine Kapelle, die anderswohin versetzt werden soll, zu *entweihen* und

abzubrechen, so werden vorher von einem Bischoffe oder bevollmächtigten Priester alle heiligen Bilder, Zeichen und Schriften von der Mauer heruntergekratzt. s. *Haltaus*. **Gloss.** in *entweihen*.

entwicht,

arger Wicht, Böswicht, verrucht. – Der Bauwrsmann ist auch *entwicht* an Haut und Har, stolz, voller Vorteil… (*Seb. Fr.* Chr. im J. 1531.)

Er,
und *Sie*,

Männlein und Fräulein unter den Tieren. Vnder allem geflügel lebt gemeynklichen *der Er* lenger dann *die Sy*. – Die tauben geperent alle zeit zwey teubel, des ersten *ein Er*, vnd darnach an dem dritten tag *ein Sy*. – Vnder den wachtlen sint mer *Er* dann *Sy*. – Wann der wint von dem *Eren* wayet zuo *der Syen* in der Zeyt jrer brunst so facht sy zuo. (Ist von den Rebhünern gemeynt.) Waan die rabin ir ayer brüet so bringet ir *der Er* ze essen. – *Der Sy* ayr da *des Er* saum (Same das Hahns) zuogemischt ist, sint allein berhafftig, d.i. zur Brut tüchtig. (*Megenb.*)

Erbärmde Gottes,

eine überaus jämmerliche Sache. Fürwar es was *ein gots erbermd* anzesehen das iamer vnd weinen in der kilchen. (*Ziely* Bl. 50 b.)

Erddieb,

✱ ✕

der seinem Nachbarn eine Furche abpflüget. s. *Rand*, Rain.

Erdengerling

✱

gryllotalpa [Maulwurfsgrille]. Sonst auch *Schrotwurm*. s. *Grebing*.

Erdhasen,

✱

gibt es in der Wüste um Astrachan. Sie seyn kleiner als die Eichhörner, haben ein graues und unter dem Bauche weisses Fell, kurze Vorder- und lange Hinterfüsse, und einen langen kahlen Schwanz wie die Ratzen [Ratten], und vergraben sich in die Erde. (*Büschings* Erdbeschr. T. I S. 826.)

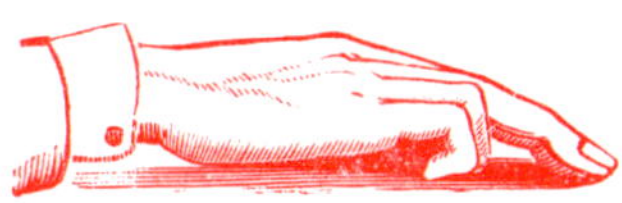

Erdhonig,

✱ ✕

ein schlechter Honig, den die Wespen unter der Erde bereiten; **mel vesparum**.

Erdmann,

soll ein Vater, dem viele junge Kinder hinwegsterben, den nächstgebohrenen Sohn nennen, so wird er, nach dem abergläubischen Vorgeben des gemeinen Volkes in Sachsen bey Leben bleiben. (*Jabl.*)

Erdseife,

✱

eine sehr weisse Erde, die in Madagaskar gegraben wird, und wie die feinste Seife zum Waschen des weissen Zeuges dienet. (*Jabl.*)

erfüntelen,

✕

durchprüfen, durchforschen, bewähren; **perscrutari, probare.** Herr, *du erfüntelest* mich, vnd kennst mich. – *Erfüntel* mich, o Gott, vnd durchgründ mein Hertz. (*Fr. Bib.* Ps. CXXXIX.I, 22.)

ergälstern,

ergalstern Jemand, ein Schrecken einjagen, wie man von den Galstererinnen oder Hexen sagt, **afferre terrorem** [einen Schrecken einjagen]. s. *galstern, vergalstern.*

ergaufeln,

in die Handhöle nemen, die hole Hand füllen. Geld, so viel er nur hat *ergaufeln* können. s. *Gauf, Gaufel.*

erhotzeln,

von unten auf schütteln; **succutere, succussare** [emporschleudern, erschüttern]. Das Roß hat ihn *erhotzelt.*

Erschleiche,

was du nicht erlaufen kanst; (Sprüchw.) **Tutius a Fabio cunctando vincitur Afer** [Der Punier (Hannibal) wurde von Fabius durch Zaudern sicherer besiegt]. Eine Schnecke ließ etwann auch einen Hasen zurücke.

erschmeyen,

✕

(Schweiz.) erblassen; **palescere.** Herzog Carl von Burgund *erschmeyet* ab dem Absagbrieff der Eidgnossen. (*Stettl.* I 219 b.) In Bern bedeutet das Wort noch immer so viel als **terrore attonitum esse**, aufs Äuserste erschrecken, welches sich aber von einem **Carolo Audace** [Karl dem Kühnen] nicht wol sagen läßt; sondern er kan sich wol vor Grimme erblaßt haben. Dis Wort hat etwann die Bedeutung, wie das Alte *ersmewgen* oder *ersmewjen*, denn Beides pflegte man ehmals auf gleiche Art auszusprechen. Vergl. mit *smewgen.* [Ev. mit *schmügen*, biegen, krümmen, verwandt.]

Ersteli,

✕

(das,) nennet man zu Basel die erste Frucht einer Kuh oder Schafmuter: Hingegen auf der Landschaft heißt man allso die Kuh oder die Schafmuter selbsten, die das erste Mal wirft.

Erstreckteichlein,

✱ ✕

kleiner Teich, darinnen man die Samfische so lange stehen läßt, bis sie genugsam erwachsen seyn, daß man sie zum Gewüchse in grössere Teiche aussetzen kan. (*Kohl.* Hausb. B. XVI Kap. 87.)

erwandern *ein Handwerk,*

✱

die dazu erforderlichen Wanderjahre aushalten. Wann ein junger Müller Meister zu werden begehrt, soll er zuvor seine drey Jahr mit einem Lehrbrief bescheinen und aufweisen, daß er nicht allein solch *Handwerk* redlich erlernt, sondern auch drey Jahr *erwandert habe.* (*Würtemb. Müllerord.*)

Erweiskunst,

✱

Wißkunst; **mathematica.** (*Schottel.*)

Esch,

(die,) der Bann oder die umligenden Felder, Matten und Wälder um eine Stadt, ein Dorf oder einen Flecken; **ager, territorium.** (*Dasyp.*) Sonst heißt man *Oesch* die Flur oder Zelg, welche den dritten Teil der Aecker eines Bauerngutes ausmacht, deren die Eine zu Winterfrüchten, die Andere zu Sommerfrüchten angebauet wird, die Dritte aber brach liget. s. *Oesch.*

Ein Esel,

der Haber frißt, tanzet auf dem Eise; (Sprüchw.) **Saltitat in glacie, quem bromo pascis, asellus.** D.i. Narren können gute Tage nicht vertragen.

den Esel *übergürten,*

✱

Maß und Ziel überschreiten, sich oder Andern zu viel zumuten; **modum s. leges aequitatis excedere** [das Maß oder die Gesetze der Billigkeit überschreiten]. Ein Dorfpfarrer ließ sich in einem Wirtshause einen köstlichen Wein so wol schmecken, daß er eine Maß oder mehr darvon versorgte. Er fragte nach der Zeche; die belief sich auf ein Par Groschen. Das ist nicht recht, Frau Wirtinn, rief er aus: Zehnmal so viel sollte die Maß gelten. Sie aber erwiderte gar bescheidentlich: Ihr prediget ja selbst die Billigkeit den Wirten; Drum, Herrchen, möchte ich nicht *den Esel übergürten.*

Eselmann;

✱

onocentaurus, ein fabelhaftes Geschöpfe, dessen Vorderleib einen Mann, der Hinterleib aber einen Esel vorstellen soll.

Eselsbrücken;

✱

asinorum pontes, werden die Register in den Büchern genennet, weil sich gewisse Scheingelehrte derselbigen mehr, als der Bücher selbsten, bedienen.

Eselsohren,

wurden ehmals von den Slaven dem **Mercurio** angedichtet, sein scharfes Gehöre darmit anzudeuten, als welcher die Schafwolle und das Gras wachsen hörte. (*Rudb.* Manh. Blts. 376.)

Eßpink,

✕

(die und das,) das Boot oder das kleine Schiff, das man an das grössere hängt. Kein Boßmann soll so verwegen seyn, das Bot oder *Eßpink* loszumachen, ohne Erlaubniß des Schiffers. (Seerecht der Hanseest. T. IV und IX.) Andere schreiben mißbräuchlich *Essbing.* (*J.L.Fr.*)

Euerrik

×

oder *Oeuerrik,* d.i. Eberreich oder Eberland, hieß vormals *Jork*, eine berühmte Stadt in Engelland, weil vordisem in einem Walde daselbst dergleichen Wild gehäget worden. Die Stadt hat ein ewiges Angedenken in den Geschichten, weil daselbst die Keiser Severus und Konstantius Chlorus gestorben, und Konstantin, der Grosse, geboren worden. (***Bailey.***) ***Prisens*** setzet darfür *Euerwick*.

seine Eule *wol zu setzen wissen,*

✳

(Sprüchwörtl.) seinen Schnidt wol zu machen wissen, auf den Fang wol abgerichtet seyn; **uti foro, nosse loca unde aliquid lucri sperandum** [wie auf dem Forum die Orte kennen, wo Gewinn zu erhoffen steht]. Die Redensart ist von den Vogelfängern entlehnet, welche wol wissen, wo sie vermittelst der Eule oder des Käuzleins die meisten Vögel auf den Leimruten fangen können. (*Matthes*. Bergpred.)

Eulenlicht;

✳ ×

lux dubia, crepusculum [Dämmerungslicht, Zwielicht], Abenddemmerung. Engl. ***Owllight***.

Euler;

×

Engl. ***Owler***, der da verbotene Waare aus dem Lande führt, und sich, wie die Eulen, der Nacht darzu bedienet.

Euringsstrasse,

die Milchstrasse oder der dickgestirnte Kreis; **lacteus circulus**, von einem gewissen Sternkündiger, Namens *Euring* allso genennet. (*Turnm*. Bl. 102 b.)

an Ewigkeiten *verkaufen,*

d.i. an ein Gotteshaus, an ein Stift oder einen geistlichen Orden, daraus keine Wiederlösung mehr ist; **bona vendere ad perpetuitates**.

Eyer,

✳

Belege, Beylagen, Geheimniß, Gemerke, Jungen, Zeugen, Loszeichen oder *Merkzeichen,* nennet man die Steinlein, Eyerschalen, zerbrochenen Ziegelsteine, Glasscherben, Kohlen, Gyps- oder Kalkstücke, wie auch die Asche oder den Hammerschlag, oder die angebrannten Beiner, welche man, als ein dauerhaftes und beständiges Zeug, bey Setzung der Marksteine darunter zu legen pfleget, damit man dieselbigen, wenn darzu geräumt und gesehen wird, zu allen Zeiten für unverwerfliche Markzeichen erkennen möge. Die Steinlein und Scherben werden von platten Steinen und Ziegeln allso heruntergeschlagen, daß sich die Stücke, wenn man sie aufsuchet, wieder zusammenschicken; und bey dem Eingraben werden sie allso unter die Marksteine gelegt, daß man wol sehen und urteilen könne, wo sie hinzeigen. Bey Nachgrabung oder Hebung eines Marksteins ist die erste Frage der Untergänger in Schwaben, *ob der Stein seine Eyer habe, oder nicht?* (*Joh. Jod. Beck.* von dem Rechte der Gränzen.)

Eyergänge,

*

(Zerglid.) die sogenannten Muterhörner oder Mutertrompeten, **oviductus, tubae Fallopianae** [Eileiter, Fallopianische Tuben].

Eyerkrieg,

×

nennen unsere Alten den österlichen Feldzug Zweyer in 6000 Mann bestandener Regimenter, welche den 24 Märzens 1606 auf Ersuchen des Königs in Frankreich, der sie, wie es hieß, wider den Herzog von Buljon [Bouillon] gebrauchen wollte, aus der Eidsgenossenschaft gezogen, bald aber abgedankt worden, und den 21 Aprils, ohne einen Feind gesehen zu haben, wieder nach Hause gekommen.

Eyeröhrlein,

*

kleine Eyerküchlein, die man in der Schweiz auch *Mausohren* nennet, da man Salbeyenblätter durch einen Küchleinteig zu ziehen und zu backen pflegt. s. *Milchörle*.

f

Fabrill,

(die,) Allermanns Fabel und Hohn. Jetzer ward durch seine Mißhandlung zue einem verleumdeten vnd verachteten Menschen, ja zue *einer Fabrill* vnd Gassenred worden. (*Stettler,* I 438 b.)

einen Faden vom Mantel *hinwerfen;*

filum de pallio projicere, geschah ehdessen zum Zeichen, daß man seinem Beleidiger alles von ihm erlidtene Unrecht vollkommen verzeihe, und die alte Feindschaft aufhebe. (***Du Frêne.***)

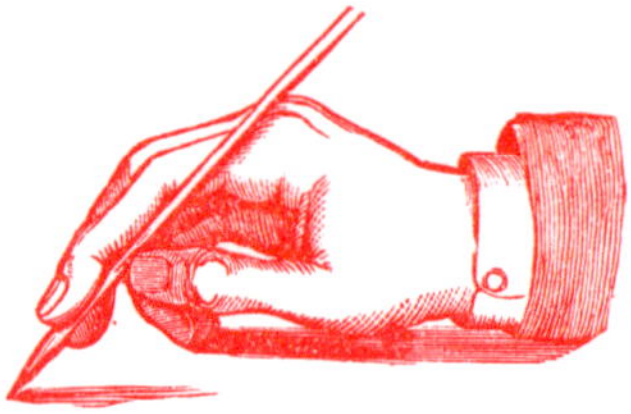

fämen,

×

faseln, sich befruchten und vermehren. Es finden sich zuweilen in den kleinen Teichen unter den Karuschen kleine Fischlein, die fast eben so breit sind, aber eine grünliche oder weißliche Farbe haben. Sie schmecken gar bitter, und werden darum von den Meckelburgern *Bitterlinge* genennet. Das *fämet sich* sehr in Teichen; da muß man ein Par Hechte hineinsetzen, so wird man ihrer los. (*Kohlers* Hausb. T. I B. XVI 54.) Die Spur dises Wortes findet sich in **Fama, femina**, *Femmel,* Weibchen des Hanfes, *fämen,* schäumen, wozu die Bedeutung des Vermehrens den ersten Anlass gegeben. Vielleicht hatte auch das berühmte *Vem-* oder *Fämgerichte* in Westfalen daher den Namen, weil es nämlich gewaltig um sich gegriffen.

Fänner

oder *Venner* zu Bern und noch in etlichen Ständen der Eidsgenossenschaft ist Einer der Vornemsten des Rates, ein Ehrenhaubt der vordersten Zünfte, und zum Teile, was bey den alten Römern ein **Tribunus plebis** [Volkstribun] war. *Die Fänner* sind auch die Standshaushalter und Verwalter des gemeinen Gutes. *Fänner,* eigentlich *Fähner*, von *Fahne;* **Labarophorus** [Standartenträger]. (*Lebensbeschr. Nikl. Manuels,* Fänners zu Bern.) Den Namen haben *die Fänner*, weil sie das Panner bey einem Auszuge führen.

Färberpflaumbaum;

✳ ×

Pacoceroca, ein nicht gar hoher Baum in dem südlichen Amerika, der wegen seiner dreyeckichten köstlichen Weinpflaumen bekannt ist, deren Saft, ungeachtet ihres safrangelben Fleisches, dennoch eine treffliche und in allem Waschen beständige, rote Farbe gibt, da hingegen die Wurzel, wenn man sie mit Wasser absiedet, schön gelb färbet.

fäscheln,

—

fätschen, (Schweiz.) in Windeln wickeln; **fasciis ligare**. s. *einfätschen.*

fahrendes Weib,

Waldnympfe; **dryas, hamadryas, silvarum Dea.** (*Kilian.*)

fahrendes Weib,

Hexe; **incantatrix, venefica, strix volatica.** (*Eb. Ders.*)

fahrendes Weib,

Wirbelwind; **turbo, ventus contortus & rotatus.** (*Eb. Ders.*)

Fahrrecht

oder ✱ *Barggeld,*

—

ist die Gebür, die an einigen Orten von den verunglückten Schiffern für die Abfolgung der an Strand geworfenen oder aufgefangenen Güter der Herrschaft des Landes muß entrichtet werden. Eigentlich heißt es *Fahrecht* oder *Fangrecht,* wie denn ehdessen dergl. Güter von den Landsherren pflegten eingezogen, und die geborgenen Leute selbsten in die Leibeigenschaft verstossen zu werden.

Fallgöttinn,

×

eine schädliche Göttinn, von welcher man glaubte, daß sie den Reisenden den Fall oder Sturz verursache; **Labina.** (*Isidor.*)

Fan,

×

(Got.) Herr. So hieß man einen jeden ehrbaren Fremden, dem man keinen Namen geben konnte. So sagten auch jene Griechen, welche den Heiland zu sehen verlangten, zu seinem Jünger Filippus. *Fan.* Wileima iaisu gasaihwan; d.i. Herr, wir wollten Iesum gerne sehen. (Joh. XII 21.)

Fangstreich,

✱ ×

Fachstreich, Streich, den man einem Menschen oder Vieh gibt, die sich nicht wollen fangen lassen, damit sie fallen oder gelähmt werden. – So sich die Hirten zur gegenwehr stellen, vnd die Forstknecht notwendige *Fachstreich* gebrauchen müsten, so sollen sie sich doch aller vbermaß enthalten. (*Hohenloh. Forstordn.* Bl. 17.)

Fara, phara,

×

Geschlechte; **genus, familia, generatio, prosapia [Geschlecht, Familie, Generation oder Zeugungsfähigkeit, Sippe].** (*Paul Warnfr.* Longob. Gesch. B. II § 9.) s. *faran,* **coire [geschlechtlich verkehren].**

Fardegat,

×

(die,) ein eiserner Reif, womit ehmals das Frauenzimmer seine Röcke weit herausstrotzen machte; *Kilian* nennet *eine Fardegat* **ferreum quoddam domicellarum instrumentum, quo vestes latius exspatientur.** Die hochdeutsche Übersetzung davon überläßt man Andern. Die Franzosen gaben es gar zu höflich mit ***Vertugadin.*** s. *Ferdegat, Partigal.* [Der lat. Text bedeutet soviel wie: Ein gewisses eisernes Gerät junger Herrinnen, womit die Kleider ausladender verbreitert werden können.]

faseln,

✳

und *sich faseln,* gedeihen, sich mehren; **capere incrementum, proficere, sobolescere** [Zuwachs bekommen, nützen, heranwachsen]. *Unrecht Gut faselt nicht,* kömmt nicht auf den dritten Erben.

fäumen,

✳

(Wirkw.) den Schaum abnemen, abschäumen; **despumare.** Wer rosen honig wil machen, der sol das honig des ersten wol *feimen* von dem schaum. (*Naturb.* Bl. 42 b.) s. *abfäumen.*

fauken,

×

(basel. Landw.) fehlschlagen; **aberrare a scopo.** *Der Streich hat gefauket,* ist mißlungen. Vielleicht von dem AS. *Faken,* **fraus** [Betrug].

Faulheit;

✳

ignavia. Holl. ***Luyard,*** ein ungestaltes Tier in Brasilien, welchem man disen Namen wegen seiner ausnemenden Langsamkeit und Trägheit gegeben. In dem Lande selbsten wird es ***Hay*** genennet. s. *Faultier.*

Faulschlange,

✳ ×

eine gewisse nicht gar grosse Schlange. Sticht sie einen Menschen, so erfault er, zerfällt von Stunde an, und stirbt. (*Deut. Lyk.* Blts. 21.)

Faultier,

✳

ein menschenähnliches träges Tier; **bradypus.** (*Linnäus.*) s. *Faulheit.*

Fausi,

×

(der,) Rotkopf; **rutila decorus caesarie** [mit rötlichem Haupthaar geschmückt]. Lautet beynahe wie das Gr. φαυσις [phausis], **aurora, ortus, lux, splendor** [Morgenröte, Aufgang, Licht, Glanz]. Es kömmt aber wahrscheinlich von dem Kelt. *Ffaw,* her, welches eine grosse Zierde bedeutet, weil vormals die roten Hare eine Pracht der Götter und Helden waren. Das Wort ist den Baslern eigen.

Faustlauch *fressen,*

Faustschläge kriegen; **edere pugnos, pugnis caedi** [Hiebe einstecken (essen), unter Schlägen niedergehauen werden]. (***Apherd.***)

Fedderflunk,

(Niders.) Flederwisch, Kehrwisch. (*Richey.*) s. *Flunk.*

Feder,

(in uneigentl. Verst.) *zur Feder setzen,* d.i. zu Papyr bringen, schriftlich verfassen. *Einem die Feder nemen,* d.i. das Schreiben niderlegen. *Die Feder in Gift und Galle tunken,* d.i. giftig und hässig schreiben. *Eine leichte Feder führen,* d.i. leicht, sanft, lieblich und natürlich schreiben. *Seine Feder schärfen,* d.i. Einem mit scharfer Antwort in Schriften begegnen.

Federklauber,

Schmeichler, Liebkoser.

Federleser,

Schmeichler, Liebkoser; **palpator**. (*Fries.*) Heutzutage heisset *Federleser* ein Solcher, der sich nicht entschliessen will, da er doch muß.

Fegseele,

eine Seele im Fegfeuer. (*Marnix.* röm. Bienenk.)

Fegteufel

✳

Plaggeist. *Einen Fegteufel* zum Weibe haben. Ein Mensch ist des andern *Fegteufel*; **homo homini diabolus**.

feinäugeln

✳ ✕

Jemand, mit Schalksaugen ansehen; **malignis oculis adspicere aliquem**. In dem nachtessen kompt harin ein starcker lächerlicher mensch zuo sechen, *finöuglet* Sebolden vberzwäris [schräg] spöttlich an. (*Rappenst.* Gespr. vom dienst der kilchen.)

der feißte *Sonnabend*

oder *der schmalzige Samstag*, ist der Samstag vor der Herren Fasnacht; **vigilia Dominicae Esto mihi**. (*Halt.* Cal. m. aev.)

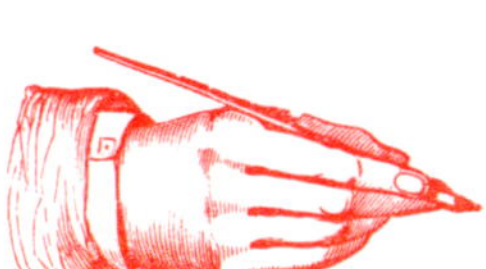

Feld geben,

✳

Zeit, Ort und Stelle zu einer Feldschlacht bestimmen. „Die viend embuttent [die Feinde ließen vermelden (bei)] denen von Straßburg, ob sy nit weltent mit jnen striten, so wellind sy jnen *veld geben*, das ist, blatz anzeigen, da das gefächte beschehen sölt. Vff das wart der bott gefragt, wo sine herren *veld geben* wolten, do antwurtt er, Er wüst es nit, vnd do hiessent jn die von Straßburg faren vmb sollichs zuo erkunden vnd darnach zuo antworten, so welten sy antwurt daruff ouch geben. Vff semlichs [darauf] fuor der bott wider hinweg zuo den sinen vnd kam darnach widerumb vnd sprach, sine herren welten *geben das veld* zwischen dem galgen vnd husbergen zuo stritende an dem nechsten samstag vor dem suntag Iudica genent. Nit weiß ich, ob die von Straßburg jnen förchtind, oder was sy verursacht. Sy gaben daruff die antwurt, welten die herren jre hengst von jnen tuon in die nechste schloß darumb, damit sy nit also von vnd zuo jnen ryten möchten, vnd zu fuoß mit jnen fechten, so welten sy mit jnen striten. Also fuor der bott hinweg vnd kam kein antwurt harwider. Do zugent die von Straßburg heimb." (*Schod.* und *Königsh.* im J. 1389.) Dise Stelle hat man darum würdig geachtet, der Länge nach hier anzubringen, weil darinnen die Umstände, mit welchen ehmals ganze Kriegsheere einander herausgefordert, so ausführlich erzählt werden. s. *besprechen, versprechen einen Streit.*

Feldkrekel,

×

(der,) Grille, Muheime. s. *Kornwächter.*

Feldsträußler,

×

heissen in dem Würtenbergischen die Aufseher über den Feld- und Weingartenbau.

Feldstützler,

obrigkeitliche Untergänger, Bannherren, deren Amt ist, durch alle Aecker, Wiesen und Weingärten eines Banns zu gehen, und Acht zu haben, daß Alles zu jeder Art recht gebaut werden; die auch, wo sie eine Nachläßigkeit befinden, eine Strafe zu Abtrage des Schadens ansetzen können. (*Schott.* deut. Sprachl. S. 334.) s. *Hausstützler.*

Fensterrecht,

✻

das Recht, daß man Einem gewisse Lichter und Fenster nicht verbauen darf; **servitus luminum [Fensterbelastung (auf einem Grundstück)]**.

Ferdinand,

×

(Eigenn.) begierig nach Kriegsfahrten; **belli cupidus, bella moliens, hostibus infestus** [kriegsbegierig, Kriege beginnend, kampfbereit gegenüber Feinden]. Von *nenden*, sich bestreben, unternemen, oder vom dem Got. *nanthjan*, **audere** [wagen, begierig sein].

fergrindelon,

×

mit Grendeln [Querbalken] und Rigeln verwahren. Got *habet* fasto *fergrindelot* dine porta; **Deus confortavit vectes s. seras portarum tuarum** [Gott hat die Riegel oder Querbalken deiner Türen verstärkt.]. (*Notk.* Ps. CXLVII 2.)

Ferner,

heissen in Tyrol die mit ewigem Schnee und Eise bedeckten hohen Gebirge. (*Roschmann.*) Schweiz. *Gletscher.* s. *Alteis.*

fertig einer Kunst,

✻

Meister in einer Kunst. Er war beider gelehrten Sprachen *fertig*, und redte sie wie seine Mutersprache.

Thuanus lebt in dir. Des Grotius
  Gemüte,
der Geist des Heinsius bewohnen
  dein Geblüte;
und sollte gleich durch Neid
  Barklajus untergehn,
so würd er doch durch dich
  hinwieder ganz da stehn,
so fertig bist du sein.

(*Flemming.*)

Des kriegs *vertig* vnd aller list vol sein. (*Schöferl.* Bl. 218.)

Fettmacher,

werden im Spotte von den deutschen Tuchmachern die niderländischen Tuchmacher genennt. (*J.L.Fr.* aus *Schröters* Schatzkammer.)

Feuchtarsch,

ein Seerabe, der seinen Schwanz mehrenteils in dem Wasser hält; **murmellio.** (*Geßner.*) s. *Morfex, Scheldrach.*

Feuer *bey Jemand* holen,

✳

(sprüchwörtl. Redensart.) Anlaß zu Streithändeln suchen. Böse Leute, *die fewer bey vns holen,* oder bachscheiter auff vns hawen wöllen. (*Mathes.* Hochzeiptr. Bl. 54 a.)

Feuer *am Ufer des Meeres*

oder sonst von einer versicherten Ferne zu *machen,* war ehmals bey den Wenden die Losung, wenn sie wegen eines Fridens Gespräche zu halten begehrten. (*Alb. Kranz.* wend. Gesch. B. V Kap. 23.)

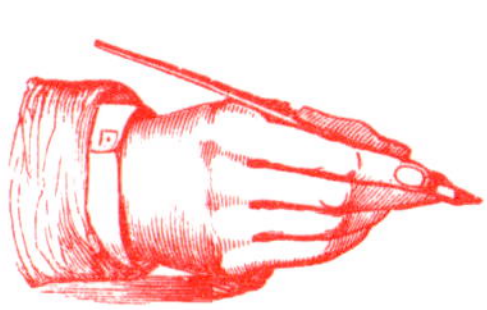

Feuergebirge,

nennen *Spate* und Andere sehr unrecht den Brenner oder die Pyrenäen zwischen Frankreich und Spanien, deren Namen eigentlich ein erhabenes Gebirge anzeiget. s. *Brenner.*

die Feuerhut *ausrufen,*

✳

bey Strafe Leibs und Gutes ausrufen, daß man alles Feuer in den Häusern lesche [löschen soll], welches an einigen Orten bey starken Sturmwinden zu geschehen pfleget. (*Ertels* **Prax. aur.**)

Feuerkreuz,

✕

hieß man vorzeiten in Schottland Zwey Brandscheiter, welche man zum Zeichen eines feindlichen Einfalls oben an einer aufgesteckten oder herumgetragenen Lanze kreuzweise anzubinden pflegte. Engl. ***Firecross.***

Feuerlanze,

✳ ✕

Feuerspieß oder *Sturmspieß*, ist eine mit Feuerkugelnzeug und Schlägen [Sprengkörpern] gefüllte Röhre, die man bey Durchbrechung in die Gegenböschung (***Contrescarpe*** [äußere Festungsmauer oder Böschung eines Grabens]) gebrauchen kan. (*Feesch.*)

Feuerschlag,

✕

ein Zeichen liebreicher und fruchtbarer Ehen. Zu Torna im Botenland (Botnien) ist ein selzamer brauch: So die in Hochzeiten zwei ehlich zuosamen geben, so schlecht man ihnen mit einem kislingstein Feuwer vber jre Köpf auf. (*Fickler.*) Ohne Zweifel sollen die Funken eine Vorbildung der Kinder seyn, die aus der Vereinigung beider Getrauten entspringen möchten.

Feyerabend,
*
nennen die Holzhäuer das Stück Holz, welches sie jedes Mal, wenn sie des Abends aus dem Walde heimgehen, als ein anmaßliches Recht, mit sich zu nemen pflegen, dergleichen Mißbrauch in den neuern Forstordnungen verboten wird.

Fibel,
(die,) ABCbüchlein; **liber alphabetarius.** Er ist noch in *der Fibel,* d.i. noch ein Bube, ein Gelbschnabel. Ein Wort aus dem XV Jahrhund.

Fibliste,
×
(der,) ABCschütze; **puer alphabetarius.** (*J.L.Fr.*)

Fibliste,
×
(die,) heißt in Sachsen und sonst an einigen Orten die unterste Schule, ABCschule; **classis infima, alphabetaria.**

Fichte,
(sprüchwörtl.) *Einen um die Fichte führen,* d.i. bey der Nase oder an dem Narrenseile führen, betriegen; **imponere alicui.** (*Spate.*)

Figalen,
(die,) Blumwerk, wie es die Tischmacher auf Tafeln zur Zierde machen, umgewälzt schier wie Jakobsmuscheln; **voluta.** (*Mahl.*) *J.L. Frisch* meynet, das Wort sey von *Figur* entstanden; Es ist aber aus dem Franz. ***Feuillage***, Laubwerk, geradbrecht.

Fimmel,
*
(der,) der feinere Hanf, der nicht in Samen geschossen. s. *Fimel.*

Finanz,
(die,) Arglist, Betrug. *Böse Finantz,* da man Einen mit wüssen betrügt vnd vberfüert. (*Mahl.*)

Finanzer,
der allenthalben Geld aufnimmt, um niemals zu bezahlen; **aeruscator [Landbettler].** (*Emmeli.*)

Finger,
für *Klauen.* Es sint vil vogel krumer *finger* die wenig ayrent [Eier legen]. – Vogele die nit negel habent an *den fingern.* (*Megenb.*)

Finger *nächst dem Daumen,*
heißt im Sprüchworte ein genau verbundener und unentbärlicher Freund; **amicus pernecessarius, valde conjunctus & propinquus** [ein eng verbundener, sehr vertrauter und einem nahestehender Freund]. (*Kilian.*)

die Finger *spitzen,*
war noch zu unserer Müter Zeiten eine seltsame Gebärdung ehrbarer Weiber und Jungfrauen, wenn sie sich

vor Jemand zierten, indem sie sich die Hände vorn in einander schlungen, und die Zeigfinger untersich, die Daumen aber übersich zusammenspitzten. In *Holzwartens* Schauspiele von Saul, welches Derselbe ehmals vor der Obrigkeit zu Basel aufgeführt, gibt Ahinoam, Sauls Weib, ihrer Tochter Michol, als sie mit David getraut werden sollte, folgende Lehre:

Wolan sih das du mit geberde
zucht, sitten, erbarkeit, für werde
gehalten werdst, das man dich lob
vnd sage nit dein muoter grob
hab dich nichts glehrt, sih fein hernider
zuer erden, gaff nit hin vnd wider
lauff auch nit daher wie ein roß
es wer sonst ein beurischer boß
Dein hend dauorn zuesammen leg
Bey leib kein finger nit beweg
Beym tisch soltu auch züchtig sitzen
mit zucht dein zarte finger spitzen.

s. *zeltern.*

Fingerling,

×

ein leichter Damm nur zu einigem Aufenthalte. – Nachdem sie einen Nachen mit Schüppen [Schaufeln] bekommen, sind sie darmit gegen den Abend auf den Teich zwischen Rees vnd Vesselick gefahren, daselbst der Rhein ehrzeit durchgebrochen, vnd allein mit *einem Fingerling* besetzt war, den Teich bey gelegener Zeit wieder zu machen. Haben also disen *Fingerling* zwischen des Feinds Scharwachen, so da lagen, solches zu verhindern, durchgestochen. Anstund lieff das Wasser mit Gewalt hindurch, u.s.f. (*Verdeut. Meter.* Blts. 872 b.)

Fingerspiel,

✳

ein gewisses Spiel mit den Fingern, wobey es sehr hurtig und betrieglich zugehet. Eine solche Kurzweile heissen die Delfinaten und Waldenser, die dergleichen vor Andern treiben, ***jouër à la More***. s. *lecken.*

Finkwurm

×

oder *der Fink,* Bändelwurm; **taenia vermis in viceribus nascens** [Bandwurm, der in den Eingeweiden entsteht]. (*J.L.Fr.*) Für *Feigwurm*; von *Feige*; Holl. ***Vyk*, podex** [Hintern, Po].

firkelen,

frägeln, fürwitzige und nasweyse Fragen tun. Du solt dich mit gantzem glouben gottlicher lieb bereiten den abloß zuo entphfahen, du solt daran glouben han, das gott das müg vnd well tuon. Aber du solt nit *firckelen* vnd fragen wie das müg sin, das solt du gott lassen, vnd gang du des müessig, anders du verbrüest din hend daran. (*Geil.* Pilg. Bl. 109.) Ist so viel als das Angels. *firgnian*, **interrogare** [ausfragen, in Erfahrung bringen]. J. L. Frisch hat *firgeln*, und sagt es bedeute so viel als: Einen meistern und vexiren, wie einen Schüler unter der **virgula** oder Rute. Die Erklärung selbst aber ist schülerisch.

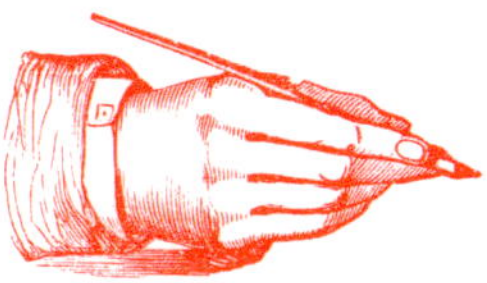

Firn,

✱

(der,) heißt in der Schweiz der unvergängliche Schnee auf den Alpen. s. *Glätscher*.

Vil berg hand alten schnee wie eis,
wie's volck in solchen bergen weiß,
den nempt [nennt] es *Firn*, der so gar hert
vnd wie cristal lauter er dert [dort]
gsamelt auff ettlich tausent jar
in denen er erhertet gar
gestocket vnd nimer zergat,
gleich einem harten stein bestat.
Ein Gletscher wird er auch genant,
der reinigt sich von stein vnd sand,
damit er wirt wie ein Cristal,
vnd so ein stuck dauon abfalt,
küelt er in Sommerhitz den wein,
darinn er lange zeit mag seyn.
Ein matery ist vber kalt
zur artzney jn das volck behalt
für hitzig fieber vnd rot ruer.
(*Valent. Rebm.* Blts. 151 und 152.)

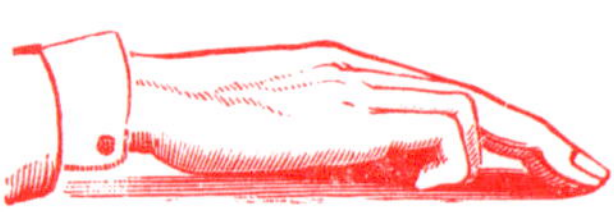

Firnberge,

✱ ×

Berge, die vielleicht seit der Sündflut mit Firn bedeckt seyn.

Firnschlünde,

×

Firnschrunden, Risse und Schlünde auf den Firnbergen, worinnen zuweilen die Gemsjäger erbärmlich versinken.

fitzen,

mit der Rute hauen. Got schenckt es den bösen menschen nicht die dich pinigen, wiewol sie sin ruoten sint *womit er dich fitzet,* wenn es jn zit dunkt so würfft er sie in das füer. (*Geil.* Pilg. Bl. 68.)

Fitzmützchen,

×

nennet das sächsische Frauenzimmer ein Hausmützchen von kostbarem Stoffe, welches wie ein Harnest mit einem netten Bändchen oder Schnürchen zusammengezogen wird.

Flachmaler,

✱

gemeiner Hausmaler, Ofenfußmaler, der weder von Lichte und Schatten, noch Haltung etwas verstehet; **rhyparographus**.

Flacke,

× –

(die,) nennet man die Tasche in einer Seitenfalte an Mannsröcken.

flämian,

×

geflämian, (AS.) in die Flucht schlagen; **fugare**. (*Hickes,* AS. Sprachl. Blts. 62.) Zu Basel sagt man noch *flämmen,* wenn man Jemand mit einer langen Nase abziehen macht. s. *flyman*.

flämisch,

grittlich, zornmütig, ungehalten; **iracundus, stomachosus**. Er sieht *flämisch* aus; **torvum videt**. Er wird bald flämisch; **facile se abripi patitur iracundia** [Er duldets leicht, von der Zornwütigkeit hingerissen zu werden; reizbar.].

Flaggenstock,

*

ist das Holz, worauf die Flagge stecket, und welches auf einem geschnitzten Eselskopfe ruhet.

Flambart,

*

(der;) **phoenicopterus** [Flamingo]; ein fremder Wasservogel, welcher in Spanien und Frankreich an den Küsten des mittelländischen Meeres gefangen wird. Er hat lange Schenkel und braunrote Flügel, darvon er auch den Namen führet. (*Fr.* und *Mahl.*) *Geßner* nennet ihn *Flambant* und *Flammann*.

Flaschentragen,

×

ist in der Oberlausitz, und sonderlich zu Bauzen, eine Strafe zänkischer Weiber und Balgerinnen, denen öffentlich Zween schwäre Steine, wie Flaschen gestaltet, angehängt werden. (*Christian Benj. Herz.* **Dissert. de Iure numellarum**, p. 31.)

Fledermaus,

heißt in der Mark Brandenburg eine schlesische Münze, wegen des darauf übel ausgedrückten Adlers. Deren Vier gelten einen Keisergroschen, und 120 einen Reichstaler; **grossulus silesiacus aquila signatus** [mit dem Adler bezeichneter schlesischer Groschen]. (*J.L.Fr.*) In Schlesien werden solche *Fledermäuse* nur *Gröschel* genennt.

Flegeler,

ehmals eine Räubergesellschaft in Türingen. Als Graf Günter den ernst vermerkt, den die Markgrafen zu Meissen wider ihn fürgenomen, hat er mit Herr Fridrichen zu Heldrungen, welcher sich auch gedachten Fürsten widersetzt, eine Bündniß gemacht, vnd wo sie von Bauwern, Mädern, Dreschern, oder anderm dergleichen Gesinde jemand bekommen können, dieselbigen in ihre Bündniß genomen mit grosser vertröstung, wie sie die alle in kurz zu reichen leuten machen wolten. Da ist der zulauf von tage zu tage grösser worden, vnd haben sich auch etliche verdorbene vom Adel zu jnen [ihnen] geschlagen, vnd ward derselbe haufe *der Flegeler geselschaft* genant; die namen vnd raubten, wo sie es bekomen konten, vnd solte doch niemand wissen, wer ihr Herr were oder von wes wegen *dise Flegel* solchen mutwillen trieben. (*Spangenb.* mannf. Chr.)

fletschen
das Silber,

✱

d.i. solches flüssig machen. Obwol alles einerley silber ist, so ist eines schneeweiß, als hett es ein Goldschmid ausgesotten, das ander bleyschwartz, da sich one abgang seiner farben zusammen schmeltzen, giessen, *fletzschen* vnd pregen lesset, Item das etlichs dicht, derb vnd braun ist, daraus man auch bilder schneiden kann. (*Mathes.* Leichpr. Bl. 69 b.)

flicken
das Leder,

✱

sagt man von einer wilden Sau, die einen Hund mit ihren Waffen schlägt, und ihm das Fell zerhäut. (*Florin.*)

flickfloyen,

×

(NS.) schwänzeln gehen, bald hier bald da seyn. It. einem Jeden nach dem Maule reden, und zu Gefallen seyn wollen, wie es die Schmarotzer und Fuchsschwänzer treiben. (*Richey.*)

Fliederbüchse,

✱

✱ *Klaterbüchse;* **siphunculus, sclopus quo pueri glandes stupeas v. chartareas cum bombo expellunt** [Röhrchen, Stängel, womit Knaben Kügelchen aus Werg oder Papier unter Gebrumm verschießen].

fliegender Tiger,

✱ ×

tigris volans, eine amerikanische bunte Fliege mit 6 Flügeln und eben so vielen Füssen, die von Mücken lebet, und zu Nacht auf die Bäume sitzet und singet. (***Bailey.***)

fliegendes Eichhörnchen;

✱ ×

Assapanick, ein kleines Tier in Virginien, das vermittelst seiner gestreckten Beine und Haut über 40 Ruten weit springen kan, als ob es flöge.

Fliegenvogel

(*bengalischer;*) Indianisch ***Tati***: Diser Vogel ist nicht grösser, als eine Haselnuß, und desto sehenswürdiger ist die Weise, mit welcher er sein Nest bereitet. Denn solches ist wie das Nest eines Zaunkönigs, und hat oben ein kleines Loch, damit dise Vögelchen aus- und einfliegen können. Merkwürdig ist noch, daß dasselbige aus Einem, Zwey oder Drey Blättern bestehet, welche so groß als die Kastanienblätter, und gleichsam an einander genähet seyn; denn *der Fliegenvogel* durchbohret mit seinem spitzigen Schnäbelchen solche Blätter, und machet viele Löcher darein, gleich als wären sie mit einer Nadel gestochen; durch dise Löcher ziehet er eine Gattung Fäden wie von Baumwolle, und knüpfet darmit sein Nest fest an das Blatt. Dise Nester hangen in der Luft, und gemeiniglich an einem Blatte, welches etwas Sonderliches ist. Zu der Zeit, da solche *Fliegenvögel* oder

Tati ihre Nester bauen, wehet in dem Lande kein Wind, auser dem stillen Westwinde; so daß dieselbigen ihre Eyer, die so groß als die Ameiseneyer seyn, ohne Gefahr ausbrüten können. (*Jabl.*)

Fliegenvogel

(*kanadischer;*) Es hat Solcher einen Vorzug vor vielen andern Vögeln, und ist nur Schade, daß er die Ohren nicht so sehr als das Gesichte ergetzet. Den Namen hat er von seiner kleinen Gestalt, und von dem starken Sumsen, welches er mit seinen Flügelchen gleich den grossen Brummfliegen verursachet. Seine Füsse seyn eines Daumens lang und Zwo Nadeln gleich; eben so ist auch sein Schnabel beschaffen: Aus disem läßt er einen kleinen Stachel heraus, womit er in die Blumen bohret, und den Saft, worinnen seine Nahrung bestehet, einziehet. Das Weibchen hat nichts schönes an sich; das Männchen hingegen ist eine rechte Kostbarkeit. Auf dem Kopfe hat es einen kohlschwarzen Busch; der Hals und die Brust ist rot, der Bauch weiß; Rücken, Flügel und Schwanz aber von einer unvergleichlichen grünen Farbe; alle Federn seyn mit Goldflecken besprenkelt, und ganz dünne; ja fast unfaßliche Flaumfedern machen die schönste Schattung, die man sich nur vorstellen kan. Einige Reisende haben ihn mit dem Kolibry verwechselt; er scheinet auch in der Tat eine Gattung darvon zu seyn. Der Kolibry aber, den man auf den Inseln findet, ist etwas dicker; er pranget auch nicht mit solch glänzenden Federn, und hat einen etwas herabwerts gekrümmten Schnabel. *Der Fliegenvogel* in Kanada hat ungemein starke Flügel, und einen erstaunlich schnellen Flug, daß er sich augenblicklich und pfeilgerade erhebet, und, ehe man sichs versieht, aus den Augen verlieret. Er ist des Raben gefährlichster Feind: disen verfolget er, und, so bald er ihn ansichtig wird, kriecht er unter Einen seiner ausgebreiteten Flügel, und sticht ihn mit seinem Stachel, daß er todt herabstürzet. Ihre Nester machen sie auf Bäumen, und wissen sie dergestalt zu verwahren, daß sie wider alle rauhe Luft darinnen sicher seyn können. Dise halten sie auch ungemein reinlich. Ihre Eyer seyn von der Grösse einer Erbse, ganz weiß auser den gelben Flecken, womit sie gesprenkelt seyn. (*Gesch. der franz. Pflanzstädte in Nordamerika*, Blts. 248-250.)

Flintkeile,

✱ ✕

keilförmige Kiselsteine, dergleichen viel in den kimbrischen Gräbern, dahin sie ehmals mit den Verstorbenen gelegt worden, zu finden seyn. Das gemeine Volk *nennet* sie *Donnerkeile*, und pfleget sie mit abergläubischer Verehrung aufzuheben. Man glaubet, es hätten die Alten ihre Todten zu dem Ende mit Flinten versehen, damit sie bey der Auferstehung in den finstern Gräbern Feuer aufschlagen, und Licht haben möchten. Wenigstens soll dises noch der Glaube und Gebrauch der heutigen Lappländer seyn. s. *Arnk.* kimbr. Heident. T. II Blts. 166, 167.

flubbern,

×

(NS.) unbedachtsam und unanständig herausplaudern. (*Richey.*)

Fön,

(der,) Mittagswind; **favonius [eig. Westwind]**. Unter allen Winden ist den Bewohnern der Schweizeralpen keiner gefährlicher als diser. Er ist so häftig, daß er oft ganze Häuser umstürzet, und daß die Einwohner im Urner- und Glarnerlande oft eine Zeit lang kein Feuer anzünden dörfen. Er treibet den Nährsaft so geschwind in die Pflanzen, daß sie oft in Einer Nacht grün werden. Hierbey aber bleibet es noch nicht: Weil seine Natur warm ist, so schmelzet er oft im Frühling den Schnee auf den Bergen so geschwind weg, daß dardurch alle Bergwasser sich mit grosser Ungestümme ergiessen, und nicht nur in dem Schweizerlande, sondern auch vermittelst der anwachsenden Donau, des Reins, Rodans und Tessins in Deutschland, Holland, Frankreich und Italien grosse Überschwemmungen verursachen, von denen daselbst kaum Jemand vemuten wird, daß der einzige *Fön* auf den Alpgebirgen die erste Ursache darvon sey. (*Gruner* von den Eisgeb. und And.)

Form,

✱

nennen die Papyrmacher eine hölzerne Rame [Formrahmen], die nach der Grösse des verlangten Papyrs gerichtet, und auf einer Seite mit feinem messingenen Drate überzogen, in der Mitte aber mit dem Namenszeichen oder Wapen beflochten ist. Dise *Form* tunket der Büttknecht in den Zeug, und verwahret sie mit ihrem *Deckel*, d.i. mit einer eigens darüber gefertigten Rame, damit der geschöpfte Zeug, bis das Wasser ablaufe, dardurch aufgehalten werde. s. *Bütte, Büttknecht, Esel.*

formolsnian,

×

(AS.) verfäulen, faulen machen; **putrefacere**. (*Som.*) Zu Basel sagt man *vermölschen*. Z.E. einen Apfel *vermölschen* oder mählisch und wie faul machen, wenn er angeschlagen, geworfen, oder bey harten Dingen in der Tasche getragen wird.

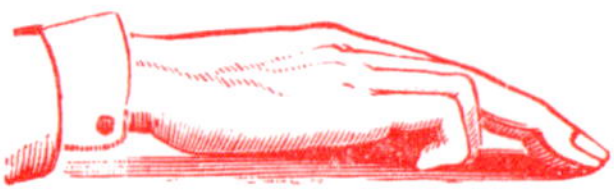

Forstteufel,

×

Waldungeheuer. Im J. 1531 fingen des Bischoffs von Salzburg Jäger *einen Forstteufel* im Hansburgerforste unter anderm Gejäge. Er war von Farbe falbgelb, ganz wild, und wollte die Leute nicht ansehen, sondern verbarg sich in die Winkel. Er trug einen Hahnenkamm auf dem Haubte, hatte ein Menschenantlitz, einen Bart, Adlersfüsse, schier Leuentatzen, und einen Hundsschwanz. Er starb bald Hungers, dann man mochte ihn nicht so lieblich locken, noch ihm so viele Gewalt tun, daß er essen oder trinken wollte. (*Deut. Lyk.* Blts. 483.)

Fragstücke,

Fragsätze, heissen in der Gerichtssprache **interrogatoria**, welche von einem streitigen Teile dem Richter übergeben werden, daß er die aufzuführenden Zeugen darüber verhöre. Gemeiniglich werden von dem andern Teile *Gegenfragstücke* darwider ausgestellet.

Franken,

für *Bayern.* Ich find in alten Briefen vberal in vnsern Klöstern vnd Stifften, daß *Franck* ein gemeiner Nam der alten Beyern gewesen ist. (*Turnm.* Blts. 40 b.)

Frankfurtermesse,

nennet *Turnmayer* und etwann auch Andere eine jede berühmte Jahrmesse. Dütsburg ist vorzeiten ein Reichsstatt, vnd *Franckfurtermeß* allda gewesen. (Bl. 142 a u. anderswo m.)

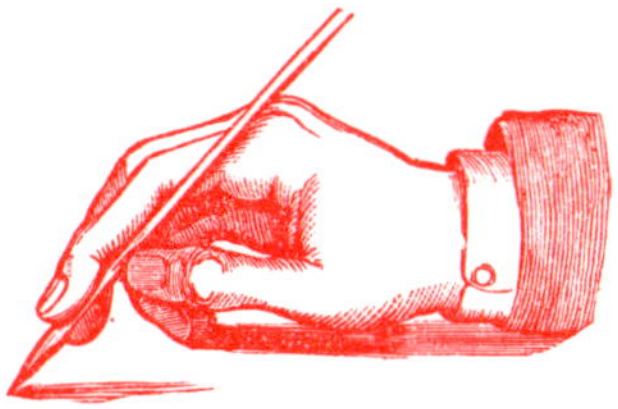

französische Sprache

ist erst unter der Regierung König Ludwigs VI in öffentlichen Schriften gebraucht worden. Und so viel man weiß, ward die erste französische Urkunde im J. 1122 ausgefertiget. s. *Mabill.* **de re diplom. cap. I sect. 13 p. 60 a.**

Fratt,

(der,) Wolf vom Gehen oder Reiten; **intertrigo** [Hautentzündung]. (*Schottel,*)

frau,

(Brit.) schön. Sonst auch *brao.* (***Greg. Rostr.***) Unstreitig seyn daher die deutschen *Frauen* entstanden, obschon sie eben nicht Alle das beste Aussehen haben. s. *kär, berth.*

Frauen

nennten unsere Alten mehrenteils das ledige Frauenzimmer, oder die Schönen, die ihre Anbeter hatten, und noch eine Rolle in den Romanen spielten, im Gegensatze der Weiber, die sich mit ihren Ehmännern willig oder aus Not vergnügten.

Von der Elbe unz [bis] an den Rin
und wider unz in Ungerlant [Ungarn]
so mugen wol die besten sin
die ich in der werlte han bekant
Kan ich schowen
guot gelesse [Benehmen] und den lib
sem mir got so swure ich wol das da
dü wib
besser sint danne anderswa *die frowen.*

(*Schwäb. Lied.* Blts. 90.) s. auch *Minnes.* I S. 116 b.

Eben so aber hieß man auch fahrende Dirnen, die mit ihrer letsten Gunst ein Gewerbe trieben; und *ein Frauenhaus* bedeutet so viel als *ein Hurenhaus.* s. *Frau.*

Frauen von Britannien,

×

hiessen vorzeiten gewisse Kanonen, welche von den Schweizern in den meiländischen Kriegen den Franzosen waren abgenommen worden. (*Stettler* I S. 527 a.) Vielleicht allso genannt, weil sie bey Gelegenheit einer britannischen Heurat in französische Hände geraten; oder es waren Stücke, wie die sogenannten Metzen, welche ein Britte mag gegossen haben.

Frauenkrieg,

Naterkraut, wilde Ochsenzunge; **echinum caeruleum, anchusa sylvestris, buglossum sylvestre viperinum [blaues Natternkraut, wilde Ochsenzunge, wilde Schlangenochsenzunge]**. (*Henisch.*)

Frauenpflaumen,

✳

oder *Pflaumen der schönen Frauen,* eine Gattung grosser und edler Pflaumen, die in der chinesischen Landschaft Vansi wachsen.

Frauenschenkel,

✳ ×

Cuisse-Madame, eine Gattung Sommerbirnen; **pyrus sativa, fructu aestivo oblongo, ferrugineo, carne tenera moschata** [Saatbirne mit länglicher, sommerreifer Frucht. Diese ist von dunkler Farbe und besitzt ein zartes, aromatisches Fruchtfleisch.]. (*Miller.*)

Frauenspünne,

(die,) Milch einer säugenden Frauen. s. *Span,* Brust.

Fräulein,

Weiblein, auch unter den Tieren. Der tier *fräwlin* sint kräncker (schwächer) dann die man on [ausgenommen] die Berin vnd die Leopardin..... Vnder den vierfüessigen tieren ist *das fräwlin* vil gelerniger dann das mendlin. (*Megenb.*) So sagt auch *Luter* von den Tieren: Gott schuf sie *ein Männlein* und *ein Fräulein.*

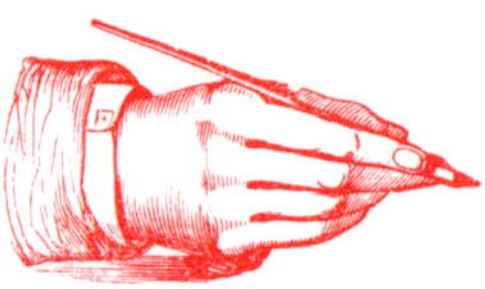

Fremdes Feuer *ist nicht so hell, als daheim der Rauch;*

(Sprüchw.) Daheim ist geheim. Wo der Hase geworfen ist, da will er seyn. **Patriae fumus alieno igni est luculentior.**

Freudenhaus;

agathodaemon, bonus genius, eudaemon, ist das eilfte Himmelshaus, woraus die Sterndeuter von den Freuden und allerley guten Abenteuern eines Menschen wahrsagen.

Freudenöl;

✳

oleum laetitiae, heißt das Oel, welches aus den Traubensteinchen für die Glidersucht bereitet wird.

Freund,

für *Schuldner*; **debitor.** Er ist Einer meiner *Freunde*; **in aere meo est [Er steht bei mir in der Kreide.]**. (*Fries.*) In gleichem Verstande sagt man auch: *Er ist mir verwandt.*

Freund;

(Sprüchw.) *Freund* in der Not, *Freund* in dem Tod, *Freund* hinter Rücken, seyn Drey starke Brücken. Ohne *Freund* ist Niemand reich. Über *Freunds* Verlust ist kein grösserer bewußt; **Amicum perdere est damnorum maximum.** *Freundes* Scherz dringt durchs Herz; **Amicum laedere ne joco quidem licet.** *Ein Freund* straft heimlich, und rühmt öffentlich; **Amicus amicum clam reprehendit, palam laudat.**

freundliche Gesellschaft,

heißt in London die Gesellschaft, welche die Gefahr und Erstattung der Häuser, wenn sie durch Zufall in Brand geriehten, auf gewisse Bedinge übernimmt. (***Bailey.***)

seine freye Hut *haben,*

×

aus der vormundschaftlichen Hut und Gewalt entlassen seyn, die freye Verwaltung haben; **sui arbitrii esse, potestatem sui habere.** Als Keiser Heinrich V *sein freyge huot hatt* vnd sein muotter von dem Reich verstossen was, hatt der selb sein wäsen in Sachsen. (*Keller*, Blts. 531.)

Freyfertigungsgöttinn

oder

Freylaßgöttinn bey den Römern;

×

Feronia, in deren Tempel man den Freygelassenen das Har abzuscheren, und den Hut der Freyheit zu erteilen pflegte.

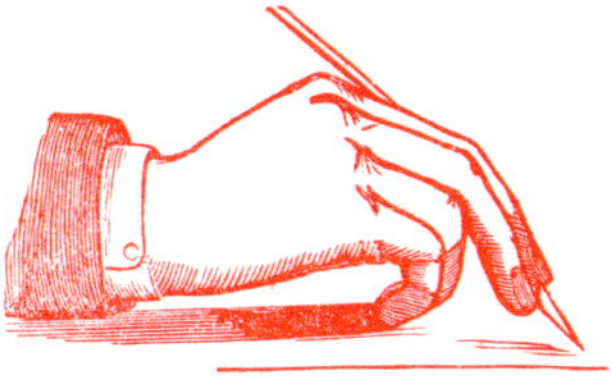

Freygemeine,

✳ ×

heißt in der Schweiz die freye Versammlung der Gemeine eines Ortes in besondern Angelegenheiten Derselben und unter der Aufsicht ihrer Vorgesetzten, wie auch mit dem Bedinge, daß dem Landvogte die Zeit, wenn sie gehalten wird, und die Sache, die darbey verhandelt werden soll, vorher angezeigt werde. (*Toggenb. Handl.*)

Freyhochzeit,

✳ ×

die von dem hochzeitlichen Pare, oder dessen Eltern, ohne Beytrag der Gäste ausgehalten wird.

Freyschweine,

✳ ×

heissen die Schweine, die man einem Beamten ohne Entgelt in die Buch- oder Eichelmast laufen läßt. Im Gespöttte werden dergleichen gefreyte Herren selbsten *Freyschweine* genennt. Von unerfahrenen Dorf- und Gemeinschreibern geschieht es zuweilen gar schriftlich.

Friden *wirken,*

✳

Friden gebieten, alles Raufen, Zanken, Schlagen, und dergl. ernstlich verbieten, welches der Salzgräfe zu Halle den Talleuten bey dem Pfingstbiere, und sonderlich den Tag vor Weihnacht mit gewissen Feyerlichkeiten zu tun pfleget. Die gleiche Redensart braucht auch *Spangenberg* in s. Chronik.

Fridenskuß;

✳

osculum pacis, heißt in der römischen Kirche, wenn der neu erwählte Papst in seinem Sessel vor dem Altare sitzend die ihn knyend küssenden Kardinäle aufhebt, und sie selbst auf beide Backen küsset. Wird sonst auch die erste Verehrung oder Anbetung, **adoratio prima**, genennet.

Fridenstag,

✳ ×

der Tag, an dem die Handwerksgesellen ihr Geschenke halten, daß sie sich des Fridens und der Einigkeit unter einander erinnern. (*J.L.Fr.*)

Fridfeuer oder *Zwillingsfeuer,*

✳ ×

ist das Doppellicht, welches um Mast und Segel spielet, wenn ein Sturm sich legen, und der Seefahrer mit günstigem Wetter erfreut werden soll; **Castor & Pollux, ignes marini, Dioscuri**. (*Kilian.*)

Fridgeld,

✳

heißt in den eidsgenössichen Bünden mit Frankreich das bestimmte Jahrgeld, welches dise Krone jedem Kanton bezahlet. (*Bischoffb.* App. Chr. Blts. 415 und Anh. zu *Wals.* App. Chr. Blts. 47.)

Fries,

(der,) Gräber, Grabenmacher, **fossor, subarator**. (*Mahl.* u. *Dasyp.*)

Friesen;

✳ ×

Franz. **Moulures**, heissen die Zieraten, welche ausen an den Kanonen herum abgedrehet seyn. s. *Kopffriesen, Hinterfriesen,* und *Zapfenstückfriesen*.

Friesen,

eine alte und die äuserste Völkerschaft des untern Germaniens, besassen ehmals das Land, welches der Rein, woran nunmehr Leiden, Wurden und Utrecht ligen, ferners die Issel, die Vecht, und die Ems, von dem Einflusse der Hase an zu rechnen, bis an den Dollart und die Nordsee beschliessen. In der Mitte war der Fletsee, **Flevus latus**, woraus hernach die Südersee entstanden, und wodurch sich die Issel in die Nordsee ergoß. Westlich an disem See wohnten *die Kleinfriesen*, **Frisii minores**, weil sie in minderer Anzahl waren, östlich aber *die Großfriesen*, **Frisii majores**, weil man sie für stärker schätzte. *Friesen*, d.i. Gräber, nannte man sie wegen der vielen Gräben, mit welchen sie ihr tiefes Land durchstechen mußten. s. *Fries*.

Friesen

haben die Priesterehe lange nicht abschaffen wollen. Sie haben gesehen, daß die Geistlichen ohne Beywohnung der Weibsbilder sich nicht enthalten konnten: Damit denn des Landes Weiber und Töchter vor ihnen sicher blieben, haben sie ihnen den Ehstand zugelassen, und dises Gesätze bis über die Mitte des fünfzehnden Jahrhunderts, da Pius II den päpstlichen Stuhl besessen, gehalten. (*Federmann* Blts. 201 und ***Guicciard.*** **Descr. Belg. P. III** pag. **288.**)

Frock,

×

(der,) Münchskappe; **cucullus** [Gugel]. Man hört es zuweilen im Reden; allenfalls liesse es sich auch schreiben, wie das Franz. ***Froc.*** Aus *dem Frock* entschliefen, aus dem Kloster entspringen; ***jéter le Froc aux orties.***

frod

oder *frot*,

genausichtig, klug, weyse; **attentus ad rem, prudens, sapiens.** (*Schilter, Wachter, Schottel, J.L.Fr.*) Angels. *frod.* Holl. ***vroed.***

froden,

×

genau merken, gescheid urteilen, weyse seyn; **sapere, attente judicare.** s. *frathjan*.

Frodfrau,

weyse Frau, Wehmuter; **obstetrix** [Hebamme]. (*Schottel.*)

Frodolf,
Fradulphus,

×

(Eigenn.) kluger oder beredter Helfer. Von *frode*, **prudens [klug]**, oder von dem Kelt. *fräth*, **eloquens [beredt]**.

Fronstab,

×

der Stab, den an einigen Orten des Niderreins der Fronbot an dem Türpfosten eines Schuldners, den er vorladen soll, aber nicht antrifft, sichtbar machen muß, damit er bey seiner Heimkunft an *dem Fronstabe* sehen möge, daß er den folgenden Tag vor dem Schuldheissen zu erscheinen vorgeboten worden. (*Halt.*)

Frontanz,

×

ein feyerlicher Tanz in der Fröne, welchen an wenigen Orten in Deutschland die Untertanen bey einer ziemlichen Geldstrafe jährlich auf einen gewissen Tag vor ihrer Herrschaft zu halten verbunden seyn, da sie ihnen wol für ein kleines Geld Bretzeln austeilen läßt, sie aber das Bier und die Spielleute selbsten anschaffen müssen.

Froschpfeffer,

Hahnenfuß, ein Kraut; **batrachion.** (*Kohl.* Hausb.)

auf Frucht *schneiden* oder *brechen,*

heissen die Baumgärtner, wenn sie die Aeste so geschicklich schneiden oder ausbrechen, daß die Fruchtäste desto mehrere Nahrung gewinnen, und besser tragen. (*Königs* schweiz. Hausb.)

Fryheitsknab,

Frihetzknab, Beutläufer, Streifreiter; **Partisan.** Halt dich gegen den goben gottes als *ein freyhetzknab*. Wie halt sich der? Wenn man *ein freyhetzknaben* beladet mit burden, mit gold, silber, siden, duoch, gewürtz, purpur vnd edelstein, so neigt er sich, vnd ye me man jm vffleit köstlicher ding, ye me vnd me er sich darunder neigt, vnd bütet darunder den rucken. (*Geil.* Pilg. Bl. 189 a.) *Knab* bedeutet hier, wie anderswo mehr bey den Alten einen Kriegsknecht.

einen Fuchs *mitbringen,*

wird von den Bergknappen gesagt, welche verboten Erzt aus der Grube heimschleppen.

einen Fuchs *schiessen,*

sagen auch die Bergleute, wenn das Schießpulver wieder zum Bohrloche herausfährt, und kein Gesteine wirft.

Fuchs:

(Sprüchw.) Alter *Füchse* Tücke spotten aller Stricke. *Füchse*, die dem Stricke entgangen, lassen sich nicht wieder fangen; **Vulpes non iterum capitur laqueo.** Aendert gleich *der Fuchs* sein Har, bleibt er dennoch, wie er war; **Vulpes pilos mutat, non mores.** *Fuchs an Fuchs*, wenn Schalk an Schalk gerät; **Vulpes vulpem provocat.** Seltner pflegt *der Fuchs* den Leuen, als der Leu *den Fuchs* zu scheuen; **Timenda vulpes est etiam leonibus.** Fängt *der Fuchs* nur jeden Gang, so vergnüget ihn sein Fang; **Praeda omnis vulpi, sed repetita, placet.** Die Leuenhaut um *einen Fuchsbalg* tauschen; d.i. lieber List, als Gewalt, brauchen; **leoninam pellem cum vulpina commutare.** Wo der Rabe auf dem Dache, und *der Fuchs* vor der Türe sitzet, da hüte sich Roß und Mann; d.i. Schwarzer Kopf, roter Bart, böse Art.

Fuchsblume;

Wundersam ist es, daß der Fuchs, wenn er krank ist, Tannenharz oder Weihrauch, den er aus den Ameißhaufen kratzet, fressen soll. Darvon wächst ihm hinten eine Querhand von dem Kreuze auf dem Schwanze die sogenannte *Fuchsblume*, d.i. ein klein Bläschen, mit allerley Haren bewachsen, das wie eine Viole riechet, und ihm anstatt eines Balsams dienet, indem er rund zusammenligt, und die Nase immer daran hält, bis er gesund wird. (*Flemm.* deut. Jäg. T. I Blts. 111.)

Fuchsgesellschaft,

eine Gesellschaft, welche von einigen edeln und ansehenlichen Geschlechtern zu Zürich im J. 1386 wegen der damaligen gefährlichen Zeitläufe errichtet ward, mit eidlicher Verbindung, zur Beschützung eines jeden Gesellschafters Gut und Blut zusammenzusetzen. Sie trugen zu ihrem Kennzeichen einen Fuchsschwanz oder ein Stück von einem Fuchsbalge, und wurden von ihrer Obrigkeit über ein Jahr in solcher Gesellschaft nicht geduldet. (*Leuens* helvet. **Lex.**)

Fuchshund,

* ×

ein Hundfisch mit einem Schwanze schier wie ein Fuchs; **vulpes galeus.** (*Geßner.*) s. *Meerfuchs.*

Fuchshund,

* ×

ist auch ein vierfüssiges Tier in Indien, und wird wegen der Aehnlichkeit, die es beides mit dem Fuchse und mit dem Hunde hat, allso genennet. Es heulet erbärmlich, und scharret die Todten aus, um sie zu verzehren. Man findet dise Tiere in der Mänge um den Ganges, da sie unter dem Namen *Schakal* bekannt seyn.

Fuchslöcher *machen,*

heißt in der Bergsprache, nicht bergmännisch bauen, sondern mutwilliger Weise bald da, bald dort Löcher machen, nach dem Erzte nur grasen, und solches weghauen, ohne darbey für die Nachkömmlinge zu sorgen.

fucken,

diebischer Weise zu sich stecken. (*Leibn.* **Gl. Chauc.**) s. *beyfucken.*

fügeln,

vögeln, wird von den Vögeln in der Brunst gesagt, wenn sie das Weibgen treten. Ettlich tauben haben die art das sy nymer *gefügelt werden* vnd keusch beleiben. – Kein ay ist berhafftig dann allein *die gefügelten ayr*, das ist, der Sy [des Weibchens] ayr da der saum des Er (der Same des Hahns) zuogemischt ist. (*Megenb.*) s. *voglen.*

führen,

*

zum Stuhlgange bewegen. Die Pillen *haben* ihre Wirkung getan, und den Kranken schier den ganzen Tag *geführet.*

Füllwörter,

*

Komplimente, läres höfliches Geschwätze. It. Flickwörter, faule Krücken lahmer Poeten.

Füllwurm,

* ×

eine Schlange, die in den Ställen und auf den Waiden die Kühe aussauget, und zu einer so wichtigen Grösse wächst, daß sie zuweilen auch Kinder verschluckt. (*Deut. Lyk.* Bl. 24.)

Fun,

×

(Altniderd.) arger Schelm, Spitzbube. (*Halma.*)

Fun,

arger Streich, Betrug, behende Lüge. Zur Seltenheit kömmt dis Wort noch in dem Englischen vor.

Funke,

×

(der,) Sock, Socken; **soccus, pedule.** Dergleichen man unter die Strümpfe antut, und die nur über die Fersen gehen. *Sommerfunken*, von Leinen. *Winterfunken*, von Belz oder Wolle. Das Wort ist schweizerisch, und kömmt von *fangen.*

Funken,

gewisse Lustfeuer, die man in dem heidnischen Alemannien mit gewissen abergläubischen Gebräuchen anzuzünden pflegte. Sie (die alten Einwohner der Gegenden um St. Gallen und Appenzell) verehrten den **Sylvanum,** dem sie zu Ehren gewisse Feste, **Lupercalia** genannt, gleichwie die Römer ihrem **Pan,** feyerten, und Milch opferten. Alljährlich den 16 Hornung zündeten sie ihm Nachts grosse Feure an, dabey sich die jungen Bursche lustig gemacht [eine gute Zeit hatten]: wie denn dise übele Gewohnheit noch bis auf unsere Zeiten verblieben, daß man am Faßnachtsonntag Nachts grosse Feure, so sie *Funken* genennet, angezündet; so aber nach der Hand oberkeitlich verboten worden. (*Wals.* App. Chr. Blts. 41.)

funseln,

heimliches Handgebärde treiben. *Wat funselt he dar?* Was treibt er da, das Niemand sehen soll? (*Richey.*) s. *wegfunseln.*

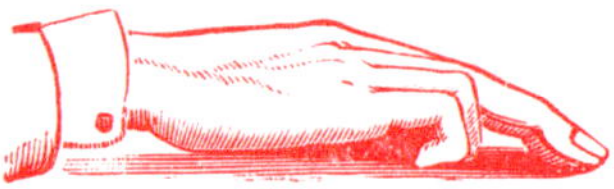

Furchtklage,

✱ ×

ist eine Klage, wenn wir aus Furcht etwas zu tun gezwungen worden, wider Denjenigen, der sich dise Furcht zu Nutzen gemacht, daß er uns den Schaden, wenn wir innerhalb Jahresfrist klagen, vierfach, nach Verfliessung des Jahrs aber, einfach wieder erstatte; **actio metus.**

Furmeyel,

×

ein Schoppenglas, worinn vorzeiten die Weinschenken zu Basel ein Muster ihres Schenkweins vor die Türe zu stellen pflegten. Wöllicher wyn mißt, vnd ein andern wyn in *einen furmeyel* fur sin hus stalt dann der jm versigelt ist, verbessert nach der Meyster erkantnus. (*Ordn. der Weinl.* zu Bas. aus dem XV Jahrhdt.)

fuseln,

fudelen, (Pöbelw.) viel Federlesens machen, geschäffteln und doch nichts schaffen. *Kilian* und *Schottel* haben *feuselen*; **festucas frustra carpere, floccos legere** [grundlos Grashalme ausrupfen, Fasern auflesen].

Fuß *halten,*

✱

nicht von der Stelle weichen: wird gesagt von Jemand, der seinem Gegner getrost unter Augen stehet; oder der da vom Richter verhäftet ist, und seines Endspruchs erwarten muß.

Fußgeld,

heißt in Engelland eine Geldstrafe, die Derjenige verwirket, welcher mit Hunden, denen er die Ballen an den Füssen nicht ausgeschnidten, durch eines Herrn Forst gehet. (***Bailey.***)

Fußmesser;

✱ ×

pedometrum, ist ein Werkzeug mit zahnichtem Räderwerke, welches ein Fußgänger an seinem Fusse, oder ein Fuhrmann an dem Rade eines Wagens vermittelst einer Kette befestigt, da denn dasselbige jeden Schritt und jede Wendung des Rades anzeiget, so daß die Anzahl der Schritte und Radwendungen an dem Ende der Reise die Entfernung eines Ortes von dem andern genau zu erkennen gibt.

Fußpunkt oder *Fersenpunkt,*

✱ ×

nadir, der tiefste Himmelspunkt, der dem Wirbelpunkte (**zenith**) über uns gerade entgegenstehet.

Fußtritt,

war ehdessen bey den Belehnungen ein sonderbarer Gebrauch, da der Lehnherr mit seinem rechten Fusse den rechten Fuß des Vasallen betrat, zugleich auch dessen beide Hände in die seinen schloß, und ihm auf den linken Backen einen Kuß und sanften Schlag erteilte. Daher kam es, daß ehmals auch die Täuflinge bey öffentlicher Bestetigung ihres Taufgelübdes ihren Paten auf den Fuß zu treten pflegten. (*Haltaus.*)

gachlen,

gichlen, lachen; **cachinnari.**

Gaden,

Bettkammer; **cubiculum.** (*J.L.Fr.*) In der Schweiz sagen auch die jungen Bursche *zu Gaden steigen*, wenn sie einen Nachtbesuch bey ihren Liebsten abstatten.

Gämpfi,

(die,) heißt bey den Alphöfern und Kühern in der Schweiz eine freudige Kuh, die viel hüpfet, springt und *gampfet.*

Gänsaugen oder *Gänsfüsse,*

*

nennen die Buchdrucker die Häkchen („ „) mit welchen sie eine angezogene oder merkwürdige Stelle anzufangen und zu beschliessen, wie auch vor einer jeden Zeile zu bezeichnen pflegen. Franz. ***Guillemets.***

gänserig *werden,*

×

sagt man in der Schweiz, wenn Einem die Haut vor Frost und Schauer, wie ein geropftes Gansfell aussieht. Ein Hochdeutscher möchte es von einem jungen Kitzel verstehen.

Gaffpfenning,

Maulaffenzoll, *den gaffpfenning geben*, stocken und gaffen. (*Mahl.*)

Gagel,

×

(die,) ein üppiges geiles Weibsbild, die sich unanständig gebärdet. So nennen die Basler insonderheit ein langes, schwankes Weibsbild, die da lotericht gehet und schlendert, und mit den Füssen spielet. s. **Agagula**, *gagol* [geil].

Gagel,

(das,) das ehliche Werkzeug des Mannes.

Der Ehstand zwischen Fraw vnd Man
mag keineswegs im fried bestan
es sey denn das der freuden nagel
an welchem hangt das vnder *Gagel*
sie beide fest zusamen hafft.

(*Waldis* B. II Fab. LXII.)

St. Gallens Erbgut;

Patrimonium S. Galli, hieß vorzeiten das Appenzellerland, als es die Aebte von St. Gallen noch in ihrer Gewalt hatten, bis sich die Landleute teils mit Gelde ausgelöset, teils mit dem Schwerte frey gemacht. (*Wals.* Appenz. Chr. Blts. 137.)

Galznonne,

×

Galznünle, verschnidtene Schweinsmuter; **sus foemina castrata** [kastriertes weibliches Schwein]. (*Geßner.*)

Gann oder *Ganner,*

*

(der;) **mergus cirrhatus, merganser** [gekräuselter Taucher, Tauchgans], heißt um den Bodensee eine grosse gehaubte Tauchente. Geßner meynet, ihr Name komme daher, weil sie die Grösse einer Gans habe. Es ist aber vermutlicher, derselbige sey aus dem

Kelt. *gan*, weiß, entstanden, weil sie am Halse und Leibe, wie auch an den Flügeln und Füssen mehr Weisses, als andere Täucher hat. *Der Ganner* wird insbesondere auch *Merrach* oder *Merch*, **mergus** [Taucher], genennet, obschon dis sonst ein gemeiner Name aller Täucher ist. s. *Seefluder*.

garren,

schwatzen; **garrire.** Die Schwalmen [Schwalben] *garren* vnd schwätzen am morgen one ende. (*Geil.* Post.)

Gassenengel,

Hausteufel, (Sprüchw.) d.i. Wer sich gar zur fromm und lammhaft bey den Leuten stellt, ist gemeiniglich das Widerspiel zu Hause.

Gastschatten,

✳ ×

ein Freund, den ein geladener Gast mit sich zur Mahlzeit nimmt; **umbra.**

Gauch,

Kukuk; **cuculus.**

gauchen,

×

die Milchhare gewinnen; **pubescere.**

Gaufkind,

Gaufknabe, Luftspringer, Abenteurer, Gaukler; **histrio.** It. Kuppler, Hurenwirt; **leno. (Vocab. Aa. VIII 7.)** It. Lustbube, Taugenichts; ***Jeune Etourdi, Débauche*** **[junger Holdrio, in Ausschweifung dahinlebender Mensch].** (*Verd. Lykostenes* **de Mirabilib.**) s. *Jaufkind*.

geborgener *Mann,*

✳

der wol stehet und bequem lebet; **qui in vado est, cujus copiae in portu navigant** [der in Sicherheit ist, dessen Reichtümer dem Hafen zusteuern, d.h. sich in Sicherheit befinden]. Man sagt es auch von einem Jeden, der sich auser Gefahr gesetzet; **qui extra periculum versatur [der sich der Gefahr entwindet].** Eigentlich ist es Einer, der dem Sturme entronnen.

gefätterlen,

spielen wie Verliebte; **dare ludum amori** [dem Liebesspiel nachgehen]. Keis. Isacius Comnenus [Isaak Komnenos] was weiber halben so ein mässiger mann, daß er auch mit seiner Eefrawen, nachdem sy schwanger was worden, nichts zuo schaffen hatt, ob jm gleich die artzet rietend, er sollte zuo förtrung der gsundheit offt mit seiner Eefrawen *gfätterlen*. (*Keller.*)

Gefahrtage,

✳ ×

Wechseltage, Entscheidtage; **dies critici,** an denen man von dem guten oder bösen Ausgange einer Krankheit oder Verwundung zu urteilen pflegt. (*Oberländ.*)

gefeuerter *Wein,*

Branntenwein. (*RA.* von 1497 § VI.)

Gefröste;

✱ ✕

Schweiz. *die* und *das Gefrüst.* Festigkeit wider Schuß, Hieb u. Stich. In einem alten Liede von 1628 sagt der Fuchs zum Stier von Uri:

Wir sind exerciert,
grüst vnd wol montiert
nach Kriegs brauch vnd massen,
hand verwegen Gest
gefroren vnd all fest;
D'Waid wirst müssen lassen.
Der Stier antwortet:
Z'stehlen exerciert,
mit Huren montiert
sind dein Baurenschinder.
D'Brügel sind schon grüst
Z'lösen vff *das gfrüst*
durch mein junge Rinder.

gefroren,

nennet man in der Schweiz Diejenigen, die sich vermittelst der sogenannten Passauerkunst wider Schuß, Hieb und Stich sollen fest machen können. s. *Gefröste.*

Gegenfüsser;

✱

antichtones, antipodes [Gegenerdler, Gegenfüßler], nennet man in der Erdkunde diejenigen Völker, die unter einem gegenseitigen Mittagszirkel und Himmelsstriche wohnen, und folglich Sommer, Nacht und Mittag haben, wenn bey uns Winter, Tag und Mitternacht ist.

gehused Snägel,

✕

(AS.) Schildkröte; **testudo.** (*Som.*)

Geigennagel,

✱

Fidelbogen; **plectrum.** (*Emmeli.*)

Geil,

(der,) Spottfinger; Storchenschnabel, den man zum Gespötte mit den Fingern macht; **ciconia** [Storch]. *Den Geil* über Einen schlagen. Ein Eselsohr machen. Die Feige weisen; **medium ostendere unguem** [den Mittelfinger zeigen]. (*Seb. Frank.*)

geil *riechen,*

böckseln, böckenzen; **hircum olere** [Bocksgestank verbreiten]. (*Kilian.*)

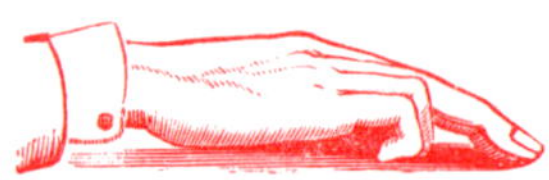

geile Gicht,

laufende Gicht; **arthritis vaga.** Nym alten meyenschen ancken [Maibutter, d.h. goldgelbe Butter] vnd zerlaß den in einer pfanne, vnd güeß es also siedend in ein vaß vol wassers, vnd rüer den saft vnd laß saltz dorin fallen, vnd das schmaltz das obnen schwebet das nym ab vnd salbe *das geile gichte*; das gelyt; (d.i. die Gicht erligt und läßt nach.) Vnd mach ein bad von warmem wasser vnd duo ein hand vol oder zwo schwebels [Schwefels] vnd saltz dorin, das laß da jn sieden; dorin bade der siech [Kranke] dry mol oder me. (*Geschr. Arzneyb.*)

Geißmelker,

*

ein Vogel, der den Geissen zu Nacht die Euter läret; **caprimulgus.** (*Fickler,* Blts. 553.)

geisten,

mit dem Tode ringen. Indem Jacobus der gerecht noch *gaistet*, wart er mit *einem wolbogen* (Mangholze [Mangelholz]) geschlagen vnd starb. (*Kob. Chr.* Bl. 104.)

Geiz:

(sprüchwörtl.) Was er fallen läßt, kan man ohne Sünde aufheben. Läßt er etwas über, oder gewinnst du etwas an ihm, so stricks an die Hosen. Es fällt ihm ein Blutstropf vom Herzen, so oft er einen Heller ausblecht, oder so oft man zum Maul fährt. (*Seb. Frank.*) Er zündte Einem nicht ein Licht vergebens an. Er zeigte Einem nicht den Weg umsonst. Er näme es Gott von dem Altare. **Exigit & a statuis farinas** [Selbst von den Götterbildern fordert er Mehl ein.]. (*Eb. ders.*)

Geizschmeisserinnen,

×

die unflätigen Harpyen. (*Deut. Lyk.* Blts. 32.)

Was kan man dem Geizwurme *Aergers fluchen, als ein langes Leben?*

(Sprüchw.) **Avaro quid mali optes, ni ut vivat diu [Was könntest du einem Geizhals Schlimmeres wünschen, als dass er lange leben möchte?]?**

der gekrönte Fisch,

×

wird von den Nidersachsen *der Heering* wegen seines ungemeinen Nutzens genennt. (*Anders.* Nachr. von Isl. Blts. 56.)

gelb Ende,

×

der Tod. Er sieht immer aus, wie *das gelbe Ende*. (Ist eine baselische Redensart.)

Geld *behält das Feld*;

(Sprüchw.) **Aurum omnia vincit** [Gold überwindet alles.].

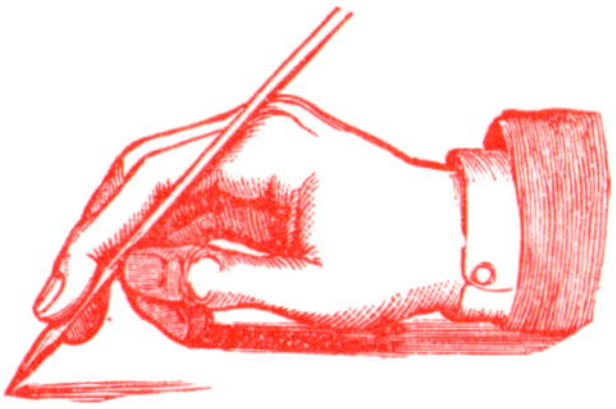

Geldklobe,

eine Falle Geld zu erhaschen. *Aus dem recht einen geltkloben machen;* **jus ad utilitatem suam nundinari** [das Recht zum eigenen Vorteil verschachern]. (*Gürtler.*)

gelobter Honig,

×

mit Rehgalle gemischt und den Gaumen darmit bestrichen, soll das Zahnweh vertreiben. (*Geßners* Tierb. I Bl. 65 a.) Es muß allso Lauterhonig oder Jungfernhonig, **purissimum mel** [äusserst reinen Honig], bedeuten.

Gemächte *des Weins*,

✱

allerley betriegliche Mischung, Bedämpfung, Künstelung und Verfälschung des Weins. (*RA.* von 1497.)

gemein Bier,

✱

gemeiner Wein, ist das Getränke, welches auf den Dörfern bey gewissen Versammlungen auf gemeinen Kosten vertrunken wird. (*Kursächs. KO.* von 1557.)

Gerbeliner,

×

(der,) Hundsingwer; **siliquaster, zinziber caninus**, den die betrieglichen Würzkrämer unter den Pfeffer mischen. (*Bocks* Krtrb. Bl. 459 a und 464 b.)

germen,

von dem Sauerteige aufgehen. (*Ten Kate.*)

gerüst *seyn*,

wol behängt seyn, alle Ehrenzeichen eines männlichen Geschöpfes führen. Heini Walther, ein Schweitzer war nit fünff jar alt, do übertraff er alle, auch viertzehen oder fünffzehnjärige Schweitzerknaben an länge vnd dickin, einer starcken, doch kindischen stimm. *Er war gerust* wie ein zweintzigjäriger knecht, hatt haar dran. (*Deut. Lyk.* Blts. 523.)

Gesätzzaun,

✱

wird auf Deutsch die **Masora** genennet, d.i. eine rabbinische weitläuftige Erklärung der Schriften des alten Bundes, in welcher nicht allein alle Bücher, Verse und Wörter abgezählet seyn, sondern auch gerechnet wird, wie oft ein jedes Wort und in welchem Verstande es vorkomme; wodurch die Rabbinen verhüten wollen, daß nicht Ein Buchstabe von dem Gesätze umkomme; daher sie es auch *den Zaun des Gesätzes* genennet haben.

geschachzabelt,

gewürfelt, würfelicht gemalet, gewirket oder eingelegt. Die von Merchern (*Mähren*) heten in ir banir fleiz (Fläche) ainen **geschachzabelten** arn (Adler).

Geschäffte,

×

nennen die Bauern im Baslergebiete allerley weiß Gezeuge bey einer Wasche oder Bäuche. *Das Geschäffte* aufhenken und tröcknen.

Geschelle,

Gerüchte; **fama.** *Das gschel* ist nit gar fel. Es ist auch nüt schnällers dann *das geschell*, dann es fleugt bald durch die gantze wält. (*Seb. Frank.*)

Geschicht,

ungefährer Zufall; **casus fortuitus.** *Geschicht* vnd vnfal entschuldiget den menschen von Sünden. (*Summa* Ioh. Bl. 71.) *Vongeschicht*, ungefähr; **fortuito.** s. *mitgeschicht*, *vongeschicht*.

geschichte,

geschähe. Wann ouch das ist [zutrifft] das die manung des widerkouffs also *geschichte*. (*Deut. Ret.* Bl. 95.)

geschichtlich,

✱

wofür gemeiniglich *historisch* gesagt wird; **historicus.**

geschlossene Ostern,

✕

Pascha clausum, ist der Sonntag nach Ostern; **Dominica Quasimodogeniti [Neugeborenensonntag]**. (***Bailey.***)

Geschwindigkeit,

Klugheit, Weysheit. Durch sin grosse *geschwindigkeit*, das er mit den Wallisern wunderbarlich kunt nacher komen, ward das Bistumb Sitten errettet. (*Tschud.* II 121 b.)

Gesell;

viri pars melior.

Hört ob der fürste reine
mit grosser tugent pflag
das er zwelf wuchen alleine
wol bi der maget lag
vnd si nie wart innen
das er do was ein man
bis jm die starken sinnen
an sim hertzen entbran
Er wolt nit lenger biten
er mocht sich nit me heln.
Sein gsel zuo den geziten
tet sich herfür steln.
(*Heldenb.* Bl. 46 a.)

Gesellenfischen,

✱

Gesellenjagen, das verbotene Fischen und Jagen von mutwilligen Gesellen. (*Engau.*)

Gesöde,

(das,) Geschnätzel für das Vieh. (*Kohl. Hausb.* T. I B. XI 74.) Ist in Augstburg erst im J. 1481 aufgekommen. (*Werlichs* augstburg. Chr. II 237.) Heutzutage nennet man also das Strohhäcksel, obschon das Wort eigentlich ein Häcksel, welches ein wenig abgesodten worden, anzeiget.

Gespensterfest,

ein Fest, welches die Römer ehmals feyerten, die Poltergeister und Gespenster zu vertreiben; **lemuria.**

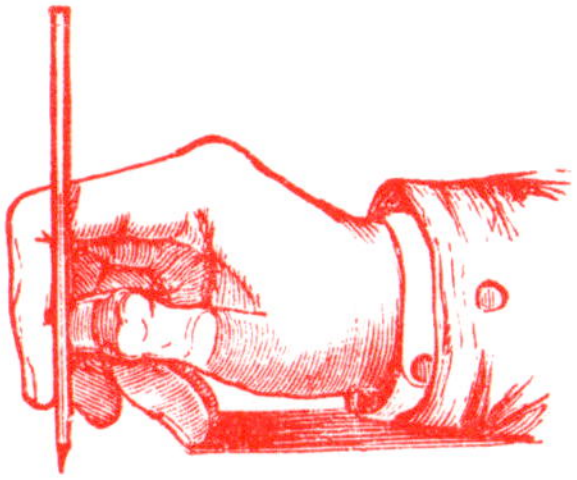

gespurzet,

✕

unflätig; **spurcus, spurcatus.** (**Voc. Aa. VIII 7.**)

Gestüpp,

Gestübe, (das,) unteilbares Stäubgen, dergleichen man in den Striemen der Sonne schweben sieht; **atomes.** It. allerhand kleines Auskehrsel; **quisquilae.** (*Mahl.*)

Gestüppe,

Saft, Latwerge, eingemachte Früchte. Man mischet das Honig in latwerge vnd in edlem *gestüpp*, so hat es die kraft das Dinger dester lenger guot vnd frisch belyben. (*Megenb.*)

gestürzte Eyer,

✳

kann man nicht kürzer beschreiben als aus *Kohlers* Kochb. Kap. 272. Schlage Drey Eyer an den Spitzen auf, schütte sie in ein Töpfchen, quirle sie, tu Muskaten darein, und fülle solches wieder in die Eyer. Darnach nimm geschmelzte Butter, und geuß sie in das Töpfchen: Wenn dann die Butter aufseudt, so laß die Eyer in die Butter auslaufen, und wirf die Schale darauf, so läuft es darein.

geswiselt;

×

bifidus [geteilt]. s. *zwiseln.*

geterint:

×

ein unbekanntes Wort bey *Ottokar*, Blatts. 391 a. Es scheinet von dem Kelt. *ter,* zierlich, rein, herzukommen, und *terinen* so viel als *reinigen*, rein erschaffen, zu bedeuten. Mit diser Erklärung vergleiche

Der tewfel ist neydes vol
daz wir haben mit chraft
besezzen sein erbschaft
darzue *er geterint waz*
(rein u. herrlich erschaffen war.)
Er Lucifer vnd Sathanas
ir trewe prachen an got
da sie gevielen in den spot
daz si sich in den himmelreichen
got selben walten geleichen.
Darumb wurden si verstozzen
von den frewden grozzen
der wir nu all erb sein.

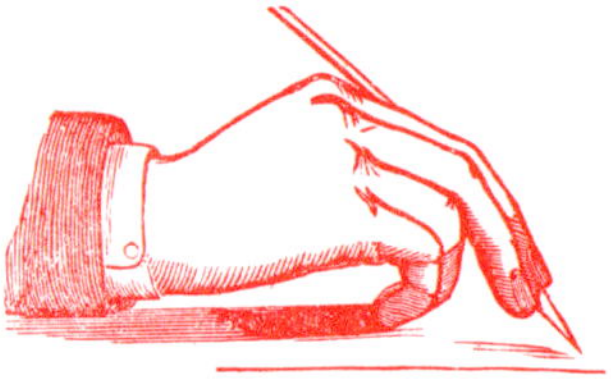

getsch,

gätsch, voreilig, vorschüssig, unenthaltsam, unbehaltsam: **properus, praeceps, incontinens, intemperans, rimanum plenus.** *Mir ist eben nit getsch darnach*; Mich jucket nicht darnach. *Du bist gar zu gätsch* mit deinem Geheimnuß.

geudisch,

verschwenderisch; **prodigus.** Einem Geudischen seine Habe verbieten und ihn bevögten. (*Brands* Klagsp.)

Gewalthaufe,

✳

oder * *Schlachthaufe*, heißt bey den schweizerischen Schriftstellern der Mittelhaufe eines Kriegsheers: **medium agmen, praecipua exercitus pars. Corps de bataille.**

gewaltsame *Zeichnung,*

✳

nennen die Maler, wenn die Stellungen der Bilder übertrieben und verdreht werden.

Gewohnheit *der Frauen,*

monatliche Blumen, Mondschein; **menstrua.** Das verfliessen *der frawen gewonheit* wenn sie der nit gehaben mögen; d.i. die Vertröcknung derselbigen. – Der Dunst von dem Holcz Amon bringet der frawen *ir gewonheit.* (*Megenb.*)

Geyerrupfen,

×

(Schweiz. *Gyrenrupfen,*) ein gewisses Spiel an einigen Orten in der Schweiz, da Einer in der Mitte sitzt, der von Einem gehütet, von den Andern aber gerupfet wird.

Geyrwolf,

×

Werwolf; **lycaon.** It. ein Schmarotzer, der herumfrißt; **parasitus, heluo [Schmarotzer, Prasser].** Holl. ***Gierwolf.*** (*Kilian.*) s. *geyern.*

Gezierden,

Ehrentitel, Standsnamen. Den Frawen schreibt man *die gezierden* jrer Vätter oder Gemaheln, doch mit solcher mässigheit ausgescheiden, das die frawen nit *ziert,* oder die sich weiblicher art nit reimen, als nämlich streng, vest, fürsichtig...

(*Alex. Hug.*)

Gezwang,

✳

(das,) Verstopfung, harter Stuhlgang. Garben gestossen vnd genossen, macht die ruor, vnd ist dem guot der *das gezwang* hat. (*Geschr. Arzneyb.*) *Gezwang,* Afterzwang, Harnzwang; **tenesmus, stranguria.** (*Arzneyb.* eines Ungen.)

gibeln *ein Haus,*

✳

mit Mauern und einem Ziegeldache versehen. Welicher sich in der Stat Thun mit muren an sinem hus inbeschlüsset vnd sicher tuet vnd *sin hus giblet,* dem sol die Stat in iro eignem costen den halben teil des ziegeltaches bezalen. (*Thun. Satz.*) s. *eingibeln.*

Giel,

(der,) Rachen, Schlund: Die fraysam rawbikeit [schreckliche Raubsucht] frisset das, das sy gewunnen haben, vnd tuot darnach anderweit jren *giel* auff; **Quaesita vorans saeva rapacitas altos pandit hiatus** [Die schreckliche Raubsucht sperrt ihren Rachen weit auf, wenn sie das gewonnene Gut verschlingt.]. Herkules versenckt den schantparn [schändlichen] *giel* des hellhunds in einen bach; – **ora demersit pudibunda.** (*Deut. Boet.*) Er viel von dem rosse dem tode in sein *giel.* – Die sele enphiel im hin in des helle grundes [Abgrunds] *giel.* (*Stricker.*) *Ottokar* hat sie in s. österr. Chr. *die Giel,* **gula** [Kehle, Schlund]. Got. *Gil, Giel,* **hiatus v. discissa & disrupta montium** [Schlund oder klaffende Risse und Abgründe der Berge]. (*Verel.*)

gikatzen,

hintersich und vorsich wanken; **titubare. (Vocab. Aa. VIII 7.)** Zu Basel sagt man *giggampfen.*

ginken,

×

hinten ausschlagen; **calcitrare.** (Breisgäuische Wort.) Brit. ***gynkal, ruër.*** (***Greg. Rostren.***)

Gixerlin,

heißt um Basel die Rot- oder Weindrossel, **illas.** (*Geßn.*) s. *Bitter, Weingartvogel.*

Glätscher;

✳

conglaciati montes, seyn verwunderungswürdige Eisberge in dem Grindelwalde, in Wallis, Bündten, und andern Alpengegenden des Schweizerlandes, auf welchen von Jahre zu Jahre der geschmolzene Schnee in ein grünliches ewiges Eis schichtenweise auf einander verwächst, und dergestalt zunimmt, daß sie in ihrem Wachsen ganze Hütten fortstossen und die grasreichsten Waiden bedecken. In solchen *Glätschern* dehnet sich mehrenteils im Augstmonat die eingesperrte Luft mit solcher Gewaltsamkeit aus, daß sie zum Schrecken der ganzen Nachbarschaft mit einem donnernden Gerassel zerbersten, und gefährliche, abgründliche Risse gewinnen, worinn schon viele Gemsjäger und Reisende, sonderlich bey frisch gefallenem Schnee, jämmerlich verstürzet worden und zu Grunde gegangen. Der Name *Glätscher* kömmt entweder von dem Altd. *Gläß*, glasähnlicher Glanz: Denn in Bündten heißt ein solcher Eisberg **Vedreg, Wadret** oder **Wadrez**, von **Waider**, Glas, und Ital. **Vedretto**, von **Vedro, vitrum**, d.i. ein Glasberg oder *Glässer.* (*Scheuchz.* schweiz. Bergreis. T. III Blts. 106-112.) Oder man leitet dise Benennung wegen ihres Alters lieber von dem Kelt. *glas*, grün, lichtblau, seegrün, **glaucus**, welches die Farbe der meisten Glätscher ist, oder von dem *Kelt. klesra* oder *sklassa*, überfrieren, von welchen Wörtern auch der Lateiner **glacies** [Eis] erwachsen ist. s. *Firn.*

Glaim,

(der,) Scheinwürmchen, Glanzkäferchen. s. *Tirel.*

gleuen,

für glühen, erhitzt seyn; **ignescere.** It. **prurire**, *gleuet*, glühend, erhitzt; **ignitus, pruriens. (Voc. Aa. VIII 7.)**

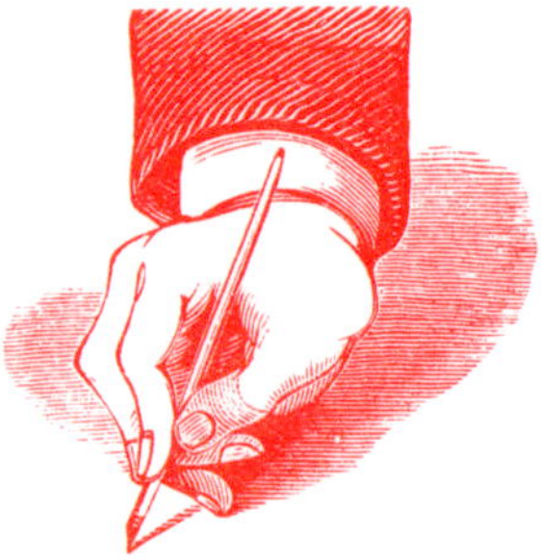

Gliderdatteln;

✳ ×

hermodactyli: wegen ihrer trefflichen Wirkung in der Glidersucht sonst auch *Seele der Glider*, **anima articulorum**, genannt.

Glidringlein,

✱ ✕

heißt ein kleines Ringlein, welches zuweilen das vorneme Frauenzimmer an dem äusersten Glide des kleinen Fingers schimmern läßt.

Glitze,

Glatze; **calvities.** (*Schottel.*)

Glitze,

✕

Schlitz in einem Rocke. (*Schottel.*)

glitzen,

glitzern, schimmern, glänzen; **coruscare.**

Gloge,

(das,) Gelage, Zechgesellschaft. (*Wittig* Bl. 398.)

Gloms,

(der,) eine gewisse dicke kalte Milch, die in Preussen besonders zugerichtet wird, und ungefähr das ist, was in Nidersachsen *Sültemilch*, und in Obersachsen *Comps* oder *Kompis*. (*Königs.* Anm. über *den Kanitz*.)

Glücke:

(Sprüchw.) Wer *das Glücke* hat, dem kälbert es ein Ochs. Das Meiste wächst dem grossen Haufen zu; **Quo major cumulus, eo majus incrementum.**

Glückshändlein,

✱

ist eine Wurzel, welche die Gestalt einer halbgeschlossenen Menschenhand hat, und zu allerley abergläubischen Händeln mißbraucht wird.

Glupf,

✕

(die,) Häftnadel, Stecknadel; **acicula.** (*J.L.Fr.*) Sonst *Glufe* oder *Gufe*.

gnegeln,

(NS.) kargen, genau seyn. *Gnegelig*, filzig, geizig. *Gnegeler,* Knauser, Lauser. (*Richey.*)

Gnopfel,

✕

(der,) Drossel, Gurgel; **jugulum.** (*Schottel.*)

Gnorz,

✕

Erdenwühler, Bauer, grober Kerl. s. *Norz.*

Gobylin,

(Brit.) Werwolf; ***Loup-garou.*** It. Hausgeist, Nachtgeist, Poltergeist; **Esprit folatre, Démon nocturne** [übermütiger Geist, nächtlicher Dämon]. (***Greg. R.***) Vergl. mit *Kobel.*

Göde,

Patinn, Taufmuter; **susceptrix, lustrica parens.** (*Schottel.*) Die Nidersachsen nennen sie auch *Godmuter,* und die Schweizer *Gotte*, wodurch man aber auch zuweilen die Tauftochter verstehet.

göle Wärte,

×

(AS.) Nachtigall; **luscinia.** (*Som.*) Buchstäblich *gelbe Warze.*

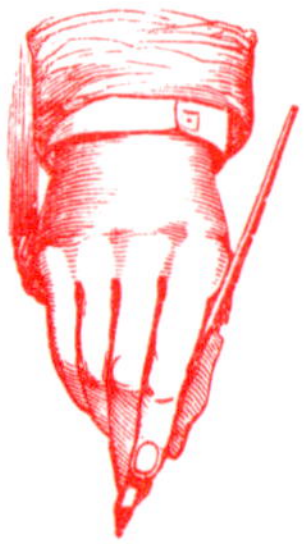

Gölse,

(die,) heißt an einigen Orten in Deutschland eine Schnake; **culex.** (*J.L.Fr.*) s. *Golse.*

göttlich,

durchaus gerecht, redlich und aufrichtig, daß nichts darwider zu sagen ist. Die da Safran angebawen hant vnd den verkauffen wollent, die sollent den Safran, den sie verkaufft hant, in vnserm kauffhus wegen, was eines halben pfunts schwer ist vnd drüber, vff den wagen, die Rath vnd Meister sonders darzuo gemacht hant, vmb das allen so den kauffent, darinn geschehe, das *göttlich, glych vnd billig* syge. (*Basel. alte Kaufhausordn.*)

gogel,

gugel, fröhlich, lustig; **hilaris, laetus.**

Si swanc sich uf reht als ein vogel
Ja wil ich hüre sin vil *gogel*
Seht an mine siten iung
dü tuot manigen geilen sprung.

(*Minnes.* II Blts. 82 b.)

Goldkuh,

✱ ×

heißt das Gerüste, dessen sich die Goldfänger in dem Rein bey dem Gölden bedienen. Nämlich sie fügen Drey breite Borten oder Dielen zusammen, welche 10 Schuh [Altes Längenmaß, auch Fuß genannt. Ein Schuh entspricht je nach Land und Herrschaft etwa 28 bis 32 cm.] lang und 4 Schuh breit seyn; Dise Bretter nennen sie *eine Goldkuh.* Wenn sie solche auf einen Schragen gestellt, werfen sie den Kisgrund mit Schaufeln darauf, und waschen und schwemmen alsdann den Kisgrund von *der Goldkuh* samt dem Sande herab, bis das Gold darauf ligen bleibt, welches sie hernach mit Quecksilber erläutern und bereiten. (*Noe Meurer* von dem Wasserr.) s. *gölden.*

Goldsuppe

✱ ×

machet den Menschen fett, stärket die Leber und Nieren, mehret die Natur, u.s.f. Nimm Brosamen Brot oder Schnidten Brot, so viel du willt, bähe [röste] sie ein wenig auf glühenden Kohlen; darnach nimm Roswasser, Eyerdotter und Zucker, jedes so viel genug ist; klopfe dise Dinge wol durch einander, und lege darein das gebähete Brot so lange, bis es wol weich wird; darnach backe es in Butter, wie gebackene Schnidten, doch daß sie einander nicht berühren. Wenn sie dann gebacken seyn, so tue sie in eine Blatte, mache darinn eine Brühe von Zucker, Roswasser, Zimmet und Safran. (*Wecker.*)

Goldtropfen,

nennet man im Tyrol einen köstlichen Wein, der nächst um Trident und auf dem Nonsberge wächst. (*Roschmann.*)

Goldwolf,

*

ein Geschlechte japanischer Hunde, welches *Kämpfer* der Farbe wegen **lupum aureum** nennet. Schwed. *Jackhals.* (*Linnäus.*)

Goldwürmlein;

*

aurelia, chrysalis. (*Emmeli.*)

Gorre;

ô du arme *Gorre*, sagt man um Bremen von einem kranken und elenden Kinde. (**Gloss. Chauc.**)

gotische *Säule*,

nennt man in der alten Baukunst eine Säule, die entweder zu kurz für ihre Dicke, oder zu dünne für ihre Höhe ist.

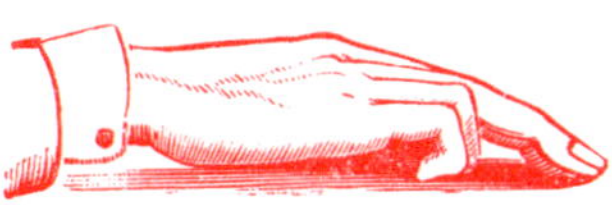

Gottes Gift,

eine Vergabung zur Ehre Gottes für Kirchen, Schulen, Arme, u. drgl. It. eine Abstattung des Opfers, welches man Gott oder seinen Heiligen gelobet hat. So nennet ein Übersetzer des Virgils das ungeheure hölzerne Pferd, welches die Griechen den Trojanern zum Verderben aufgestellt, *eine Gottesgift*, weil es der Pallas geheiligt seyn sollte.

Gottes Kind,

im Gegensatze der Weltkinder, ist ein Geistlicher, ein Ordensbruder oder eine Ordensschwester.

Charl vaterhalben hate
drei brueder in den iaren
das ir zwene ritter waren.
Der dritte wart *ein gotes chint*
und tet als die vil weis sint
er chert allen sein sin
an den himelischen gewin.
Er was die puech gelert
das was vil wol bechert.
Er was geheissen Leo.

(*Stricker* Blts. 3 b.)

Gottes *Wasser über Gottes Land laufen lassen*,

sagt man sprüchwörtlich von Dingen, deren man sich nichts annimmt, und die man der Fürsehung überläßt.

Gottshausgut,

Eigen und Erbe, das ein Gottshausmann besitzet, und wovon er einen jährlichen Erbzins dem Gottshause bezahlet. Ein solches darf Derselbe nicht verkaufen, er habe es denn zuvor in der Kirche verkündigen, und seinem Herrn anerbieten lassen. Und so es diser nicht kaufen will, mag er es auch Niemand zu kaufen geben, als einem Solchen, der in dem Orte gesessen ist, oder in den Ort ziehen, und mit dem Seinigen auf dem Gute bleiben wollte. (**Libert. Einsid. Docum. pag. 229.**) s. *Erbzins.*

grägelen,

einen Laut geben, wie die Hüner. Man sagt, das die Hanen kräyind, die Hennen *grägelind.* (*Geßner.*)

Grael,

Versammlung. It. der Ort der Versammlung. Hie sitzt Frau Venus mit den anderen frawen zuo gericht, vnd heist *der Grael.* – Hie sint die wonung der kunigin Venus vnd yrer gespielen Fraw liebe, Fraw stet, Fraw zucht, Fraw ere, Fraw trw [Treue], Fraw guot, Fraw scham, Fraw awentür, u.s.w. mit yren gezelten, vnd heist *der Grael.* (*Amor.*) s. *Gral.*

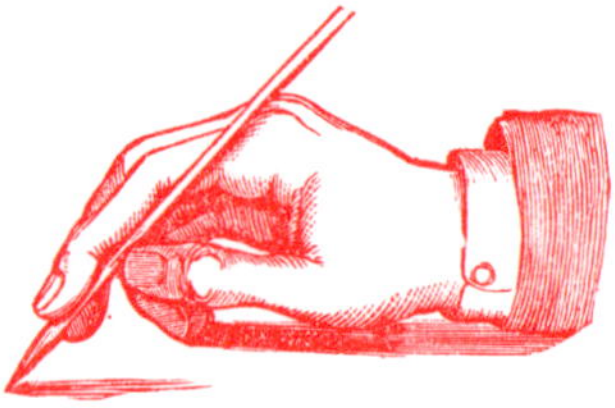

Gränzen beziehen,

*

heißt, solche jährlich untergehen, und in Beyseyn alter und junger Einwohner, wie auch der Knaben von 12 Jahren an, alle Malbäume und Gränzsteine besichtigen, zugleich auch, was verfallen, gesunken oder verblichen ist, neu besetzen und erfrischen. An einigen Orten pfleget [man] bey sonderbar merkwürdigen Gränzsteinen die Jugend zu künftiger Erinnerung bey den Haren zu ziehen, auch Nüsse und Bretzeln oder kleine Münze unter sie auszuwerfen. (*Beck* **de Iur. limit.**)

Gränz- und Zaunrecht.

*

Wer einen Zaun auf eine Gränze setzet, der soll ihn nicht weiter hinaus oder hineinsetzen, als er zuvor gestanden. Wer ein Haus setzet, der soll über Zween Schuh nicht mehr Raum einnemen. Wer eine Mauer aufführet, der soll über einen Schuh nicht mehr Raumes darzu nemen. Wer ein Grab oder sonst eine Grube macht, der mag sie so tief graben, als er will. Wer einen Brunn macht, der mag einen Schritt darzu nemen. Wer einen Oelbaum oder Feigenbaum setzet, der soll ihn Fünf Schuh von seines Nachbaren Grunde und Boden setzen. Im Streite wegen grosser Gränzen soll man Einem über Fünf Schuh nicht weichen. (*Kohl.* Hausb. T. I B. IV 62.) Niemand soll zu Schmälerung der gemeinen Waide seine Güter, die das Gartenrecht nicht haben, beschliessen dörfen, es sey denn, daß er seine Güter zur Zeit der Trift öffne, oder sich des Rechtes an der Gemeinwaide begebe, oder sich sonst mit der Gemeine abfinde, oder auch daß er eine sehr lange Verjährung vorschützen könne. Die Bauern sollen sich befleissigen, lebendige Zäune zu pflanzen, und allso *das Fridholz,* d.i. das Holz zur Verzäunung ihrer Güter zu ersparen. (*Besold* in *Zaun.*)

Gral,

König. s. *Chral.*

gral,

zornmütig, streng. s. *grell.*

Gral,

Gräl, Gröl, (der,) ein Tanzreihen mit Jauchzen; **chorus s. ludus tripudiantium.** Es war voralters ein grosses Spiel um das sibende Jahr allzeit, vor der Stadt auf dem Lindenberge, das von vieler Menschen unhelliger Stimme *Graell* nach Art der alten sächsischen Sprache hieß, sonst auch wol *Gröel* genannt ward. (*J.L.Fr.* aus *Retmajers* braunschw. Kirchenchron.) s. *Turnirgral, grallen, gralen.*

Gral,

Schar, Mänge wie bey einem Reihen, die Leute überhaubt.

Si ist aller missewende vri
Man mag si wol nennen zuo dem
wunsche gegen *dem grale.*
(*Minnes.* I S. 59 b.)

gralen,

hüpfen, springen; **exultare.** (*Kilian.*)

grallen,

häftig schreyen und kreischen. Begirlichest ruofen, manen vnd aller höchsten *grallenden* stimm schreyen. (*Alex. Hug.*) s. *gralen.*

Gralstein;

cippus [Pfahl, Spitzsäule]. (*J.L.Fr.*) Es muß dardurch ein Stein gemeynt seyn, worauf an einigen Orten ein Gantrufer [Ausrufer bei einer Versteigerung] oder ein anderer Graler und Schreyer zu stehen pflegt, um desto besser gehört zu werden.

grasenzen,

✱ ×

sagt man vom Geschmacke der Gänse, wenn sie von der Graswaide abgetan und verspeiset werden. (*Kohl.* Hausb.)

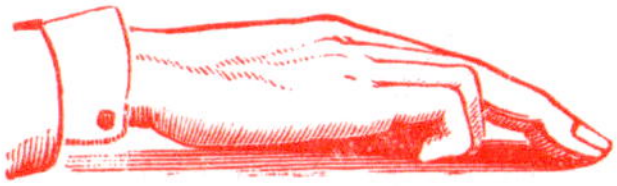

Grasrangen,

×

abgeödete Plätze und Ende in den Waldungen, da auser dem Grase nichts mehr fortwächst. So dem Übel, immer nur frisches Holz anzugreifen, nicht gesteuert wird, so werden die Wälder so licht und so dünne werden, daß solche am Ende eher *Grasrangen* oder Hutwaiden als einer Waldung gleich sehen müssen. (*Ludw.* Waldord. Blts. 6.) s. *Rasenflecken.*

Grebbe,

Greppe, (die,) unterirdisches Loch; **fovea, fossa.** ***Creux sous terre,*** (*Kilian.*) s. *zugreppisch.*

Gredel,

(die,) im Gespötte eine Magd, wie *Hühnergredel,* ein Weibermann, der die Hühner pissen führt. Von dem Skand. *Gretka,* **ancilla** [Magd]. Ist ein baselisches Spottwort.

Greif,

×

Grypho, (Mannsn.) Greifer, Beutemacher; **raptor:** War ein Ehrenname bey den Germaniern. Oder ein Tapferer; von dem Kelt. *kryf,* **fortis.**

Greme,

(der;) **testiculus.** Etliche wollen, daß, wenn man dem Bescheller [Zuchthengst] den linken *Gremen* mit *einem Spagen* (Bindfaden) zubinde, er ein Füllen oder Hengstlein zeugen werde; und, wenn man den rechten zubinde, daß er *ein Schleichlein* (Stütlein) zeuge; und das solle an allen vierfüssigen Tieren bewährt seyn. (*Hörwart von Hohenburg* in *Florins* Landl. T. I Blts. 457.)

Gries- oder Lendenstein;

✱

lapis nephriticus [Nierenstein], ein blaugrünlicher und dunkelgesprengter Jaspis, der wie Talk oder Fett anzugreifen ist, und meistens aus Neuspanien gebracht wird. Er wird allso genennet, weil er an Hals, Armen oder Hüften gebunden, oder auch innerlich gebraucht, sogleich die Steinschmerzen stillen, ja gar den Gries [Steinleiden] durch alle Gänge des menschlichen Leibes austreiben soll. (*Jabl.* und *Biering.* Blts. 165 a.)

Griffhand,

✱

eiserner Haken, ein feindliches Schiff darmit zu packen; **manus ferrea.** (*Frischl.* **nomencl.**) s. *Greifhund.*

Grigelhahn;

grygallus major; ein gewisser Alphahn, von der Grösse einer Gans. (*Wagn.* **H. N. Helv.**) s. *Spillhahn.*

Grill,

(der,) Schrey. Vor Schrecken einen grossen *Grill* lassen. (*Deut. Lyk.* Blts. 69.) s. *Grall.*

Grillenmayer,

Grillenfänger, seltsamer Grittler, abenteuerlicher Kopf; **phantasticus, cerebrosus.**

Grima,

×

(AS.) gräulicher Nachtvogel; **strix.** (*Som.*)

grimmeln,

schmutzig werden, schimmeln, die Farbe verlieren. *Grimmelig,* angelaufen. (*Richey.*) s. *ingrimmeln.*

grimmen,

(ein Wirkwort,) aufkratzen, wund reissen. Brigitta pflag peinlich martern iren leyb allen freytag, das sie nam ein brinnende kertzen; vnd tröffet mit den hitzigen flammen wachstropffen vff iren blossen leyb, dise tröff machten jr groß wunden, vnd wenn sie sah das jr die wunden geheilt waren, *so gram sie wider daryn* mit iren scharpffen negeln, das sich die wunden wider vfftheten, vnd brennet die als vor. (*Leb. der Heil.* I Bl. 92.)

Grimmklau,

✱ ×

eine Gattung gotischer und norwegischer Wölfe mit scharfen und gräulichen Klauen; **lupus scythicus.** (*Olaus Magnus.*)

grimmlachen,

*

(Niderd. und Holl.) gezwungen lachen. *Das Grimmlachen,* bitteres Lachen; **dentatus risus.** (*Kilian.*)

gritten,

umfangen, umgeben, umschliessen.
Da Dido das lant kaufft mit gelt,
wart jr nit mer darzuo gezelt,
denn die riemen mochtent *gritten*
aus einer büffels haut geschnitten;
mercati solum taurino quantum possent circumdare tergo
[Nur soviel, wie sie mit einer Stierhaut umgeben konnten, erhandelten sie.]
(alt. Übers. *des Virg.*)

grodlen,

(Schweiz.) häufig durch und über einander wimmeln und wudeln; **turbate moveri instar magnae vis formicarum s. vermium** [durcheinanderwuseln wie eine große Masse von Ameisen oder Würmern]. *Es grodlet* von Leuten auf dem Markte. Der Bach *grodlet* von Fischen. *Grodlen* ist eigentlich **fourmiller** [wimmeln; von *fourmi*, die Ameise]; und allso möchte dises Wort etwann von dem Kelt. *Krugel,* **Fourmillière** [Ameisenhaufen], herzuleiten seyn. s. ***Greg. Rostren*** in ***Fourmillière.***

grodlig,

×

wimmelicht, wudelicht. Der Käs ist *grodlig* voll von Maden.

Groom,

(AS.) Diener; **minister, servus, famulus.** Daher nennen die Engelländer einen Bräutigam, ***Bridergroom***, d.i. *Brautdiener*, nämlich bis einmal die Hochzeit vorbey ist. (***Bailey.***)

auf die Groppe *setzen,*

*

heißt auf der Reitschule, ein Pferd zusammennemen, daß es sich wol neiget und setzet, welches in dem Zweykampfe sehr dienlich ist, da man eine halbe Ründe macht, und dem Gegner hinter die Groppe zu kommen sucht. (*Jabl.*)

Großgriechenland;

Magna Graecia, wird von den Alten ein grosser Teil des untern Italiens genennt, weil es voralters von mancherley griechischen Völkerschaften bepflanzt worden, aus welcher Ursache denn verschiedene Schriftsteller auch Sicilien darunter begreifen. Anfänglich soll, wie *Athenäus, Ovidius* und *Festus Pompejus* melden, beynahe ganz Italien allso genennt worden seyn. Nach der Zeit aber verstand man durch **Magnam Greacium** [sc. *Graeciam*], wie aus *Strabons* Zeugniß erhellet, die Strecke von dem untersten Italien bis auf Tarent, von dort längst dem Apennin bis an den Ursprung des Vulturnflusses, und dann bis an den Lirisfluß (***Garigliano.***) Endlich in den neuern Zeiten begriff man darunter lediglich beide Kalabrien samt dem östlichen Teile der Landschaft Basilikata.

grosse und **kleine Hansen,**

heissen in *Fronsbergers* Kriegsbüchern hin und wider die Befehlhaber und Gemeinen.

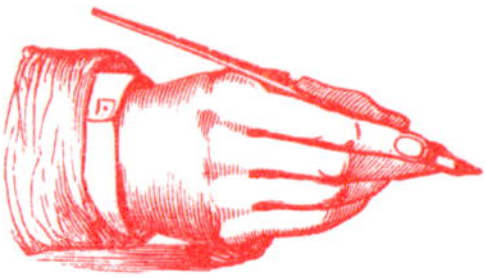

Groß- und Kleinfränkisch,

✳

nennet man eine Gattung Reben. Sie haben das beste Holz, und geben den herrlichsten süssesten Wein, der alle andere Weine gut macht. Doch ist unter disen beiden *Kleinfränkisch* der beste, und ligt am längsten; allein man muß ihn ungefüllt und wol verspündet ligen lassen, wenn er lange ligen soll; und ligt nichts daran, wenn er gleich Eine Brunnkanne oder Zwo einzehret. Man muß ihn sonderlich nicht lüften, wenn die Rosen blühen. (*Kohl.* Hausb. T. I B. VII 6.) s. *Adel- Mittel* und *Grünfränkisch.*

Großoberältervater,

✳ ✕

dritter Urahnherr; **atavus**. *Großoberältermuter,* dritte Urahnfrau; **atavia**.

Großschreiber,

✳ ✕

Reinschreiber, **ingrossator**: der die Schreiben auf den Kanzleyen ins Reine bringt, und mit grossen Zierbuchstaben ausfertiget.

Großsee oder *Waldsee;*

✕

lacus magnus v. silvanius, der See der IV Waldstädte in der Schweiz. (*Tschud.* **Topogr.** Blts. 145.)

Großwiener und *Kleinwiener,*

✳ ✕

nennet man eine Gattung roter Trauben. Die erstern haben leberfärbige und etwas grössere Beeren, als *die Kleinwiener.* Dise aber sehen ganz rot, seyn von gutem Geschmacke, haben eine dicke Hülse, und verstopfen gerne diejenigen, die zuviel darvon essen, und waicher Natur seyn. (*Jabl.*) s. *Wiener.*

gruessig,

✕

der gerne grüßt und danket. s. *erengruessig.*

grünfahren,

sagen die Nidersachsen von dem grasichten Geruche unreifer Gewächse. Wenn der Hopfe zu frühe oder grün abgenommen wird, reucht man es bald, denn er reucht noch gar grasicht; dann heißt mans: *der Hopfe grünfahrt.* (*Kohl.* Hausb. T. I B. VI 79.)

Grünweib;

✱ ×

Holl. ***Groenwyf***, Kräuterweib, die mit Grünigkeiten handelt; **herbaria, olitrix.**

Grützgeld,

✱ ×

der hundertste Pfenning, den die Bierbrauer an einigen Orten bezahlen, daß man ihnen die Entengrütze wegräume, wenn sie das Wasser zum Bierbrauen schöpfen wollen; **jus grutae.** (*Kilian.*) Holl. ***Gruytgeld.***

Grundbirnen;

✱

Patates, ein sehr bekanntes, und für Menschen und Vieh nahrhaftes Gewächse, welches aus Amerika in Europa gekommen. Ein Keim darvon, oder eine kleine *Grundbirne*, die man in dem Frühjahre stecket, bringet in dem Spätjahre eine ziemliche Anzahl grosser und kleiner Knollen an den Wurzeln. Es gibt deren unterschiedliche zum Hausgebrauche, zackichte und runde, frühe und späte, rötliche und weisse, speckhafte und mählichte. Die rötlichen und speckhaften von der runden Art taugen am Besten zu menschlicher Speise. Hingegen die frühen, welche schon auf Jakobs Tag ausgegraben werden, wenn sonst alles Futer ausgehet, werden ihres starken Geschmackes wegen nur für das Vieh verfütert. Man muß sie nicht, wie Einige tun, mit *den Erdäpfeln* (***Taupinamboux***) vermängen.

Gruß;

salutes, salutatio, hiessen unter den fränkischen Königen die **eulogiae, xenia**, oder Geschenke, welche das Volk Denselbigen über die gewöhnlichen Reichssteuern zu gewissen Zeiten im Jahre abstatten mußte: dergleichen *Grüsse* denn auch vorneme Geistliche nicht zu verschmähen pflegten. s. *den verm.* ***du Frêne*** in **Salutes** u. **Salutatio.**

Gruß,

Herausforderung von einem Frauenzimmer.

Si sprache zuo dem gaste
verschmähet ir *minen gruos*
zwar [wahrlich] das verdrüß mich
faste [sehr]. (*Heldenb.* Bl. 120 a.)

Gruß,

Hohngeschrey; **cavillantium clamor.**

Eim [einem] ritter abgestossen wart
der helm vnd vf der selben vart
verlor er ouch die huben [Haube, wurde unter dem Helm getragen] sin
Von kalwi [Kahlheit] gab sin houbet schin
Sin houbt was blos an alles har
Vil manger mensche nam sin war
Do huob sich ein vil grosser *gruos*
Er sprach was not macht ir darus
das mich gelazet hat das har
vnd ouch die hube. Nement war
mich hat doch e gelazen das
das an dem houbt gewachsen was
Dauon kein wunder sol es sin
üb [ob; wenn] mich nu lat dü hube min.
Der red nament die lüte war
Des spottes wart geswigen dar.
(*Alem. Fabeld.* LXXV 25.)

Gucker:

Es sollen alle Forstknechte in eigener Person täglich auf den Forst reiten oder gehen, und nicht *Gucker* oder Knechtsknechte an ihre Statt anrichten, und darnach den selben mit Holz lohnen. (*Würtemb. Forstord.* von 1700.)

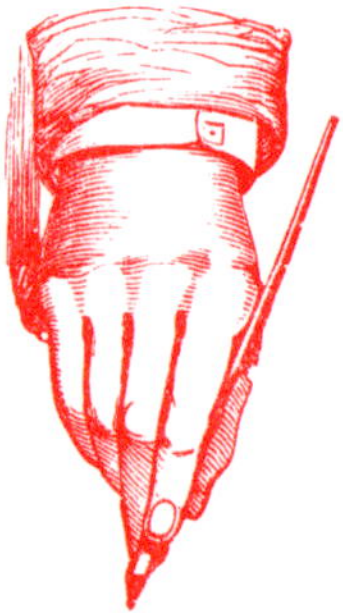

guenen,

sagen die Baslerbauern von Jemand, der einem Essenden mit hungerigen und bettelnden Blicken zusieht.

güldener Schreiber,

×

Zierschreiber, Kunstschreiber; **calligraphus.** *Alex. Hug.* hat in s. **Rhetorica, fol. 34 a** eine Fürdernuß (Empfehlschreiben) einem Leermeister, das er wol geleert hab. Wir… thuond kund… das N. *guldin schreiber* zuo N. wonhafft, die zeit her in vnser Statt Schuol gehabt, sich erberlich erzeigt, u.s.f. Die Bennenung kömmt von den güldenen Vorbuchstaben der Schreibkünstler.

güldener Stich;

×

acupunctura, ist eine Kur der Ostindianer wider das Hüftweh. (*Ernsting.*)

Güzlin,

×

Muck, kleiner Laut mit dem Munde. *Kein Güzlein auslassen,* nicht mucksen; **ne hiscere audere, ne mutire quidem.** (*Bercht. rediviv.*)

Gultoppur,

×

(Goldhahn,) **aureus gallus**, heißt in der skandischen Fabel das Pferd, welches *dem Merkursmann*, (**Mercurio,**) zugeeignet wird. (*Rudb.* Manch. Blts. 731.)

Gumpelwise,

×

tumme, gauchichte Weise; **indecens ac stultus agendi modus** [unschickliche und dumme Vorgehensweise]. (*Minnes.* II 72 a.)

gumpen,

hüpfen, springen; **tripudiare, exultare.** (*Kilian.*) Ist auch Schweizerisch.

Gurre *wie Gaul,*

Wirt wie Gast, faule Eyer und stinkende Butter, sagt man in dem Sprüchworte, wenn Zween Schälke an einander geraten.

Gusti,

(die,) nennet man in der Schweiz eine Kuh, die noch nicht gekälbert hat.

Gutes

unter Augen,

und den Wolf auf den Rücken setzen; (sprüchwörtl.) vorn lecken und hinten kratzen. In das Angesichte schmeicheln, und hinterrücks verraten. s. *Lach mich an.*

Guthaben,

✳

(das,) Schuld, Rückstand, was Jemand in einer Rechnung gut stehen hat. Einem Soldaten, der treu und ehrlich ausgedient, soll auf sein Begehren nebst völliger Ausbezahlung seines *Guthabens* der ehrliche Abschied gegeben werden. (*Wirz.*)

Guthruna,

×

(Weibsn.) Bezauberinn der Krieger, wie jene mitternächtige [nordische] Königinn dises Namens, von welcher erzählt wird, daß sie ein Heer der Feinde dermassen geblendet habe, daß sie einander selbsten mit dem Schwerte angefallen und aufgerieben. (*Stef. Stefanius* in s. Anm. über *den Saxo,* Blts. 45.)

gutzlen,

unverschämt oder ungestümm begehren und betteln, **procare, flagitare.** Das wärben vnd *gutzlen* vmb die ämpter abstellen. (*Keller.*)

Gynopedium,

×

das Städtlein *Frauenfelden* in dem Turgau. (*A. Fr. Kirsch.*)

h

Haafisch,

✱ ×

eine Gattung Meerhündchen, die den Menschen, und sonderlich dessen edlere Teile, sehr begierig verzehren. Ital. **Boloma.** (*Ol. Magn.* B. XXI 22.)

Hab mich Lieb,

Schabab, ein Wundkraut, dessen Tugend Achilles soll entdeckt haben, nach welchem es auch **Achillea** genennet wird. (*Turnmayer,* Bl. 39 b.)

Haber *im Kopfe haben,*

betrunken seyn; **temulentum esse.** (*Kil.*)

Habicht,

Verband der Wundärzte für die Nase; **Amyntas, fossa Amyntae.** s. *Graben.*

Habichtsinsel;

×

accipitrum insula, hieß ehmals eine kleine Insel an der südlichen Küste von Sardinien; Jetzund aber weiß man sie so genau nicht mehr zu unterscheiden. (*Kluver.*)

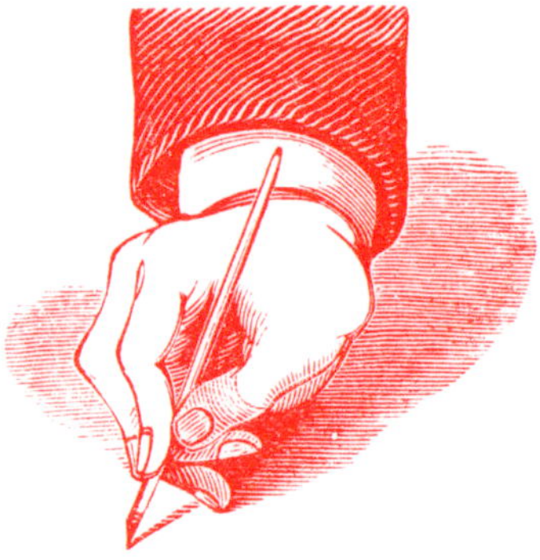

hachen,

×

ängstlich keichen; **anhelare.** s. *Hachmoer.*

Hachmoer,

×

(Niders.) Alpmännchen, Nachtmäre; **ephialtes, incubus, suffocatio nocturna.** It. Muterplage; **hysteria passio.** Von *hachen,* **anhelare** [keuchen, mühsam atmen], und *Moer,* **mater.** (*Ernsting.*)

Hackstock,

Vorratskasten, da man etwas auf die Letste verspàret. Von *hacke,* **ultimus, postremus.** Die Frau trägt dem ankommendem Manne das Beste auf aus *dem Hackstock,* das sie seinetwegen nicht hat essen mögen. (*Verdeut. Rabelais.*)

Haderbuch,

heißt zu Nürnberg das Schlafbuch oder Protokoll über allerley Hader und Gezänke, worüber ein gerichtlicher Spruch geschieht. (*Vermehrt. Besold.*)

Haderbuch,

✱

Sudelbuch; **adversaria, liber memoralis** [Konzept- oder Rechnungsbuch, Gedächtnisbuch]. (*Henisch.*) s. Brüchbuch.

Hadermühle,

✱ ×

Lumpenstampfe, Papyrmühle; **officina chartaria.**

Haderpapst,

✳ ✕

Afterpapst, Irrpapst, ein im Streite erwählter Papst; **antipapa.** In gleichem Verstande kömmt bei *Stumpfen ein Haderabt* vor.

Häderlein

oder *Hederlein,* kleine zerrissene und zerschlissene Lumpen. (*Kohl.* Hausb.)

Häftelzeichen,

Haftpfennig, Trauring, Ehpfand u. drgl. **arrha** [Draufgabe, Angeld, Treuschatz]. (***Pegius.***)

Hägesse

oder *Hägtesse,*

(AS.) Larve, Gespenst; **larva, parca, erynnis.** (*Somn.*) Vergl. mit *Egiso,* Schrecken.

Hägi,

✕

(die,) nennen die Küher in der Schweiz eine kleine *straube* oder strobeliche Kuh

Hälblin,

✕

die erste sichere Spur, die ein Leithund von einem Hirsch entdecket. So der Leithund anfängt ernstlich zu fechten, vnd jm die fahr je länger je neuer wird, vnd der Jäger empfindt, daß sich der Hirsch nahe darbey nidergethan hat, vnd eine Spur findt, die *der Hälblin* heißt, so soll er mit seinem Leithund allso reden; Es wird schier Zeit; Hin, hin, Gesell, es wird schier Zeit. – Da kömmt der edel Hirsch einher. – Hieher, Geleitsmann, da hat er angerührt. (*Meurers* Forstr.)

hälsen,

helsen, umarmen; **conjugiali amore amplecti.**

Des nachts lyt [liegt] min Man wie ein block
vnd thuot mich darzuo selten *helsen*
Das klag ich ser ich arme Elsen.
(*Reuchl.* Com.)

händig,

herb, bitter. Den Durchlauf der Indianer in Paraguay zu stillen, ist vonnöthen, den Würmern die Herberg aufzusagen. Derowegen gibt man dem Kranken gleich ein Brechmittel aus Tabacksblättern, so sehr *händig* sind, die dise Gäst überaus nicht leiden können; denn alles was bitter und *händig,* ist den Würmern der Tod (*Sepp* und *Böhm*). Dises Wort mag *der Pater Sepp* aus dem Tyrol, als seinem Vaterlande, hergenommen haben.

Hängfische,

✳

nennet man in dem nordländischen Fischhandel die Kabelauen, welche die Isländer, nachdem sie das Eingewaide und den Rückgrat daraus genommen, erstlich in gedeckten Steinhütten auf der Erde vergären lassen, hernach vermittelst grosser in die Brust gerissener Löcher an hölzerne Stangen stecken, und zum Dörren in die freye Luft aufhängen. (*Anderson.*) s. *Flackfisch.*

Hänsel
vor dem Tore,

hieß bey den Alten der Tag Johannis vor dem welschen Tore, d.i.d. 6 Tag des Mayen. In einigen Kalendern heißt er noch immer *Johann Klein;* **dies Iohannis parvi.** *Herr Haltaus* kan die Ursache diser Benennung nicht geben. Vielleicht aber kam sie daher, weil dis der erste Johanns Tag im Jahre, und allso gleichsam der jüngste Johann ist.

Ein Härlein
wirft Schatten;

(Sprüchw.) **Etiam capillus unus habet umbram suam.** Kein Feind ist so klein, er kan doch schädlich seyn.

Häspling,

✱

verhaspeltes Garn, das in dem Aufwinden neben den Haspel ausschiesset. Das Wup (Gewebe) ward so seltzam angezettet, vnd so vbel durch widerwertige Meister verkünstelt, daß man endlich, ob es ein reines oder grobes Gewüpp, ja auch so gar einen vnnützen *Häspling* geben wurde, nicht wissen konte. (*Stettl.* II Blts. 297 a.)

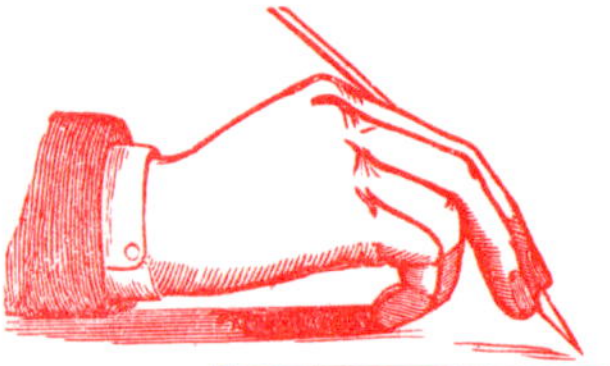

hafendöckeln,

×

heißt zu Glarus, in der Fasnacht bey nächtlicher Zeit in ehernen Häfen allerley klingendes Zeug herumwerfen, um darmit einen starken Ton zu geben. Im J. 1688 ward zu Glarus ein scharfes Verbot wider alle Mummereyen und sogenannte *Räggelen und Hafendöggelen* ausgekündigt. (*Glarnerbr.* und *J.H. Tschud.* Glarnerchr. Blts. 672.)s. *räckelen.*

Hagdisse,

Eidechse; **lacerta.** Holl. **haagdis.** Daraus ist *Haidisse,* und endlich *Heidechse* entstanden. Allso kömmt das Wort von *Hag,* **sepes** [Zaun], und dem Isl. *this,* **festinanter curro** [ich renne eilig], weil es schnell um die Zäune herumzulaufen pflegt; und nicht, wie *Herr Wachter* meynet, von *Ey,* **ovum,** und *tygen,* **parere, quod animal oviparum sit** [gebären, weil es ein eierlegendes Tier ist], welcher Name gar zu viel begreifen würde. s. *Erdisse.*

hagelig,

✱ ×

hagelicht, zum Hagel geneigt. *Hageliger* Himmel; **qualitas caeli grandinosa.** It. dem Hagel unterworfen. *Hageliger* Talstrich, **valles crebris obnoxiae grandinibus.**

hagelschlächtig,

✱

was vom Hagel geschlagen worden. It. was da wert ist, vom Hagel erschlagen zu werden. *Hinaus du hagelschlächtige H...*

Hagelsieder,

Wettermacher, Zauberer, Teufelskünstler. (*Speth.*)

Hahn,

war jederzeit ein Sinnbild der Wachsamkeit und Tapferkeit; derowegen die Gallier denselbigen in ihrem Haubtpanner, und anstatt des Kleinods auf den Helmen zu führen pflegten. (*Bailey.*)

den Hahn *ertanzen,*

(Sprüchw.) den grösten Ruhm, Dank und Preis darvontragen. (*Turnmayer.*)

Hahn: membrum virile.

(*Iun.* Nom.)

Hahnenfeder,

×

ein freches, rohes Weibsmensch. (*Halma.*)

Hahnenkrähe,

✱

(die,) die Nachtwache vor der Morgenröte. (*Dasypod.*) Die Schweizer sagen *der Hanenkray.* Wie es nun ward vmb *den hanenkray,* ruoft Raguel sinen knechten. (*Leo Juda* in Tob. VIII.)

Hahnenpfötchen,

✱ ×

✱ *Krähenfüsse,* nennet man die kleinen Taue an dem Mastwerke eines Schiffes. (*Sewel.*)

Hahnenwickerey,

×

Wahrsagung aus dem Fressen der Hahnen; αλεκτρυωμαντεια [alektryomanteia]. In dem heidnischen Aberglauben gieng es darmit allso zu: Der Wahrsagerpfaffe oder ein Anderer seiner Art schrieb die 24 Buchstaben des Alfabets in den Sand, und legte auf jeden Buchstaben ein Weizen- oder Gerstenkorn; sodann ließ er einen, mit sonderbarem Zaubersegen darzu bereiteten, Hahn sein Futer daraus klauben, und die ausgebickten Körner oder Lettern künstelte er so lange zusammen, bis er einen Verstand herausbrachte, und dasjenige, was er zu wissen verlangte, entdeckt zu haben glaubte.

halblüftige *Sprünge,*

✱ ×

nennet man auf der Reitschule, wenn ein Pferd zwar hohe Sätze macht, aber nicht dareinstreichet, sondern die Eisen nur weiset. (*Florin.*)
[Möglicherweise ist eine fehlerhafte Kapriole gemeint (Figur aus dem Dressurreiten)]

Halbmeister,

×

baccalaureus. (*Alt Wortreg.*).

den Halm *ziehen,*

eine Art zu losen, womit sich heutzutage nur die Bauern und Leute aus dem Pöbel aufhalten, die aber vor einigen Jahrhunderten auch unter dem grösten Adel zu Entscheidung der wichtigsten Händel üblich gewesen. Ein merkwürdiges Beyspiel geben uns die Grafen von Henneberg und der fränkische Adel in der Einigung, die sie im J. 1403 mit einander geschlossen: So haben wir (heißt es) von beiden teilen darzu gegeben A. von B. und

S.U. also das dy obgenanten gekornen zu der selben zweyer ein zu jn nemen sullen als zu einem vngraden, ab sy des ein werden mogen. Mochten sy aber des nit ein werden, so sullen dy darumb yder *einen halmen zihen* on geuerde vs einem dache ader schaube. Welcher dan *den lengsten halmen zuge*, der solde de kure haben vnder den zweyen ye einen ze kysen zu einem Obermanne. (*Schannats* Sammlung alter Dokum. T. I Blts. 56.) Im Vorbeygange merke der Leser, daß um solche Zeiten auch ein Edler das Hälmlein aus seinem eigenen Dache holen konnte. Wer sich über dise seltsame Losungsart verwundert, der verwundere sich auch bey unsern erleuchteten Zeiten über den Gebrauch derjenigen wegen ihrer klugen und gelehrten Bürger sonst berühmten Freystaten, in welchen durch das blinde Los Rat, Kirche und Schulen noch immer mit Häubtern, Vorstehern und Hochlehrern versehen werden. Von dem gedachten Halmlose hat man noch die übliche Redensart: *den Kürzern ziehen,* einbüssen, verlieren, das Nachsehen haben; **inferiorem discedere ex certamine.**

den Hals *abschneiden*;

Cutting the Neck, heißt bey den Schnidtern in Engelland, wenn sie die letste Handvoll Aehren schneiden, und, nachdem sie solches getan, zugleich auch einen kräftigen Jauchzer darbey ausgestossen, die Aernde mit einem fröhlichen Schmause beschliessen. (***Bailey.***)

halsbeinig,

halspainig, halsstarrig; **contumax.** Der herr sprach zuo moysen, Ich sih das dis volck *halspeinig* ist. – – Red zuo den sünen israhel, Du bist eyn herts *halspeinigs* volck. (*Kob. Bib.* II B. **M.** XXXII 9 und XXXIII 3.)

Halsbruch,

✱✕

Geldstrafe für ein Todesverbrechen; **mulcta pro redimenda poena capitali vel pro homicidio.** Ein halber *Halsbruch* ist 15 Mark; ein ganzer *Halsbruch* ist 30 Mark; ein doppelter *Halsbruch* ist 60 Mark. (*Haltaus* aus den schwerin. Recht.)

den Halt *bereiten,*

✱

heißt von des Landsherrn wegen die Landstrassen fleissig bereiten, und zur Sicherheit des Handels und Wandels von allem losen Gesinde reinigen, welches durch eigens bestellte Landreiter zu geschehen pflegt; **vias publicas visitare atque a facinorosis purgere.** (*Engau* **El. Iur. germ. L. II § 241.**)

Hammelsquall,

✕

(der,) Hammelskeule; **femur vervecinum.** Die Jarkuchner (Garköche) pflegen an einem harten und zähen *Hammelsquallen* so subtil einen Kitzlinswadel anzusetzen, daß sie das zähe Fleisch für mürbes Zickleinfleisch verkaufen. (*Sebiz* von dem Feldb. Blts. 143.)

Hammeranken,

×

nennte man ehdessen in der Schweiz die Kriegsgelder fremder Fürsten, womit eine ungläubliche Mänge der Eidsgenossen sonderlich in dem 16 Jahrhundert aus dem Vaterlande gelockt worden. (*Kolbs Leben* Blts. 14.)

Hammer *und* Stiel.

×

Glück auf mit Hammer und Stiel, ist der gewöhnliche Gruß an die Bergknappen über ihrer Arbeit. Die Antwort darauf ist: *Das gebe Gott.*

Hammerauge,

das Loch im Hammer, wodurch der Stiel gesteckt wird.

mit Hand *und* Halm *übergeben.*

Jemand in ein verkauftes oder überlassenes Gut währen und einsetzen. s. **Adfatomia,** *Halmgütung.*

unter Hand *und* Sigel,

✳

unterschrieben und besigelt.

Hand über Hand,

je mehr und mehr; **magis magisque.** Das Übel nimmt *Hand über Hand* zu. (*Sewel.*)

Hand über Hand *abschlagen,*

in dem Abschlage seyn, täglich weniger gelten. Das Korn *schlägt Hand über Hand ab.* (Ist eine holländische Redensart.)

Hand,

(Waidw.) heißt der Fuß oder die Kralle eines Stoßvogels. (***Bailey.***)

handbietig,

✳ ×

zur Handbietung willig und bereit. – Will ihm in Allem nach Möglichkeit *handbietig seyn.* (*Schottel.*)

Handbüchse,

✳

Pistole; **sclopus manualis.**

Handschuhblumen,

Schlüsselblumen. (*Ernsting.*) s. *Hofblumen, Backelken.*

Handschuhe *anhaben*

vor einem Höhern oder Heiligen. War ehmals eine grosse Unhöflichkeit und Gottlosigkeit. Eines mals gieng einer hochfertigklich in sant Walpurgen kirch, vnd *het hendschuoch an,* vnd gieng on [ohne] andacht zuo dem grab der lieben heiligen sant Walpurgen, *da verschwunden jm die handschuoch an den henden,* vnd kund jr [*ihrer;* sie] nyendert finden, vnd über viertzehen tag da saß er ob dem tisch vnd aß, da fand er *die hendschuoch* neben im vff dem banck, da erkant er sie wol, vnd truog sie in sant Walpurgen kirchen zuo einem vrkund des zeichens vnd auch zuo einem ebenbild, das nyeman fürbaß hoffertig zuo irem grab käm vnd on andacht, vnd zeiget da *die hendschuoch* vil menschen, die lobten got vnd sant Walpurgen. (*Leb. der Heil.* I Bl. 34.)

Handstreich,

✱

unvermuteter und listig ausgeführter Streich wider einen Gegner: ***Coup de main.*** Ist ein neues und brauchbares Wort der Zeitungschreiber.

Handtätzlein,

Handkrause [Manschette]; **enchiridion.** Franz. ***Manchète.*** (*A. Fr. Kirsch.*)

Handwerk:

(Sprüchw.) *Ein Handwerk* hat einen güldnen Boden; **Artem quaevis alit terra** [Jedes Land nährt die Handwerkskunst.]. Kein Zinsherr ist stärker, als *ein Handwerker.* Wenn der Kaufmann entläuft, bleibt *der Handwerker sitzen.*

mit Hanf *zäunen,*

✱

sich übel verwahren, einem ohnmächtigen Schutze trauen; **male sibi cavere, infirmo considere praesidio.** Wa *mit hanf gezünet ist* der zun zergat in kurtzer frist. (*Alem. Fabeld.* LXXV 35.)

hansen,

eine Gesellschaft annemen, sich in eine Innung begeben, und die Einstandsrechte bezahlen, welches auch *Hanse winnen* oder *eine Hanse gewinnen* heißt; **satisfacere juri societatis, liberae societati inaugurari, recipi in sodalitium, initiari mysterii societatis.** Das Gleiche bedeutet *hänsen* oder *hensen.* (*Kilian.*) Neulat. **hansare.**

Hanslupp oder *Hanswurst,*

×

ein wollenes Nachtkleid, das vom Haubte bis zun Füssen aus Einem Stücke ist, um ohne Erkältung darinn zu schlafen. (*Richey.*) s. *Affenrock.*

hanzeln,

betasten, oft und viel streicheln, mit den Händen herumziehen; **manu tractare, attrectare, ventilare.** (*Mahl.*) Die wilden tierlin sind vil glatter als die man *hantzlet,* die sind zerstrowelet. – – Jungkfrawen sollen sich nit lassen *hantzlen.* (*Geilers* Post.)

hapern,

stolpern, anstossen, sich stecken. Wo *haperts,* daß das Werk nicht zu Ende gehet? D.i. Wo hälts, wo klebt es, wo ist der Haken? It. in der Rede anstossen. (*J.L.Fr.* und *Halma.*)

Har,

(in figürl. Verst.) *kein Har nicht spalten,* frey herausreden, kein Blatt vor das Maul nemen; **mittere liberalem vocem.** (*Mahl.*) *Haar vf haar richten,* oder *haar vf haar machen,* Zween wider einander hetzen. *Einander in die haar wachsen,* an einander geraten. (*Mahl. Tschud. Schod.* und And. m.) *Nit ein Härli lassen beliben,* rein aufräumen und ausplündern. *Ein Har im Ey suchen,* Schwürigkeiten machen, wo keine seyn. *Har unter Wolle schlagen*; d.i. unter dem Scheine der Freundschaft oder Frömmigkeit einen Betrug spielen. (*Seb. Frank.*)

Hare *und* Bart *wachsen lassen,*

mußten ehdessen die Reuer und Bußfertigen, so lange bis sie sich mit der Kirche wieder versöhnten, da ihnen dann die Hare wieder abgenommen, und reine Kleider angetan wurden. Ein Anders war unter den Goten, da die Verbannten Hare und Bart mußten abscheren lassen, weil man unter disem Volke an den langen Haren einen freyen und ehrlichen Mann erkannte. s. ***du Frêne*** in **Capillus** [Haar].

Hardürre,

✱ ×

Splitterung der Hare; **xerasia capillorum.**

Harhenne,

✱ ×

eine Gattung fremder Hennen, die anstatt der Federn mit schwarzen Haren, wie Katzen, bedeck seyn. (*Geßn.*) s. *Wollhenne.*

Harnsalz;

✱

sal armoniacum, allso genannt, weil man glaubt, daß die Sonne dergleichen aus dem Harne der Kameele in dem erhitzten Sande Arabiens und Libyens bereite; Daher es auch *Sandsalz* genennt wird. (*Ernsting.*) s. *Krebs, Morgenstern.*

harrisig,

✱ ×

haubtsüchtig, dem die Hare risen oder ausfallen. s. *fuchssüchtig.*

Harsilber,

✱

ist gediegen Silber, welches wie ein Büschlein Hare in dem reichen Erzte gesehen wird; **argentum nativum capillare.**

harstössig,

✱ ×

reifer Jüngling; **puber, pubescens.** Holl. ***haarstootig.*** (*Kilian.*)

Harstorzeln

✱ ×

an der Mäne der Pferde. s. *Märzenzeichen.*

Harstrang,

✱

(der,) Saufenchel; **foeniculum porcinum, peucedanum, bonus genius.** *Harstrang* heißt dis Kraut wegen der weissen Bürsten, die es über der Erden hat. (*Bocks* Krtrb.) s. *Schwefelwurzel.*

Hart,

✱

(der,) ein Wald, und zwar nach der ursprünglichen Bedeutung ein dunkeler Wald. Von dem Kelt. *arddu*, schwarz. Der Name ist um Basel, im Sundgau und Badischen sehr bekannt; und hätte *Herr Wachter* gar nicht daran zweifeln sollen. s. **hercynia silva.**

hart Futer,

✱

für die Pferde, Heu und Haber: für Menschen, nämlich in Gefängnissen, Wasser und Brot.

hart legen

×

Einem, vielen Verdruß verursachen, Einem das Leben sauer machen. Von Isaak sagt *Mathesius*: Die Welt mags jm wol sawer machen, vnd *hart legen*, vnd jn blemmen vnd tretten, das jm das hertz darüber krachet; aber endlich findet sichs, das seine ergsten feinde seine besten freunde werden.
(Hochzeitpr. Bl. 49 **a**)

harte weeche *machen,*

×

hart und waich, streng und sanft, hoh und nider singen und spielen.

Gal [Gesang]
schal
und gebreche [Lärmen]
machet harte wêche
manig nahtegal.
(*Minnes. II* S. 22 **a.**)

hartlippichte *Wunde;*

✳×

ochtodes vulnus.

Harudes,

×

welche der suevische König Ariovist unter Andern wider die Gallier gebrauchte, waren nach dem Buchstaben *Harter*, d.i. Einwohner der Hart oder des Schwarzwaldes, **Marcianae silvae:** deutlicher die Reinströmer vom Breisgau her gegen dem Bodensee. *Kluver* verleget sie zwar an die Donau unter die Markmänner und Hermundurer, aber er schweifet ohne Not zu weit, und weiß keine bequeme Landsteilung zu treffen. Andere holen sie aus dem Sundgau her, und glauben, daß Mühlhausen ihnen seinen Ursprung zu danken habe, weil Ariovist eben so wol auch die Nemeter und Vangionen von gallischem Boden zu Hülfe gerufen habe, und weil um die Gegend von Mühlhausen noch immer eine wirklich sogenannte Hart übrig sey. Allein dise Gegend wäre zu klein gewesen, ein so grosses Volk, als Ariovist von *den Haruden* hatte, daraus zu ziehen. Höchstens setze man, daß es beides gallische und germanische *Haruden* gegeben habe. Sinnreich ist die Erklärung *Herrn Wachters*, der da meynet, es möchten die **Harudes** von dem Kelt. *Aerawd*, **praelium** [Schlacht, Treffen], so viel als **praeliatores**, oder von dem AS. *Oerod*, **legio, legionarii** geheissen haben. Allein die obige Erklärung deucht mich dennoch natürlicher und sagt mehr, das sich zur Sache schicket.

harusbrossen,

×

hervorsprossen; **progerminare.** – Brossent die pampeln vs dem harten stammen harus; **Si pampini e trunco procedant s. promineant** [wenn die jungen Triebe des Weinstocks aus ihrem Stamm hervor- oder heraustreten]. (*Deut. Kolum.* Bl. 42 b.)

Harwal,

✳×

(das,) ein gewisses Meertier mit Kopfharen. (*Geßner.*)

Harwurm,

✱

trockene und weisse Schurft oder Schäbigkeit an Kinderköpfen; **herpes miliatis.**

Harz *scharren,*

✱

heißt, wenn die Fichten unten am Stamme auf 7 oder 8 Fuß hoh niderwerts *gelacht* oder gerissen, und die Rinden streifweise Zween Finger breit abgezogen werden, daß das Harz daraus fliesse, welches die *Pechler* abscharren, und in den *Pechhütten* zu Pech sieden. Damit es mit solchem Scharren pfleglich zugehe, so ist die gemeine Verordnung, daß keine Fichten, die nicht eine gewisse Dicke haben, und deßwegen mit einem sonderbaren *Rinken* abzumessen seyn, angerissen, keine nebenstehenden Bäume abgehauen, und keine noch ungerissenen Bäume angegriffen werden.

Harzpappelbaum,

✱×

Takamahaka, ein amerikanischer Baum, unserm Pappelbaume nicht ungleich, **arbor resinosa, populo similis.**

Hasche,

(die,) Axt, Mordbeil. Unter den Waffen der Persen erzählet *Eschenbach* B. II 744 swert, bogen, schilde, *haschen.* Nach dem Franz. *Hache.*

Haselfeld

oder *Haselwall;*

×

Skand. *Haslis Steingur* oder *Haslis-woll*, hieß bey den alten Kimbern das Feld, welches ihre Zweykämpfer mit einem Kreise von Haselpfälen zu bestecken pflegten, in welchen sich auser den Kämpfern Niemand wagen dorfte, und aus welchem Keinem von Beiden, wenn er nicht ehrlos sterben wollte, zu weichen erlaubt war. s. *Stefan.* Anm. über *den Saxo*, Blts. 98 **a.**

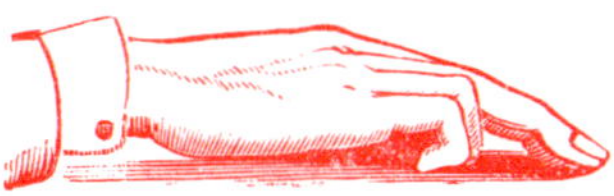

haseln *Jemand;*

Skand. *ad hesla,* d.i. einen Gegner in die Haseln oder in den Kampfkreis fordern; **in campum gladiatorium provocare.** (*Stefanius.*) Fragt sich, ob *die Hasler* im deutschen Bernergebiete nicht ehmals disen Gebrauch gehabt, und ihren Namen daher empfangen haben? s. *Haselfeld.*

Haselwurm,

nennen die Anwohner des Brockberges eine Gattung grosser Schlangen mit einem hecht- oder katzenähnlichen Kopfe, welche sich unter Felsen und Haselgebüschen aufhalten. (*Alb. Ritt.* **de Monte Bructero. p. 36.**)

Hasenhirn,

✱

Tollhirn, Schwindelhirn. Engl. ***Hare-brained.***

Hasenohr,
✱ ✕

wird ein gewisses Segel wegen seiner Gestalt genennet. Franz. ***Voile latine,* Oreille de Lièvre.** (*Huls.*)

Hasenohr,
✱ ✕

Hasenreben, eine Gattung Reben, denen die Hasen sehr nachstellen; **lageos.**

Hasenwimpel,
✕

(der und die,) Hasenpannir, Hasenschwanz; **cauda leporina.** *Die Hasenwimpel aufstecken*; **terga dare, conjicere se in fugam** [fliehen, die Flucht ergreifen].

Hasenwind,
✱

Windspiel, Windhund; **canis leporarius, vertagus.** Franz. ***Levrier.*** (*Kilian.*)

Hasenwind:
✕

Der Ort, auf welchem die Stadt Herzogenbusch gebaut, ist vorzeiten, wie man insgemein darfürhält, ein Busch oder Wald gewesen. In disem Busche hatte der Herzog (von Braband) eine Hütte aufgeschlagen, teils für seine Hunde und Pferde, als er sich zur Jagd begab, teils für die Menschen, damit sie sich darunter vor Regen und Hitze bergen möchten. Dise Hütte ist hernach *Hasenwind* genennt worden, und stehet noch heutigs Tags auf dem Markte. – Das war allso der erste Anfang der Stadt. (*Premparts* Beschr. der Belag. der Stadt Herzogenb. 1629.)

Hasenwoche,
✕

ist in dem Märzen die Woche nach **Oculi** [3. Fastensonntag]. Die eilfte Woche vor **Iacobi** [Jakobstag] heissen die Schlesier *die Hasenwoche*; darinnen säen sie keine Gerste, wiewol sich Etliche wenig daran kehren. (*Kohl.* Hausb. T. I B. V 14.) Der Leser mag raten, ob dise Benennung von *hasen*, verstecken, oder von *erhasen*, schrecken, herkomme, weil nämlich die Schlesier glauben, daß alsdann die Gerste ersticke und nicht aufgehe, oder weil sie sonst dise Woche für unglücklich halten, und darvor erschrecken.

Haß *hat ein Kind bey Neide*:

ist eine Redensart der Alten von Leuten, die ihre Eifersucht über des Nächsten Vorzüge verraten.

Si ist aller Wandelunge [Fehler] fri
Lob si wol gedienen [verdienen] kan
und weis doch wol das alle man
ir niht gar gemesse sint
Swer ir deheines [irgendeines; etwas] valsches giht
an dem hat has bi nide ein kint.

(*Reimar*, der Alte, in der Samml. der Minnes. I 75 **a.**)

Haubtlist,
✕

edle, freye Kunst. Skand. *Hofudlist,* **ars insignis.** *Meistare i aullum siv hofudlistum,* Meister der Siben freyen Künste; **magister septem artium liberalium.** (*Verel.*) s. *List.*

haubtmördig

✱✕

heisset in der Schweiz ein Pferd, wenn es mönig oder rotzicht ist, welches man für einen Haubtmangel rechnet. (*Biel. Stadtr.* Tit. XXII Tit. 2.) s. *bauchstössig, haubtsiech.*

haubtsiech,

✱

unrichtig im Kopfe, möndig, mondsüchtig; **lunaticus.** (*Schottel.*)

Haubtteil, Haubtrecht,

✱

das beste Pferd oder Recht, welches eine Herrschaft aus der Verlassenschaft [Hinterlassenschaft] eines Leibeigenen vorausnimmt. s. *Todtenfall,* und *Lehm.* Blts. 354 und 355.

Haubtwehsalz;

✱

sal sacerdotale [priesterliches Salz]. (*Spate.*)

Hauer,

✱

nennet man der wilden Schweine und Elefanten Zähne, womit sie ander Tiere verhauen. (*Megenb.*) s. *Haderer.*

Haverey, *Avaria*

✱

[Havarie], (Seew.) begreift allen Kosten und Schaden, den Schiff und Güter von der Zeit ihrer Abfahrt an bis zu ihrer Ankunft leiden. Auserordentlich aber verstehet man dardurch den Schaden, der durch Sturm und Ungewitter, durch Leckwerden, Stranden, Brand, und andere Unglücksfälle entstehet, und den die Ausreeder oder Teilhaber des Schiffes nach Markzahl ihrer Güter tragen und einander erstatten müssen. (*Schottel* **de sing. Germ. jur.**) s. *Werfrecht.*

Haugold,

✕

Hoigold oder *Hojelsetid*, d.i. das Zeitalter der Grabhügel, **tumulorum aetas:** war bey den heidnischen Nordgermaniern der Zeitlauf, da sie ihre Todten nicht mehr verbrannten, sondern unversehrt und ganz zu Grabe brachten; zu welchem Ende sie ziemlich grosse und ründliche Hügel an dem Seestrande oder sonst an einem erhabenen Orte, und sonderlich bey Felsen, welche zur Grabschrift bequem waren, von Erde, Rasen und Steinen aufführten, und untenher mit einem Kreise von gewaltigen Steinen umschlossen, obenher aber eine etwann 30 Schuh lange und 15 Schuh breite, wie auch inwendig sehr dicht und glatt vermauerte Grube zurichteten, worein sie die Leiche mit allen Standszierden des Verstorbenen, sonderlich, wenn es ein Held oder Fürst gewesen war, zu legen pflegten. Dergleichen Grabmäler man noch heutzutage in Dänemark und Schweden hin und wider antrifft, und an denen Tafel- oder Altarsteinen, welche darauf stehen, erkennet. (*Stefan.* Anm. über *den Saxo*, Blts. 91.) s. *Bautasteine,* und *Ildtid.*

Häuselgroschen.

✕

s. *Huselgroschen.*

häuseln,

*

auch im Kleinen hausen und sparen, allmählig etwas erhausen.

Häuslein,

pflegen die Weiber an einigen Orten in der Schweiz den Platz, da die Gebärmuter ligt, zu nennen. *Die Muter ist us dem Hüsli*, sagen sie, wenn sie Unruhen von der Muter leiden.

Haus *und Hof an eine Wand brunzen*;

Aecker und Wiesen durch den Bauch führen; d.i. sich arm saufen, Alles verschlemmen; **omnia dilapidare.**

Hausarme,

*

heissen diejenigen, die ohne ihre Schuld durch Unfall, Krankheiten oder Alter verarmet seyn, und das Almosen nicht vor den Türen suchen wollen, oder sich dessen schämen. Insbesondere seyn es arme Bürger. Vergl. mit *Hausvolk*.

Hausmann,

heißt an einigen Orten der Bläser auf einem Schloß- oder Stadtturne; **buccinator publicus.** (*J.L.Fr.* **ex script. Brunsv.**)

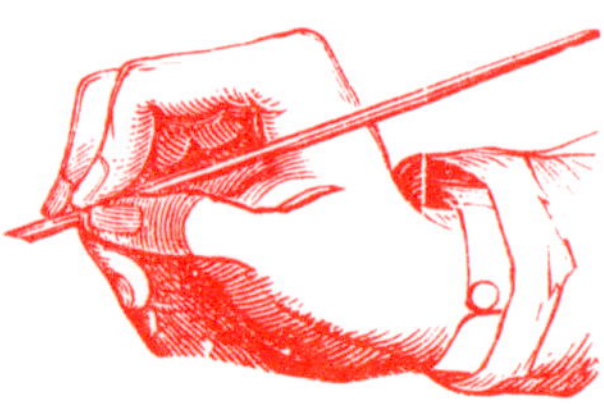

Hausmuter;

materfamilias, hera, hieß ehmals in den Barfüsserklöstern die Vornemste unter den Nonnen. Wir Margaretha Neumargtin, *Hausmueter*, vnd gantzer Conuent der dritten Regel S. Francisci Orden. (*J.L.Fr.* aus *Reihers* **Thur. sacra.**)

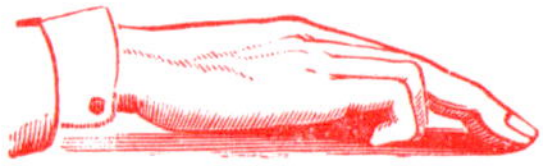

Hausschwur,

×

gemeiner Schwur bey Kleinigkeiten, der nach des Pöbels Wahne nichts zu bedeuten hat. Im J. 1550 den 14 Heumon [Juli] ward durch den Rhat der statt Basel vnd durch einen christl. **Synodum** gebotten zuo strafen alle gottslesterer, die mit bedochtem muot schweren oder fluochen by [bei] dem heil. namen Gottes, sacramenten, lyden, oder andere erschrockenliche nüwe [neue] schwür vfbringen [aufbringen]. – – Sollent hie vnbegriflich sin *die vnbedochten* (als man sagt) *husschwür*; jedoch sol bey jederman brüederliche warnung so in den, so in andern dingen nit vnderlossen werden. (*Basel. Handl.*)

Haye,

*

* *Hayfisch*, ein furchtbarer Seewolf. Isl. *Haackal*, von *hacka*, **avide** & **ictibus more canino vorare** [begierig und unter Stößen nach Hundeart verschlingen]. Franz. **Requiem.** Engl. ***the white Shark.*** Lat. **galeus piscis, hin-**

nulus [Haifisch, wörtl. junger Maulesel]. In den westlichen Inseln von Schottland nennet man die grossen *Hayen*, welche Zween bis Drey Faden lang werden sollen, ***Seths***, die kleinern aber ***Sillucks***. Dise Letstern pflegen die Norweger *Haakäringe* oder *Hakierlinge* zu nennen. (*Anderson.*)

Hederich,

✳

wilder Senf, ein gelbblühendes Unkraut, sonderlich in der Gerstensat. Lat. **draba, erysimum, irio.**

Heerzwerge,

×

welche nach der alten germanischen Fabelkunde der Helden Waffen verfertigten. Schwed. *Herdvergar*, **Pygmaei armorum fabri.** (*Rudbeck.*)

Hehlgitter
oder *Nonnengitter*;

✳ ×

Jalousie, ein Fenstergitter, wodurch man heraussehen kan, ohne doch von ausen gesehen zu werden.

Heidenhäuslein,

×

nennet man in dem Kanton Glarus gewisse uralte, nach sonderbarer Bauart gemauerte und an den Felsen klebende Hüttlein, welche man auf einigen Alpen des Landes auf mittelmässiger Höhe findet. Ob sie vorzeiten den Räubern oder Alphirten oder andern Talbewohnern in Kriegsgefahren zu einer Zuflucht gedienet, ist unbekannt. (*J.H.Tsch.* Glarn. Chr. Blts. 39.)

Heilebart,

nennen die Braunschweiger den Storch. (*Richey.*) Es ist eine seltsame Übersetzung von *Adebar*, wie sonst der Storch genennet wird, weil *Ade* so viel als *Glück*, *Heil*, bedeutet. s. *Adebar*.

Heiligbrüchel,

×

Kirchenräuber. – Wer etwas von der Geistlichen gütern abtrüg, der solt als ein kirchendieb oder *heyligbrüchel* gerichtet werden. (*Seb. Fr.* Chr. T. III Blts. 181.)

Heilschminke;

✳ ×

cosmeticon, womit man allerley Unreinigkeiten des Gesichtes und der Haut vertreibet.

heimkommen,

×

sagt man in der Mittelschweiz von einer Tochter, welche in die Ehe tritt, und von ihrem Manne heimgeführt wird; **deduci a marito v. ad maritum.** Üsers Maidli sött mannä, *es käm noh zimli wol hey*. (*aufnem. Helvet.*)

heimliche Übeltäter,

×

Schwarzkünstler. Des widhopffen herz ist den Zauberern gar nücz vnd *den heimlichen vbeltätern*, aber das süllen wir nit auslegen, ob Got will. (*Megenb.*)

Heinz,

*

(der,) ein Röhr- und Zugwerk in dem Bergbau, darinnen ein eisernes Seil mit Taschen gehet, das Wasser darmit aus der Grube zu heben. Wird sonst *eine Wasserkunst mit Taschenwerke* genannt. (*Jabl.*)

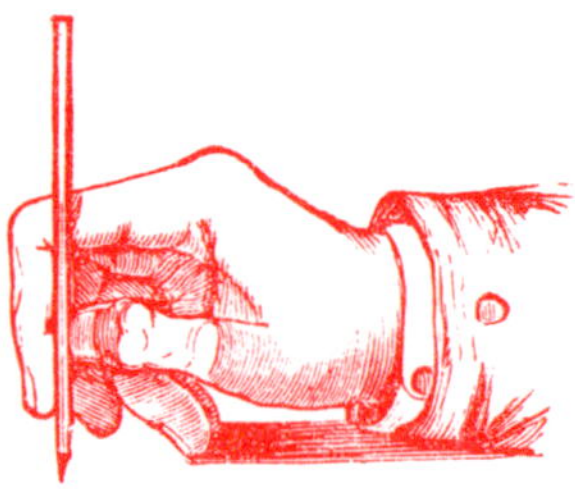

heinzen,

die Zugochsen bey gedachtem Zug- und Röhrwerke [dem Heinz] treiben und schlagen. It. figürlich: vor Gerichte herumtreiben. Den rechten sächer in seinem eigenen Gerichte ankommen, anlangen vnd *heintzen.* (*Tschud.* II Blts. 206.) It. Jemand auch auf andere Weise plagen. Einen *zu dem Heinzen führen*, und ihm die faulen Lenden schmieren, wie den Ochsen bey *dem Heinzen.* (*Grobian* Bl. 81.) Mit Jemand *zum Heinzen treten*; d.i. einen harten Gang mit Jemand wagen, wie ehmals Marcellus mit Hannibal. (*Deut. Lyk.* Blts. 123.) Lucius Camillus, der wharsager zu Padua, saß vnder dem volck an dem tage (der farsalischen Schlacht;) vrplützlich sagt er: Man rüstet sich. *Man tritt yetz zuom heyntzen.* Bald do wutscht er auff, als ob er vnsinnig wäre vnd schrey: Cesar du hast gewonnen. (*Eb. ders.* Blts. 217.)

heiß Hölzlein,

×

Kanzel. – Wenn sie einmal auf *dem heissen Hölzlein* gestanden, und als Comödianten agirt; wenn sie durch ihr gut Mundwerk des Pöbels Zeigfinger gewonnen, daß es heißt: Das ist der Herr, der so wol predigen kan. (*Danhauers* **Lect. catech. p. 9.**)

Heisterkopp,

×

Burzelbaum. s. *Heusterpeuster.*

Helb,

(das,) Axtstiel.

Ein Bawr gegangen kam in Wald
vnd grüßt die Beume manigfalt
bat, sie jm [ihm] wolten geben selb
zu seiner Axt ein newes *Helb*
Da antworten die Beume, Ja,
Such dir selb eins hie oder da
Da fand der Bawr ein äschen holtz
war zäh vnd grad gleich einem boltz
Als ers het in die Axt geschnitten
zu maß, mit negeln hindernieten
er hieb ab mit seiner Axt bald
all Beum nach einander im Wald.
(*Waldis* B. I Fab. XXXIX.)
Sein Beil entsprang jm aus *dem Helbe.*
(*Eb. Ders.* B. III Fab. LXVII.)

Helbarte,

(die,) Streit- oder Mordaxt, ehmals eine gewöhnliche Wehre der Helvetier, die vorn mit einer starken und ziemlich langen Spitze, einerseits aber mit einem Beile, und anderseits mit einem kräftigen Haken, einen Reiter von dem Gaule herunterzureissen, darbey auch mit einem langen und dicken Schafte versehen war. Dergleichen Mordbeile waren allso sehr lästig und schwär, und konnten nur von tapfern und starken Fäusten gebraucht werden, wie solches noch aus *den Helbarten*, die bey uns etwann aus alten Erbschaften und in Zeughäusern noch aufgehaben werden, erscheinet.

Kein hübscher volk gesach ich nie
zuosamen komen vf erden hie
in kurzer zit alsbalde
Sy brachten büchsen one zal
vil *helbarten* breit vnd ouch smal
Von spiessen sach man ein walde.

(*Dieb. Schill.* Chron. S. 348.)

Man sieht aus obiger Beschreibung, daß *die Helbarten* von unsern Schriftstellern nicht wol mit **gaesa**, als welches ledige Wurfspiesse [der Gallier] gewesen, übersetzt werden; welches auch der Name derselbigen zeuget, als der aus *Hel*, **pugna [(Faust)Kampf], und *Barte*, securis [Beil], zusammengesetzt** ist. Vergl. mit *Helmbarte*.

Helder,

(der,) Fischgehalter. Man schreibt, daß in einem Münchskloster S. Moritzen an den burgundischen Gränzen am Fluß Roddan [Rhone] ein Fischgehalter sey, in welchen so viele Fische gesetzt werden, als Münche im Kloster seyn. Wenn nun der Münche Einer krank wird, so schwimmt ein Fisch im *Helder* oben halb todt; stirb aber der Münch, so stirbt der Fisch auch kurz vor ihm. (*Cysat* S. 25.)

hely Wog,

(*heilig Wag,*) heiliges Wasser: Ist ein eigenes eingebildtes Weih- oder Segenswasser vieler abergläubischen Landleute in dem Kanton Basel. Sie pflegen nämlich an dem Morgen des Weihnachtfestes, alldieweil die Klocke den anbrechenden Tag oder die Betzeit ankündiget, ihr Vieh zu tränken, und aus jedem Hause Derselben findet sich Jemand an dem Brunnen ein, der unter dem Schalle der Frühklocke *das hely Wog* holen muß. Ein Anderer stehet inzwischen an der Türe inner dem Hause; wartet auf die Person, die dasselbige herbringt; läßt sie erst anklopfen, und fragt sie dann, was sie trage; darauf lautet die Antwort:

hely Wog,
Gottes Gob.
Glück ins Hus,
und Unglück drus.

Darmit wird die Türe geöffnet, und der Träger des gesegneten Wassers hineingelassen. Disem *heiligen Wage* schreiben unsere Bauern eine sonderbare Kraft zu, alles Unheil aus dem Hause zu verbannen, und lauter Segen darein zu bringen. Solchem Aberglauben nach Möglichkeit zu steuern, ist an einigen Orten dem Klöckner untersagt worden, am Weihnachtstage frühe die Klocke mehr anzuziehen. Verschiedene vorneme Ordensgeistliche aus dem Breisgau versichern mich, daß bey vielen Gemeinen unter ihnen der gleiche Aberglaube von Alter her eingerissen, und mit keiner Mühe zu vertilgen sey. Es ist sehr wahrscheinlich, derselbige sey daher entsprungen, weil ehmals bey dergleichen Brünnen, welchen man noch immer den Namen *des heiligen Wages* oder Wassers beyleget, die neubekehrten Einwohner des Landes scharenweise getauft worden. Denn noch heutzutage wird *der Jutebeck*, ein kleiner Fluß zwischen Schleswig und Flensburg, *Hilligbeck* oder *Heiligbach* genannt, weil der heilige Poppo daselbst die Heiden amersten bekehrt und getauft hat. Ein kleiner Bach, welcher ohne Zweifel aus gleicher Ursache auch *Hillingbeck* genannt worden, fleußt eine halbe Meile südwerts von der jütischen Stadt Apenrade in das Meer. Ferners liget anderthalb Meilen werstwerts von Apenrade die Kirche *Hellewoi*, in gotischer Sprache allso genannt, oder *Hilligwag*, d.i. heilig Wasser: Dardurch wird der bey dem Dorfe Hilligwag vorbeyfliessende *Saarbeck* oder *Saarou* verstanden, weil die ersten Christen des Landes in disem Wasser getauft worden. Hierher gehöret, daß es in den jütischen Landen auch einige Dörfer gibt, welche von ihren an- oder durchfliessenden Wassern, worinnen vormals die Taufe mag geschehen seyn, *Döfwoi* oder *Döpwag*, d.i. Taufwasser, genennt werden. (*Arnkiels.* kimbrische Heidenbek. B. I Blts. 52-54.)

Henneke *vor allen Hölen*,

×

(NS.) ein Mensch, der aus Fürwitz über Alles her ist, und die Finger in alle Löcher stecket. (*Richey.*)

herausbrotzeln,

×

ausschlagen wie *Brotzen* oder Knospen. *Herausbrotzelnde* Blatern. Eine Mänge Leute *brotzelte* aus dem Schauspiele.

Herberger,

×

Zauberer, Vergifter mit Kräutern. Das Wort ist aus **Herbarius** entstanden, wodurch man ehmals einen Giftkrautmänger anzuzeigen pflegte. Das Wort war aber niemals den Schweizern eigen, wie ***du Frêne*** vorgibt.

Herbstmilch,

*

nennen die Schlesier, Meißner und Vogtländer ein Gemische von Schaf- und Küh- oder Ziegenmilch, oder von Buttermilch, süsser Milch und Milchram, welches sie, wenn es einige Tage gestanden, kalt geniessen, und sonderlich in Herbstzeit sich wol schmecken lassen. Die Meckelnburger nennens *eine Sültenmilch*, d.i. eine Milchsülze oder Milchtütsche. (*Kohl.* Haus- und Kochb. Kap. 177 und 178.)

Herdgeld oder *Schlüsselgeld*,

*

ist eine Erkänntlichkeit, welche bey dem Verkaufe eines Hauses die Frau des Verkäufers sich von dem Käufer zuweilen ausbedinget.

herfürzottern,

×

nach der Reihe hervorführen, auslegen oder erzählen, **longam rerum se-**

riem producere [eine lange Reihe von Dingen ausgedehnt vorsagen]. Sine guoten werck gott zeigen vnd *herfürzottern* vnd einen gefallen daran haben. (*Geil.* Pred. Bl. 174 a.)

Herzierer,

✕

Hatschier, Leibschütze, Leibwächter, Trabant. Ital. **Arciere.** Die Engel sind des Herrn Christi vnd seiner Propheten, Lerer, vnd glaubigen Kinder vnd Alten *Herzierer* vnd Jannischern, die jnen [ihnen] tag vnd [Nacht] auf den dienst warten, vnd wider die bösen Geister streiten. (*Mathes.* Leichpr. Bl. 38 a.)

Hesebese
oder *Hitschenplitsch,*

✕

(NS.) Einer, der bald hier bald da ist, als ob er eilig zu tun hätte; **ardelio, temere negotiosus.** (*Richey.*)

Hesse,

Kater; **catus, felis.** (*Kilian.*)

Heu *gehöret in die Scheune;*

(Sprüchw.) Einem groben Gesellen muß man Grobes einstreichen; **Crassis crassa conveniunt [Zu Groben passt Grobes.].** *Wo genug ist, da streuet man mit Heu*; d.i. Überfluss macht lose Verschwender: **Abundantia parit luxum.**

Heuberg,

✕

Tummelfeld der Hexen in der Schweiz, wie der Blocksberg in Nidersachsen. Der Hexen Bekänntniß war, daß sie mit dem Satan Beyschlaf getrieben, Wetter gemacht, auf einem Stecken auf *den Heuberg* gefahren, und was des unbegründeten Zeugs mehr ist. (*Wals.* App. Chr. Blts. 674.)

Heuel,

Hüwel, (der,) Strobelkopf, unrichtiges Har, daraus man wie eine Eule sieht; und in der Pöbelsprache, ein jeder Kopf, von dem man verächtlich reden will. *Den hüwel hencken* vnd trurig sin. (*Geil.* Pilg. Bl. 187 a.)

Heuken,

eine alte Gattung hamburgischer Weibertracht, wie ein Mäntelgen mit steifen Falten, von einem breiten und hohen Kopfschmucke hinten herabhängend. Von diser längst abgeschafften Kleidung seyn in Hamburg noch die Redensarten übrig geblieben: *uppen Heuken bidden*, d.i. Einen zu spät oder unachtsam einladen, der sich eben nicht sonderlich aufbutzen, sondern nur *den Heuken* anlegen darf. *Een Wendeheuke*, der *den Heuken* auf beiden Schultern trägt, **homo duplex, varius**; wetterwendisch, der es mit beiden Teilen hält. (*Richey.*)

Heuwetternebel

✱ ✕

oder ✱ *trockene Nebel,* nennen unsere Landleute die dünnen weissen Wolken, die in dem Sommer leicht auffahren, und schönes Wetter anzeigen.

Hexensteine;

×

Lieu des Fées, Lieux des Sacrifices, nennet das gemeine Volk in Kleinbritannien viele in disem Lande befindliche aufgerichtete und mit steinernen Platten bedeckte Steine, von welchen man erzählet, daß darauf in dem Heidentum die Opfer abgeschlachtet worden, und daß man darbey öfters eine Mänge schwarzer Zwerggeister tanzen gesehen. (***Greg. Rostren.***)

Hielebill,

×

Hillebill, (die,) eine Übung mutwilliger Knaben, wenn sie sich auf den Kopf stellen, und die Beine in alle Höhe strecken. *Hielebillen* oder *hillebillen*, heißt, solches Spiel treiben. (*Kilian.*) Von *Hiele*, **calcaneus, pes imus [Fersenbein, unterster Fuß], und *Billen*, nates [Gesäß, Hinterbacke].**

hierzyt,

×

hier zeitlich: **in hoc aevo.** – Ist von dem Pfalzrichter erkent, daß N. das Leben *hierzyt* verwürket und den Tod verschuldt. (*Chur. Handl.*)

hig la,

×

hig la me, hi la hi; (AS.) **heu mihi, heu;** ach! Weh mir. (*Som.*)

Hilbe,

✱×

(die,) Lache, Pfütze, Grubenwasser; **lacuna, lacus, cisterna.** Etlicher Orte, sonderlich auf den Gebirgen und dürren Heyden, da es keine lebendige Wasserquellen hat, wird das Regen- und Schneewasser in Gruben aufgefangen, die nennen wir *Hilben* und Cisternen (*Oetinger.*) s. *Hilge.*

Hilge

oder

Hillige,

(die,) Mistpfütze. Nero tranck aus *einer Hilligen* mit der Hand Wasser. – – Zu Regensburg setzte man einen Becker, der das Brot zu klein buche, auf ein Schneller, vnd ließ jn in *ein Hilgen* oder Kotlachen fallen. (*Turnmayer*, B. II und VIII.) s. *Hilbe.*

Hillebilde:

✱×

Im J. 1519 hat der Bergvogt zu Eisleben auf der Breite vber [über] Wimmelburg Heerschawung [Heerschau] mit den Bergleuten gehalten, – vnd sind darauf *Hillebilde* auf dem Berge aufgerichtet worden, damit man das Bergvolk, so es not were, desser [desto] eilender vnd aufs ehest zusamenberufen könte. (*Spangenb.* mannsf. Chr. I Bl. 412 b.) *Hillebilde*, d.i. Hügelzeichen, scheinen grosse Holzstösse gewesen zu seyn, dergleichen man in Kriegszeiten auf den Höhen aufzurichten, und, wenn ein Sturm durch das Land ergehen soll, anzuzünden pflegt.

Himmelbrot,

nennet man zu Basel ein gepreßtes Brot, welches aus einem Gemänge von zerschnidtenen Nußkernen, gekochten Birnhutzeln, und gebrosamter Semmel bereitet wird.

Himmelsgast,

×

nennet man einen Stern, der nur eine kurze Zeit erscheinet, und dann als ein fremder Gast wieder abtritt oder verschwindet.

himpeln *nach etwas,*

×

(NS.) seufzen; **gemere.** (*J.L.Fr.*) s. *Himent.*

hingelacht,

hingelegt, dargelegt. *Hingelachte* (abgezahlte) Summe geldis . (*Senkenb.* T. I S. 136.)

Hinkenbink,

(der,) Hinker, Knapper; **claudus, loripes.** (*Mahl.*) Wird nur von losen Leuten im Spotte gesagt.

Hinterschlag,

✱

meuchelmörderischer Schlag mit Waffen oder mit der Zunge; **ictus, quo sicarius aliquem ex insidiis ferit.**

Wer mag vor zwayn zungen gestan
Kum sich ieman gehüeten mag
Si slahent mengen *hinderslag*
vf den selben da ze hant
[zur Hand; sofort]
den si vor geleckent hant.
(*Alem. Fabeld.* XC 64.)

Hirnpfläumlein,

×

Zirbeldrüse, Hirnkräusel; **glandula pinealis.** Das bluot des Esels stillt das bluoten, so vom *Hirnpflaumlin* kumpt. (*Geßn.* Tierb. I Bl. 43 a.)

Hirnreisser,

✱

nennet man im Scherze einen allzu feurigen Wein; zuweilen auch einen schwären Dichter, z.E. den Persius, Pindar, Lykofron, u. drgl.

Hirnwechsler,

✱×

Schwindelgeist, Schwindelhirn, unsteter Mensch; ***Etourdi.*** (*Schott.*)

Hirschkameel;

✱

elaphocamelus, cervicamelus, ein amerikanisches Tier, welches eine Aehnlichkeit beides mit dem Hirsche und Kameele hat.

Hirschwolf,

×

Luchs; **lynx.**

Hobbler,

×

Hobblers, heißen in Irrland gewisse Bauern an der See, die bey ihrem Höfchen ein Pferd halten müssen, um sogleich aufzusitzen, und die nächste Herrschaft zu berichten, wenn Seeräuber einfallen. Von ***hobby,*** Mähre, Stute.

Hochel,

×

Igel; **echinus.** (*Zink.*)

Hochschein,

✱

ein dunkeler Schein, den ein Halblinder hat, der nichts unterscheidet. Von Gott und göttlichen Dingen haben wir in diser Welt nur einen *Hochschein.*

Hodel,

Hadel, (der,) ein Schmähsüchtiger, der die Leute gerne hudelt; **contumeliis insequens alios.** Die Alten verstunden dardurch überhaubt auch einen tapfern Mann, weil die Gallier und Germanier ihre Gegner so gar auch in den Schlachten mit den bittersten Schmähworten und schimpflichsten Liedern aufzureizen pflegten. Von dem Skand. *häda,* **illudere.** s. **hodilardus.**

hodenbrüchig *bis an Hals,*

sprüchwörtlich gesagt von Einem, der sich überweibet hat, und seiner Frauen Knecht ist. (*Seb. Frank.*)

Höllenfeger,

×

nennt man ein reitermässiges Weibsbild, das sich mit gestützten Armen wider den Teufel stellen würde.

Hörnergesellschaft:

×

Im J. 1379 erhub sich in Hessen ein Bund von Rittern und Edelleuten; die nannten sich *die Gesellen mit den Hörnern*; unter denen waren mehr als 200 Edelleute: Also nannte man sie *die Hörner*; die taten ihren Nachbaren viel Verdruß; das währte bis ins dritte Jahr. (**Anal. Hass. Coll. 5 pag. 206.**)

Höstüffel,

Heuschrecke. (*Alem. Fabeld.* XLII.) Die Schweizer sagen auch *Höwstoffel.*

Hoke-Day,

×

heißt bey den Engelländern der zweyte Dienstag nach Ostern, an welchem im J. 1042 unter der Regierung des K. Ethelreds die Dänen auf das Haubt geschlagen, und vollends aus dem Reiche gejagt wurden. Die Alten pflegten solchen Tag, als Eines ihrer herrlichsten Freudenfeste, zu feyern, und, als einen merkwürdigen Zeitpunkt und Zieltag, in ihre Gültbriefe und wichtigsten Urkunden zu setzen. (***Bailey.***) Die Ursache, warum diser Sigs- und Erlösungstag eben *ein Hakentag* genennt worden, wird nicht gemeldet.

Holderderbolder,

×

nennet man zu Basel Jemand, der, was er angreift, drunter und drüber kehrt, und überall stürmisch zu Werke gehet. Holl. heißt auch ***holder de bolder,*** drunter und drüber; ***sans dessus dessous.***

holländischer Käs,

×

ein überaus zartes Holz, das in den amerikanischen Vorinseln zu den höchsten Stämmen wächst, und wegen seiner sonderbaren Mürbigkeit allso genennt wird. (***Dict. d'Hist. natur.***)

zu Holze *schiessen,*

✱

heißt, wenn man das Wildbret schiesset, und nicht recht trifft, daß es sich im Holze verkriechet, stirbt, und von den Maden oder Wölfen und Füchsen gefressen wird. (*Flem.* deut. Jäg.)

Holzmünze:

✕

Germanos ab anno 300 usque ad annum 400 pecunia ex ligno usos refert *Tilemannus* p. 3 cap. 4 [Tilmann berichtet auf Seite drei des vierten Kapitels, dass die Germanen vom Jahr 300 bis zum Jahr 400 Geld aus Holz gebrauchten.]. (*Georg Wilh. Kühlewein*, **de Iur. monetar.** Blts. 9.)

Holzspecht,

✱✕

eine Gattung sehr artiger kleiner Heuschrecken in der Schweiz. (*Wagn.* **H. Nat. Helv. p. 230.**)

Honigflecken

✱

oder *Sonnenbrand*; **panus**. *Honigflecken* nennet man auch die an den Fellen der Marder befindlichen Flecken, von denen man glaubt, daß sie von dem Honig, den dise Tiere gerne fressen, herrühren. (*Jabl.*)

Hoppen,

welsche Pocken; **lues venerea**. Im J. 1495 ist ein vberaus vnfletig [überaus widriges] Geschlecht von Blattern in die Statt Augspurg kommen, – welche auch, dieweil sie den Doctoren vnd Balbierern anfangs vnbekandt, vnd also nicht curiert werden kunten, in kurtzer Zeit so sehr eingerissen, daß der Rath befohlen, die Behafften mit dieser Kranckheit von andern abzusöndern, vnd in das Prechhaus (Siechenhaus) zu führen. – Dieselbe *Hoppen* oder Räudigkeit nennen wir jetzunder die Frantzosen [Französische Krankheit, Syphilis]. (*Werlichs* Augstb. Chr. II Teil Blts. 255.)

Hornesel,

✱✕

Camphur, eine Gattung wilder Esel in dem wüsten Arabien, von denen man sagt, daß sie ein langes Horn an der Stirne führen, womit sie sich der wilden Ochsen erwehren.

Hornissen

✱

auslassen, heißt man unter Bergleuten und anderswo mehr, allerley Unfug treiben.

Hornrichter,

✱

welche die Ochsen- und Büffelshörner ausbreiten und vorbereiten, daß sie von den Kammachern ausgearbeitet werden können.

Hortübel,

✕

heißt um Augstburg, und vielleicht anderswo mehr, der Rohrdommel oder Moosochs. *Geßner* ist der Meynung, diser Vogel habe den Namen von seinem Gebrülle, welches sehr unannemlich zu hören sey. Es kömmt aber solche Benennung von *Hor*, Kot, und bedeutet so viel als *Kottüpfel*, weil der Rohrdommel seinen Schnabel in Kot tupfet oder stecket. In den petzischen Glossen wird er auch *Horatupil*, und von *Notker* Ps. CI 6 *Horatumbel*, d.i. Kotgänger, genennet. s. *tumon*.

hosch,

×

vortrefflich, ausnemend. Isl. *hoskur*, **eximius**. Vielleicht hat das Geschlechte *der Hoschen* zu Basel daher seinen Namen.

Hosch,

×

(der,) Schluchzer, Rölps.

hosenfester *Junge*,

✳×

der schon so weit erwachsen ist, daß man ihm ein Par Hosen ohne Gefahr vertrauen kan. Er ist kaum *hosenfest*, und läuft schon den Mägdchen nach.

Hudler,

✳

nennet man die Pfuscher in allerley Künsten und Handwerkern. Insonderheit aber werden diejenigen Buchdrucker allso genennet, die ihre Kunst entweder gar nicht oder bey keinem rechtmässigen Drucker erlernet haben; dergleichen Gesellen man in keiner Druckerey des römischen Reiches zu dulden pfleget.

Hufeisen:

Unter dem gemeinen Volke haben Einige den Aberglauben, daß sie *ein Hufeisen* auf die Türschwelle nageln, in der Meynung, die Hexen darmit zu vertreiben.

In Rutland, einer Grafschaft in Engelland, ist zu Burgley, einem Stammsitze der Herren von Harrington, der seltsame Gebrauch, daß ein jeder Edler, der die Gränzen ihrer Herrschaft zu Pferde betritt, ein *Hufeisen* zur Erkänntlichkeit abreissen lassen, oder das selbige mit Gelde lösen muß. Geschieht Solches nicht, so wird *das Hufeisen* an das Tor des Richthauses daselbst angenagelt. (***Bailey.***)

Hüeberle,

×

(das,) Ohr oder Lasche an einem Schuh; **assumentum**. (Mahl.)

Hühnerzins,

✳

als wie z.E. Fastnachts- und Rauchhüner; **gallinagium**.

hündeln,

junge Hunde werfen oder gebären. It. nach Hunden riechen.

Hüngerlinge,

✳

eine Gattung kleiner Trauben, die wenig Wein geben; **uvae minores, e quibus parum vini exprimitur**. (*J.L.FR.*)

Hüpfer,

✳×

ein Versglid von einer langen und einer kurzen Sylbe; **trochaeus**. s. *Springer, Steiger, Abstreich*.

Hüppe
oder *Hüppel*,

Ziege; **capra**. *Hüppelgen*, Gitze; **capella**. *Schottel* und *Spate* haben darfür *Hippe* und *Hippel*, wie auch *Hippelein*. Der Name kömmt aber von *hüpfen*, **exilire**.

Hüttenkatze,
✱

Krankheit der Bergleute, die sie von dem Dampfe und Gestanke der Erzte erholen, und die in Husten, Engbrüstigkeit und Lähmung der Glider bestehet; **morbus fossorum in fodinis**.

Hund:

(Sprüchw.) An den Riemen lernt *der Hund* Leder fressen, d.i. Wers einmal wagen darf, der waget es wol mehr; **Periculosum est canem intestina gustasse** [Es ist gefährlich, wenn der Hund Innereien gekostet hat.].

Hund *und* Katze;
×

Holl. ***Kat en Hond***, nennet man in Holland gewisse Leute, welche den Kauffahrtschiffern in dem Notfalle tüchtige Botsleute auftreiben, und zu disem Ende alle Wirts- und Schenkhäuser durchlaufen, da sie denn für ihre Mühe auf jeden Mann 3 holl. Gülden kriegen.

hunden,

jagen; **venari**. Engl. ***to hunt***. AS. *huntian*.

Hunderttausendfischchen,
×

Meersengel, welche bald gesodten seyn; **aphya**. (*A. Fr. Kirsch.*) s. *Gruhe*.

hundisch Mahl,

Mahlzeit ohne Wein, **prandium caninum** s. **abstemium**. (*Hadr. Iun.*) s. *Sperlingsmahl*.

Hundlege,
×

das Recht eines Landsherrn, seine Jagdhunde bey den Untertanen, zuweilen auch in einem Kloster, einzulagern. Als die gräflichen Brüder Götz und Wilhelm von Tübingen disen Ort mit seinen Zugehörden an Graf Ulrichen von Würtemberg im J. 1342 verkauften, behielten sie sich kein ander Recht vor, als *die Hundlege* zu Bebenhausen, und das Gejaid [Jagdrecht] in dem Schönbuch bey Tübingen. (*Senkenb.* T. II S. 233.)

Hundsrose;
✱

rosa canina; allso genannt, weil ihre Wurzel, in Ziegenmilch gekocht, wider die Bisse unsinniger Hunde sehr heilsam seyn soll. (*Bocks* Krtrb.)

Husche,

(die,) Ohrfeige, *eine Husche bekommen*, sagt man von einem Bergmanne, der zu Schaden kömmt, oder wie es der bergmännische Glaube mit sich bringet, von einem Gespenste genarret wird. Einem *eine Husche* ziehen; **colaphum infligere [ohrfeigen]**.

Jacke,

ein Kleid, welches über den Panzer angetan wird; **sagum militare, quod loricae superinduebatur.** (*Du Frêne.*) Heutzutage nennent man allso auch ein gewisses Brustkleid der Weibsleute.

Jahrnägel,

✱

welche zu Rom jährlich an die Tempeltüren geschlagen wurden, die Zahl der Jahre dardurch zu bemerken; **annales clavi.** (*Festus.*)

Jahrreime,

✱ ×

ein schulfüchsisches Gedichte, da vermittelst der Zahlbuchstaben die Jahrzahl herausgebracht wird; **carmen eteostichon [Chronogramm].** Sonst *Zahlreime.* [Bei einem Chronogramm errechnet man eine Jahreszahl aus jenen Buchstaben, die wie römische Zahlzeichen gelesen werden können (wie M, C, L, X, V, I)].

St. Jakob *mit den Muscheln,*

×

hieß ehmals *Jakob, der Grössere,* weil er von den Malern in der Kleidung der Pilger, wenn sie nach Kompostell [Santiago de Compostela] reisen, vorgestellt wird, als welche auf ihrem breiten Regen- oder Schattenhute eine Muschel anstatt des Knopfes tragen.

Jakobsstecken,

×

der lange Wanderstab der Pilger nach Kompostell, der oben Zween Knöpfe hat, die als ein Degengriff von einander stehen. An disem Griffe hatten einige Mörder einen Dolch im Stocke verborgen; daher *ein Jakobsstecken* auch **dolon,** Stabschwert, genennet wird.

Jaufknabe,

×

Gaukler, Spielmann, Seiltänzer, und dergl. Kätzer, dißgleichen *die Jaufknaben,* so all verleumbd geacht sind (**infames,**) dörfen nit testieren [Zeugnis ablegen, vor Gericht aussagen]. (*Alex. Hug.*) s. *Gaufkind.*

Ich weiß nicht wie,

×

ist die lächerliche Benennung des Biers, welches zu Boxtehude im Herzogt. Bremen gebraut wird. (*Brückmann.*)

Idelsanger,

×

(AS.) ✱ Eitelsänger, der entweder eitele Dinge besingt, oder sonst ein öder Dichter ist. *Somner* und *Benson* haben lediglich **hymelici.**

Je länger je freundlicher,

×

eine Gattung Marienröschen; **ocimastrum lychnis sylvestris [wilde basilikumähnliche Lichtnelke]. (*Bocks* Krtrb.)**

Jenker,

eine Gattung langer Mannsröcke in Deutschland, welche schon vor der Mitte des XVI Jahrhunderts in Abgang geraten waren. Da man noch Husecken [Mäntel] vnd *feine lange Jencker* trüge, stünde es vil besser in disen Landen, denn wo man sich wie die Raupen verbremet, verschnüret, verhart, (mit Belzwerk auszieret,) vnd alle newe tracht haben wil. (*Mathes.* Hochzeitpr. Bl. 28 b.) s. *Husäke.* In Bern hingegen nennent man *Jenke* ein ziemlich kurzes Faltenkleid der Geistlichen, mit zurückhangenden Aermeln.

Igelflasche,

✱ ✕

der allerründeste Seefisch, mit sonderbaren Stacheln oder Spitzen, als mit Fußangeln, versehen; **orbis echinatus** s. **muricatus**.

Igeln *Bärte flechten,*

sagt man in dem deutschen Sprüchworte von Leuten, welche sich in die seltsamsten Köpfe zu schicken wissen.

Igelschwein,

✱ ✕

✱ *Igelferkchen*, Stachelschwein; **hystrix.**

Igelzo,

✕

(longob. Mannsn.) *Igel*; d.i. figürlich ein Mann, der nicht wol anzugreifen ist, oder der mit Spieß und Pfeilen trefflich wol umzugehen weiß. Das Gleiche bedeutet der vandalische Name ***Igillus. Herr Wachter*** ist zwar darwider, und hält darfür, daß die Germanier die Namen ihrer jungen Kinder nicht von wilden Tieren entlehnet haben. Das ist aber ein doppelter Irrtum. Denn erstlich empfingen unsere Alten ihre Namen nicht als Kinder, sondern als mannbare Jünglinge oder Töchter, wie man aus einer Mänge ihrer Namen schliessen muß. Demnach ist bekannt, daß unter denselben *Arne, Bären, Böcke, Hengste, Leuen, Worme,* und dergl. gewesen. Aus dem AS. *Elys*, **erinaceus [Igel]**, ist zu schliessen, daß man auch in dem Alemannischen *Igels* oder *Igelz* für *Igel* müsse gesprochen haben.

Ilen,

✕

seyn lebendige Würmer, die an der Leber der Schafe sitzen, und der Leber schier gleich sehen. Schafe, die von *den Ilen* angegriffen werden, kommen nicht über den Winter, und müssen in dem Herbste geschlachtet werden, da man denn solche Würmer findet. (*Kohl.* Hausb. T. I B. XII 56.) *Ilen* oder *Ihlen* nennet *Kohler* gleich darauf die Blutegeln, **sanguisugas.** (B. XII 71.) Aus *Egeln* ist auch *Ilen* entstanden.

Imme,

(der,) Bienenschwarm; **examen apum,** wird von den Schweizern allso genannt, von dem Isl. *eg ym*, ich summse; **murmuro, susurro.** ***Umde,*** **sumste, graviter sonabat. (*Ten Kate* über *Lodbrogs* Sterbged. § XII.)**

Immenfang,

d.i. der Fang wilder Immen [Bienen], welche für Wildfang geachtet werden, und demjenigen zugehören, der sie amersten in seinen Bienenkorb schöpfet und fasset, ob er sie gleich in einem fremden Holze oder auf einem fremden Baume fünde. (*Meurers* Forstr. S. 158 a.)

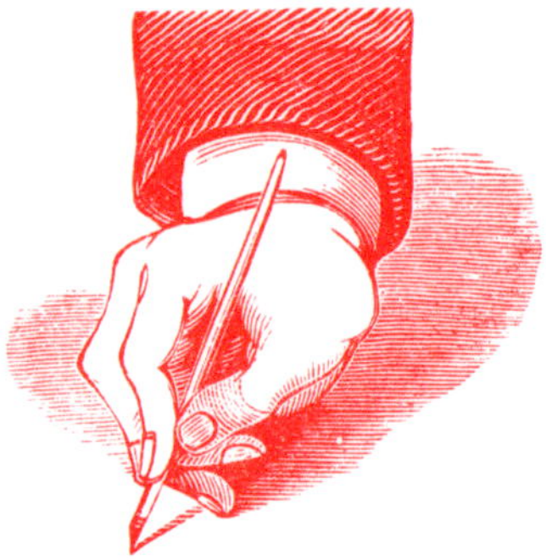

Immentrost,

×

(**Schweiz.**) Honigwachs. s. *Immenrat.*

Immenwolf;

✳

apiaster, merops, melissophagus, ein Vogel, der die Bienen vertilget. Er ist auf der Insel Kreta sehr gemein, und schön von Farben, oben und unten herum blau, aber etwas bleich, er hat rote Flügel und rote Beine und einen langen starken Schnabel, womit er die Bienen fängt und verzehret; in der Grösse vergleicht er sich einem Staren; er fliegt nicht vor sich [vorwärts], wie andere Vögel, sondern hintersich [rückwärts] nach dem Schwanze. (Kohl. Hausb. T. I B. XIII 121.) Eben diser Kohler sagt, daß ihn Etliche, aber unrecht, *einen Krinitz* nennen. Eben so irrig heißt *er* in ***Golii onomastico***, welchem Herr *J.L. Frisch* gefolget, ein Grünspecht; **picus viridis**, der zwar auch ein Verfolger der Bienen ist.

Ina!

×

ein schwäbischer Ausruf für *Ei nein!* (*Ottok.* Blts. 497 b.)

Ing,

zu Ende gewisser Namen bedeutet einen Sohn oder Abstämmling, wie zum Ex. in den Namen *der Merowinge* und *Karlinge* bey den Franken, *der Agilolfinge* bey den Bayern, *der Uffinge* bey den Sachsen; u.s.f. Deßgleichen die Namen *Bryning*, Bryns Sohn, *Dyrling*, Dyrls Sohn, *Hiending*, Hiendes Sohn, *Kipping*, Kippens Sohn, samt andern mehr, welche man in *Hiksen* nördl. Sprachschatze aufsuchen mag.

Insitz,

✳×

ist eigentlich nicht der Gebrauch eines ganzen Hauses, sondern etwann nur einer Stube oder Kammer bey Eltern oder Freunden. (*Estors* deut. Rechtsl. I S. 324.) Die zwote Ehe bricht *den Insitz*, d.i. Ein Kind, das währender ersten Ehe *den Insitz* bey den Eltern hatte, darf sich dergleichen bey der zweyten Ehe nicht versprechen. (*Eb. das.*)

Instich

✳

des Gewissens; **compunctio.** AS. *Instike.*

Joch,

✱

bedeutet in der Schweiz, wie das Lat. **jugum**, die Höhe eines Berges; It. einen hohen Berg. Daher auch der hohe Berg, welcher das Hasleland [Hasliberg, Kanton BE?] von Unterwalden scheidet, *Joch*, und **Iuga raetica v. bormiana**, *das Wormserjoch* genennt werden.

Johannes,

soll nach dem pöbelhaften Wahne gewisser Leute ein Name von so glücklicher Bedeutung seyn, daß in einem Hause, da sich *ein Johannes* befindet, der Donner nicht einschlagen, oder doch keinen Schaden tun soll. (*Jabl.*)

St. Johanns Tag *vor dem Tore*,

oder *vor dem welschen Tore*, **Dies S. Iohannis ante portam latinam**, fällt auf den sechsten Tag des Maymonats, da er vor der Stadt Rom soll in siedendes Oel gesetzt und wunderbarlich erhalten worden seyn. s. *Hänsel* vor dem Tore.

St. Johanns Weihe;

Dies S. Iohannis Evangelistae; fällt auf den 27 Tag im Christmonat [Dezember]. An disem Tage soll Johannes ohne Schaden Gift getrunken haben, und darum läßt an demselbigen das gemeine Volk in der römischen Kirche den Wein von den Priestern in dem Tempel weihen, in der Meynung, daß es dann ein heilsamer Trunk für Menschen und Vieh, und sonderlich ein kräftiges Gegengift seyn solle: Daher kömmt noch die Redensart *St. Johanns Segen* oder *Liebe trinken*. (*Haltaus*. **Calend. med. aevi**, p. 145.)

Irch,

(Armor.) Schnee. (***Greg. Rostr.***) Davon hat ganz vermutlich *der Irchel*, ein hoher Schneeberg in dem Kanton Zürich, den Namen. s. *Aerch*.

Irichsmer;

✕

liquamen [Würzsauce]. (**Gloss. Zwetl.**) Das Wort, welches in der Urschrift schwär zu erkennen war, mag so viel, als *weiß Schmer*, bedeuten.

Irking,

✕

(AS.) Igel; **ericius**. It. Zwerg, kleines verstrupftes Bübchen oder Mägdchen. (***Bailey.***)

Irmingund,

✕

(Weibsn.) Männinn eines tapfern Mannes, Heldengattinn. *Gund* muß auch in andern Namen eine Gattinn bedeuten; als wie in *Adalgund, Hildegund, Kunigund, Mergingund, Rihgund, Wichgund,* und drgl., da man nach der gemeinen Erklärung keinen schicklichen Verstand herausbringt.

Irrberg,

✕

Mons labyrinthi, ein Alpstock südlich an dem grossen Bernhart, ist vielleicht wegen der seltsamen Gänge, die man darauf machen muß, allso genannt.

irre gehen

einer Sache, an etwas Zweifel haben; **dubium haerere.**

Dü krone ist elter danne der künig
Philippes si
Da mugent ir alle schowen wol ein
wunder bi
wie si ime der smit so ebene habe
gemachet
Sin keiserliches houbet zimt ir also wol
das si ze rehte nieman guoter
scheiden sol
Ir deweders (**neutrum** [keines von
beiden]) da das ander nit enswa-
chet (**minuit**, schwächert,)
Si lachent beide einander an
Das edel gesteine wider den jungen
suessen man
Die ougenweide sehent die fürsten
gerne
Swer nu *des riches irre ge*, d.i.
(Wer noch zweifelt, wer Keiser sey,)
der schowe wem *der weise* (**index
[angebend, anzeigend]**) ob sime
nake ste
Der stein ist aller fürsten leitesterne.
(*Schwäb. Lied.* Blatts. 95.)

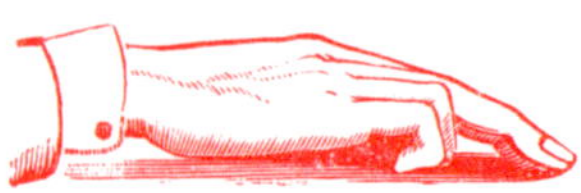

Irrsatz,

✱

irriger Satz; **falsa hypothesis.** s. *Mißsatz.*

irrschweifender *Stern*;

✱ ×

planeta.

Irrsteinlein;

✱ ×

scrupulus: etwas, das uns in dem Gewissen oder in einem Geschäffte irret und hindert. Eigentlich ein Steingen in dem Schuh, das einem Reisenden bey einem jeden Schritte weh tut.

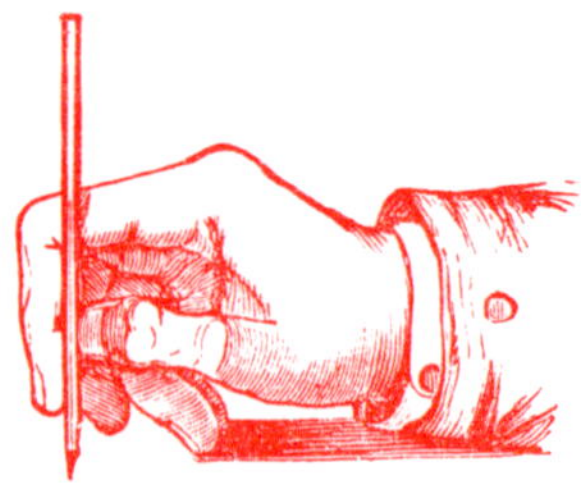

Isengart,

(der,) eine Gattung kleiner Eisvögel. Wegen seines zierlichen grünblauen Gefiders wird er auch Paradisvogel genannt. Er streichet gern längst den befrorenen Ufern, da er sich von den Fischen nähret, und auf solche pfeilgerade herunterschiesset; daher ihm die Pomern den Namen *Isengart* oder Eishüter gegeben.

Isengrin,

Isengrim, ist der Name, den unsere alten Fabeldichter dem Wolfe gegeben. Er bedeutet ein grimmes Schrecken. Von *eisen*, fürchten. s. *Ysengrim.*

Isfisch,

×

eine Gattung grosser Stockfische, die in Island gefangen werden, Wegen ihrer sonderbaren Flecken pflegt man sie auch *Leoparden* zu nennen. (*Faber.*)

Israel,

×

(der,) heißt das lübeckische Bier, welches viele Tugenden haben soll, auser daß es die Weiber ihren Männern nicht sonderlich raten. (*Kohl.* Hausb. T. I B. I Kap. 4.)

Jubeljahr

der Bauern, hieß ehmals in der Sprache der aufrührischen deutschen Bauern das Jahr 1525, da sie sich von allen Beschwärden, Zinsen und Dienstbarkeiten zu befreyen vermeynten. (*Wursteis.* Baslerchr. Blts. 28 und And.)

Jüdenstein;

✱

lapis judaicus, ist erstlich aus dem jüdischen Lande gebracht worden, wird aber nunmehr auch in Schlesien und anderswo mehr gefunden. Er ist olivenförmig, nicht gar hart, aschgrau oder rötlich und nach der Länge mit vielen in gleicher Weite von einander laufenden Streifen gezieret. Man findet dessen Zwo Gattungen, darvon die Eine länger und schmäler, die andere hingegen kurz und dicker ist, daher Einige jene das Männlein, und dise das Fräulein nennen. Beide seyn ein kräftiges Mittel, den Stein zu treiben. (*Jabl.* und *Biering.*)

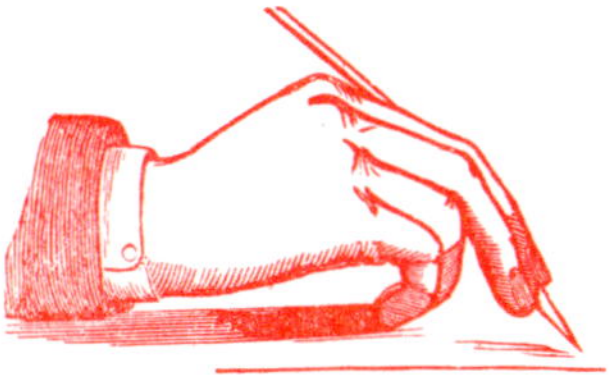

jüngen *sich*,

einen neuen Balg gewinnen. Sich verjüngen. Die schlang jüngt sich im früeling; **anguis vernat.** (*Mahl.*) Der hyrß [Hirsch] *junget sich* vnd bringt sein krafft wider. (Megenberg.) Mich mag dü liebe *iungen*. (*Schwäb. Lied.* Blts. 45.) s. *jungen*.

seinen Jüngernamen *verschenken*,

×

sagt man in der Sprache der Handwerker von einem Lehrjungen, der zum Gesellen gesprochen wird, und bey disem Anlasse den Lehrbraten verschenket.

Jüngferchen,

×

wird an einigen Orten das Wiesel, **mustela**, genennt. (*J.L.FR.*)

Jüngferchen,

✱×

heißt auch *der Schillebold*; **libella**; **Demoisèle**, eine Gattung grosser Fliegen. s. *Perlen*.

jünglen,

(Schweiz.) jungen, sich verjüngen; **juvenescere.**

Julafrid,

×

heißt die Sicherheit und der heilige Fride, den man in Schweden auf das Weihnachtsfest mit Trommeln und Trompetenschalle auszukündigen pflegt, wobey alles Raufen, Zanken,

Fluchen, Zechen, Spielen, und üppige Wesen bey doppelter Strafe verboten wird, dergleichen auch bey den Griechen und Römern in Ansehung der Zänkereyen geschah. (***Loccen.* Antiquitt. sueogot. L. I cap. 5.**) Dise Verordnung in Ansehung des Balgens und Streitens kömmt sicherlich noch von dem Julfeste der Alten her.

Julebulla,

×

(Got.) Julkuchen, d.i. ein Kuchen, dergleichen ehmals die Nordgermanier an ihrem Neujahrs- oder Julfeste zu backen pflegten. Sie waren mit einem Kreuze bezeichnet, und mit einem etwas dicken Rande versehen, da denn solcher den Umlauf des Jahres, die Vier Ende des Kreuzes aber die Vier Jahrszeiten vorstellen sollten. (*Rudb.* **Atl. p.** 95.)

Julius,

×

heißt ein keulichter [keulenförmiger] runder Turn zu Spandau, von dem man sagt, daß er zur Zeit des Julius Cäsars erbaut worden. Der ist so hart und fest, daß man ihn mit keinem Geschütze beschädigen kan. Man will aber sagen, daß der Kalk mit eitel Weissem von Eyern angemacht worden seyn, derowegen er so fest halte. (*Kohl.* Hausb. T. I B. IX 26.)

Jungfer,

✳

heißt in den Zuchthäusern der an dem Beine eines Gefangenen angeschlossene Block, welchen er allenthalben mitschleppen muß.

Jungferbuch,

✳

Jungferschrift, ein Buch oder eine Schrift, so die Einzigen in ihrer Art seyn, Urkunde ohne Abschrift, verschlossene Schrift oder Urkunde, die man Niemand mitteilet; **charta virgo**.

Jungfrau,

keuscher Mann, der kein Weibsbild berührt hat. Johannes ist gewest *ein iunckfraw* des leibs vnd der sele, vnd er ist vserwelt [auserwählt] das er solt beleyben *ein iunckfraw*. – Da der herr hieng am kreutz, empfalh er die iunckfrawen sein muoter iohanni [dem Johannes], auf das *ein iunckfraw* behielt die andern iunckfrawen. – Er was ein schemige *iunckfraw*, vnd darum solt er vor den andern evangelisten nit schreiben. (*Koburg. Bib.* in der Vorr. über den Joh.) Sant Lucas was ein maler vnd *ein iunckfraw*. (*Leb. der. Heil.* II Bl. 24.)

früher Junker,

später Knecht; und wer seinen Semmel bald aufißt, der muß hernach am harten und schimmlichten Brote nagen. (*Mathes. Hochzeitpr.* Bl. 34 b.)

Junker,

heißt das Bier zu Marburg. (*Brückmann.*)

Junkerfinger,

kleinster Finger; **digitus minimus.** (*Henisch.*)

Junkernkompanie.

×

s. *Zirkelbrüder.*

Jussel,

(das,) Suppe, Brühe; **jus.** (*Alt Wortreg.*) s. *Eyerjüssel.*

Jutsch,

(das,) Augenblick; **momentum.** (*Schottel.*) *In einem Jutsch.* It. Stoß, **impulsio.** (*Gürtler.*) s. *Juck, Just.*

k

Kaak up,

×

(NS.) ein Spiel der gemeinen Kinder auf den Gassen, welche Steine auf einander setzen, und von einem Ziele darnach werfen, da denn Derjenige, welcher vorbeywirft, *de Kaakhoore* genennet wird, weil er so lange stehen, und den Andern die Steine aufsetzen muß, bis ihn ein Anderer durch seinen Fehlschuß ablöset (*Richey.*)

kabbelen,

Junge bringen, kätzeln, ferkeln; **foetare, foetificare, catulos parere: dicitur proprie de felibus, porcis** [gebären, erzeugen, Kätzchen werfen: wird im eigentlichen Sinn von Katzen, Schweinen gesagt]. (*Kilian.*)

Kabel,

✳

(die,) Ankertau, Schiffseil; **funis nauticus, rudens**. *Kabel auf dem Söller,* nennet man im Sprüchworte ein nötiges Geräte, das man nicht bey der Hand hat, da es dienen sollte. *Kabel in der Gat,* ist hingegen ein Werkzeug an seinem Orte, da man es greifen kan, so oft man will und seiner bedarf.

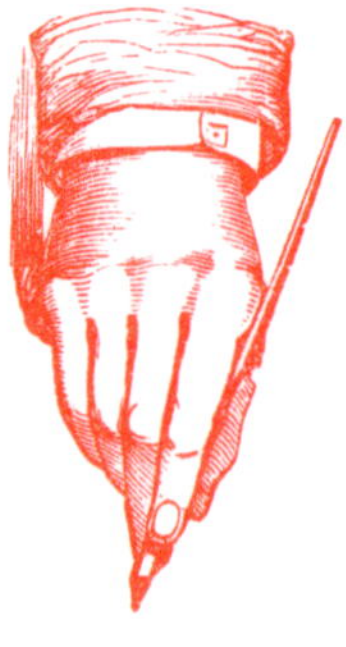

Kabiskopf,

×

Beginenhaube. Die von Bärn gebutten [Bern geboten] den Begynen, das sy *die kabisköpff* abthätind vnd [ablegten und] tüechli vffleytind als [so wie] andere wiber. – – Nun sprachen nach der grossen brunst ettlich *Begynen,* man hette das vnglück an jnen verschuldt darumb das sy *die kabisköpff* nit me tragen solten vnd die tüechli vshencken. (*Schod* in den J. 1404 und 1405.)

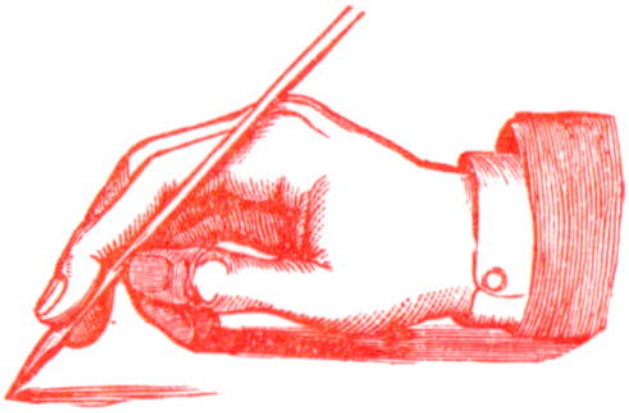

Kablunke,

×

(die,) das karpatische Gebirge zwischen Ungarn und Polen; **mons carpathus.** (*Spate.*)

Kachel,

—

(die,) nennen die Glarner und andere Bergschweizer eine Tole, **monedulam** [Dohle]. Das Wort scheinet von *Gacke,* wie sonst diser Vogel auch genennet wird, entstanden zu seyn.

Käkelreem,

×

(NS.) Plauderrinne, Zungenblatt, welches den Kindern pfleget gelöset oder geschnidten zu werden. (*Eb. Ders.*)

Kämelpard,

×

Kameelpardel; **camelopardus** [Giraffe]. (**Voc. Y. IV 23.**)

Kämpferwunde,

✳

kämpfbare oder *kampfwürdige Wunde*, wird in dem alten dem Sachsenspiegel beygefügten **Vocabulario** allso beschrieben: *Kampferwunde* ist eine Wunde nagels tief des mittelsten fingers lengsten glids, so sie noch frisch vnd vngeschwollen ist. Desgleichen wunden an hals, armen, beinen oder andern stetten, da sie die tiefe vnd lange vor den knochen nicht gewinnen mögen, vnd sich zuo lemnis ziehen, sind auch *kampfer*. Ein wunde in das heubt durch den hirnschedel oder knochen ist *kampfer*. Eins oder beide augen aus, die nase ab, vnd alle wunden vnter dem angesicht, die das har nicht bedecken kan, das ein schandmal heißt, zeene aus mit den wurzeln, durch des mannes gemechte, oder sonst alle ferliche stette, da balde ferligkeit des todes [Todesgefahr] entstehet, gestochen, arm, hand, bein, fuos, finger abe, der elbogen oder die knyscheibe entzwey geschlagen, gehawen oder gebrochen, vnd alles das da lemnis bringet. Derhalben werden lenden vnd *kampfer wunden* gleich geachtet vnd haben gleiche buos. Vnd heissen darumb *kampfer*, weil sie des kampfes wirdig sind: d.i. weil sich der Täter hinwider Stechens und Hauens erwehren, oder allenfalls gleiche Abenteuer oder Wunde ausstehen sollte. Vergl. *sächs. Weichb.* Art. LXXIX, LXXX und LXXXI samt Glossen. *Eine kampfbare Wunde* besserte man in Gelde mit dem halben Wergelt, d.i. mit 12 alten Schocken oder 9 Pfunden. (*Halt.* aus dem görlitz. Stadtr. und Leipz. Schöppenurt.) s. *fridbreche Wunde*, *Fleischwunde*, *Ferchwunde* u. *Körwunde*.

Käsfresser

oder *Scheitla*,

werden die Deutschen von den Ungaren genennet. (*Turnmayer.*)

Käsjagd,

×

nennen die Freybeuter das Rauben und Plündern. (*Besold.*)

kafeln,

(Schweiz.) eckelhaft zerkifern und benagen. An einem Beine *kafeln*. It. eine Wunde ungeschickt behandeln. Daher pfleget man ungeschickte Wundärzte *Kafler* zu nennen, welche Ehre zuweilen auch jungen und unerfahrenen Zergliderungskünstlern [Anatomen] widerfährt. It. schinden. Daher ist das Wort *Cavillerey* für *Kaflerey* oder Schinderrecht entstanden. s. *Abdeckerey*. *Kafeln* ist von *Kif;* Altengl. **Chaww**, Kifer, oder von dem AS. *Käfl*, **rostrum** [Schnabel, Schnauze].

Kaffee *giessen,*

✱

ist eine abergläubische Erfindung der Holländerinnen, ein Köppchen [Tässchen] mit Kaffee anzugiessen, und, wenn dasselbige geläret und darein gehauchet worden, aus denen an den Wänden und am Boden des Köppgens entstehenden Figuren allerley seltsame Dinge wahrzusagen.

Kahlfink,

✕

Lumpenkerl, Schurk, der ohne Diebsfleiß Hungers stürbe.

Kajütengäste,

✕

nennet man auf einem Schiffe den Kaufmann, Unterkaufmann, Buchhalter, Schiffer, Obersteuermann, Haubtmann über die Soldaten, Siechentröster, Oberwundarzt, und zuweilen auch, wenn es der Raum erlaubt, die Untersteuerleute und den Hochbootsmann. Dise werden mit zinnernem Geschirre und Handzwehlen [Handtüchern] bedienet.

Kakmumme,

✕

Schreckmänngen, vermummtes Antlitz, Popanz; **terriculamentum.** *J.L.Fr.* hat darfür *Kakemume.*

Kalbhirsch;

✱✕

mosehelaphus, ein Alptier, das zuweilen in der Schweiz von einem Hirsche und einer Kuh gezeuget wird, und vorn einem Kalbe, hinten aber einem Hirsche gleich sieht. (*Wagn.* **H. N. Helv. p. 188.**)

Kalinikenbeere,

(mit dem Langlaute auf der zweyten Sylbe,) oder, wie es *Herr J.L. Frisch* hat, *Kalinkenbeere,* seyn ein kirschenähnliches Gewächse, dessen Beere sich in dem Sommer rot, und in dem Herbste schwarz färben; **diospyros, diospyron [Dios' Flamme, Zeusflamme], flamma Iovis**, d.i. *Gottesflamme.* (*Kohl.* Hausb. T. I B. XII 59.)

Kalle,

(der,) Klöppel einer Klocke; **malleus campanae** [Glockenschwengel]. Sie namen *die Kallen* aus allen Klocken, zerbrachen *das Zeit,* (die Uhr,) und hatten im Mut den Turn und die ganze Kirche zu entdecken. (*J.H.Tsch.* Blts. 410.)

Kalle,

(dü,) Singvogel, und sonderlich die Nachtigall. Von *gellen,* **canere** [singen].

Man siht uf dem zwie (Zweige)
bollen (Knospen) die sich went
(wollen) uf tuon
Dar in setzet sich dur ruon (zu ruhen)
nahtegal dü vrie
Geeret [geehrt] si *dü kalle* fin
dü des zwies huete
Jemer muos si selig sin
dü da zuo den vogellin
setzet min gemuete.

(*Minnes. I* 189 a.)

kalt legen

✱×

Jemands Anteil, heißt bey den Salzwerken, Einem das Recht und die Freyheit des Salzsiedens sperren oder benemen. (*Bauß,* T. III Blts. 153.)

Kameelschaf;

✱

Ilama, eine Art Lastschafe von sonderbarer Grösse und Stärke, mit erhabenem Kopf und Halse, wie die Kameele. Solche findet man nur in den amerikanischen Reichen Peru und Chili, und zwar von Zwo Gattungen, die Eine mit Wolle, die andere mit Haren versehen. Sie dauern alle Kälte aus, da sie hingegen in der Hitze leichtlich hinfallen und umkommen. Auch kosten sie wenig zu fütern, und werden zu disem Ende nur auf die Weide getrieben. Darfür ernähren und kleiden sich die Eigentümer von diser Tiere Milch, Fleisch, Haren und Wolle. Insonderheit dienen sie Denselben anstatt des Lastviehes, vornemlich aber die harichten Kameelschafe, deren Eines Zween Zentner oder mehr zu tragen, und eine Reise von 150 Meilen über die wildesten Gebirge auszuhalten vermag, in welchem Falle aber man ihnen die Last um einen Drittel oder um die Hälfte zu erleichtern pfleget. (*Holländ. Plinius.*)

Kammen,

eine Gattung so enger Fischnetze, daß dardurch die Fischwaiden verödet werden; derowegen sie in den brandenburgischen Fischerordnungen verboten seyn. (*J.L.Fr.*)

Kanab,

Chanab, Ganab. (Kelt.) Hanf. (***Greg. Rostren.***) Lat. **cannabis.** Gr. χανναβισ [kannabis]. AS. *Hänep.* Engl. ***Hemp.*** Dän. und Holl. *Kennep.* Schwed. *Hampa.* Span. ***Cannamon.*** s. *Gwarh.*

Kanineninseln,

✱×

kleine Inseln bey Korsika, wegen der vielen darauf befindlichen Kaninen allso genannt; **Cuniculariae.** (*Plinius.*)

Kanzler

Dreyer Könige und **Kämmerer** *der Eilftausend Jungfrauen,* der Kurfürst von Köln, wo die 3 Könige aus Morgenland begraben ligen, und die Eilftausend Jungfrauen um des christlichen Glaubens willen hingerichtet worden, wie von den römischen Schriftstellern vorgegeben wird.

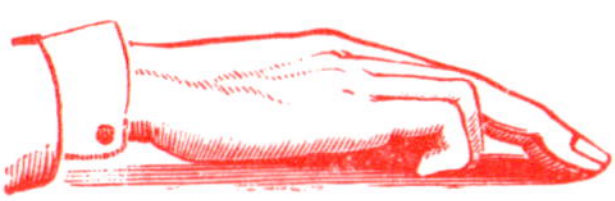

Kappenzipfel,

nennet man in einigen Städten ein Gäßchen ohne Ausgang; ***Cul de Sac.***

Kapphahngüter,

×

heissen in Türingen und den benachbarten Gegenden gewisse Bauernlehngüter, die nur auf männliche Erben fallen, und wovon jährlich eine Anzahl Kappaunen an den Lehnherrn gelifert wird. (*Buri* erläut. Lehnr. IV Forts. Blatts. 982.)

Karkassen,

✳

Carcasses, seyn längliche Brandkugeln, welche mit Handgranaten, Pistolläuften, bleyernen Kugeln und anderm Feuerkugelzeuge gefüllet, mit eisernen Reifen und Stricken gebunden, und getauft werden. Sie haben viele Schläge, und tun grossen Schaden. Gleichwol hält man nicht viel mehr darauf, seitdem man die Bomben und glüenden Kugeln eben so gut, wo nicht besser befunden. Ihren Namen haben sie von der Stadt Karkassone, wo sie von einem Spanier erfunden worden. (*Jabl.*)

Karl,

der Fette, war der erste deutsche Keiser, der die christliche Jahrzahl in seine Briefe gesetzet, worinnen ihm alle seine Nachfahren im Reiche gefolget, anstatt daß [wogegen] sich die vorigen Keiser mit Bemerkung der römischen Zinszahl [Angabe des Jahres im jeweils fünfzehnjährigen Indiktionszyklus] und der Jahre ihres Reiches begnügten. (***Io. Gryphiander*** **de Colossis Ruland. C. XXXIII** § **15** aus ***Nic. Vignierii*** **Chron. Burgund ad** a. **885.**)

Karle,

(der,) Kern in einer Schale oder Hülse. *Der Karle* einer Nuß; **nucleus.** *Der Karle* oder der Stein einer Weinbeere; **vinaceus.** It. der Kern oder das Mark einer jeden Pflanze. Des Lauches Kern oder *Karle*, Knoblauchzehen; **bulbus** s. **nucleus allii.** (**Nomencl.** ***Iun.***) s. *Pitte.* Beide Wörter *Karle* und *Pitte* gebrauchten ehmals nur die Niderdeutschen.

Karlkat,

✕

(AS.) Kater; **catus masculus.** (*Som.*)

Karls Weg bey Lochstätt,

der nach dem Wurster- und Hadelerlande gehet, ist von Keiser Karl, dem Grossen, durch einen sumpfichten Ort zuerst geführt worden. (*Kelpens* Gloss. **Chauc.**)

Karn,

heißt der viereckichte Kasten auf dem Laufbrette einer Buchdruckerpresse, in welchem sich eine breite messingene Grundplatte befindet, worauf die mit Schrift zusammengesetzte Form gelegt wird. s. *Laufbrett.*

karnüffeln,

✕

(NS.) stossen, brügeln. *Enen deget dörkarmüffeln,* Einen derb abbrügeln; **probe aliquem contusum** & **depexum dare.** (*Richey.*)

Karte

aus deiner Hand, willt du gewinnen; (Sprüchw.) Sieh in dein eigen Spiel. Sieh in deine Küche. Lerne dich kennen. **Nosce te ipsum.** (*Seb. Frank.*)

Karz,

(der,) heißt in Schwaben eine Gesellschaft meistens junger Leute, die im Winter nach dem Nachtessen mit ihrer Arbeit zuweilen auch müssig auf ein Gespräche oder andere Kurzweile zusammenkommen. *Zu einer Dirne fleissig zu Karz* oder *in Karz gehen*. s. *Liechtete.*

Kaspelstand,

d.i. Kirchspielstand; **conventus parochialis**, Versammlung der Pfarrgenossen, welche in Pomern mit Bewilligung der geistl. und weltl. Obrigkeit angestellt wird, wenn man die nötigen Gelder zu Erbauung und Erhaltung der Kirchen und Pfarrhäuser ausfündig machen muß. (***Besold.* contin.**)

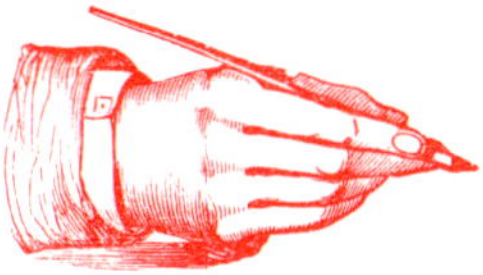

Kastran,

×

Kapphahn. Die Leute essen zuo besundern zeiten im iar besunder essen, als im winter ochsenflaisch vnd küeflaisch, vnd im summer kalbflaisch vnd *kastran*. (**Probl.** ***Arist.***)

Katzbalg,

(der,) katzenmässiges Gezänke, kleiner Krieg. *Im Katzbalge ligen*, sich mit einander wie die Katzen herumreissen. (*Mathes.*) s. *Balg*, **bellum, rixa** [Krieg, Rauferei].

Katze;

*

Empenelle, ein kleiner Anker, welchen man vor dem grossen Anker wirft, damit das Schiff dem Winde desto besser widerstehe. (*Jabl.*) *Den Anker hinter die Katze setzen,* d.i. die See aufgeben, und sich mit seinem erworbenen Gute ruhig setzen. (*Halma.*)

Katze,

wird der Gürtel genennt, worinnen die Reisenden ihr Geld führen. (*J.L.Fr.*)

Katze,

ist in der Wapenkunde [Heraldik] das Sinnbild der Freyheit. Darum führten auch die Burgunder *eine Katze* in ihren Pannern, zum Zeichen, daß aller Drang und Zwang und Schein der Knechtschaft ihnen unerträglich wäre. (***Bailey.***)

die Katze *Einem an die Beine werfen;*

*

d.i. die Schuld eines begangenen Fehlers auf Jemand werfen.

die Katze *über den Käs lassen;*

*

sagt man von einer Jungfer, die ihrem Liebhaber die letste Gunst verwilligt.

Katzendrecklein,

ein sonderbares Essen von gebackenen Mandeln und Zibeben [getrockneten Weinbeeren].

Katzenkinder *mausen gern;*

d.i. Art läßt nicht von Art. (*Waldis.*)

Katzenluchs,

✱

eine Gattung edler Luchse, die sich meistens in hohen Felsengebirgen aufhalten, und einen waichen, lichtgelben Balg mit roten Flecken und einen weissen Bauch haben, darbey auch kurz, dick und nidriger von Leibe, als andere Luchse seyn. (*Flemm.* deut. Jäg. T. I Blts. 109 b.) s. *Katzenwolf.*

Katzenrennen,

✕

geschieht in Dänemark auf der Insel Amack von den holländischen Bauern in Gegenwart des Hofes. Eine Tonne, worein man eine Katze geschlagen, wird als ein Ring aufgehängt; Hierauf reiten die Bauern in vollem Laufe unter der Tonne weg, und suchen mit einer Stange der Tonne den Boden aufzustossen. (*Florins* adel. Hausv. B. I Blts. 63.)

Katzenritter,

Mietkämpfer, die sich ehmals um den Lohn zu dem Kämpfen gebrauchen liessen; **actores arenae, campiones mercenarii** [Arenaschausteller, bezahlte Kämpfer]. (*Sachsenr.* B. I 37 in der Gl.)

Käufler,

heißt zu Basel der Gantmeister; **auctionarius** [Auktionator].

Käuflerinn,

heißt eben daselbst eine Frau, die allerley Waare, welche man nicht gerne an eine öffentliche Gant [Auktion] schlägt, zum Verkaufe in die Häuser bringt.

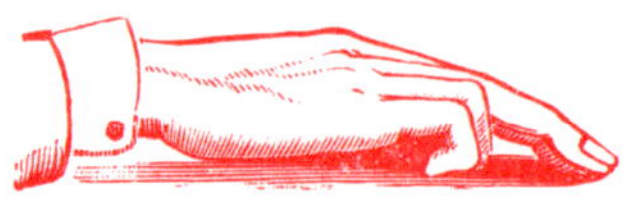

Kauz *und* Krähe,

✱✕

(Sprüchw.) **Aliud noctua sonat, aliud cornix** [mal erschallt das Käuzchen, mal der Rabe]: Wird gesagt von Leuten, die im Reden, Tun und Lassen nicht zusammenstimmen.

Kebsmann,

Köbsmann, Buhler einer Ehfrauen. Die edeln weiber in Littaw haben offenlich buolen oder *köbsmann* mit verhengnus irer nemann. (*Koburg. Chron.* Bl. 278 b.)

Kederlein,

✕

Saum oder Belege an einem Kleide; **ornamentum limbi** [Bordürenschmuck]. Die Weiber der Gnidanen in Afrika haben viel peltzene bräm oder vmleg vmb jre kleider, darum daß sie von einem jeden Mann, damit sie zu schaffen gehabt, *ein kederlein* von pelz vmb jr kleid zu lon begert, vnd je mer sie bräm hat, je mer bedunckt sie sich zu seyn, als die von vielen männern geliebt vnd geert sey. (*Seb. Frank.* Chr.)

Keisershimmel,

×

folget und bleibet dem Erbmarschalke von Pappenheim, wenn der Keiser in einer Reichsstadt unter dem Himmel seinen Eintritt hält, es wolle sich denn Bürgermeister und Rat mit ihm darum vergleichen. (*Estors* kl. Schr. B. I S. 195.)

Kellerhahn,

×

ein gewisser unreiner Vogel. Habicht, Fischaar, Teucher, Weih, Geyer, Raben, Strauß, Eule, Guckuck, Heher, Widhop, Schwalbe, *Kellerhan*, Elster, Dohlen, sind wilde, wüste, grimmige, vergifte, zornige, reuberische, vnzüchtige [unzüchtige], vnfletige, zenckische, blutdürstige Vögel. (*Mathes.* Leichpr. Bl. 63 a.) Diser *Kellerhahn* scheinet die Fleder- oder Speckmaus zu seyn.

Kellerhals,

*

Ausladung eines Kellers gegen der Strasse, oder die Dachung über den Eingang der Kellertreppe von ausserher. Es soll niemand ainichen *Kellerhals* gegen gemainer Strassen verrer [weiter] dann sein Erb oder aigen reicht zu pawen [bauen] macht haben. (*Nürnb. Ref.*)

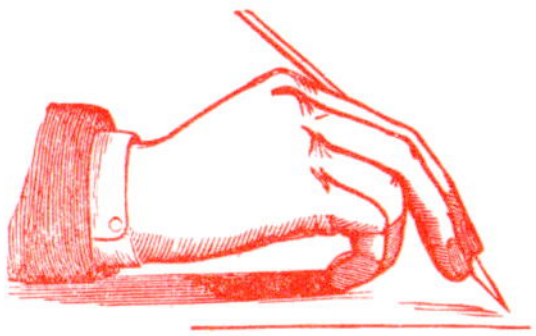

Kellerratze;

×

Franz. ***Rat de Cave***, heißt zu Paris ein Kerl, der in allen Weinhäusern umherschleicht, um zu sehen, ob man von allem Getränke, das verschenket wird, dem König die schuldigen Abgaben bezahle. In Deutschland nennt man dergleichen Bursche *Kommißnickel* oder *Leisetreter*.

kentern,

*

retrofluere [in die umgekehrte Richtung fließen], sagt man in den Seestädten von einem Strome, der bey der hohen Flut der See von seinem Auslaufe zurücktritt, wie auch von der Seeflut selbsten, wenn sie sich wendet und abfällt. Denn eigentlich heißt *kentern* bey den Niderdeutschen *sich umkehren, sich umdrehen*, **retroagi, ruere retro.**

Kerbholz,

ist auf Bergwerken ein kleines viereckichtes Stückchen Holz mit dem darauf gezeichneten oder gebrannten Namen des Bergmeisters, welcher dasselbige den Bergarbeitern oder Andern, die seiner Gerichtsbarkeit unterworfen seyn, in das Haus zu schicken pflegt, wenn sie vor dem Bergamte erscheinen sollen. Solches heißt *die Vorladung durch das Kerbholz*. (*Bauß.*)

Kerder,

×

(der,) Fleischmarkt. (*J.L.Fr.* aus einem **Vocab.** von 1482.)

kerlen,

×

einen Kerl oder Mann nemen. s. *körlian.*

Kern,

✳×

ist bey den Jägern so viel als braver Kerl, wenn sie den Leithund anreden. Wenn sie auf die Fährte ziehen, schreyen sie demselbigen zu: *Kern herzu, Kern herzu*, wollst dem edeln Hirsche heut Laids tun. (*Meur.* Jagd- und Forstr. Bl. 72 b und 73 b.) s. *Mann.*

bey der Kerze *verkaufen;*

vendere ad candelam, geschieht an manchen Orten bey Verkaufung der Güter, Verleihung der Zehnden, und andern Ganten [Auktionen], da man ein klein brennend Stümpchen Kerze aufsteckt, und, ehe es verlischt, das letste Gebot tun muß.

Kerzendieb,

✳×

Lichtmücke; **hepiolus, pyrallis [Lichtmotte, Feuerfliege].**

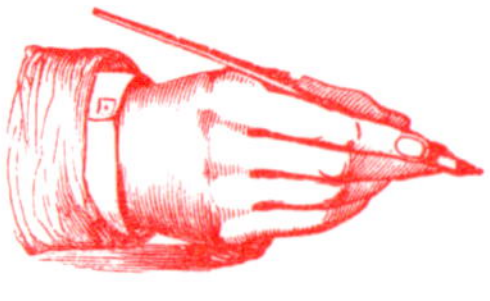

Kesselbier,

✳

Bier, das heimlich und mit Unterschlagung der Steuer gebrauet wird; **cerevisia in privatis aedibus atque in fraudem fisci coacta** (*Spate.*)

Kesselhuet,

wird **Nicolaus de pileis**, der zu Anfange des XIV Jahrhunderts Bischoff zu Verden gewesen, in der alten deutschen Bremerchronik genennet. (*Spangenb.* Verd. Chr.)

keyen,

hindern, irren, verdriessen. It. mit Steinen werfen. Ist ein Pöbelwort der Oberländer von *Key;* **scrupulus** [Verdruss, spitzes Steinchen].

Kielkropf,

Wechselbalg, **infans subditus** [untergeschobenes Kind]: Ein solches Kind soll, wie die abergläubischen Leute in Sachsen reden, von dem Teufel unterschoben seyn. Von disem dörichten Wahne war auch *Doktor Luter* eingenommen.

kifeln,

zänkeln, hadern, keifen. (*Schod.*)

Kifelzähne,

Schneidzähne; **tomici dentes.** (*Mahl.*)

Kindbeiß,

×

(der,) Laus. (*Megenb.*) s. *Füßling, Lenzwürmlein.*

Kinderfresser,

war bey den Heiden ein Zuname der ersten Christen, weil man von ihnen vorgab, daß sie in ihren Versammlungen Kinder abschlachteten und verzehrten; **infantarii.** (*Tertullian.*)

Kindschaft,

eine Anzahl oder Schar Kinder. In der Statt Antorf befinden sich vielmehr Weibspersonen dann Menner, vnd darnach sehr viel Geistliche samt einer grossen *Kindschaft*, so daß kaum 15000 wehrhafter Menner von 18 bis in 60 jaren übrig bleiben. (*Federmann* Blts. 131.)

Kindsdichter,

×

Kindstiechter, (der,) Urenkel; **pronepos.** (*Dasyp.*) s. *Dichter.*

kindsgroß,

schwanger; utero gravis. (*Fries.*)

Kindspech;

✳

meconium; ein schwarzer Zäher und ziemlich dicker Schleim, womit der Magen und das Gedärme der Kinder gleich nach der Geburt angefüllt seyn.

Kirchen-freyheitsbeschirmer,

×

ist ein Ehrenname, womit die Eidsgenossen nebst einem kostbaren Panner, Freyheitshute und Schwerte von Papst Julius II für die grosse ihm geleistete Hülfe begabet worden.

Kirchenschlüssel,

✳

die Gewalt der Kirche zu binden und zu lösen; **claves ecclesiae, potestas ligandi & solvendi.**

Kirchenschlüssel,

werden im Scherze Heuchler und alte Weibchen genennt, welche zwar fleissig in der Kirche stecken, aber wenig daraus erholen.

Kitzeler;

clitoris.

Klackgänse,

✳×

Rotgänse oder sogenannte Baumenten an den schottischen Küsten, von welchen man lange geglaubet, daß sie aus faulem Holze erzeugt werden. (*Deut. Lyk.* Blts. 33.)

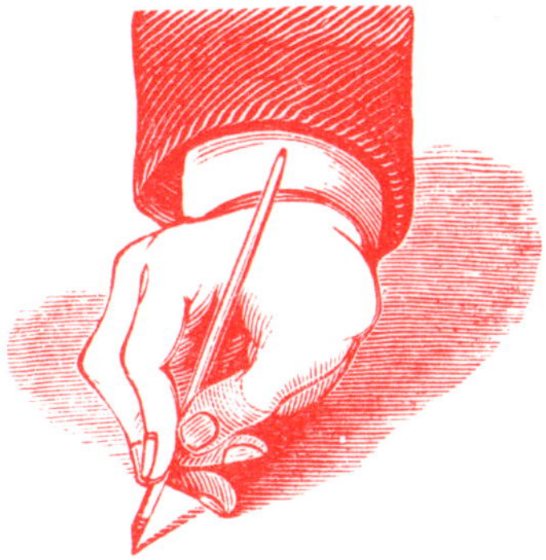

Kladde,

✳

Klädde, Sudelpapyr, oder ein Papyr, worauf man einen Gedanken oder einen Handriß entworfen.

Kladde,

✱

Klädde, Kläddbuch, Klitterbuch eines Kaufmanns oder Hauswirtes, da Junge, Diener, Herr und Frau Alles hineinklittern, was in der Handlung oder Wirtschaft vorgehet. It. das Kleckbuch eines Gelehrten, darinnen er Alles einträgt, was ihm Sonderbares einfällt oder Merkwürdiges vorkömmt; **adversaria, tabellae tumultuaria opera perscriptae** [Konzeptbuch, Notizbücher, welche eilig zusammengeraffte Werke versammeln]. (*Kilian* und *J.L.Fr.*)

Kladder,

✱

Klädder, Handwerksverderber, der unter dem Preise arbeitet oder verkauft.

Kladdschilderer,

✱ ×

Flachmaler, Farbenklecker; **rhyparographus, pictor ineptus** [Dreckmaler, unfähiger Maler]. (*Kilian.*)

Kläpfer,

×

eine Gattung sehr dünnes Brot, wie Pergament, deren man Zehn an eine Nadel zu stecken pflegt. Sie werden in dem Sibentale und bey den Nachbaren des Walliserlandes gebacken. (*Plattners* Leb. Msc.)

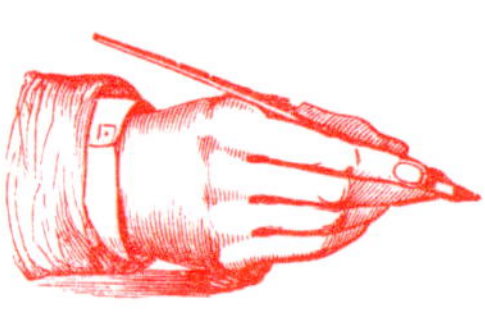

Kläppner,

×

Storch. (*J.L.Fr.*)

klampfen,

anhäften, anhäkeln; **harpagare, harpagine apprehendere, unco detinere, fibulare, affigere, prehendere** [haken, mit dem Haken ergreifen, am Widerhaken festhalten, klammern, anheften, ergreifen]. Er tett sine widersecher mit schwencken vnd schimpffierlichen worten rupffen, rüeren vnd klampffen. (*Etterl.*) It. zusammenhäften, zusammenbinden und klammern; **compaginare, conjungere** [heften, verbinden]. (*Kilian.*)

Klang,

×

(Oesterr.) für *Klobe,* womit das kleine Wild gefangen wird. – Soll Niemand sich unterfangen, bey den Heuschobern, Städeln, Scheunen und Gärten Schlingen, Mäschen und *Klang* zu legen. (*Oesterr. Jägerord.* § 14.) *Klingen* hat bey den Alten die Bedeutung des Kliebens oder Spaltens. Daher nannten sie *Klinge* eine enge und tiefe Strecke, es sey zu Lande oder zu Wasser: Und eben dise Bedeutung findet sich in *Klang,* **ames, pertica aucupatoria, decipula** [Stellgabel (für Vogelnetze), langer, zum Vogelfang geeigneter Stock, Falle].

Klapperschlange

✱

oder ✱ *Klockenschlange,* eine Gattung amerikanischer Schlangen, an deren Schwanze einige Beinlein [Knöchelchen] los beysammensitzen, die, wenn sie sich bewegen, ein Geklapper verursachen. In Südamerika werden sie *Schlangenkönige* genennet.

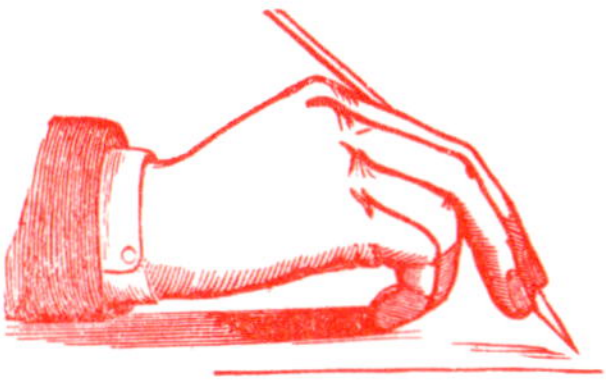

Klapperschlangenkraut;

✳

polygala virginiana [virginische Vielmilch (Klapperschlangenwurzel)]. Eine Pflanze, deren Wurzel gestossen oder gekäut ein unfehlbares Mittel wider den Giftbiß der Klapperschlangen ist, und die an allen Orten, wo sich dieselbigen aufhalten, gefunden wird. (*Gesch. der franz. Pflanzst. in Nordamer.*)

Klappstock,

✕

Kalenderstock, worauf die Feyertage, Witterungen und Mondswechsel eingeschnidten oder sonst gezeichnet seyn, dergleichen die Nordländer und auch anderswo ungestudirte Landleute im Gebrauche haben; **baculus calendarius.**

Klatsch,

heißt ein geringes Stadtbier zu Jena, welchem die Studenten das Landbier, *Dorfteufel* genannt, weit vorzuziehen pflegen. (*Brückmann.*)

Kleblappen;

✕

NS. *Klevelappen*; **adstructiones ligneae** [hölzerne Anbauten], hölzerne Buden und dergleichen, die an grössere Gebäude angefügt, und gleichsam wie Lappen daran geklebt werden. (*Richey.*)

Kleider *machen Leute, und Lumpen machen Läuse*;

(Sprüchw.) *Das Kleid* ziert den Mann; Wer es hat, der zieht es an; **Vestis facit virum.**

Klein- *und* Großbürger,

✳ ✕

eine Gattung weisser Trauben in der Schweiz. (*Sachs.* **Ampelogr. p. 104.**)

Kleinbrötler,

✳

der Semmelringe, Semmelbrötlein, und dergl. kleine Beckerwaare feil hat; **crustularius.** (*Mahl.*)

Klicker,

Halbschuhe, Pantöffelchen; **crepidae, crepidula.** (*Kil.*)

Klingler,

✳ ✕

eine vortreffliche Gattung roter Aepfel, die ihren Namen daher haben, weil ihre Kerne, nachdem dieselbigen eine Zeit lang auf dem Lager gelegen und geschüttelt werden, in dem Kerngehäuse gleichsam klingeln. s. *Gülding.*

Klinkerkost,

nimmt *Leibnitz* und *Kelpe* in **Glossar. Chauc.** für eine geringe Speise, die nur für starke Leute diene, da es doch eine leichte Speise ist, die nicht so bald überlädt und sättigt. (*Richey* **Idiot. Hamb.**)

klippen,

✱

klippeln, mit Klippeln verfertigen, wie Spitzen, Borten, Schnüre, und dergl. Da gehet vil auff macherlon, wenn man hauben, gepreme vnd borden *knippen,* (zähneln, einschneideln,) *klecken,* (gitterricht machen,) vnd *klippen* soll. (*Mathes.* Hochzeitpr. Bl. 28 b.) s. *ausgehaben Gebräme.*

Klöpfer,

✱

ein Hengst, der durch Klopfen gewallachet worden. (*Kohl.* Hausb. T. I B. X 58.) Sonst heißt es *Klopfhengst.*

Klosterfräulein,

Bachstelze, **motacilla**: von ihrer weissen und schwarzen Farbe allso genannt. (*Geßner.*)

Klotzbüchse,

schwäres Geschütze, Kanone. (Anm. zu *Königsh.* S. 1010.)

klug,

wunderlich gemacht, seltsam, abenteuerlich gestaltet; **mirificus, monstrosus, insolens.** *Kluege huete* nennet *Ottokar,* Blts. 183 b, die seltsamen Spitzhüte, die man ehmals in Kärnten getragen. s. *Fürstenstein.*

kluge Frau,

✱

Wahrsagerinn, Segensprecherinn; **divinatrix, sortilega, maga.** *Zur klugen Frauen gehen,* **Sibyllam consulere.** (*Spate* u. *Karpz.* **Iurispr. for. RS.**)

den Klumpen *brechen,*

✱ ×

heißt in der Sprache der Seefahrer, seinen Teil von der Ladung eines Schiffes herausholen. Engl. ***to break bulk.***

Kneip,

✱

(der;) NS. *Kneep,* das Pfetzen mit Nägeln, Klauen oder Zangen. Blaue Mäler am Leibe, wie von Hexenkneipen. Der Vergifter hat an Zweyen Orten der Stadt jedesmal Zween *Kneipe* mit glühender Zange ausgestanden.

Kneip,

✱

schlauer Handgriff. Er verstehet *den Kneip;* Er weiß den rechten *Kneip,* d.i. die rechten Schliche.

knippäugeln,

×

kleine Augen machen, liebäugeln; **limis v. lubricis adspicere v. subridere ocellis** [mit schiefen oder verführerischen Augen anblicken oder zulächeln].

Knittergeld,

✱ ×

alte Blechmünzen, die sich leicht knitterten und zerstückten.

Knochenwurf:

×

Unter den grösten und vornemsten Helden des nördlichen Germaniens trug es sich öfters zu, daß sie nach den feyerlichsten Mahlzeiten in der Füllerey und Trunkenheit einander die abgenagten Pferds- und Rinderknochen so kräftig an die Köpfe schmissen, daß immer Einige Derselben darmit erschlagen wurden. Dise Kurzweile nennten sie *Hnutukast,* d.i. Knochenwurf oder den Wurf knorrichter Beiner, **ossium nodosorum jactum.** (***Saxo Gramm.* p.m. 30 & *Stephan.* in h.l.**)

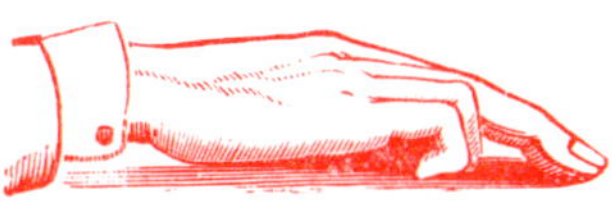

Knödeln,

✱

nennet man an einigen Orten die Hutzeln, oder das gedörrte und sonderlich das wilde Kernobst. (*Jabl.*) s. *Knoten.*

knötschen,

grobes Zeug waschen und schlagen. AS. *knysan,* knütschen, klopfen, schlagen.

Knoper,

✱

(der,) ist ein gewisses Gewächse, welches in Ungarn an den Eichen gefunden wird. Wo dasselbige zu haben ist, pflegen die Gärber das Sol- oder Pfundleder im dritten oder letsten Satze darmit zu überstreuen, welche Arbeit sie *knopern* nennen.

Knopfregal

oder *Apfelregal,*

✱×

nennen die Orgelmacher ein gewisses Regal, das Acht Fuß Ton hat, und wie ein Apfel auf dem Stiele stehet. (*Jabl.*)

Knubel,

(der,) Hügel; **collis.** (Haslerw.)

Knubel,

(der,) heißt in der Schweiz auch ein Rind, das um den Hals oder etwann sonst einen unschädlichen Knorren hat.

Knüsel,

(der,) Pfnüsel; **rheumatismus.** (*Cholin* und *Fries.*)

Knust,

×

(der,) dicker runder Zierat von Bändern, Flore, und dergleichen, den man vordisem auf den Hüten trug, und der sich noch an den Herrenhüten an der Schnur befindet. Franz. ***Cocarde.*** (Richey)

Knut,

×

Knoet, heißt in Holland ein plumper westfälischer Bauer. (*Halma.*)

Knuts Gilde,

×

ist eine Gesellschaft, welche im XI Jahrhundert zu Malmö in Westgotland zum Angedenken des heiligen Königs Knuts IV gestiftet worden. Sie hat besondere Ordnung und Gebräuche, und nimmt beiderley Geschlechter zu

Mitglidern auf, unter welchen Könige, Fürsten und andere hohe Standespersonen sich eine Ehre daraus machen, Knutsbrüder zu seyn. (*Büschings* Erdbeschr. T. I S. 521.)

Kobbe,

Koppe, Henne; **gallina.** (*Kilian.*)

Kobel,

(der,) Bergmännchen; von dem Böhm. *Kow*, Metall. So wird auch der Teufel genannt. Das Minderw. darvon ist bey den Alten *Kobelin*, woraus das Deutschlat. **Gobelinus** von gleicher Bedeutung entstanden. s. Gobylin.

des Königs Brot *essen,*

✱ ×

im Gefängniß oder auf der Galeere sitzen.

Königsnägelchen;

✱ ×

caryophylli regii [königliche Nelkenartige], eine kleine Gattung der Gewürznägelgen, die mit ihren Sechs oder Acht Zäckgen eine kleine Krone vorstellen, übrigens aber von den andern Nägelgen an Farbe, Geruch und Kraft nicht unterschieden seyn. Wegen ihrer Seltenheit werden sie nur in Schatzzimmer gesammelt, und von den Indianern als ein Schmuck an Hals und Armen getragen. (*Jabl.*)

Königsrebe

oder *Rebenköniginn;*

✱ ×

vitis basilica, vitium regina. Man nennet sie allso wegen des herrlichen Weins und der Mänge Trauben, die sie hervorbringt. Sie wächst reichlich in dem Königreiche Granada, und soll, wie Einige darfürhalten, eben diejenige seyn, die sonst ***Piquardent*** oder ***Muscat de Languedoc*** genennet wird. (*Sachs.* **Ampelogr. p. 58.**)

Königsübel,

Kropf; **struma.** Engl. ***the Kings-evil:*** Wird allso genennet, weil die Könige von Frankreich und Engelland denselbigen mit Berührung ihrer Hand heilen sollen.

körbeln,

(Schweiz.) sich brechen; **vomere.**

Körperzahl;

✱

numerus solidus, welche Zahl durch die Vervielfältigung Drey anderer Zahlen entstehet. Allso ist 30 *eine korperliche Zahl,* in so weit sie aus der Vervielfältigung der Drey Zahlen 2, 3 und 5 erwächst. Dise Zahlen, woraus sie entstehet, werden *die Seitenzahlen* oder *Seiten* genennet. Seyn solche gleich, so wird eine Würfelzahl daraus erzeuget. (*Mat. Lex.*)

Kött,

(Schwed.) Fleisch; **caro.** *Kötzlig,* fleischlich. Man führet dises Wort darum an, weil das Hochd. *Kützel*, **pruritus** [Jucken], daher entsprungen.

Kog,

(der,) heißt in Schleswig ein von der See angespültes und allmälig erhöchtes, endlich mit Dämmen eingefaßtes und angebautes Stück Landes. (*Hrn Hansen* Statsbeschr. des Herzogt. Schlesw.) Mehrere Stücke Landes diser Art werden *Köge* genennet. Eben daher mag *die Kogengasse* zu Königsberg in der Altstadt, und *das Kogenquartier* zu Danzig den Namen haben.

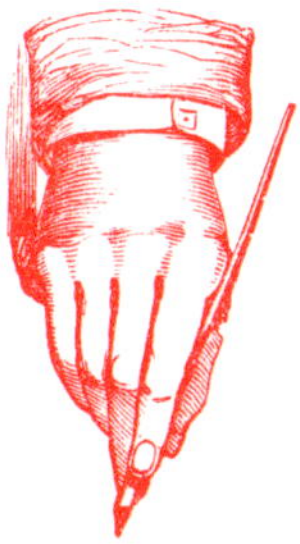

Kolenberg,

eine Höhe in der grössern Stadt Basel, da sich jederzeit des Scharfrichters Gesinde aufgehalten. Auf den ledigen alemannischen Laut des Namens hin gibt man vor, daß der Berg den Namen von den Kohlen her habe, da er doch vielmehr nach der Weise der Alten wegen des Scharfrichters *der Kalenberg*, **mons Calvariae [Schädelberg]**, genennet worden. s. *Chaloberg.*

Kompuß

oder *Kompost,*

×

(der,) sauer eingemachtes Kraut oder Obst. It. ein Gemänge von verschiedenen Speisen oder anderen Dingen. Von dem Franz. ***Compôte.***

Konter,

(das,) etwas Widrisches; **contradictorium quid.** Er wil ein wildes *Konther*, Geistlich und Weltlich mit einander, seyn. (*Turnm.* Bl. 397 b.)

Korritzen,

×

nachenförmige Holzschuhe der Norweger und Finnen, womit [sie] sich über die gefährlichsten Schneeberge wagen. Isländ. *Skydi* oder *Andrur.*

Korutzen,

×

nennet man in Ungarn die aus Landskindern bestehende Reiterey. (*Feesch.*) s. *Tolpatschen.*

Kosel,

×

✱ *Kösel,* (der,) Wirbel- oder Kräuseltopf; **turbo, trochus** [Kreisel, Reifen]. (*Kil.* und *ten Kate.*) *Herr J.L. Frisch* hat dargegen *Kiesel.* Besser aber *Küsel.*

koseln,

×

köseln, den Wirbeltopf treiben, mit Schnellkügelchen spielen, oder sonst Pößchen treiben und schwatzen; **ludere turbine, globulis, nucibus.** It. **fabulari.**

Krachgut,

*×

nennet man das Porzellan, welches spältig, splittericht, entpart, mank oder nicht dutzetgerecht ist.

krächeln,

×

saufen und schwelgen; **heluari, ingurgitare merum** [üppig leben, unvermischten Wein saufen]. (*Ulner.*)

Krämpel,

(der,) schädlicher Aufkauf um höher zu verkaufen. *Krämpeln,* Kauf zum Wucher treiben. In schweizerischen Schriften hat dis Wort mehrenteils einen hässigen Verstand. s. *erkrämpeln*, und den Vertrag des Landes Appenzell mit der Stadt St. Gallen von 1579.

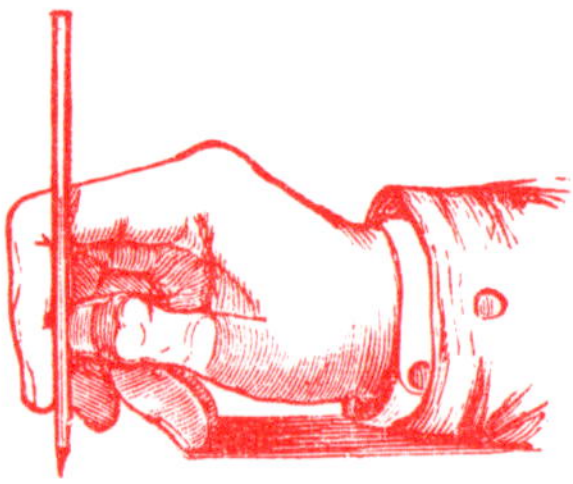

Kram,

×

bey den Wittfrauen [Witwen] etwann so viel, als die Morgengabe bey den Jungfrauen. Wenn der Mann seiner Ehfrauen ein Morgengab oder *Kram* verheißt, es wären gleich Jungfrauen oder Wittfrauen, soll ein solche Morgengab in allweg ganz frey seyn, also, wann es zum Fall kompt, daß die Frau den Mann überlebt und sie mit zweyen unverlümbdeten Personen solches erhalten und beweisen mag, soll sie die versprochene Morgengab und *Kram* alsdann vor allen Gälten (Schulden, Gläubigern,) und vor männiglichen frey, ledig, ohne allen Eintrag vordannen nemmen, doch so ferr [nur insofern] daß die Versprechung vor dem Kilchgang geschehen sey. (*Luz. Stadtr.* Tit. I § 1.)

Krampffisch oder *Faulfisch;*

*

torpedo; ein runder platter Seefisch, der die besondere Kraft hat, die Hand, die ihn auch nur mittelbar durch einen Stecken berührt, starrend zu machen, welche Erstarrung aber nicht länger währet, als er lebt. (J.L.Fr., Emmeli und Jabl.) s. *Zitterfisch.*

Kramschatz,

*

ist dasjenige Geld, welches ein Herr seiner Gemahlinn zu ihrer Ergetzlichkeit und allerhand geringen Ausgaben verschreibet, gleichsam etwas daraus zu kramen. Wird sonst Spiel- oder Handgeld genannt. (*Drolling.* **Gloss.**)

Krankenkoch,

*×

nennet man im Scherze sehr wol einen Apoteker, und *Krankenküche* seine Werkstätte oder die Apotek.

Kranrecht;

*

jus geranii, ist das Recht einen Kran aufzurichten, und die vorbeyschiffenden Güter aus den Schiffen heben zu lassen, daß sie ausgelegt, gewogen und gemessen werden, damit man sehe, ob sie im Zolle richtig angegeben worden. Dises Recht ist von der Stappelgerechtigkeit darinnen unterschieden, daß vermöge der letsten die Güter nicht nur ausgeladen und besucht, sondern auch auf der Stelle verkauft, oder wenigstens in andere an dem Ort zu Hause gehörige Schiffe umgeladen werden. (*Jabl.* u. *Oberländ.*)

Kraue

mich, so juck ich dich. (Sprüchw.) **Gratia gratiam parit** [Gnade gebiert Gnade].

kräutern,

✳

Kräuter sammeln, nach Kräutern ausgehen, wie die Kräuterkündigen und Wurzmänner.

Krautmänger,

✳ ×

(Niderd.) ***Droguiste.*** Von *Kraut*, Pulver, Staub, Gewürze, und *Mange*, Händler. s. *Arzneymänger.*

Kreide,

×

nennen die Schweizer eine schöne weisse Kuh.

Kreidengläser,

✳

heissen die kristallhellen Trinkgläser, dergleichen sonderlich zu Chemnitz in Böhmen in der Mänge geschnidten werden.

Kreidenrecht,

✳

Wirtsrechnung, scharfe Zeche. Vber grobe Gest [Gäste] lesset der Wirt *kreidenrecht* gehen für den vnlust [Schaden]. (*Mathes.* Hochzeitpr. Bl. 74 a.)

kreitlich,

×

empfindlich, kitzelicht, reizig; **irritabilis.**

kreteln,

(NS.) zanken, hadern; **rixari, certare.** Darfür sagen die Märker *krekeln.*

Kretsche,

× –

(die,) eine Wein- oder Bierschenke; **caupona.** *Kretscher* oder *Kretschmar,* ein Wein- oder Bierschenke; **caupo [Gastwirt, Kretschmann].** (*J.L.Fr.*) s. *Klippschenke.*

Kreuzehen

oder

✳ *Heuraten ins Kreuz,*

✳ ×

wenn Bruder und Schwester aus Einem Hause Schwester und Bruder aus einem andern Hause gegen einander heuraten. Engl. ***Crossmatches, crossmarriages.***

kreuzflüchtig,

✳ ×

der alles Kreuz und Leiden scheut und fleucht. Der *kreuzflüchtige* Gott vieler Prediger, nämlich der Bauch. (*Seb. Frank.*)

Kreuzfuchs,

✳

eine Gattung fremder und edler Füchse, die einen schwarzen Striemen von dem Kopfe über den Rücken her, deßgleichen auch überzwerch wie ein Kreuz durch beide vordere Füsse haben. (*Geßn.* Tierb. I Bl. 57 b.)

kriegerischer Vormund;

✳ ✕

Curator ad litem, wird denen, die unter 25 Jahren seyn, zugeordnet, ihre Sachen vor Gerichte auszuführen. In Sachsen nennet man allso Diejenigen, welche den Weibern zugegeben werden, sie in und auser Gerichte zu vertreten.

Kriegsfernglas;

✳ ✕

polemoscopium, ein besonderes gebogenes Fernglas, mit welchem man bey Belagerungen oder sonst im Kriege über einen Wall oder aus einem andern verdeckten Orte in das feindliche Lager sehen kan, ohne das Gesichte gerade dorthin zu wenden und seinen Kopf einiger Gefahr auszusetzen. (*Matem. Lex.*)

Kriegswart,

(der,) Grieswärtel oder Kreiswärtel, welcher ehmals in den Turniren zwischen denen, die auf einander rennten, in dem Notfalle seine Stange unterstossen und sie allso scheiden mußte. Auf dem Reichstage zu Augsburg 1530 haben Zwey Geschwader musterlich mit den Spiessen einander getroffen, hernach mit den Schwertern, – bis daß sie die darzu verordneten *Kriegswarten* geschieden, und die Rotten getrennt haben. (*Seb. Fr.* Chron.) s. *Stäbler, Grieswärtel.*

Krieke,

✕

(der,) Pfeifer, Schalmeyenbläser; **tibicen.** *Pfiffe vf krieke.* (Anmerk. zu *Königsh.* Blts. 785.) s. *Krykke.*

krielen,

✕

wimmeln. s. *grielen.*

kröseln,

✳

ein Krös oder einen Faltkragen auf besondern zinnernen Scheiben mit beinernen Griffeln und dünnen Schieberchen von feinem Holze in steife und gleiche Falten richten, welches ein eigener Beruf *der Kröslerinnen* ist.

Kröte *im Halse,*

Geschwulst oder Geschwär im Halse; **angina, tumor uvulae**. Zu dem Wulcken oder zu *der Kröte im Hals,* zu dem Zäpfflin oder sonst Halsgeschwär brauche man ein Pflaster von einem Schwalbennest, Camillenöl vnd süssen Mandeln. (*Sebiz* von dem Feldb. Blts. 78.)

Kröte und *Eidechs,*

eine sprüchwörtliche Redensart, Leute Eines Gelichters oder von einerley Schlage und Schrote darmit anzudeuten. – Sie mögen wol alle wasser an Einer stange tragen; *es ist vast* [ganz deutlich] *krott vnd edechs.* (*Seb. Frank.*)

Krokodilratze;

✱ ×

ichneumon, eine egyptische Ratze [Ratte], welche dem Krokodile, wenn er mit offenem Rachen schläft, in den Leib schleichet, da sie ihm das Eingeweide zernaget, und aus dem Bauche wieder herausbricht, daß das Ungeheuer darüber verrecken muß.

krollicht,

kraus; **crispus.** It. verworren; **intricatus.** Eine *krollichte* Sache, die viel Erlesens kostet. Ein *krullichter* Kerl, d.i. ein seltsamer Kopf, der sich in Niemand schicket, und in den sich auch Niemand schicken kan.

Krotzen,

nennt man in Basel, und sonst in der Schweiz schlechte Leute, die sehr klein und koticht denken, oder die gleichsam aus Kote entsprungen. Von dem Angels. *Hrot*, Wust, Kot.

Krübs,

×

(der,) Wildfang von einem Obstkerne. Im Märzen pflegt man *die Krübse* von guten Aepfeln und Birnen zu versetzen. Da disputiren Etliche, ob zahme oder wilde Stämme daraus wachsen. Ich bin berichtet worden, wenn man *Krübse* bekömmt, so soll man sie darnach dreymal fortsetzen, so sollen sie darnach eben solch Obst bringen, als sein Ursprung gewesen ist. (*Kohl.* Hausb. T. I B. VI 4.) *Kröbs* oder *Krübs* nennet man sonst das Kerngehäuse des Obstes.

Krümmling;

✱

pedibus captus, claudus [gelähmt, hinkend]. Keis. Heinrich II ward von einigen Afterrednern um seines Hinkens willen *ein Krümmling* geheissen. (*Wursteis.* Baslerchr. Blts. 97.)

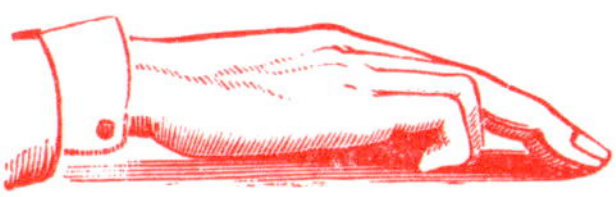

krüpfen,

✱

heissen die Maler, ein Bild ein- oder zusammenziehen und einkürzen. *Strecken* vnd *Krüpfen* ist vil zu brauchen in dem menschlichen leib, vnd *strecken* macht dünn, aber *krüpfen* macht dick. Des nimm bey dem acht: So du ein arm ausstreckst, so ziehen sich die adern an vnd strecken das fleisch in die leng, so wirdet der arm dünner; So du aber den arm zubeugst, so *krüpft sich* das fleisch vber einander vnd wirdet der arm dicker. (*Alb. Dür.*)

Krüssel,

×

(alt Niderd.) Räude, Schorft; **scabies.** *Drooch Krüssel,* feuriger Ansprung oder Schorft; **impetigo.** (*Silvius.*)

krummer Mitwoch,

heisset in *Königshofens.* els. Chr. Blts. 188 der Mitwoch in der Karwoche, und, wie man glaubt, aus der Ursache, weil damals bey den Ratschlägen der Farisäer wider den Heiland Alles krumm zugegangen. (*Haltaus* **Cal. med. aevi** Blts. 81.) s. *Rumpelmette, crume mitkun.*

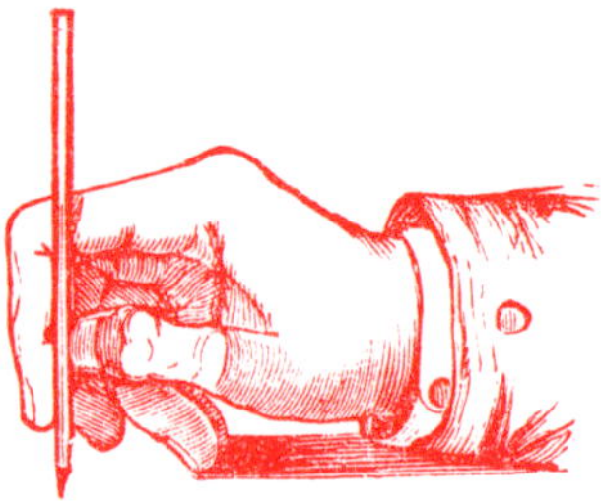

Kruppe,

(die,) Hinterteil an Menschen oder vierfüssigen Tieren. s. *Kropf.*

Küchengeld,

×

heißt auch eine Erkänntlichkeit unter vornemen Ständen. Die von Straßburg redten mit grossem ernst mit denen von Bern, das sie etwas witer gesterkt wurden, vnd *meinten,* (gaben zu verstehen,) das sy woltin jnen daran ze stüre *ein kuchigelt* schenken, das ouch beschach. – – – Die von Straßburg schankten denen von Bern zuo dem Solde an jren kosten ze stüre für *ein kuchigelt* 800 gulden. Das hatt man dennocht von jnen zuo dank, wiewol der zug (Feldzug) die von Bern me dann 8000 gulden kostet. (*Dieb. Schill.* Chr. 198 und 208.)

kürässig,

✳×

kurbeissig, dem nichts gut genug ist, der da nur *menkelet,* wie die Schweizer sagen; **curiosus cibi** [um die Nahrung aufmerksam besorgt]. *Kilian* ***keuselbetig.*** s. *kies.*

Kugelhut,

ein hoher Hut obrigkeitlicher Personen in einigen Orten der Schweiz, ein sogenannter *Baselhut.*

Kunst *ist gut über Feld zu tragen;*

(Sprüchw.) Sie drückt nicht, kostet kein Futer, und fürchtet keine Ränke; **Certissimum viaticum eruditio** [Kunstverstand ist das sicherste Reisegeld.].

Kupferlächse,

✳

nennet man in der Schweiz die Lächse, welche, wenn sie die Höhen eines Laufens oder Reinfalls nicht überspringen, unter den Steinen ermüdet ligen, mager werden, und Kupferflecken kriegen. (*Cysat.* Blts. 27 und 28.)

Kurhenne,

✱✕

eine Gattung wilder, überaus niedlicher [den Sinnen angenehmer, schmackhafter] Hennen, die sich in Wäldern und Morästen aufhält, und wegen ihrer Vortrefflichkeit eine auserkorene Henne genennet wird; **meleagris** [Perlhuhn]. (*Geßner.*)

Kurzköpfe;

✱✕

Engl. ***Shortheads***, werden die noch jungen Walfische genennt, alldieweil jährig und Säuglinge seyn. (*Anderson.*)

s. *Tümmlinge, Schedelfische.*

Lach mich an,

und gib mich hin, ist nun der gemeine Sinn; (Sprüchw.) Es ist keine Treue in der Welt; **Nusquam tuta fides, fratrum quoque gratia rara est** [Sicheres Vertrauen gibt es nicht, selbst unter Brüdern ist Dankbarkeit selten.].

Lachenknoblauch;

*

scordium, trixago palustris [nach Knoblauch riechende Pflanzengattung, Sumpfhaar/Sumpf-Dreifache]: ein vortreffliches Heilkraut, das gern bey den Lachen und in Mösern wächst, und einen Geruch wie Knoblauch hat. Vor nicht gar 200 Jahren war dis Kraut, welches man nur in Kandien suchte, so schwär zu bekommen, daß so gar die Arzney- und Kräuterhändler für eine Unze desselbigen eine Goldkrone bezahlten. Und Keiser Maximilian II verwunderte sich höchlich, als man ihm dis seltene Kraut auf einem Reichstage zu Nürnberg ganz grün auf die Tafel brachte, und sagte, daß dasselbige auch in der Nachbarschaft und andern deutschen Gegenden gefunden worden. (*Bocks* Krtrb.)

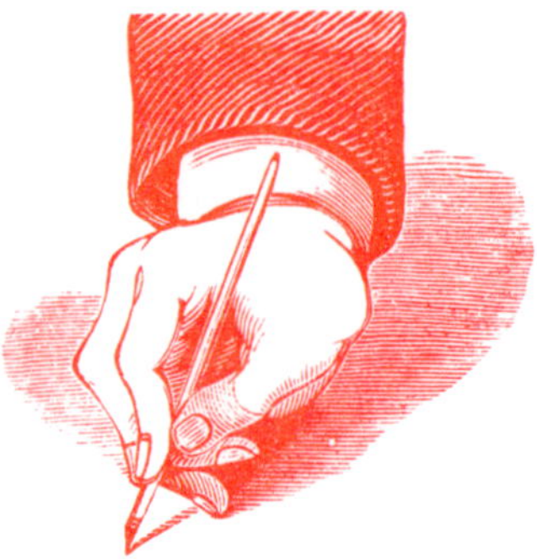

lachsnen,

zaubern; **artes magicas exercere** [Zauberkünste ausüben]. – Daß man erdicht hat, die Melusina sey ein halber track [Drachen] gewesen, wirt villeicht nit vngereimbt [ungereimt] seyn, ob man es gleich *dem laachsnen* zuogibt, darinn sy gar wol erfaren gewesen ist, wie dann zuo den selbigen zeiten die schwartz kunst vnd zauberey gar gemein was. (*Keller,* Blts. 525.) Unser Will und Meynung ist, daß jeder männiglich sich sorgfältig hüte vor Lästerung der hohen Majestät Gottes, vor Mißbrauch seines teuern Namens und der heiligen Sakramente, – wie auch vor *Lachsnen* und abergläubischen Segen, gestalten wir die Fehlbaren je nach Gestaltsame der Sachen mit Geld- oder andern Strafen, *Stillstand, Erdenkuß* oder an Leib und Leben *abbüssen* werden. (*Züricherord.* von 1755.)

Ladenhüter,

*

was die Kauf- und Handwerksleute vor ihre Läden zu henken pflegen; **oculiferia** [Messe fürs Auge].

Ladschaft,

Mahlzeit, Gastmahl; **convivium.** Die Niderländer reisen zu zeiten auf 25, 30 vnd 40 meilen auf ein *Ladtschaft* vnd Freudenspiel. (*Federmann* Blts. 48.) In Antwerpen, wie anderswo mehr, helt man nach den begrebnussen zu vertreibung der melancoley den nechstverwandten vnd lieben freunden, die bey der begrebnus gewesen, ein herrliche *Ladschaft.* (*Eb.*

Ders. Blts. 129.) Ein ehrliche *Ladschaft* stifft vnd erhelt gute Nachbarschafft vnd freundschafft, es lehnet offt vil vnwillens abe, vnd heilet vil heimlicher wunden, wenn gute freunde **in bona charitate** [in redlicher Nächstenliebe] mit einander frölich vnd guter ding sein, wenn man zumalen nicht allein zechens halber zusammen kommet, sondern man isset vnd trincket also, das man Gottes vnd der armen darneben nicht vergisset. (*Mathes.* Hochzeitpr. Bl. 63 b.)

Lälle,

(Alem.) Vorderzunge; **anterior pars linguae.** Wird nur von Tieren und im Schimpfe von Menschen gesagt.

lällen,

die Zunge herausstrecken. *Lällender* durst; **anhela sitis** [lechzender Durst]. (*Fries.*) s. *lälchen.*

Länder,

nennet man in der Schweiz die Kantonen, deren Haubtort ein Flecken ist.

Lästerschriften,

zogen mehrmals die sonderbare Strafe nach sich, daß die Verfasser ihre Karten vor den Beleidigten und vor dem Richter roh käuen und verschlingen, oder in einem Brey essen mußten. Bisweilen blieb es bey dem Käuen alleine. Weigerte sich der Pasquillant des Verschlingens, so hatte er die Wahl, ob er den Kopf darfür lassen wollte, wenn er nämlich eine Majestät oder hohe Person gelästert hatte. s. die Beyspiele in *Herrn Estors* deutscher Rechtsl. II S. 991, 992. Vergl. mit *Pasquillant.*

Lästerweiber,

×

werden in Engelland vermöge eines sehr alten Gesätzes in einem Täucherkorbe über ein tiefes Wasser gesetzet, und darmit ein parmal untergetaucht, daß sich ihre Hitze und Galle verkühlen möge. s. hiervor **accabussare, und *Bailey* Diction. in *Scolding-Women.***

lätz,

alber, närrisch, gäuchisch. Er tuot wie *lätz*, d.i. wie toll und rasend.

Lage,

Geschützlage, ist auf einem Kriegsschiffe eine Mänge Kanonen, welche auf beiden Seiten von vorn bis hinten gepflanzet seyn. Die grösten Schiffe haben Drey Lagen, deren die erste die nidrigste ist; Die andere findet man auf dem zweyten, und die dritte auf dem dritten Verdecke. *Einem Schiffe die volle Lage geben*, heißt, alle Kanonen an der Einen Seite des Schiffes auf einmal losbrennen.

Land ein *saufen,*

✱ ×

unvernünftig saufen, ein Trunkenbold von Gewohnheit seyn. Ein voller kopff vnd tropff hat kein witz vnd vernunfft, *seufft immer land ein*, man singe oder sage jm was man wölle. (*Mathes.* Hochzeitpr. Bl. 165 a.)

Landskraft,

*

pflegen die Schweizer ihren trefflichen und gewürzhaften *Anken* und *Käs* zu nennen. (*Kolbs* Leben Blts. 61.)

Landwehre,

in dem eigentlichsten Verstande ist eine Gränzfestung, die einen engen Eingang beschliesset. Zuoberst am Veltlin, wo es mit hohen Bergen, als mit Ringmauern vmbzäunt ist, hat das Land nur, wo das Landwasser durchfliesset, eine enge Lucke, wo etwann vorzeiten *eine Landwehre* gestanden. – – Ob dem Dorff Molina, nahe bey der tribnen Landstraß, da man über das Wormbser Joch in das Münster Thal hinüber kompt, ist ein beschloßne Enge: war vorzeiten mit einer Mauren vnd *Landwehre* versichert, vnd **Seraglia**, Beschließwerk, genennt. (*Sprech.* Rätien, Blts. 342, 343.)

Landzwinger,

heissen in den alten keiserlichen Rechten diejenigen, welche sich nach dem eingeführten Landsfriden gleichwol noch des Faustrechtes behelfen wollen. Dergleichen *Landzwinger,* wenn sie Jemand nur drohlich befehden, obschon sie noch keinen tätlichen Angriff getan, sollen nach der peinlichen Halsgerichtsordnung von 1531 mit dem Schwerte von dem Leben zum Tode gerichtet werden. s. *Perned.* Halsgerichtsordn. Bl. 16 b.

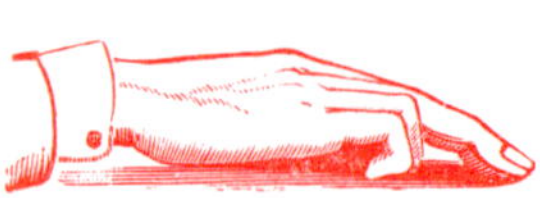

langes Leben:

(Sprüchw.) Wie manche Reu erlebt, wer lange lebt! **Quam poenitenda occurrunt viventi diu. (PUBL. SYR.)** Wer alten will, der tue jung darzu. Er trägt die Seele am Arme. Nur der Weyse lebet lange; **Sapiens solus longaevus.** *Lange lebt,* wer in Unschuld lebt; **Non quam diu, sed quam bene [nicht wie lange, sondern wie gut].**

Lappi,

nennen die Schweizer einen jungen unverständigen Bursch oder Gauchbart. Von dem Schwed. *Laaf,* Milchhare; *laafwig,* milchbärtig.

Lappsalbe,

×

Marktschreyerwaare, grüne Salbe, für Alles gerühmt, und zu nichts gut. Franz. ***de l'Onguent mitonmitaine.*** (*Halma.*)

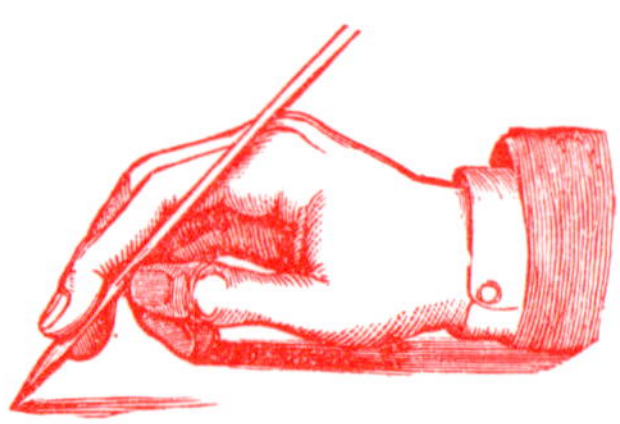

lappsalben,

×

quacksalben. It. in allerley Berufsarten pfuschen.

las,

×

bedeutet zu Ende der Eigennamen nicht *los,* **liber** [frei von etwas], wie es *Grotius* und *Wachter* erklären, und woraus meistens ein lächerlicher Verstand entstehet, sondern es ist so viel als *lassend*, die Art und das Ansehen habend; **speciem habens, se gerens.** s. *Agilas, Atalas, Hunnilas, Totilas, Ulfilas.* Zuweilen wird in der schnellen und gelinden Aussprache das s. am Ende übergangen. Oder es ist so viel als *Licht*, **lux.** s. *Laus.*

Lasterschreiber,

—

Strafdichter; **satyricus.** (*Faber.*)

Lasterstecken,

✱ ×

nennet man zu Basel einen ziemlich langen und dicken Stock, welcher nach der Stadtfarbe schlangenweise schwarz und weiß bemalt ist, und den Bauern, welche gewisse Frevel begangen, zur Kirche, zu Markte, und, wo sie nur hingehen, eine gesetzte Zeit lang zu tragen auferlegt wird. s. *Stab.*

lateinische Kunst,

der Arsch, (**ars,**) Keiser Fridrich, der Rotbart, ließ viel Esel stellen, denen man Feigen in *die lateinische Kunst* gestossen, welcher Meiländer nun sein Leben erhalten, und nicht über die Klinge springen wollte, mußte mit dem Munde eine Feige herausbeissen. (*Lehm.* Bls. 508.)

Laufschrift,

✱

die von den Buchdruckern sogenannte Cursiv.

Läusmarkt,

×

nennet man in den Niderlanden den alten Kleidermarkt.

Lebherz,

der sich lauter gute Tage schaffet, und sich nichts versagt. (Schweiz.) s. *Lebgeselle.*

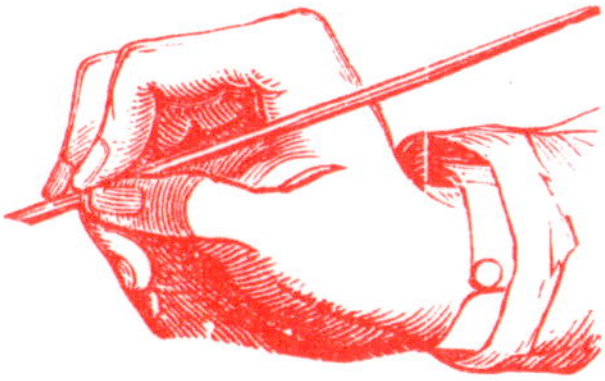

Leckerzweig,

✱

Süßholz; **glycyrrhixa.** Neulat. **liqueritium. (Vocab. Y. IV 23.)**

Leckritze,

Lacricien, (die,) Süßholz; **glycyrrhixa.** s. *Leckerzweig.*

Leder,

✱

für *das Arschleder* der Bergleute, und zugleich für den Beruf Derselben. *Bediente von Leder*, Bergbeamtete. (*Böse* von dem Berg- und Forstwes. Blts. 144.)

das Leder *gewaltig strecken;*

✱

étendre, alonger la Courroïe; d.i. seine Forderung oder Rechte übertreiben.

Lederfeile,

(scherzweise) für *Schwert*, **gladius, arma**. Es wolt kein betrug da helffen, derhalb so muoste man mit *der läderfeiel* doran. (*Eppend.*)

Lederlapp,

×

(der,) Fledermaus; **vespertilio**. So auch im Schwed.

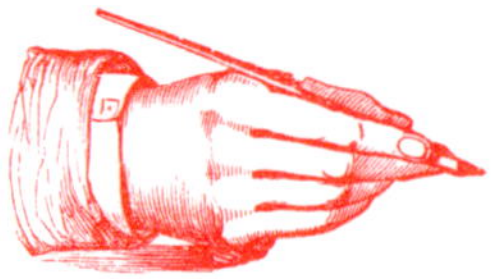

Leffel *und* Faß *mit einander teilen,*

✳×

sagt man, wenn bey einer Teilung das väterliche und müterliche Vermögen zusammengenommen, und mit den Kindern durch einander geteilet wird. (*Jabl.*)

Leffelbund,

hieß im J. 1530 ein Bund des savoyischen Adels wider die Stadt Genf, dessen Angehörige zusammenschwuren, die Genfer gleichsam mit Leffeln aufzufressen, und zum Wahrzeichen einen Leffel am Hute trugen. (*Stettlers* Chr. II S. 37 b.)

Leffelkost,

✳×

Suppe, Brey, oder andere flüssige Speise. In der Pöbelsprache nennet man allso ein niedliches Mägdchen, als eine leckerhafte Kost der Leffler.

leffeln,

(im Sprüchw.) leffelsweise ausgeben. *Scheffelts nichts, so leffelts doch*; d.i. Verleihet Gott nicht zu Scheffeln, so gibt er doch zu Leffeln. s. *scheffeln*.

Leffelstock,

✳×

ein langgestielter Leffel, das Geschütze darmit zu laden.

Leffler;

✳

Holl. ***Lepeler*****, pelicanus**, von seinem leffelähnlichen Schnabel allso genannt. (*Potters* Anh. zu *Kilians* **Lex.**)

Legbüchse,

✳

Selbstgeschoß, welches den Dieben und Raubtieren gerichtet wird, und wegen seiner gefährlichen Folgen meistens verboten ist.

legohren,

×

leggoren, die Ohren niderlassen, wie die Tiere; **submittere aures**. So der Hirtz seine oren reckt, so sol er ein überaus scharpff gehörd haben, wo sy aber *leggorend*, so söllend sy gantz dumb (taub) one gehörd seyn. (*Geßn.* Tierb. I Bl. 80, 2.)

Lehne,

(die,) Schneebruch. Das beweist die Erfarnuß in Schweden, das die vögel im flug kleine schneebellin erwecket, vnd reisen gemacht, durch deren zuonemen vnd herunderfallen, so der wind von Mittag [Süden] gewehet, solche *Lehnen* angangen, daruon ganze schlösser vnd dörfer zuo boden geschlagen vnd jämerlich zerstört worden seind. (*Fickler* Blts. 60.) s. *Leene.*

Lehre,

✳

ist ein von Pappendeckel, Blech oder Holz verkehrtes Muster, nach welchem ein Werk abgeschmidet oder aber gefeilet wird. Franz. ***Chablon.*** (*Jabl.*)

Lehrgotti oder *Schulbase,*

×

(Baselw.) die eine Schule hält.

Leib *ohne Seele;*

×

corpus sine anima, nennen die Zuckerbecker kleine gefärbte Zuckerkörnchen, womit sie allerley niedliches [schmackhaftes] Gebäcke bestreuen.

Leich,

(der,) Gesang, Singweise; **cantus, melodia.** Sonst *Leis.* Altfr. ***Lay.***

Lebte der von Guotenburg
von Turne von Rugge Heinrich
von Ouwe [Aue] und der von Rotenburg
da bi von Husen Friderich
die enkunden uf ir nit
gezellen niht ir selekeit
die doch min frowe alleine treit
das wan (waren) alse guote man
das man an *leichen* ir genos
niemer mer gevinden kan.
(*Samml. der Minnes.* I Blts. 43 b.)

Da vihtet [fechtet, kämpft] einer inne
der heizet Volker
alsam ein eber wilde
und ist ein spileman
Ich danch es mime heile
daz ich dem volande entran
Sine *leyche* lutent übele
sine züge die sint rot
ja vellent sine döne
vil manigen helt dot.
(*Chrimh. Rache,* S. 70, 71.)

Die geischler giengent je zwene vnd zwene, vnd sungent jren *leich.* (*Königsh.* Blts. 298.)

Leichtlich *irret was zwischen Mund und Glas;*

(Sprüchw.) **Multa cadunt inter calices supremaque labra [Viel fällt zwischen Kelch und Oberlippe.]**. Es läuft viel zwischen Kugel und Ziel.

leisiren,

ganz sacht und leise daherkommen, herangestrichen kommen; **lento procedere gradu.**

Ich sach gegen mir *leysiren* her
einen helt dem wunsche geleiche.
(*Eschenb.* B. II 392.)

Do sich der phurd (Turnir) solde heben
denen man die huet het gegeben
mit zendal [Taft] gehalbirt
die chomen *geleisirt*
mit grossem gebrech.
(*Ottokar,* Blts. 82 a.)

Leming,

✳

(der,) eine schwarz- und braunscheckichte, kurzgeschwänzte Maus in Norwegen, welche sich in den Wiesen aufhält, und das Gras sehr abfrißt; **mus cauda abrupta, corpore fulvo nigroque vario.** (*Jabl.* und *Linnäus.*) s. *Leeme.*

Leopoldus *machen,*

×

Feyertag oder Schmaustag halten. Ein Edeljagdknabe soll nicht alle Tage *Leopoldus machen*, saufen, huren und spielen. (*Flemm.* deut. Jäg. B. I Blts. 267.) Vielleicht bezieht sich dise Redensart auf ein fürstliches Namensfest, da es die Hofbedienten bunt über Eck gehen lassen.

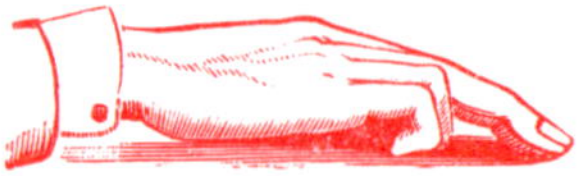

Letterholz;

✳

lignum literatum; bey den Amerikanern ***Pira Timinere***, bey uns auch *Muskatholz* genannt, weil in seinem roten Grunde schwarze und purperichte Adern, wie in einer aufgeschnidtenen Muskatnuß, spielen, und oft wie Buchstaben vorstellen. Der Baum, darvon es kömmt, ist lang und glatt, seine Aeste stehen hoh, und sehen wie ein Birnbaum aus. Das Holz wird von den Schreinern zu eingelegter Arbeit gebraucht. Es gibt auch schöne Spazirgänge.

Letterkunde *(allgemeine;)*

✳

philologia. *Allgemeiner* oder *grosser Letterkündiger*; **philologus.**

lettern,

✳

mit Buchstaben zeichnen wie die Näherinnen allerley Tischzeug, und Anders drgl.

Letterreime,

✳ ×

schulfüchsische Reime, da die ersten Buchstaben der Verse einen Namen oder sonst einen besondern Verstand herausbringen sollen; **acrostichon.**

Leu,

×

eine offene Perrüke mit herabhangenden Locken, zu Bern gebräuchlich. (*Th. Em. von Haller.*)

Leuchtkugeln,

✳

seyn gewisse mit einem kaltgeschmelzten Zeuge angefüllte Kugeln, welche von den Belagerten aus den Festungen herausgeworfen werden, das Feld zu beleuchten, und die feindlichen Arbeiter zu entdecken. (*Feesch.*)

libberig,

(NS.) allzu süß, und daher widerlich. Einige sagen in der Zusammensetzung *libbersöte.* (*Richey.*)

das **Licht** *Einem verbauen* oder *verzimmern,*

✱

Jemands Ansehen schmälern, oder seine Gewalt einschränken, oder ihm an einigem Vorteile hinderlich seyn; **derogare de auctoritate, magnificentia, v. redditibus alicuius [jemandes Ansehen, Vermögen oder Einkünfte schmälern].**

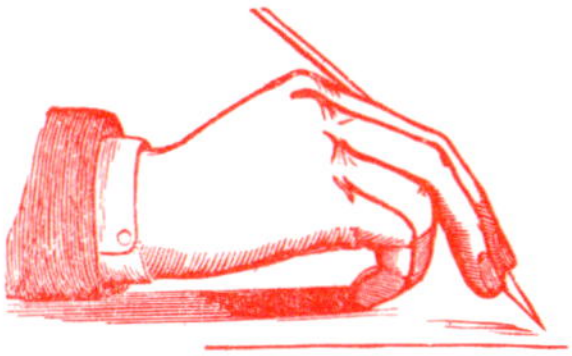

Lichtmarder,

✱

(der,) eine Gattung Marder, die man an dem Bodensee um Bregenz herum findet, und die zu Nacht leuchten; **martes noctu lucens.** Schweiz. *Zündmarder.* (*Geßner.*)

lieben,

✱

nennen die Jäger, wenn sie dem Leithunde, da er im Anhalten richtig auf der Fährte stehet, mit freundlichen Worten zusprechen, mit dem eichenen Bruche um die Augen streichen, und andere Liebkosungen erweisen, dardurch zu erkennen zu geben, er habe seine Sache rech gemacht. (Jabl.) s. *ablieben.*

liebköseln,

liebkosen, wie einem Kinde.

Liebliche Rede *ist Schleichgift;*

(Sprüchw.) **habet suum venenum blanda oratio.** (PUBL. SYR.)

lieblocken,

✱ ×

liebreizend anlocken; **allectare, pellicere.** (*Kil.*)

Liechtstubete,

(die,) nächtlicher Besuch in dem Winter. (*Mahl.*) Die Schwaben nennes *den Karz.* Einen solchen Besuch geben, heißt, *zu Licht kommen* oder *karzen.*

Limpf,

(der,) zartes und gelindes Schößlein; **surculus tenellus, germen.** Junge *Wachholderlimpfe* oder Vorschub gedörrt und zu Pulver gestossen, und dem Vieh etliche Male mit Salze zu lecken gegeben, löset die Fäulung von Lunge und Leber ab. (*Wirz.*) Junge um den Stock eines Baums stehende *Limpfe.* Junge *Limpfe,* die in einem Forste mit und nebst dem Grase angehen, und sonderlich von den Nadelhölzern, die im ersten Jahre kaum Einen bis Zween Zoll treiben, werden durch das Grasen und Mähen leichtlich vertilget. Eicheln, die sogleich forne an der Spitze, wo das Laub und die Wurzel zugleich herauskommen, angehen, daß der junge *Limpf* aufwärts, und die Wurzel gerade in den Boden hinein wächst. Junge *Limpfe,* die an dem Stamme hervorwachsen, müssen sogleich abgeschnidten werden, damit sie oben der Krone den Saft nicht entziehen. (*Joh. Melch. Kuhn.*)

Lind,

×

(die,) Quelle; **fons, scaturigo.** Isl. *Lind,* **aqua fontana scaturiens [hervorsprudelndes Quellwasser].** (*Hickes.*) Vielleicht ist in den alten Weibsnamen zuweilen dises *Lind* gemeynt, und möchte wol eine Muter bedeuten; z.E. in *Adallind,* Muter der Edeln, *Fastlinde,* Muter der Notfesten, *Gerlinde,* Muter der Krieger, u. A. drgl. m.

Linde,

✱ ×

(die,) heissen die Landleute um Basel einen milden Regen, der das Land wol befeuchtet und pflügbar machet.

link,

barmherzig, mitleidig; **misericors.** Man vermutet dise Bedeutung aus verschiedenen Eigennamen, und aus dem Isländ. *Linkind,* Mitleiden, Erbärmniß, **commiseratio.** Vielleicht ist *link* aus *lindig* zusammengezogen, und hat *die linke Hand* ihre Benennung daher, weil sie die Herzenshand ist. **Similiter & *scaevus* bonum significat, eam ob caussam, quod, quae sinistra sunt, bona auspicia existimantur** [Wahrscheinlich bedeutet *links* auch das Gute, und zwar deswegen, weil man jene Dinge, die links liegen, für gute Vorzeichen erachtet.]. (Varro.)

Linken,

(die,) **Sinistri,** waren ehmals gewisse Schwärmer, die ihre linke Hand verabscheuten, und sich ein Gewissen machten, ein Ding mit derselbigen zu empfangen. (***Bailey.***)

Lipfel,

Lipfil, (Leibfall,) Leichbegängniß; Begräbniß. In der Charwoche begehet man das begrebnuß vnd *lipfel* des Herrn. (*Keisersb.*) s. *Libbevilhe.*

Lipfel,

hieß vorzeiten auch das Zechen bey Leichen; **epulae ferales.** (Anm. zu *Königsh.* Blts. 1132.)

Lipfelrecht,

×

ist die Gebür, **portio canonica,** welche man vermöge der geistlichen Rechte in der römischen Kirche einem Pfarrer bey einer Leichbegängniß bezahlet, und ehmals mit 30 Pfenningen richtig machte. (*Eb. das.* Blts. 1131.)

Lippengeld;

×

Schwed. *Läppegiald,* Mund- oder Maulbusse für ausgegossene unnütze Reden; **labiorum v. oris mulcta.** (***Loccen.* Antiqq. sueogot. L. II c. 7.**) s. *Mundgeld.*

Lippensucht;

×

cheilocare, labrisulcium, ist in Engelland ein gemeiner Zufall bey Kindern, da ihnen, obwol ohne Entzündung, die Lippen hart aufschwellen und rot werden.

Lippitz,

×

(das,) ein Honigtrank, den die Litauer bereiten. (*Büschings* Erdbeschr. T. I S. 1084.) s. *Mallinieck.*

lismen,

stricken, weben. In der obern Schweiz wird alles Stricken feines und grobes *lismen* genennet. In Basel aber und daherum verstehet man dardurch nur die grobe Arbeit der sogenannten *Hosenlismer*. Christus wolt nit, das *sin gelißmeter rock* zerschnitten vnd zertrent wurt. (*Geil.* Pilg. Bl. 45.) *Lismen* ist so viel als *lidsamen*, von *Lid*, Masche in einem Gewebe.

Lismetbogen,

×

Musterbogen mit allerhand Zwickeln in Strümpfe zu stricken.

Lismete,

×

(die,) Strickarbeit; ***Tricotage.***

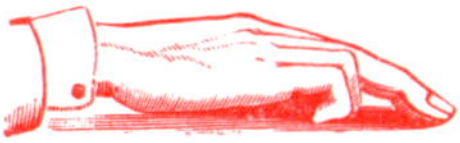

List,

(von unbeseelten Geschöpfen,) Kunstwerk, Kunstgetriebe, künstliches Wesen; **artificiosum opus, motus artificiosus**, etc.

Krist hat *die liste* ersunnen
e er geboren wart
des manen und des sunnen
eclipsis und sin wandel art
ir umbeuart [ihre Umfahrt].

(*Minnes. II* Blts. 170 b.)

Alles Lob *verdirbt, wenn man nicht nach neuem wirbt;*

(Sprüchw.) **Laus nova nisi oritur, etiam vetus amittitur.**

Lobbe,

×

Budel; **canis villosus** [zottiger Hund]. (*Kilian.*)

Lochwolf,

×

ein gar vngezämpt wild thier, das eben einem Parden gleich sicht, doch gespräglechter farb. Ettlich wöllen, es sey ein Panther. (*Deut. Lyk.* Blts. 20.)

Lockgift,

* ×

(die,) Lockgeld, ein klein Geschenke ein grösseres zu erhaschen; **donum hamatum, munus viscatum.**

Löhlein,

ein kleiner Ort. *Mathesius* führet in s. ersten Hochzeitpredigt Bl. 4 b den Schöpfer zu den ersten Eltern allso sprechend ein: Damit jr [ihr] wisset, wo jr ewer [euer] hauswesen anstellet, vnd ewern vnterhalt [und euer Auskommen] haben könnet, vntergebe ich euch beiden den gantzen Erdenkreis; der soll ewer Heyratgut vnd ewer wonung sein; – allein das einige *löhlein* vnd *heunlein*, (kleines Heim,) das ich mit meinem wort abgezirckelt vnd vmbschrencket habe; das will ich mir zum Gottesdienst vorbehalten vnd ausgezogen haben. s. *Lo*, **locus** [Ort].

Löselnächte,

*

d.i. Losungsnächte, heissen die St. Andreas-Nacht, die St. Thomas-Nacht, die heil. Christnacht, und die Neujahrsnacht, weil in solchen öfters von leichtfertigen Dirnen allerley abergläubische Possen getrieben werden, um zu erfahren, was ihnen das Schicksal für Männer zur Ehe bestimmet habe. (*J. J. Bräuners* entlarvter Abergl.)

Löw,

Leu, Löb, Leb, (der,) **Leo.** Gr. Λεων [Leon]. Kambr. *Llew.* Angels. *Leo.* Altfr. *Louwo.* Diser Name, der heutzutage nur dem Edelsten unter den vierfüssigen Tieren eigen geblieben, muß ehdessen auch andere grosse und wilde vierfüssige Tiere, wie z.E. Stiere, Bären, Eber und dergl. bezeichnet haben; Denn von den Stieren, wie von den Leuen, sagten die Alten, daß sie *lüyen*; *Leye* bedeutet im Holländischen eine Bätze oder Bärinn, und den kleinen Bären oder Nordstern, **Ursam minorem**; und *Laye* heißt bey den Franzosen noch eine wilde Sau.

Loffroling,

×

Laubhüttenfest der Jüden; **festum tabernaculorum.** (*J.L.Fr.* **ex Script. Brunsv.**)

Lohnsucht,

✱

ein gewisser Geiz, da man kein Gutes ohne zeitlichen Vorteil tut.

loschen,

schielen, scheel ansehen. Franz. ***loucher.***

loser Teig,

✱

wolgewirkter Teig, der sich gerne von der Hand löset, und nicht daran kleben bleibet. (*Kohl.* Kochb. Kap. 159.)

Lostage *(Vier,)*

seyn nach den alten Wetterregeln der Aschermittwoche, samt den Dreyen nächst darauf folgenden Tagen, deren der erste den Frühling, der zweyte den Sommer, der dritte den Herbst, und der vierte den Winter bedeuten soll, nach deren Witterung die Alten die Witterung der Vier Jahrszeiten zu beurteilen pflegten. (*Kohlers* Hausb. in dem Märzen.)

Lotter,

Lotterbube. *Lotern* vnd buoben vnd freien gesellen die mit bösen vnd wercken wöllent den lüten dienen den sol man nüt geben. (*Summa Ioh.*) *Lotter*; **scurra** [Possenreißer, Lebemann]. (*Fries.*) s. *Lotir.*

lubben,

luppen, verschneiden, münchen, kappaunen, wallachen; **castrare.** (*Sasbout, Hadr. Iunius, Kilian,* und And. mehr.) *Ein Verken lubben*, galzen. Franz. ***sener un porc.*** (*Sasbout.*) s. *gelubt.*

Luchs *drausen, Scher daheim;*

(Sprüchw.) **Foris lynx, domi talpa** [draußen ein Luchs, daheim ein Maulwurf]: Ist ein Lehrspruch wider diejenigen, welche scharfsichtig nur auf fremde Fehler, und blind auf ihre eigenen seyn.

Luchssafir,

✻

ein köstlicher Stein, der aus dem Harne des Katzenwolfs entspringen soll; **lyncis sapphirus.** (*Faber.*)

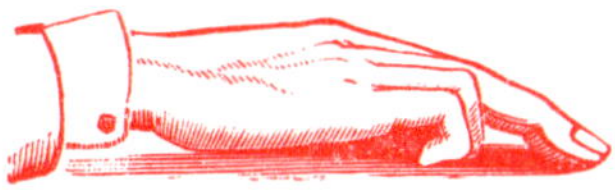

Luchsstein,

✻

✻ *Pfeilstein,* ✻ *Schoßstein,* ✻ *Tapenstein*; **belemnites, lapis lyncis, lyncurius, lapis phrygius, dactylus idaeus:** ein stinkender Steine von mancherley Gestalten und Farben. Er soll zu Heilung der Wunden, wie auch in Steinschmerzen und Seitenstechen grosse Hülfe schaffen. (*Jabl.* und *Biering.*) Diser Stein wird viel in der Schweiz gefunden, und gemeiniglich unter die Überbleibsel der Sündflut gerechnet. (*Scheuchz.*)

Ludel,

✻

(der,) ist ein lederner Sack, worinnen das Mählpulver verwahret wird, die Granaten in den Feuermörsern darmit anzufeuern.

ludern,

locken, anreizen. Ein Volk in einen tödtlichen Krieg wider seine Nachbaren *luodern.* (*Tsch.* I 333 a.) Wir füerend Hispanisch vnd Italisch kriegsvolck ein vnd *luoderend* sie in Teutsche land, bis sie drüber verleckert werden. (*Stumpf.* B. II 11.) *Ludern* kömmt von *laden.* s. *herausladen.*

Lügenfeld,

×

Campus mendacii, Campus sceleratus; dasjenige Feld, da im J. 833 Keiser Ludwig, der Fromme, von den Seinen maineidiger Weise verlassen, und seinen Drey abtrünnigen Söhnen verraten ward. Es ligt nicht weit von Mülhausen, zwischen Pollweil und Senn, und heisset auch *das Ochsenfeld,* **Campus bovinus,** und *Rotfeld,* **Campus rubens,** wegen seiner rötlichen Erde. Zum Angedenken diser Treulosigkeit wird noch heutzutage ein Stück desselbigen von mehr als Hundert Jucharten *der Lügner* genennet. s. *Herrn Prof. Schöpflins* beleuchtetes Elsass Teil I Blatts. 654 und 655.

Lügenwerk,

Handriß, Schattenriß, Blindriß, erster Entwurf eines Gemäldes oder Gebäudes; **scenographia, sciagraphia, futuri operis forma leviter ab architecto constructa** [Schauzeichnung, Schattenzeichnung, Gestalt des künftigen Werks, die vom Architekten andeutungsweise konstruiert wurde]. Holl. ***Logenwerk.*** (*Kilian.*) Allso könnte man den Versuch oder die Anlage eines jeden Werkes nennen. s. *Loswerk.*

lümmeln,

lymmeln, lummelicht und lind reiben oder treten. Die Eygenschafft eins woren bilgers ist das er schuo hab, nit nüw schuo, sunder alt vnd *wol gelymmelt,* wenn in den nüwen schuoen get man gar übel: Also ist ouch einem cristenen bilger not – das er hab *wol ergangene* schuo. (*Geil.* Bilg. Bl. 90.)

Lünkerbleide,

×

(die,) Schlenker- oder Schleudergerüste; **catapulta, ballista.** s. *Ebenhoh.*

Lünnagel
oder *Lünze,*

✱

ist der eiserne Nagel, der vor die Räder eines Wagens gestecket wird, damit sie nicht abfahren können.

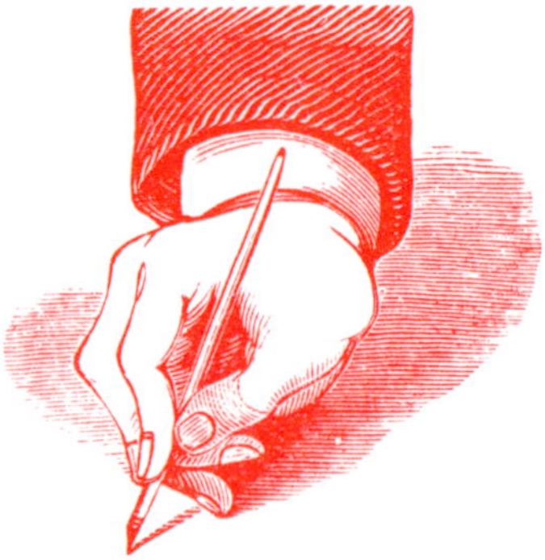

Lüppnerinn,

×

Giftmischerinn. It. abergläubische Vettel, Hexe, Unholdinn. (*Kart. Ps.* Bl. 251.)

lürlen,

(*läuerlen,*) kleine Augen machen, wie die **myopes** oder kurzsichtigen Leute, wenn sie etwas genau sehen wollen; **connivere.** Die Basler heissen es *glürlen.*

Luftsalz,

✱

ein aus der Luft durch Kunst gezogenes Salz. *Herr Ravenstein,* fürstl. pflalzzweybrückischer Leibarzt, versichert in einer gedruckten Schrift, er habe eine Weise erfunden, das Salz allso zu bereiten, daß es *das Luftsalz* oder die allgemeine Säure in ungläublicher Mänge an sich ziehe, und dardurch die Eigenschaft erhalte, bequemer und mit wenigern Kosten die Fruchtbarmachung der Aecker zu befördern.

lullen,

lollen, eine Singweise anstimmen, ein Lied singen; **numeros canere.** (*Eb. Ders.* [*Kilian.*])

Der Bär ist vfgewecket
gar tief vs sinem hul.
Man sach jn vf dem brul.
Er ist noch vnerschrecket
als *ich* die warheit *lul.*
(*Schweizerlied* über den burg. Kr. in Dieb. Schill. Chr. S. 23.)

Lummel,

—

(die,) Klinge an einem Messer, und dergl. Ist ein oberländisches Wort.

Luoginsland,

heißt bey unsern Bauern ein Sternkucker, Wetterschauer, Kalendermacher. It. eine Warte; **specula.**

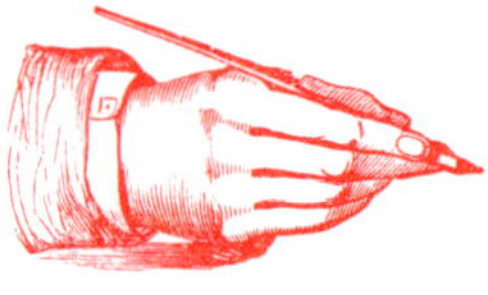

lurken
oder *lurtschen,*

schwär reden und viele Buchstaben, als ob man das Maul voller Brey hätte, aussprechen; **hiantia & mutila loqui.** Ludwig *der lurkende*: **Ludovicus Balbus** (*Guler.*)

Luststücke in Gärten;

*

Parterres. (*Miller.*)

m

Maaker,

×

ein gotischer Name gewisser aschgrauer Seemewen oder grosser Tauchenten, welche nicht nur auf die Fische stossen, sondern auch dem todten Körper derjenigen, die in dem Meere ersoffen, oder in einem Schiffbruche umgekommen, begierig seyn. Sie haben graue Augen, kurze Füsse und einen mit Rot und Gelb vermischten Schnabel. (*Olaus M.*)

Machtfeuer,

×

das sogenannte mittelbare oder vermögende Feuer und das ätzende Brennen der Wundärzte; **ignis potentialis**, dem unmittelbaren, wirkenden Feuer, **igni actuali**, entgegengesetzt.

maden,

×

nichtiger Weise vorgeben. Joh. Guttenberg antwurtet, das ym [ihm] die 800 gulden nit alle vnd alsbalde nach inhalt des zettels worden, als Joh. Fust das in dem ersten artickel siner ansprach *gemadet* vnd fürgewand hab. (*Senkenb.* **Sel.** T. I Blts. 274.) Sollte vielleicht heissen *gemadelt*, von dem AS. *mathelen*, *mädeljan*, **garrire** [herplappern, schwatzen].

Maden,

✳

nennet man in Sachsen ein Essen von Eyern, Milch und Rosenwasser, welches mit einander gesodten, hernach durchgeschlagen, mit Zucker und Zimmet bestreuet, und kalt genossen wird. (*Kohl.* Hausb. T. I 3 III. Kap. 65.)

Maderitz,

×

der Sack oder Zipfel eines Fischgarns. Ist in brandenburgischer Aussprache so viel als ***Matrice***, Muter; denn sonst wird der Garnsack auch *Muter* genennet. s. *Ake* und *Muter*.

Madeyen,

Madagen, Medeyen, ausgeschnidtene Zieraten. Mit der Zeit verstand man dardurch auch allerley gewirkte, gegossene und gemalte Zieraten oder Bilder. Von den sammtenen Bareten der Alten wird z.E. gesagt, daß sie mit *Madeyen* und Straußfedern besteckt gewesen, da denn durch *die Madeyen* Einige die Gnadengroschen (***Medailles***) verstehen, womit man ehmals die Barete zu behängen pflegte. – Da waren Umgänge (***Galleries,***) welche auf beiden Seiten mit schönen Historien, Sinnbildern, *Einblümungen*, (**Allegoriis,**) *Medeyen,* Zeichen und Taten auf gut Michelangelisch, Luxmalerisch, Holbeinisch und Albrechtdürerisch bemalt waren. (*Fischharts* verd. Rabel.) s. *Halt.* **Gloss.** in *Medeyen*.

Mägde,

wurden ehmals in Irrland für bares Geld gerechnet, und an Bezahlungen gegeben. Wer eines Bischoffs oder Fürsten Blut vergossen hatte, daß die Erde darvon gefärbt worden, der mußte es mit *Siben Mägden* büssen oder gekreuzigt werden. War aber das Blut nicht auf die Erde geronnen, so hatte der Täter die Hand verwirkt, oder bezahlte die Hälfte des Wertes von VII *Mägden*. Hatte Jemand einem solchen Herrn nur eine trockene Wunde geschlagen, der mußte für den Schaden *eine Magd* erstatten: deßgleichen Derjenige, der die blutige Wunde nicht mit Fleiss geschlagen hatte. Wer wider den König, wider einen Bischoff, oder einen hohen Reichsbeamten mit Diebstahl oder sonst gefrevelt hatte, mußte VII Bußjahre ausstehen, oder VII Mägde bezahlen. Wer in dem Gezänke Jemands Hand oder Fuß gelähmet, oder ihm ein Auge geschändet hatte, der büßte es mit *einer Magd* oder *einem Knechte*. s. **Ancillae** in den Vermehr. zu ***du Frêne***.

Männchen auf Männchen machen;

✱

heißt bey den Buchdruckern, wenn ein schon gedrucktes Buch allso aufs neue gesetzt wird, daß die Seiten und Zeilen in der vorigen Herausgabe eben so auch in der neuen Herausgabe bleiben, und genau auf einander zutreffen.

Magd *(faule,)*

✱

Wachtelkönig; **ortygometra**.

Majestätsrechte;

✱

jura majestatica, regalia majora, die man auch *Rechtshochheiten* nennet, seyn Gerechtigkeiten, welche den Zustand und die Regierung des gemeinen Wesens selbsten betreffen. Darzu gehöret: 1) Die Macht Gesätze zu stellen, und Freyheiten zu erteilen. 2) Die Sorge für Glaubenssachen und heilige Dinge. 3) Die höchste Gewalt über geistliche und weltliche Sachen zu sprechen. 4) Das Recht zu kriegen, und Friden und Bündnisse zu schliessen. 5) Die Münzgerechtigkeit. 6) Die Erlassung der Todesstrafen, wo Gott nicht das Gegenteil in seinem Worte geordnet. 7) Hohe Schulen anzulegen; und 8) Jahr- und Viehmärkte anzusetzen. Es gibt aber auch noch andere *Majestätsrechte*, die aber vielmehr die Selbstgewalt und Herrlichkeit eines Landesfürsten zeigen, als aber zur Aufname des gemeinen Besten dienen: z.E. das Recht, königliche, fürstliche, gräfliche und andere Würden zu verleihen, Waffenplätze und Festungen anzulegen, u. drgl. Darvon unterscheidet man die mindern landsherrlichen Rechte, **regalia minora**, welche lediglich die Nutzung aus gemeinen Gütern betreffen, worunter die Steuern, Zölle, Jagden, Geleite, Posten, Erzt- und Salzgruben, Flösse, gefundene Schätze, verfallene Güter, Maulvieh, u. dgl. begriffen werden. (*Jabl.*, *Oberländ.* u. A.)

Malatesta,

ein berühmtes Geschlechte in Italien, führet seinen Ursprung von Herrn Kunrat von Lützelhart, der um seines unrichtigen Kopfes willen *der Letzkopf* oder *Malatesta* genannt worden, weil er, wie *Kunrat von Lichtenau*, der Abt zu Urspringen sagt, Hornussen im Gehirne, **muscas in cerebro**, hatte. (*Deut. Lyk.* Blts. 227.)

Malatsch,

×

Malatz, Malatzige, Malacey, **Malotsch,** *Malotschey,* Aussatz; **lepra.** Von *Mal,* **macula, labes** [Fleck, Makel]. s. *Miselsucht.*

Malberg,

✳×

Gerichtshügel; Berg, wo offenes Gerichte geheget ward, wo die Landsgemeinen sich versammelten, und die Könige vormals erwählt und gekrönt wurden; **collis judicii, mallus montanus, mons placiti.** Deutschlat. **Malbergium, Mallebergium, Malloberg-ium.** Die Benennung kömmt von *Mal,* Gerichte, und *Berg.* Dergleichen *Malberge* waren entweder natürliche oder mit Fleiß und mit sonderbaren Feyerlichkeiten aufgeworfene und geweihte Hügel. Zu den Gerichten erwählte man einen erhöchten Ort, damit alles Volk desto besser zuschauen und zuhören könnte. Gemeiniglich ward eine Linde oder ein anderer schattichter und weitstätiger Baum dahin gepflanzet, der den Richtern und Zuhörern vor Sonne und Regen Schirm geben sollte. Aus gleicher Ursache wählte man zu *dem Malberge* gerne einen Ort, woran sich ein Wäldchen schloß, um nämlich darinnen vor dem Wetter gefristet zu seyn. (*Spelmann,* ***du Frêne,*** *Wachter,* u. A. m.)

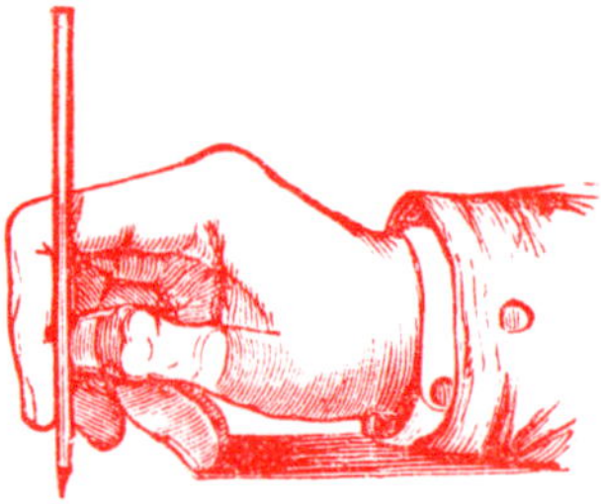

Mann,

✳

nennet der Jäger seinen Leithund, und *Hehle* die Leithündin. z.E. in den Waidsprüchen: *Was da mein Mann? Nun laß sehen, mein Mann! Nun richts aus, mein Mann! Greif wieder, mein Mann, zur Fährte! Nun recht, mein Mann! Habe Recht, mein Mann! Habe Dank, mein Mann.* u.s.f. (*Flemm.* deut. Jäg. T. I Bl. 185 b und 257 a.) s. *Geselle, Kern.*

mannmässig,

✳

der ein männliches Alter und männliche Stärke hat.

mannmässige *Weiber,*

mannbare Töchter; **foeminae viri potentes.** (*Fuchsberger.*)

Marderschaube,

ein kostbarer mit Marderfellen belegter Mannsrock. Deutschlat. **Mardara Scuba.** (***Du Frêne.***)

Martin,

×

ein Starrkopf, der seine Meynung allzu murrisch behaubtet. Ein Solcher war *Martin Grosia*, ein berühmter Rechtslehrer auf der hohen Schule zu Bononien [Bologna] unter Keiser Friderich I. Und nach demselben nennte man eben so auch andere strenge Juristen, und endlich auch einen jeden Starrkopf. (*Du Frêne.*)

St. Martins Bad,

ein herrliches warmes Heilbad in der rätischen Grafschaft Worms, welches die Einwohner allso nennen, weil daselbst eine Kapelle zur Ehre des heil. Martins ehmals erbaut, und bis auf unsere Zeiten erhalten worden. (*Gulers* Rät. Blts. 169.)

St. Martins Krankheit,

×

Morbus S. Martini, ***le Mal de St. Martin*****,** heissen die Alten die Weinsucht und Trunkenheit wegen der vielen Räusche, die an St. Martins Feste und Kirchweihen getrunken werden. (*Du Frêne.*)

Maß *und* Mäß,

jus mensurae & ulnarum [Rechtshoheit über Gewichts- und Maßeinheiten]. In den schweizerischen Handlungen werden mehrmals beide als verschieden angezogen, da denn durch das Erstere, näml. *Maß*, wie es scheinet, das Mäng- und Dürrmaß, **mensura liquidorum & aridorum,** d.i. das Wein- Bier- und Fruchtmaß, durch *Mäß* hingegen das Längenmaß, **mensura lignorum, agrorum, pannorum,** d.i. das Holz- Feld- und Tuchmaß, verstanden werden muß. In der Waldstadt Einsidlen werden Ellen, Gewichte, *Maß vnd Meß* von dem Gottshause genommen, da man auch das rechte Original oder **Archetypon** behält, nach welchem alle andere abgemessen vnd *gepfächt*, (geächtigt oder gerechtfertigt) werden; darüber einem Herrn vnd sonst Niemand anderm die Aufsicht vnd die Vbertretter zu straffen gebürt, inhalt eines Hoffrodels, so allso lautet: – „Ouch sol man wissen, das man das alt *Mäß* haben soll, vnd damit messen, vnd were das einer zuo klein *Mäß* hette, der sol darumb huld gewinnen an einem Herrn von Einsidlen, vnd hat jn ein Herr von Einsidlen darumb zuo straffen, warumb er will." Ist allso *Maß, Mäß*, Elen und Gewichte zu geben Eines von den Regalstücken, vnd ein Kennzeichen, daß Einsidlen sein eigen **Territorium** vnd besonder Landsherrlichkeit habe, sonderlich weil andere nächst vmb Einsidlen gelegene Orte, als in der Mark vnd zu Schwytz selbsten, sich einer andern vngleichen Maß gebrauchen. (**Libert. Einsid.** I p. 30, 31, 49.) Schwächerung der Gewicht, *Maß vnd Mäß*. s. *armer Kunrad.*

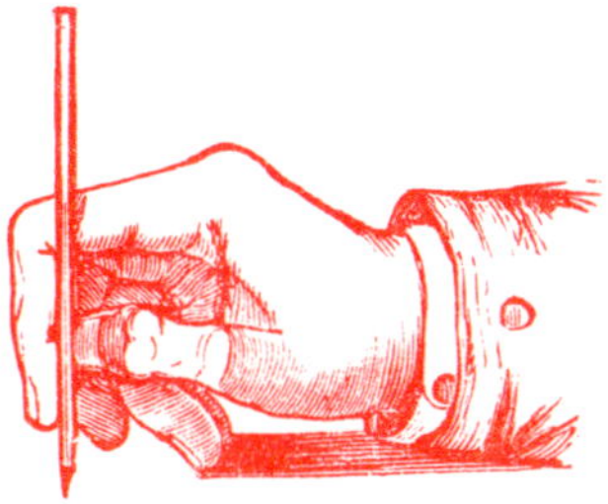

Maulstösser,

×

ein Betrieger mit falschen Heiligtümern und Bilderkästchen, die er auf einem Maultiere herumführt; **agyrta, circulator.** Holl. ***Kosseboeue, Kasjager, Muylstooter.*** **(Nomencl. IUN.)** s. *Himmelreich machen.*

Mausbanner in Schweden.

×

„Da gibt es etliche Menschen, wiewol wenig, welche mit fürgeschrybnen worten vnd zeichen die Meus vnd Katzen in ein gebrochen Eys zwingen. Dise kunst behalten sie bey jnen, vnd erben sie von einander, helfen auch andern Leuten darmit, von den sie angesprochen werden; sie ziehen in dem Haus allenthalben, füeren alle Meus mit jnen hinweg auf ein gebrochen Eys, vnd zwingen die alle in ein Loch, darinn sie ersaufen müssen. Woher aber solche kraft komme, kan man nicht wol anderst sagen, dann von der väterlichen benedeiung in ire kinder eingegossen, vnd nicht von Zauberey." (*Fickler*, Blts. 464.) Dise abergläubische Meynung überläßt man dem Verfasser.

Meerball;

✱

pila marina s. **stagnalis.** Ein ablangrunder [länglicher] gelbbrauner Ball, der auswendig rauch und haricht, inwendig mehrnteils etwas Sand und Muscheln beschleußt. Er wird in dem mittelländischen Meere häufig gefunden, und von Venedig zu uns gebracht, wiewol er auch in dem Weltmeere, ja wol in stehenden Wassern anzutreffen ist. Was er sey, und woher er entstehe, seyn die Meynungen so verschiedlich als zweifelhaft: Die wahrscheinlichste ist, daß der Meerball, wie die Bezoarsteine in dem Magen etwann eines Fisches, aus den Zasern [Fasern] des verzehrten Schilfs, so sich an Steinlein oder Muscheln angehängt, erwachse. (*Jabl.*)

Meiländerwaare,

✱×

heißt bey den Kristallhändlern in der Schweiz der reinste, durchsichtigste und unfärbige Kristall, den sie zu der ersten Klasse rechnen, und gemeiniglich an die Meiländer verhandeln. Die zweyte Klasse nennen sie *halbe Waare*, und die letste *Bruchkristall.* s. *Bruchkristall, halbe Waare.*

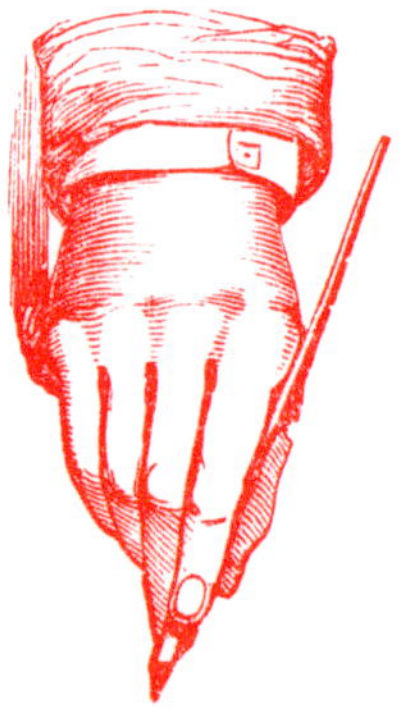

Melanzenapfel,

×

Melanzana; **pomum insanum.** Ital. ***Melanzana*** [Aubergine]; ein fremdes Gewächse in den Lustgärten. (*Huggelin* und *J.L.Fr.*) s. *Tollapfel.*

Melibocus Mons,

Μηλιβοκον ορος [Melibokon oros], nach der Benennung des *Ptolemäus*, die aber, wie von einem des Landes unkündigen Griechen leichtlich geschehen konnte, ohne Zweifel verfälschet worden, und Μηλιβροκον ορος [Melibrokon oros], Melibrocus Mons, d.i. *Brocksberg*, wie ihn die Anwohner noch immerfort nennen, heissen soll. Man übergehet hier die vielerley Erläuterungen, die *Kluver, Wachter*, und Andere von dem Namen Meliboci oder Melibroci geben, weil keine derselbigen zureichet. Darfür gebe ich dem Leser eine andere Mutmassung zu prüfen. Bekannt ist, daß auf disem Berge in den heidnischen Zeiten dem Götzen *Brocken*, welcher Name, eben wie der keltische *Penn* oder *Pinn*, beides einen Berggott und Berg bedeutet, eigene Opfer gebracht, und bey solchen Opfermählern beides von den Pfaffen und Gästen allerhand rasende Spiele getrieben worden. Vielleicht auch versahen die Weiber den Brockendienst, oder hatten sonst den grösten Teil an dem Feste, und desto wilder mag es darbey zugegangen seyn. Und darum ohn Zweifel wird *der Brocksberg* oder *Blocksberg* noch heutzutage für den Tummelplatz der Teufel und Hexen gehalten. Von disem rasenden Teufelsdienste nun, glaube ich, sey diser Berg *Melibrock*, d.i. *der rasende Brocken*, genennet worden, weil *Maling* und *Mäle* in der Sprache der Alten so viel als Wut und Raserey hieß. Wollte Jemand dennoch die ptolemäische Lesung behaubten, und den Berg immerhin *Melibok* nennen, so könnte man mit einiger Wahrscheinlichkeit sagen, es sey vielleicht der Brockengötze in der Gestalt eines Bocks verehret und geküßt worden, und daher komm die Fabel, daß der Hexenmonarch auf dem Blocksberge noch immer in diser Gestalt erscheine, und den gleichen Dienst von seinen Verehrerinnen empfange. Und allso hiesse **Melibocus Mons** so viel als ***der Berg des tollen Bocks,*** oder ***des redenden Bocks,*** von ***malen,*** sprechen, weil solcher, wie man glaubte, seine Orakel auf demselbigen aussprach, und weil nach der gemeinen Erzählung der Teufel daselbst noch heutzutage seine Befehle austeilen soll.

Merida,

(Got.) Märe, Botschaft, Verkündigung, Nachricht. It. Predigt. It. Lobrede.

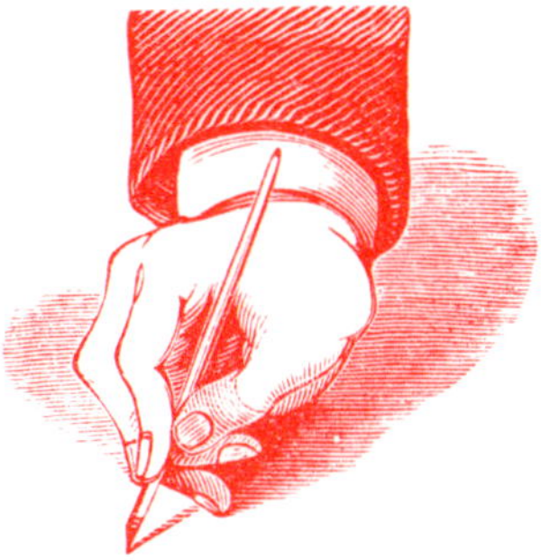

Merlin,

(die,) Amsel; **merula.**

Da die tage sint lanc
vnd das weter wider clere
so vernüwet offenbere
dü merlin ir sanc.

(*Saml. der Minnes.* T. I Blts. 19 a.)

S. Michaëlis Monasterium ad duas Tumbas,

s. de Monte, vel Abbatia Montis S. Michaelis in periculo maris, *Mont S. Michel*, eine berühmte Abtey samt der Stadt in der südwestlichen Ecke der Normandie. Den Namen **ad duas Tumbas** hat sie von Zween Bergen, daran sie ligt, und deren der grössere oder nähere **Tumba**, der kleinere und feinere aber **Tumbella** oder **Tumbellana**, *Tombelaine*, genennet wird. Den Zunamen **in periculo maris** [in Meeresgefahr] gaben die Alten diser Abtey, weil sie bey der Flut jedesmal mit Wasser rings umgeben wird. In der Verordnung Keiser Ludwigs, des Frommen, wegen der fränkischen Klöster, vom J. 817, wird sie wegen ihrer Lage in dem Moraste **Monasterium S. Michaelis maresci primi** betitelt. Deutsch könnte der Ort *St. Michael im Sumpfe* oder *am Berge* heissen.

Middanärd,

×

(AS.) Erdkreis. *Se lässa Middanärd*, die kleine Welt, der Mensch; **microcosmus.** *Middanärdlike*, irdisch, weltlich; **mundanus.** (*Som.*) s. *Mittingart.*

Mierseike,

×

Ameiß, Mirre. (*Silvius.*) Die Endung *eicke* zeigt nur nach der brabandischen Weise ein Minderwort an, und macht glaube, daß das Lat. **formica** [Ameise] und *Wormeike* oder *Wormeken* ursprünglich einerley gewesen.

Miggis,

×

(der,) heißt zu Basel ein Geniste und Gebrüte von allerley Wuste; oder ein Geflechte von Lumpenhändeln, die man nicht wol erlesen darf. Von dem Kelt. *Mign*, Kot, Unflat; **coenum, lutum.** Vielleicht haben auch die Mücken daher den Namen.

Mimring,

×

ein Satyr oder Silvan, von welchem der dänische König Hother ein unvergleichliches Schwert und ein Armband, durch dessen Besitz man zu grossem Reichtum gelangen können, soll erobert haben. (***Saxo* Gramm. L. III p. 40.**)

minkeln,

✱

übel riechen oder schmecken; **graviter olere.** N. klemmte dem Hunde, der ihm einen Knochen gestohlen, das Mark zwischen der Türe zu dem Hintern heraus, und schlemmte es, wiewol *es minkelte*, für Schmutz hinweg. (*Fischharts* deut. Rabel.) Sonst wird das Wort von schweissichten Leuten, unreinen Kindern, u. drgl. gesagt. s. *meckelen.*

Minne, Minna,

(Weibsn.) die da Liebe gibt und hat, und verdienet.

Minne, Kuß.

Dise Bedeutung schliesse ich natürlicher Weise aus dem einfachen Worte *Min*, Lippe, und aus dem Gebrauche der Alten einen jeden Freundschafts- oder Liebesbund mit einem Kusse zu versigeln, und deßwegen auch *Sun*, Kuß, Fride, Versöhnung, und *sünen*, küssen, versöhnen, und Friden stiften, für Eines zu nemen. Vielleicht ist auch *Liebe* aus Lippe entsprungen, und hat ebenfalls ursprünglich einen Kuß bedeutet. Hierher schicket sich wol eine Stelle aus *Ottokars* österr. Chr. Blts. 165 b von Keis. Rudolfen I und der schönen Wittwe des von ihm besigten König Ottokars in Böhmen:

Maniger red losen
(Schmeichelnde)
pegund [begann] er mir jr chosen
[freundlich tun, wie mit einem Kleinkind].
Er sprach: Fraw seit jr dez wissenhaft
wenn man totleich vientschaft
in suen [Sühne] vertilget
die bestetigt man vnd versigelt
ze iungist [zuletzt] mit dem chuz
(mit dem Kusse.)
Wolt jr [ihr] alsus
gegen mir tuen
so west ich wol daz *die suen*
zwischen vns ane schrancz [Bruch, Riss]
stet wer vnd gancz.

Vergl. mit *Mundsöhne*.

Minstralen,

wurden endlich in den mittlern Zeiten gewisse Meistersänger, Pritschmeister und Hofpoeten genennet, die mit den ehmaligen Barden der Gallier und Germanier einerley waren, und ihren Herren um die Hülle und Fülle, was sie verlangten, reimten, sungen, pfiffen, schnarrten, und auf allerley Saiten spielten, oder auch, wie die kurzweiligen Räte unserer Zeiten, ungereimt genug sagten. Anfänglich war ihr Amt so nützlich als rühmlich. Sie besungen die Taten der Helden, und anderer um das Vaterland verdienter Männer, sonderlich aber der Ahnen ihrer Guttäter, bey grossen und feyerlichen Versammlungen, um dardurch einen preiswürdigen Nacheifer in den Herzen der Enkel und anderer Zuhörer zu erwecken. Bey dem Antritte der Schlachten, oder auch bey einem Zweykampfe, traten sie mit ihren Harfen vor den Kämpfern her, um solche mit allerley so wol zum Lobe der vaterländischen Helden, als auch zur Beschimpfung der Feinde, verfassten Liedern zu einem tapfern Grimme und Angriffe zu entzünden. Wenn ein Sig erfochten ward, so ermangelten sie nicht, die Umstände und Früchte desselbigen in Lieder zu bringen, und bey feyerlichen Anlässen dem Volke vorzuspielen, welches auch dergleichen Gesänge sehr begierig auffieng, und der Jugend zum ewigen Andenken einprägte. Bey Krönungs- und Huldigungsfesten, oder wenn ein Grosser ein hohes Amt antreten sollte, hatten sie das Herz, Fürsten und Könige allerhand treffliche Lehren zu geben, wie sie sich in ihrer Würde zum Segen des Landes und der Nachwelt machen sollten. Durch dergleichen löbliche Bemühung brachten sie die Dichtkunst in so grosses Ansehen, daß sich auch gekrönte Häubter darmit beschäfftigten. Solche *Minstralen* hielten auch ganze Stände in ihren Diensten, wie man denn Spuren hat, daß die hochlöblichen Kantonen Bern, Lucern und um Stats- und Uri, und die Stadt Chur dergleichen Feldpoeten, von welchen die Schlachten bey Morgarten und Sempach, wie auch der Burgunder- und Schwabenkrieg besungen worden, in ihrem Solde gehabt, und mit heroldsmässiger Kleidung versehen haben. Mit der Zeit aber mißbrauchten sie die Dicht- und Singkunst zu allerley Possenspielen und Schnödigkeiten so wol bey grossen Herren, als auch bey dem gemeinen Volke, daß man sie endlich unter den fahrenden Spielleuten und Gauklern, welche den Kriegszügen, Reichstagen, Kirchenversammlungen, Kirchweihen und Schließfesten und vornemen Hochzeiten in unzählbarer Mänge nachzogen, nicht mehr zu unterscheiden wußte. Sonst liessen sie sich für ihre Lieder und Spiele trefflich wol bezahlen, und sie trafen auch unter den Fürsten solche Liebhaber ihrer Kunst an, die aus Begierde dardurch geschmeichelt und berühmt zu werden, ihnen die kostbarsten Kleider von dem Leibe schenkten, und Andern, die es nicht so wol vermochten, Anlas gaben, nicht nur ihr eigenes, sondern auch entlehntes Gut an die Sänger zu verschwenden, und darüber an den Bettelstab zu geraten. Endlich ist von disen *Minstralen* zu merken, daß sie für die Urheber der sogenannten *Romanen* oder Liebs- und Heldengeschichte angegeben werden. Wegen der Verachtung, in die sie sich endlich abgegeben hatten, wurden sie nicht mehr **Ministeriales**, sondern **Ministrelli, Scurrae, Mimi**, und wol ärger betitelt. In dem Französischen blieb der Name ***Menestreux*** oder ***Menestriers***, und ***menestrauder*** hieß die Rolle eines *Minstralen*, Hofnarren und Possenreißers spielen. Engl. ***Minstrels***.

Mittelgut,

✳

mittelmässige Waare. Will man eine Tonne Heeringe ins Haus kaufen, so gebe man Achtung auf das Zeichen, das man zu Lübeck darauf reißt. Denn da sind sonderliche geschworene Leute darzu, so die Tonnen besichtigen und zeichnen. Ist ein ganzer Zirkel auf der Tonne, so ist es das beste Gut; ist er nur halb, so ist es *Mittelgut*; ist nur ein Drittel vom Zirkel, so ist es nicht so gut, als *das Mittel*. (*Kohl.* Hausb. T. I B. IX 34.)

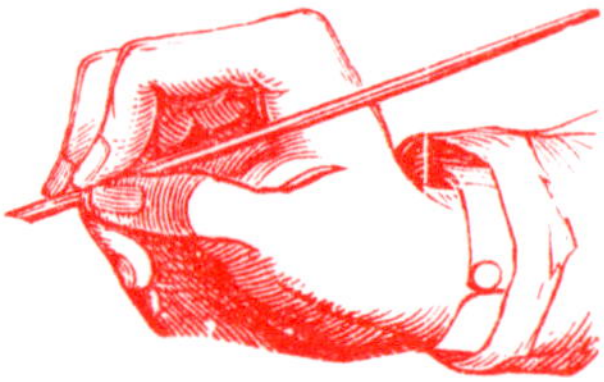

Mockvogel
oder
Spottvogel;

✳ ✕

Engl. ***Mockbird***: ein gewisser Vogel in Virginien, der die Stimmen der andern Vögel gar artig nachäffet, und daher den Namen führet.

Möndlinge,
✱ ×
Einwohner des Mondes; **incolae lunae, selenitae.**

moggicht,
brockich, klotzicht.

Moldwurm,
—
Molch, Eidechs; **lacertus.** (Geßner.)

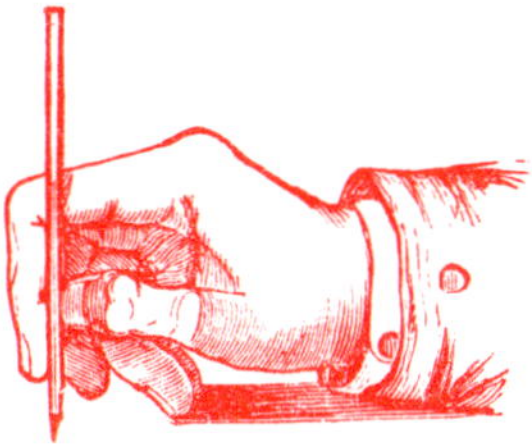

Mollenreich,
das Grab, das Reich der Todten. N. ward mit einer welschen Feige in *das Mollenreich* abgefertiget. Von *Moll,* Erde.

Molnheim,
nennet man im deutschen Sprüchworte, als das Widerspiel von Lalleburg [Schildburg]. Wenn man das Lat. **Naviget Anticyras** [Er soll nach Anticyra fahren.], verdeutschen will, so heißt es: *Fahre hin gen Molnheim,* und lasse dir den Gecken schneiden. (*Faber.*)

Mondauben
oder *Monatdauben,*
seyn eine sonderbare Gattung Dauben, die man **menstruas** s. **graecas columbas** [monatliche oder griechische Tauben] nennet, darumb daß sie alle Vier Wochen legen, und immer Eyer und Junge beysammen haben, ausgenommen im Christmonat und Jänner. Die seyn gemeiniglich schön von Farben, entweder gar rot, oder gar schwarz mit weissen Schwänzen, oder seyn gar weiß mit schwarzen oder roten Köpfen und Schwänzen. Dise Gattung möchte man wol *Stadtdauben* heissen, weil man sie nur in den Städten hält, und nicht gerne ausfliegen läßt. (*Kohl.* Hausb. T. I B. XIII 192.)

mondläunisch,
✱ ×
mondsüchtig; **lunaticus**, dessen Laun mit dem Monde wechselt.

Mondregenbogen
✱
oder ✱ *Nachtregenbogen*; **iris lunaris.** Von diser seltenen Luftgeschichte sehe man *Scheuchzers* helv. Naturg. T. II Blts. 42, 43.

Mondsflecken,
✱
seyn gewisse dunkele Teile in dem Monde, welche das empfangene Sonnenlicht nicht auf unsern Erdboden zurückschlagen. *Alte* und *unveränderliche Mondsflecken* werde mit blossen Augen gesehen, und sollen in Seen und Flüssen bestehen. *Neue* und *vergängliche Mondsflecken* richten sich nach der Stellung des Mondes, mit welchem sie ab- und zunemen. Sie werden für Schatten der Berge und Felsen gehalten.

Mondstein,

*

ein wunderbarer pechschwarzer Stein mit einem weißlichen Pünktgen, dessen Wechsel das Wachsen und Abweichen des Mondes anzeiget. (*Lessers* **Lithoth.** S. 1114, 1115.) s. *Sonnenstein.*

Mondwickerinnen,

* ×

Priesterinnen und Wahrsagerinnen aus dem Monde, von denen die Germanier glaubten, daß sie eine vorzügliche Känntniß von den Einflüssen und Wirkungen des Mondes hätten. Dise Wickerinnen bestimmten nach dem Ab- und Zunemen des Mondes die Zeit, da man einen Feind aufsuchen und angreifen dörfte, welches sie niemals vor dem Neumonde erlaubten; entweder weil sie darfürhielten, daß sich mit dem wachsenden Lichte desselbigen zugleich auch die Stärke und Tapferkeit in dem Menschen erneuerte; oder wenn auf solchen Tag das Fest *des Mans* einfiel, da man disen Götzen vorher durch Abstattung der gewöhnlichen Opfer zum Freunde machen, und alles Volk zu Liferung einer Schlacht heiligen wollte. Die Germanier verehrten *den Man*, als den Geber alles Gedeihens und den Vater der Zeit, und hielten deßwegen die Tage, da er in das neue oder volle Licht eintrat, für die glücklichsten zu allen ihren Ratschlägen und Unternemungen. Wenn denn irgend ein schlauer Feind, wie z.E. ein Julius, der sich sonst schwärlich hinter sie geraut hätte, Mittel fand, Dieselben vor solcher Zeit zu einem Treffen zu nötigen, so konnte er um so viel gewisser seyn, daß er ihnen, alldieweil sie wider Macht, Glauben und Gewissen fochten, den Sig rauben würde. Der strenge Dienst, den die Helvetier, wie alle Gallier überhaubt, *dem Mangötzen* leisteten, läßt uns nicht zweifeln, daß auch sie zuweilen durch eine unglücksälige *Mondwickerey* verführt worden.

mosaische
oder
musivische Arbeit;

musiva opera; ***Mosaique***, eine künstliche Versetzung kleiner Steinchen von mancherley Farben in einen bindigen Kalk, wodurch allerley Figuren vorgestellet werden. Die Alten haben Stücklein von Marmor darzu genommen, weil es aber viele Mühe und Zeit kostet, dieselbigen zu schleifen, hat man dergleichen von Glas oder Schmelz zu machen erfunden, wodurch der Schönheit und Dauerhaftigkeit nichts abgehet, die Kosten aber merklich vermindert werden. Es werden aber zu der *mosaischen Arbeit* die durch Kunst zubereiteten Steine folgender Gestalt zugerichtet: Wenn in den Glasöfen auf den Glashütten die Tigel voll von geschmolzenem fertigen Glasstoffe seyn, so tut man in solche Tigel die Farbe, von welcher man das Glas haben will, und hebet von der hellsten an bis auf die dunkelste. Hierauf nimmt man mit einem eisernen Leffel das geschmolzene und gefärbte Glas aus, teils auf einem ebenen und glatten Marmorstein, und macht es mit einem andern Marmor ganz platt, schneidet es hierauf geschwinde in kleine Stückgen, macht sie auf der Einen Seite mit Gummiwasser naß, und legt die Goldblättgen darauf; sodann legt man es auf einer eisernen Schaufel vorne ins Ofenloch, decket sie mit andern Glasstücken zu, und läßt sie so lange liegen, bis sie ganz glühend worden, ziehet sie hernach heraus, und läßt sie erkalten, so seyn sie so stark vergüldet, daß man das Gold auf keine Weise darvon bringen kan. Wenn man sie nun verarbeiten will, so hat man die Figur, die darvon soll gemacht werden, auf gepapptes Papyr abgezeichnet und ausgemalet, die legt man auf eine dicke mit Kalke beworfene Mauer, eben als wenn man auf Kalk (**al fresco**) malen wollte; man nimmt hierauf mit kleinen Zänglein die kleinen Glasstückchen, und drückt so Eines nach dem andern in den nassen Kalk nach der vorhabenden Figur hinein, und darmit ist das Werk fertig, und wenn es hart worden, unvergänglich. (*Jablonsky*.) Dise Kunst war in den Abendländern, seitdem es mit den Römern zur Neige gekommen war, beynahe Fünfhundert Jahre in Vergeß geraten, dargegen aber von den Griechen so hoh gretrieben, daß bald alle Häuser zu Konstantinopel musivisch ausgeziert waren. Durch *die Musivarbeiter* diser Stadt, welche von allen Enden her beschrieben wurden, breitete sich die Kunst wiederum auf das Neue in Italien und weiters in den europäischen Ländern aus. Wie geschickt Dieselben gewesen, ist aus ihren Kunststücken zu urteilen, indem sie in grossen Marmorwänden ganze Geschichte und Landschaften eingelegt, und Menschen, Tiere, Bäume, Früchte und Blumen in ihren natürlichen Gestalten, Farben, Zügen und Lichtwechseln so meisterlich, als ob Alles lebte, vorzustellen gewußt. Diser Künstler gab es zweyerley, nämlich **Musivarios** und **Quadratarios**, d.i. *Figuren-* und *Rautenkünstler*, deren die Ersten die Wände, die Andern aber die Estriche oder Böden auszierten. Zu bemerken ist endlich, daß man ihre Arbeit besser *musivisch* als *mosaisch* nenne, weil man disen Namen am schicklichsten von dem Gr. μουσικος [mousikos], wodurch etwas zierlich geordnetes und zusammenstimmendes angedeutet wird, herleiten möchte.

s. ***du Frêne*** in **musivum opus**.

den **Mund** *Jemand* **schnüren,**

✱×

Einem zum Schweigen helfen, und das Maul stopfen; **redigere ad silentium**.

Mundsöhne,

✱ ×

✱ *Mundsöhnung*, Bestetigung und Versiglung eines Vertrages mit einem Kusse; **transactio** s. **conciliatio firmata osculo**.

Murschel,

×

(das,) Bissen. Franz. ***Mourceau***. Manig *murschel* gesotten vnd gebraten. (*Heldenb.* Bl. 68, 6.) s. *Mursel*.

Mussel,

(der,) ein wildes Tier in Spanien und Korsika, das unsern zahmen Schafen nicht gar unähnlich ist, dessen Wolle aber mehr den Ziegenharen, als der Schafwolle, gleichet. (*Kohl.* Hausb. T. I B. XII 3.) [Mufflon?]

Muter,

Bauchgrimmen. Das grimmen oder *die muoter* im bouch haben; **affici torminibus** [Leibschmerzen haben]. (*Fries.*)

Muterfarben,

die Haubtfarben, woraus die andern zusammengesetzet werden. Ist ein Farbenwort.

Muterglaube,

✱ ×

ist der Glaube der heiligen, allgemeinen christlichen Kirche; bey den Schriftstellern der römischen Kirche aber insbesondere der römischkatholische Glaube.

Muterigel;

✱ ×

echinometra, ein grosser Meerigel, dessen Mitte ein **pudendum muliebre** vorstellet. (*Geßn.*)

Mutjahr,

wird das Jahr genennet, welches man bey gewissen Handwerkern zu Erhaltung der Meisterschaft über die Lehrjahre aushalten muß; z.E. bey den Mäurern, da man zuvor *ein Mutjahr* als Polirer zu arbeiten verbunden ist.

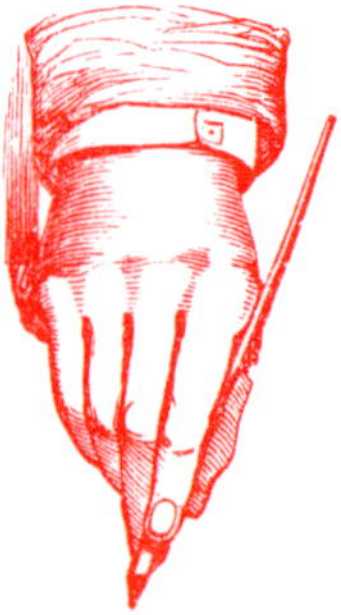

Mutschaschen,

seyn eine Gattung sehr milder, fetter und leichtschmelzender Käse von Büffelsmilch, die in Italien kugelicht und in der Grösse einer Faust verfertiget, und zu halben Dutzenden an einander gehängt werden. (*Geßn.* Tierb. I Bl. 32 b.)

Mutter,

×

Mauter, Zöllner.

Mutz,

(der,) ein Tier, dem der Schweif gestutzt worden. In dem Sprüchworte sagt man: Krieget der Esel in den ersten Zehn Jahren keinen Schwanz, so bleibt er sein Lebtag *ein Mutz.*

n

Nabel der See;

umbilicus maris, wird von den Seefahrern nach der Redensart der alten Dichter der Malstrom bey Norwegen genannt. (*Rudb.* **Atlant. p. 307.**)

Nacheile
oder
Nachjagd,
✳

persecutio, ist, wenn gefährliche Reisige und Fußknechte, Freybeuter, Landfridbrecher, Diebe, Zigeuner, Mörder, Mordbrenner, und dergleichen Gesinde durch öffentlichen Klockenschlag verfolget werden, da jeder Nachbar solche *Nacheile* auch von einem Amte und Gerichte in das andere zu verrichten verbunden ist. (*Jabl. Wehner* und *Besold.*)

Nachfasching,

heißt in Oesterreich, was wir in der Schweiz die alte Fasnacht nennen. s. *befreyter Sonntag*.

Nachjünger,
✳ ×

der einen Jünger eines Haubtlehrers zum Lehrmeister hat. Allso war z.E. Irenäus *ein Nachjünger* der Apostel, weil der smyrnische Bischoff Polykarpus, ein Jünger des Apostels Johannes, sein Lehrer gewesen war.

nachstechen *Einem,*
✳

den Esel stechen, Zunge und Finger zum Gespötte wider Jemand ausstrecken; **digitum ostentare, linguam canis hiantis aemulari, illudere, subsannare** [den Finger zeigen, die Zunge eines gierigen Hundes nachahmen, verspotten, durch freche Gebärden verhöhnen].

Nachtblinzler,
✳ ×

Nachtnibler, der den Nachtnebel hat und bey Lichte nichts sieht; **nyctalops**.

Nachtfest,
✳

nächtliches und schändliches Bachusfest bey den Griechen und Hetruriern; **bacchanalia**. (*Richel*, Blts. 645.)

Nachtfisch,

heißt zu Lucern der Balch oder Bläuling, **alba caerulea**, in dem ersten Jahre, wenn er um St. Johanns Tag im Sommer fingerlang erwachsen ist, weil er alsdann in dem See da herum nur zu Nacht in 40 oder 50 Klafter tief gesetzten Netzen gefangen wird. (*Cysat* Blts. 61.) s. *Felk, Bläuling, Buchfisch, Seele.*

Nachtflege,
×

(Niders.) Kopfzeug des Frauenzimmers bey Nacht. (*Richey.*) s. *Flege.*

Nachtigall *auf der Pfülbe,*

heißt bey den Holländern eine Bettgenössinn.

Nachtritter,
×

Hexenmeister. *Nachtritterinn*, Hexe.

Nachtwölfe,

✱

welche die Nacht lieber als den Tag haben; **lupi caeci [verborgene, dunkle Wölfe]**.

Nackmantel,

ehmals eine Gattung leichter Schultermäntelgen des straßburgischen Frauenzimmers. – Wann Weiber vnd Jungfrawen *nackmäntlen* haben, die entweder durch die breite durchsichtige bendel die Brust entblössen oder sonsten so klein sind, daß sie das leichtfertige Gemüth nicht verdecken können. (*Straßb. Pol. Ord.*)

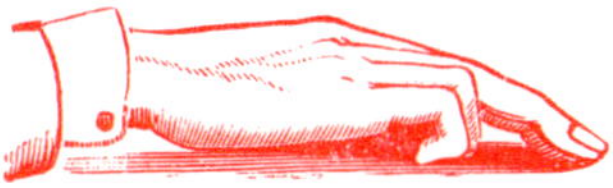

nackte Huren,

weisse Zeitlosen, allso genannt, weil sie ohne Kleider oder ohne Kraut erscheinen. (*Bocks* Krtrb.) s. *Uechtblume*.

Nagel,

✱

ein grosses Haubtweh, das über den Augen wütet. (*Bocks* Krtrb. Bl. 318 b.) Ist eigentlich die **hemicrania**.

Narren *über Eyer setzen*;

(sprüchwörtl.) sich ungeschickter Hülfe bedienen; **bove venari leporem**, [den Hasen] mit Ochsen jagen.

Narrenfinger,

Mittelfinger. (*Spate.*) s. *Metzgerfinger*.

Narrenklocke,

×

nannte man schon in dem XII Jahrhundert die Mettenklocke, welche die faulen Münche erweckte. s. ***du Frêne*** in **Evigilans stultum**.

Narrenschlitten,

✱

nennet man in Holland die mit Schellenpferden bespannten Lustschlitten, worauf man bey guter Schneebahn durch die Strassen einer Stadt fährt. Hol. ***Narresleede***.

Narwal,

✱

(der,) Einhornfisch. Bey den Grönländ. **Towack**. Nun ist es ausgemacht, daß das ihm zugeschriebene Horn ein weit voraus ragender Zahn sey. Lat. **unicornu marinum [Meereseinhorn]**.

nathanisch,

×

(Hamburg.) eigennützig, habsüchtig, vorteilsüchtig, **habendi cupidus**, der von allen Dingen etwas an sich zu ziehen trachtet. (*Richey.*)

natürlicher Meister,

hieß vorzeiten auser den Gottsgelehrten ein jeder Meister in irgend einem Teile der Gelehrsamkeit; z.E. ein Weltweyser, Geschichtschreiber, Kunstredner, Sternseher, Rechtsgelehrter, Arzt, u. drgl. (*Kob. Chr.* einmal über das andere.)

Naturglaube;

×

deismus. *Naturgläubiger*; **deista**, dessen ganzer Glaube darinnen bestehet, daß ein Gott sey.

Naturweyser,

*

natürlicher weyser Meister, Weltweyser; **Philosophus.**

Naupe,

(der,) Knorre, Knote. Got. *Hnauf.* Schweiz. *Knaupe.* Das Böse, dessen *Naupen* bewußt, und deren man man gewöhnet, ist nimmer für so böse zu achten, als das Neue, welches auch seine Mängel hat, die aber Einen schwärer ankommen. (*Lehm.* Blts. 526.)

Naupen,

*

kleine Aufwürfe und Knöpfchen von Wolle an dem Tuche. It. die kleinen Holperigkeiten an küpfernen oder andern Platten. s. *Noppe.*

Nauper,

* ×

* *Naupeisen,* ein kneipendes Werkzeug der Tuchbereiter, das Tuch damit von den Naupen zu reinigen und zu gleichen.

Nebelkappe;

So hiessen ehmals die deutschen Fabeldichter nicht nur eine Kappe, die denjenigen, der sich darmit bedeckte, unsichtbar machen sollte, sondern auch alle andere geheime Mittel, die nach ihrem Vorgeben eben dise Wirkung taten. „Künig Elberich, sagt *Osterdingen*, nam *ein fingerlin* (einen Ring) an sine hant. Do was ein stein in, wer den bi im hette den mocht nieman gesehen, der heißt *ein Nebelkapp.*" (*Heldenb. Vorr.*)

Nebentätle,

×

(das,) Nebenfach, Nebengehälterlein. Ich habe immer etwas im *Nebentätlein* für einen guten Freund. s. *Tätle.*

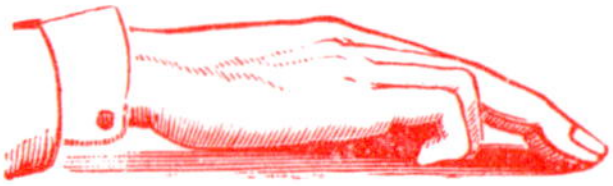

Neckverse:

×

Wenn vorzeiten in Engelland ein überzeugter Übeltäter, der das Leben verwirkt hatte, und sonderlich ein Todtschläger, sich der geistlichen Freyheit anmassen wollte, so ward ihm ein lateinisches Buch mit alter Münchsschrift vorgelegt, mit dem Befehle, ein Par Verse daraus zu lesen. Wenn dann der Geistliche von *Newgate* sagte: **Legit ut Clericus**, *Er list wie ein Geistlicher*, so entließ man den Mörder der Bande, und brannte ihm lediglich ein Zeichen auf das Beer [Kuppe] des rechten Daumens. Und solche Lesprobe oder die abgelesenen Zeilen nennet man *Neckverse. Bailey* sagt nur überhaubt daß das Zeichen dem Übeltäter auf die rechte Hand gebrannt worden. Jedoch die eigentliche Brandmarkung in solchem Falle ist sonst bekannt. Es ist aber diser Gebrauch schon längst abgekommen.

Neffschaft,

✳

der Gebrauch einiger Päpste ihre Neffen und Verwandte zu befördern; **nepotismus.** Papst Innocentius XII machte *der Neffschaft* ein Ende. Holl. ***Neefschap.***

Nest,

✳

nennet das Frauenzimmer die auf der Scheitel zusammengezogenen und unter einem Teller von steifem Zeuge eingesteckten Hare.

Nestelknüpfen;

✳

maleficium ligaminis; eigentlich eine Gaukeley, da vermittelst eines Nestels, welchen man aus eines Andern Hosen ziehet, und mit gewissem Segensprechen knüpfet, die Mannheit benommen wird. In den Rechten wird *das Nestelknüpfen* als eine Zauberey angesehen, und die Strafe wol gar bis zum Schwerte erstrecket.

Netzwasser,

×

Harn. Dem König Egypten Ammenofus, der erblindet war, ward erst nach 11 Jahren geraten, er solle sich mit einer frommen Frauen, die auserhalb ihres Mannes bey Niemand geschlafen, *Netzwasser* waschen, so würde er wieder sehend. (*Deut. Lyk.* Blts. 49.)

Nibling,

Nibelunch, (Manns,) Blinzer; **caecutiens**; oder der sich mit einer Nebelkappe unsichtbar macht. Disen Namen legen die alten Meistersänger gewissen Bergmännchen und Zwergen bey, die sich auf allerley Zauberwerk verstunden, und wegen ihrer finstern Wohnung auch blinzen mußten.

niedeln *die Milch*,

×

d.i. die Niedel oder den Ram darvon abnemen.

Niemand *soll sich selbsten leben*;

(Sprüchw.) Der Baum trägt sich nicht selbsten Früchte. Das Schaf läßt sich für Andre scheren. **Nemo sibi nascitur** [Niemand wird für sich selbst geboren.].

Niemandsfug,

×

(der,) aller Welt Last; **nemini commodus, inutile terrae pondus** [der keinem genehm ist, unnütze Last der Welt]. Keiser Commodus, billicher *der Niemansfuog*. (*Keller.*)

Nisserich,

✳ ×

(Schweiz.) Geizhals; **triparcus [dreimal sparsam, überaus geizig].** Schwed. *nisk*; **parcus [knauserig]**. Zu Basel heißt es *ein Nissi*.

Nocken,

✳

seyn ein böhmisches, aus Mähl, Eyern, Butter, Gewürze, u. drgl. bestehendes Essen, welches wie Schneeballen geformt und in dem Ofen gebacken wird. (*Frauenz. Lex.*)

nollen;

ruere in venerem [Geschlechtsverkehr haben]. So der Wallfisch *nollen* wil, streckt er den zumpel heraus. – Die Wallfisch *nollend* gelych anderen thieren, ja nit vngleich dem menschen. (*Geßn.* Fischb. Bl. 87 b und 88 a.)

Nordwal,

×

ein gewisser Walfisch, der vom Tau und Regen lebt: ist 12 Schritte lang und breit. (*Geßn.* Fischb. Bl. 87 b.)

Nothäuslein,

×

nennet man zu Luzern und in der Umgegend die an den Ufern des Waldstädtersees hier und dar aufgerichteten Schirmhütten, wo bey androhendem Ungewitter und Sturme die Schiffleute mit ihrem Volke landen und geborgen seyn können.

Nothelfer *(die Vierzehn,)*

seyn S. Barbara, S. Jörg, S. Eustachius, Dionysius, Erasmus, Egydius, Christoff, Pantaleon, Achatius, Blasius, Ciliacus, Vitus, Katharina vnd Margareta. (*Herbster*, aus einer Urk. von 1495.)

Nothemde;

✳

indusium magicum, indusium necessitatis [magisches Hemd, Nothemd], ein gewisses Zauberhemde, dergleichen die Kriegsleute noch in dem vorigen Jahrhundert trugen, in der abergläubischen Einbildung, daß sie darmit vor Schuß, Hieb und Stoß gesichert seyn sollten. Ein solches *Nothemde* pflegte man auch den Weibern in Kindsnöten anzulegen, damit sie desto leichter genesen möchten. (*Schottel* von unterschiedl. deut. Rechten, Blts. 342.)

notlächeln,

✳ ×

freundlicher und fröhlicher tun, als Einem zu Mute ist; **habitum vocesque ridentis simulatione induere** [Art und Stimmlage eines Lachenden durch Verstellung annehmen].

Notmünze,

✳

lederne oder papyrene Münze, welche in Belagerungen oder andern Nöten geprägt oder gestämpelt, und zu gewisser Zeit um den gesetzten Wert wieder eingewechselt wird.

Notruf,

✳

ist der öffentliche Ruf um Hülfe in Feinds- Wassers- und Feuersnot, oder der Zetterruf eines Frauenzimmers, welches von einem bösen Buben Gefahr leidet.

Notweg,

✳

Kirchweg, da zu beiden Seiten eines Braut- oder Leichwagens eine Frau ohne Beschmitzung ihres Kleides und Schleyers gehen kan.

nückisch,

arg, tückisch, heimlich boshaftig, dem nicht zu trauen ist; **subdolus.** (*Richey.*)

nüderen,

nüslen, durch die Nase reden. (*Mahl.*)

nüechtelen,

sagt man in der Schweiz von dem Atem nüchterner Leute, der noch durch kein Frühstücke verbessert und erträglich worden; deßgleichen von Gefässen flüssiger Dinge, die lange lär gestanden, und einen müchzenden Geruch angezogen.

nüechtelen,

(sprüchwörtl.) Womit man neue Häfen füllt, nach disem *nüchteln* auch die Scherben; **Quo semel est imbuta recens, servabit odorem testa diu.**

Nüscheler,

×

Nuschenmacher, Häftleinmacher; **fibularum & monilium artifex.** s. *Nusca, nüscheln.*

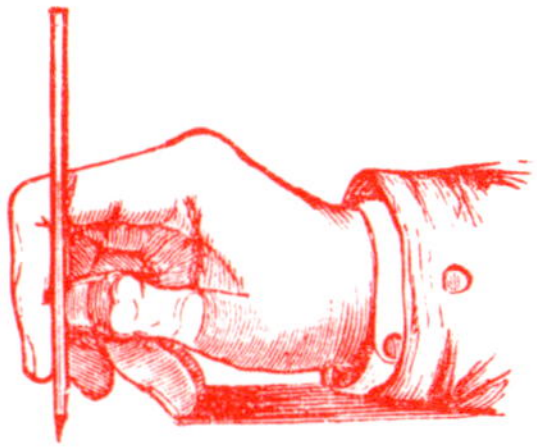

nüscheln,

häfteln. It. raufen, pfetzen. Ich habe gegebyn myne wangen *den nuschilden*, (für *nuschilinden*, nuschelnden,) **dedi genas meas vellentibus**, denen die mich rauften. Esaj. L. (*Alt. Miss.*) Von *Nüschel*, Häftgen, **fibula, spinter [Klammer, Spange]**.

Nuß,

(sprüchwörtl.) *Er hat immer harte Nüsse zu krachen.* Er findet Alles hart; Er ist nie zufriden. *Er beisset seine Nüsse im Stillen*; Er machet seine Sachen ganz heimlich aus; Er weiß sich wol zu besorgen.

Nysenase,

(NS.) nasweyser Schwätzer; **nasute dicax.** *Nysenasen*, nasweyse Reden führen. Sonst heissen es die Nidersachsen: *wysen Wind hebben.* (*Richey.*)

Oberalte,

(der,) **Senior**. *Der Oberalte* des deutschen Parnasses, wird in einem Singgedichte von 1758 *der Herr Prof. Richey* genennt.

Oberenke,

Oberknecht, der Nächste nach dem Oberschirrmeister oder Gesindsvogte. (*Schilt.* Anmerk. über Königsh. Blts. 474.)

Oblage,

*

schreiben die Rechtsgelehrten seit anderthalb Hundert Jahren für *Obligenheit*, Pflicht, **officium**. It. für *Auflage*, **tributum**.

Obley,

heißt insbesondere auch bey einigen Lehnen das Recht, einen Dorfstier und Eber zu halten, und von den Untertanen darfür ein gewisses Stier- und Ebergeld einzuziehen. (Jabl.)

Obstgöttinn

*

in dem römischen Heidentum; **Pomona**.

Ein Ochs, *der gerne stößt, hat gerne kurze Hörner;*

Dat Deus immiti cornua curta bovi [Gott gibt dem wilden Ochsen kurze Hörner]. Engl. ***Cors'd Cows have short Horns***. Sprüchwort wider Diejenigen, welche gerne schaden möchten, wenn sie nur könnten.

Ochsengeyr,

* ×

Cuntor, Condor, ein ungeheurer peruanischer Raubvogel, der mit seinem Schnabel eine Ochsenhaut durchdringet. Zween solcher Geyre werden eines Ochsen mächtig, daß sie ihn umbringen und aufzehren.

Ochsenherz;

*

bucardites, ein Stein, der von seiner Gestalt und Grösse den Namen bekommen. Einige halten ihn für eine versteinerte Muschel, Andere aber wollen daran zweifeln, weil er auch in der Schweiz und andern von dem Meere weit entlegenen Ländern gefunden wird, welcher Einwurf jedoch durch unzählige Beweistümer einer allgemeinen Flut, die vormals auch über die Schweiz ergangen, unschwär zu widerlegen ist.

Ochsenköpfe,

*

* *Königskichern*, Wasserdistel, Wassernüsse; **tribulus marinus, cicer imperiale, caput bovinum**. (*Ernsting.*)

Ochsenkopf,

×

war das Wapen der alten Kimbern, wie *Plutarchus* in dem Leben des Marius meldet. Auf der Insel Gotland seyn unterschiedliche alte, mit *einem Ochsenkopfe* geprägte, Münzen aufgegraben worden. Man hält nicht ohne Grund darfür, daß die Kimbern den neuen Mond haben dardurch abbilden wollen. Denn solchem pflegten sie in dem neuen Lichte zu opfern; und es scheinet, daß dises Opfer *ein Ochsenkopf* gewesen sey, weil sie im Gebrauche hatten, ihren Götzen die Köpfe der Tiere zu opfern, und es bey den Alten etwas Gewöhnliches war, das zweyhörnige Licht des Mondes unter disem Bilde vorzustellen. s. *Arnk.* I Blts. 41 und hierunten *Ridegast.*

ödes Geld,

✱

müssiges, todtes Geld, das nicht arbeitet, und keine Zinse trägt; **nummi vacui.**

Oefener,

×

heißt um Frankfurt an dem Mayn ein gewisser kleiner Sangvogel. (*Geßner.*)

Oel,

(das,) Bier. Angels. *Aela.* Isländ. *Ol.* Von *alan*, nähren, mästen. *Rostockeröl*, Rostockerbier. (**Colerus.**)

Oelfarbe,

hat ein Niderländer, und namentlich Johann von Eik ungefähr im J. 1410 erfunden. (*Federmann* und A. m.)

Oelschnecke;

✱

cochlea oleariorum, ein grosses Schneckengehäuse, dessen sich die Alten bedienten, das Oel darmit auszumessen und zu schöpfen. (*Plin.* und *Geßn.*)

Ofenrohr,

✱

eine beschlüssige [verschließbare] Höhlung in den Oefen, in welcher die Speisen warm gehalten, bisweilen gar gebraten oder gekocht werden.

Ofentür,

Abenteuer. *Ofentürer*, Abenteurer. (*Geil.* Pilg.)

offene Hand *haben,*

✱

keine Partey nemen, sich keinem Teile verpflichten; **integrum se servare.**

Ohnhödler;

✱ ×

anorchis, eunuchus natus.

Ohnmünder;

✱

Astomi, fabelhafte Völker in Ostindien, von welchen man gedichtet, daß sie keinen Mund gehabt, sondern nur von dem Geruche der Wurzeln und Kräuter gelebt haben. (Plinius.)

Ohrklinke,

×

Ohrfeige; **alapa, colaphus.** (*Kil.*)

Ohrkröspel,

×

(der,) Ohrläpplein; **extremum auriculae.** (*Frosch. Bib.* II B. Mas. XXIX 20.)

Ohrleiter,

✱ ×

Schneckenstiege, Wendeltreppe, (Zerglid.) **scala cochlearis.**

Ohrley,

×

(die,) Ohrwurm; **scolopendra**. Wer *ein orley* in sinen oren hab, der sol wermuot nemen vnd sieden in wasser, vnd sol den rouch in die oren empfachen do jm nit we inn ist, so kriechent *die orley* herus. Er sol aber vor das or, do die würm inn sind, mit honig besalben. (*Geschr. Arzneyb.*)

Ohruwel,

×

(der,) die Ohreule, eine Nachteule oder grosse Eule mit Ohren; **noctua, avis feralis, sola noctu volans**. Darfür sagt man zu Basel *Horeuel*; z.E. von Weibsbildern, die sich scheußlich aufsetzen, und aus ihren stroblichten Haren wie die Ohreulen sehen. Ein solcher Vogel heißt sonst *Berghuw*.

Ohrwangen,

✻

Fischohren; **branchiae** [Kiemen]. Vnder [Unter] den Fischen haben etliche vilfaltige, etliche aber zweyfache *Ohrwangen*, vnd durch dieselbige lossen sie das Wasser von sich, das sie mit dem Maul eingeschluckt haben. (*Cysat*, Blts. 22.)

Oliveneyer,

✻

werden die vielen Knoten genennt, die in heissen Ländern an dem Stamme des Oelbaums wachsen.

Olyfant,

×

Elefant.

Olyfant,

hieß das berühmte Horn, welches Keiser Karl von einem Engel soll empfangen haben, daß er seinen Neffen Roland darmit beschenkte. Die Meistersänger melden darvon, daß man dessen Schall über eine Tagreise weit vernommen habe. (*Strick.* Blts. 6 a und 76 a.) s. *Durndart*.

Om,

Mann; homo. In dem Eide, den Keiser Ludwig im J. 843 seinem Bruder Karl, dem König in Frankreich, bey Straßburg geschworen, und worinnen die romanische Sprache mit der altfränkischen vermischt ist, heißt es... **sicum *om* por dreit son fradre salvar dist**; d.i. gleichwie ein Mann seinen Bruder erhalten soll. Das Wort haben die Franzosen noch in den unpersönlichen Zeitwörtern: *on dit, l'on fait*, man sagt, man tut, u. drgl. Die Franken sprachen darfür *Am*, und die Angelsachsen *Um*, wie in *Eidam* [Schwiegersohn], *Athum*. s. *Gomo*.

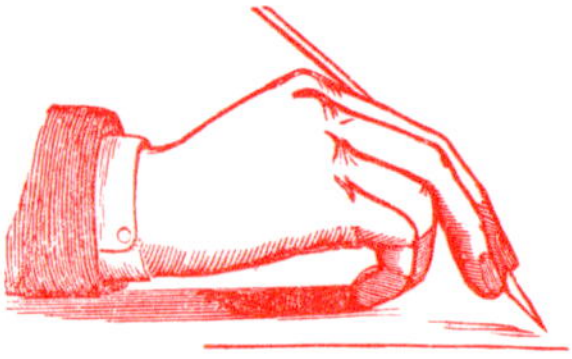

Opfergang

einer Sechswöchnerinn, ist ihr erster Ausgang in die Kirche, mit Abstattung eines Opfers an den Pfarrer und die Armen. Der Gebrauch währet nur noch in der römischen Kirche. s. *einleiten* eine Sechswöchnerinn.

Orendus,

×

(der,) Gemurmel in die Ohren, Ohrenbläserey. (*Schwäb. L.*) Darfür stehet in dem Drucke ohne Verstand *oren drus*. s. *Dus, Losheit*.

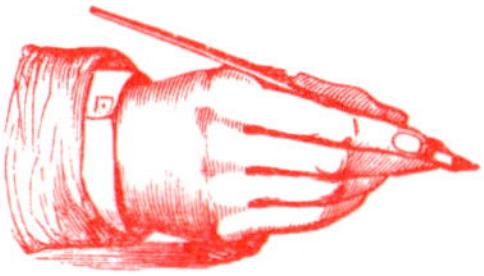

Orgel,

✻×

nennet man in der Kriegsbaukunst grosse, zugespitzt und unten mit Eisen beschlagene Fallbäume, die über einem Tore vermittelst gewisser Ketten oder Stricke an einem Wallbaume angemacht seyn, und im Falle eines unvermuteten Angriffes zur Bedeckung des Tores heruntergelassen werden. (*Feesch.*)

ork,

×

halsstarrig, hartnäckig, widerspergig; **praefractus, cervicosus, refractarius, contumax, durus [schroff, halsstarrig, eigensinnig, störrisch, streng]**. Holl. ***ork, orkachtig***.

Orke,

Kraft, Stärke; **vis, potentia**. Daher ist **orcus** [Unterwelt, Schattenreich]; denn was ist stärker, als die Hölle? Und ορκος [orkos], **jusjurandum**, Eid, als die kräftigste aller Verbindungen. Von dem Skand. *Orka*, **vires** [Stärke, Kraft].

Osrik,

×

(AS. Mannsn.) vortrefflicher Herr oder Gebieter.

Osterholz;

×

lignum paschale, wird der Buchs genennt, weil man sich der Zweige dises Baums in unsern Gegenden an dem Palmfeste anstatt der Palmen zu bedienen pfleget. (***Du Frêne.***)

Ostrog,

×

(der,) heißt in Russland und Sibirien ein mit Planken umschlossener Ort. Das Wort kan ein deutscher Schriftsteller oft nicht entbären. s. *Slobode*.

Oswalts

Gesätze, ***Oswals Law***, nennen die Engelländer die ehmalige Verordnung *Oswalts*, eines Bischoffs von Wortschester, vermöge welcher die verheurateten Priester aus ihren Kirchen verstossen, und solche mit München besetzt wurden. (***Bailey.***)

p

Paba,

×

für *Pfaffe*. In der Vermehrung zu ***du Frêne*** stehen aus einem alten **Chartario** [Eig. Archivschachtel mit Manuskripten, Urkunden. Hier wohl eher die Urkunde oder Schrift selbst] folgende Worte: **Fuit miles quidam nomine Raimundus, cognomento Paba, sic cognominatus, quia literas noverat** [Es gab einen gewissen Ritter mit Namen Raimund, dem der Name Paba beigegeben war. Diesen Beinamen gab man ihm, weil er schriftgelehrt war.]. Darzu setzet der Herausgeber: **Vocis etymon non capio** [Die Wurzel des Wortes erschließt sich mir nicht.]. Die Ursache ist aber deutlich, weil man nämlich vorzeiten lange in der Meynung gestanden, daß eigentlich nur *die Papen*, (Pfaffen) oder Geitstliche Schriftkenner seyn, oder lesen und schreiben sollten.

Packenetlin,

×

Eisenhut, Helm; **cassis, galea.** Es schluog eyner den Diogenes an Hals, da sprach er: Ich hab nit gewißt, welcher vf die gassen wil gan, das er *ein packenetlin* muoß vfhaben. – – Eyner fragt den Diogenes, was er nemen wolt, das er jm eyns an kopf gebe. Diogenes saget, ein helmlin oder *packenötlin*. (*Eppend.* in den weys. Spr. Blts. 162, 173 und 241.)

padelfliessendes Wasser,

×

falscher, tiefer Fluß; **tortuosus & malignus amnis.** Kaiser Friderich der erst ryte vnerspehet vnd vnbesunnen in ein *padlfliessends* zuckentz wasser vnd ertranck. (*Kob. Chr.* Bl. 203 a.) Das Stammwort und die Bedeutung suche man entweder in dem Engl. ***paddle***, Wasser oder Kot streng bewegen; oder in dem Kelt. bodus, tief; daher auch der **Padus** oder Postrom [der Fluss in Norditalien] den Namen herhaben soll.

Palmesel,

nennen unsere Alten einen armen gemeinen Mann, der Gott und die Welt trägt, Gott mit Freude, und die Welt mit Geduld. (*Seb. Frank.*)

Palmhirsch,

*

eine Gattung Hirsche, die zur Seltenheit gefunden werden, und ein Gehörne, wie Palmzweige, haben. *Geßner* nennet einen solchen Hirsch **cervum palmatum.**

Palmwurm,
oder *Palmer*,

✱

ein Ungeziefer in Amerika, ist etwann 12 Zoll lang, überaus schnell in seinen Bewegungen, und mit ungläublich vielen Füssen, wie auch mit Zwo Klauen beides am Kopfe und am Schwanze versehen, womit es so giftige Wunden versetzt, daß man 24 Stunden lang unerträgliche Schmerzen darvon ausstehet. (***Bailey.***)

pandeln,

×

grob behandeln, viel aus Einer Hand in die andere nemen. s. *hantzeln.*

Panzermünche,

×

waren ehmals Münche, die ein so strenges Gelübde aufnamen, daß sie Tag und Nacht beständig einen eisernen Panzer auf dem blossen Leibe trugen. s. ***du Frêne*** in **Loricati.**

Parat,

(die,) Schmuck, Auszierung, Schminke, Beschönung; **ornatus, cultus** s. **mundus muliebris, pompa, pigmentum, praetextus**. s. *Präte.*

Sy was hubsch vnd chlueg
[sie war hübsch und klug]
vnd het auch list genueg
zue aller *parat* vnd sachen
da sich die weib mit chunnen machen
dem man lieb vnd wird.

(*Ottok.* Blts. 741 b.)

Lügen von *parat*, prächtige Lügen; **mendacia speciosa.**

(*Schwäb. Lied.*)

Parsafant,

×

(der,) Herold. Die teutschen brüeder schickten Vladislaen dem könig zuo Poln durch einen heerolt oder *parsafanten* zway schwerte des frids oder des kriegs dero eins welchs er wölt ze nemen. (*Kob. Chron.* Bl. 251 b.) *Parsafant* ist das geradbrechte Französische **Poursuivant**, oder das Griechische παρασημος [parasemos], welches einen mit dem Wapen seines Herrn gezierten Mann, und allso auch einen Herold, bedeutet.

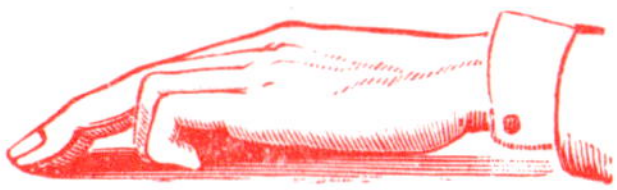

Partigal,

×

(das,) Streifrock. Ein Weib trägt einen großmächtigen Bund Hars auf dem Kopf, eine güldene Haube, und einen hohen Hut und Federbusch darauf, ein schönes Ringel und Perle am Ohr, schöne ausgebrochene gezändelte (zahnicht geschnidtene) bis auf die Achseln hangende Krös, eine stattliche über und über verbrämte Kutte mit einem langen Schweif, ein klockenweites *Partigal*, ein mit silbernen und güldenen Borten verbrämtes und mit Zobeln gefütertes Mäntel, eine schwäre güldene Kette am Hals, ein Dutzet Ringe an den Fingern, und hohe Schuhe oder Pantoffeln an den Füssen, und kan doch kein einig Geheimniß tragen. (Aus einem Stücke der so genannten *Hofschule.*) s. *Fardegat.*

parzen,

porzen, strotzen; **turgere.** (*Mahl.*)

Pasquillant:

Zu Anfange des vorigen Jahrhunderts mußte *ein Pasquillant* vermöge eines Urteils von hochfürstl. badendurlachischer Regirung seine eigne Lästerschrift in Gegenwart des beleidigten Klägers fressen. s. *Lästerschriften.*

Paternoster,

nennen die Schiffer die Rackklösse oder hölzernen Kugeln um den Mast, vermittelst deren die Raa desto bequemer aufgezogen und heruntergelassen wird. s. *Rach.*

Paternoster

nennen die Schiffer ferners eine Reihe kleiner Inseln, deren Lage gleichsam einen Rosenkranz vorstellet.

Paternoster,

nennet man zum Gespötte die Handfässel, **manicas.** (**Nomencl.** ***Iun.***) s. *Handkrausen.*

Patkopf,

d.i. *Paddenkopf* oder Krötenkopf, heißt in der Sprache der Bergleute ein groß Stück Erzt.

Patsche

oder *Pitschke,*

(die,) die Feuermauer an der Salzpfanne; **murus flammas excipiens** [Mauer, die Flammen abhält]. (*J.L.Fr.*)

Pechquelle,

✱ ✕

da das Steinöl hervorquillt, dergleichen Quellen es in Frankreich und Italien, sonderlich aber in Persien gibt, da die Nafta reichlich herausbrudelt.

Pekan,

✱ ✕

(der,) eine Gattung wilder Katzen in Kanada, deren Fell unter das kleine Rauchwerk gezählt wird. (Gesch. der franz. Pflanzstädte in Nordamer. Blts. 228.)

Perkun,

voralters ein Abgott der Wenden in Preussen. Zu seinen Ehren mußten die Priester immerfort ein Feuer von Eichenholze unterhalten, und Derjenige, der dasselbige ausgehen ließ, ward mit dem Tode gestraft. Wenn es donnerte, so glaubten sie, daß er mit *dem Kriwen,* d.i. ihrem obersten Priester, ein Gespräche hielte. Da fielen sie dann zur Erden, seine Stimme zu verehren; und baten ihn, daß er ihnen fruchtbares Wetter verleihen, und ihr Erdreich befruchten möchte. (***Bailey.***) s. *Okkopirn.*

Perrüke;

Perruque**; coma ascititia, capillatura** [herbeigeholtes Haar, Haarbedeckung]: Ist eine Benennung, deren Ursprung *Somner, Stieler,* ***du Frêne, Wachter*** und Andere vergeblich gesucht haben. Der Letstere vermeynet es von dem Gr. πυρρικος **[pyrrikos]**, feuerrot, herzuleiten, weil die Römer vorzeiten mit *Perrüken* von den roten oder goldlichten Haren der Germanier zu prangen pflegten. Es ist aber gar nicht gläublich, daß bey der Aufkunft *der Perrüken* Jemand an die Griechen gedacht habe, zu geschweigen, daß durch πυρρικος die Sache durchaus nicht ausgedrückt würde. Meines Bedenkens ist ***Perrüke*** deutsch, und von dem **Angels.** ***Pärrok*** oder ***Pärruk***, welches einen Zaun oder Busch und Wald bedeutet, hergenommen. Dise Ableitung ist gleichsam eine Beschreibung ***der Perrüken***, und gibt Anlaß zu denken, sie möchten wol eine aufgewärmte Mode der Alten seyn.

Peseke,

×

(**NS.**) **Pfirsche; malum persicum.** Die Nidersachsen sagen etwann auch deutlicher ***Perseke.***

pfannarschen *Jemand*,

×

(Pöbelw.) Einen bey den Armen und Füssen packen und unsanft auf den Hintern setzen. Ist ein gewisses Spiel der Holländer. Bey ***Kilian*** heißt es nur mit der Britsche schlagen; **caedere nates ferrea patella, objurgare sandalio, dare ad soleas.**

pfarren

irgendwohin, pfarrgenössig sein, in irgend eine Pfarre gehören. (*Schottel.*)

pfaufen,

×

pfnutzgen oder sprühen, wie eine Katze. Ist ein bündtnerisches Wort.

Pfeffersack,

nennen die alten Edelleute einen neuen Edelmann aus dem Kaufmannsstande.

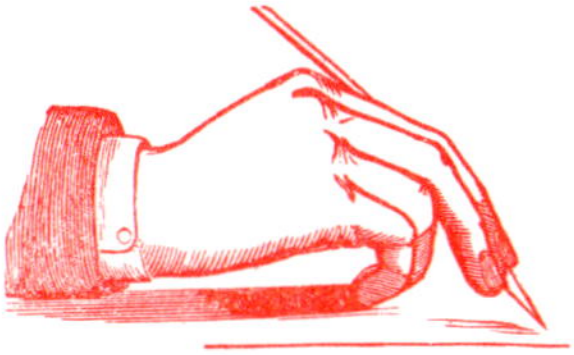

Pfeffertag:

Den nechsten tag nach der vnschuldigen kindlin tag gehn die jungen gesellen herumb mit einer ruoten, schlagen die jungfrawen vmb [Jungfrauen um (für)] den lebkuochen; vnd dis nennen etlich *den Pfeffertag*. Die Bedeutung weiß ich nit. (*Seb. Frank.* Weltb. Blts. 130 b.)

pfeilen *sich*,

✱×

(Schweiz.) sich wie ein Pfeil aufsteifen, sich aufleenen oder aufbäumen. *Sich pfeilen* etwas zu tun, d.i. sich darwider wehren und sperren.

Pfeiser,

×

sonst *Physeler* genannt; ein Meerfisch mit einem ungeheuer weiten Rachen. „Die schiff, so jm [ihm] begegnend, ertrâncket er mit seiner schwäre, dann er schupfft sich vff [auf] den steurstand oder schiffschnabel, vnd trucket dasselbe vnder. Er hat ein dicke schwartze haut, ist voll stächender floßgräten, die schuochs vnd noch breiter [von der Größe eines Schuhs und noch breiter] sind, der schwantz an jme ist gespalten, etwan 15, etwan 20 schuoh breit, mit denselbigen verwickelt er die schiff, vnd reißt sie vnder, vff dem kopff hat er anstatt der ohren zwo rhören, aus denselbigen schüttet er so vil wassers in die schiff, das die schiffleuth ersauffen, vnd das schiff vndersinken muoß. Bosaunen vnd ausgeworffne vaß treibend sie allein ab." (*Deut. Lyk.* Blts. 25.)

Pfingsten;

Pentecoste, hat den Namen nicht wie *Kluver* darfürhält von *Pinn*, welches bey den heidnischen Galliern und Germaniern der Name des höchsten Gottes gewesen: aber nicht aus der von *Herrn Wachter* angeführten Ursache, als ob unsere christlichen Vorfahren disem Feste keinen heidnischen Namen sollten gegeben haben; denn auch der Name der Ostern [ist] aus dem Heidentum beybehalten worden; anderer Exempel zu geschweigen: sondern darum, weil der Name *Pfinsfest* oder Gottestfest die eigentliche Bedeutung des Pfingstfestes nicht ausdrücken würde. *Pfingsten* ist vielmehr aus dem Alem. *fimfzegost*, **quinquagesimus**, zusammengezogen, und heißt so viel als die fünfzigste Nacht oder Vigilie nach Ostern, wie sie denn auch von Kero *Fimfchustine* genennet wird.

Pflückfinken,

×

ein gehacktes Essen von Überbleibseln; **minutal.** (*Kilian.*) Basl. *Hafenbraten.*

pflückharen *sich*,

×

sich die Hare ausreissen; **evellere** s. **lacerare capillos, manibus concertare.** Holl. ***plokhairen.*** (*Ten Kate.*)

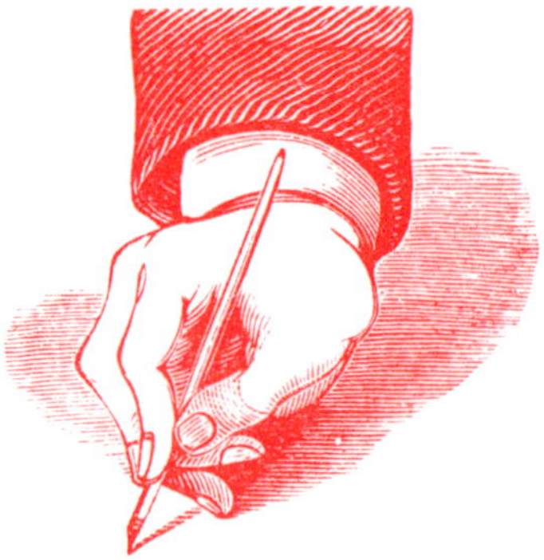

Pfosch,

(der,) Aß, Luder, Fleisch von umgefallenem Vieh; **caro cadaveris.** (*J.L.Fr.*)

pfoserachtig,

runzelicht, welk, schrumpficht. *Pfoserachtig* öpfel, **mela vieta.** *Pfoserachtige* perlen; **torpescentes margaritae.** (*Fries.*)

pfunken,

×

stupfen und stossen; **pungere.** Ich *wart gepfuncket* vnd gestossen das ich viel; **impulsus, eversus sum ut caderem.** (*Kart.* Ps. Bl. 395.)

Pfurzi,

×

heißt schweizerisch eine kleine Tauchente; **mergulus.** (*Geßn.* Vogelb. Bl. 50 a.) s. *Ruoggel.*

die **Pickelsuppe** *kosten,*

×

Arbeit und Gefahr zur See ausstehen; **obire pericula maris.** Ist eine holländische Redensart.

Pietzlach,

×

(das,) Bützlein, kleiner Butz. Den kinden sol man veielöl [Veilchenöl] in die nas streichen, so sy schnudernt (rotzen,) wann es erweichet die *pietzlach* vnd gewent die flüß zuo der nasen heraus. (*Metlinger*.)

pikinacan,

benagen. *Pikinuac*, benagte; **conrodit.** (*Boxh.* **Gloss.**)

Pingeln;

✳×

pistacia. Sonst *Pimpernüßchen.* (Zwing. Krtrb.) So nennt man auch in Holland die Fichtäpfelkerne. (*Halma.*)

Pinsler,

×

der immer etwas zu klagen und zu winseln hat; **querulus.** (*J.L.Fr.*)

pipleugigt,

triefäugig; **lippus.** Liebe deine Dorotheam, wie Jacob die *pipleugigt* Leam. (*Mathes.* in s. gereimt. Haushalt.)

Pipplein,

×

(Alem.) Brustwarze; **papilla mammae.** Eine seltsame Stelle von *dem Pipplein* hat der berühmte Arzt *Felix Plattner*, der im J. 1536 geboren worden, in s. Leben; „Es war domoles, sagt er, (d.i. um die Mitte des XVI Jahrhunderts,) ein wiester bruch ze Basel mit *dem Bübblin gryffen*. Das war also gemein auch in firnemen hüseren, das selten ein magd aus dem hus kam, deren nit der Husherr dise eer angethon hette." s. *Pip* [wird dort als *Kelt. Gipfel, Berg, Felsenspitze* bestimmt].

Platte *und* Krone,

✳

geistliche und weltliche Herren. *Blatte und krone* wellent muot willig sin. (*Schwäb. Lied.* Blts. 63.)

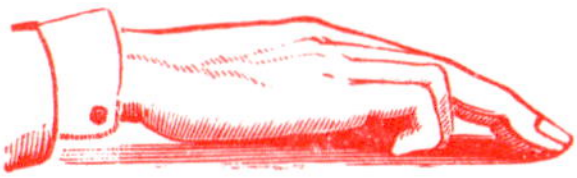

Platz ab,

rein ab, bis auf den Boden. Die gantze gaß pron (brannte) *platz ab.* (*Baltasar* aus *Cysats* geschr. Chr.)

pleuschen,

×

nennet man in dem Brandenburgischen eine Weise zu fischen, da man, sonderlich in grossen Wassern, zuvor mit Stangen auf das Wasser schlägt, daß die Fische zu Loche kriechen, und man alsdann Einen nach dem andern mit der Hand herausholen kan. (*Kohlers* Hausb. T. I B. XVI 21.)

Pocke,

✳

(die,) Tasche; **sacculus**. AS. *Pokka*. Isl. *Poke*. Engl. ***Poke***. Franz. ***Poche***. Daher werden die Pocken, **varioli** [Blattern], in figürlichem Verstande genennet, warum sollte man denn das Wort nicht auch in natürlichem Verstande noch immerfort gebrauchen? s. **Baga**.

pöddern *Aale,*

×

in dem Wasser schwadern und solches trübe machen, wenn man Aale fangen will. (*Mieg.*) s. *podern*.

Pogge,

(die,) Frosch. (*Schottel.*) Ist nidersächsisch. s. *Padde*.

Polsterleben,

×

waichliches, zartes, wollüstiges Leben. (*Seb. Fr.*)

Polternonne,

hieß voralters eine *Begyne*, die mit aller ihrer Geistlichkeit dennoch gern in der Welt lebte. s. *Begyne, Zapfnonne*.

Pomeranzen *(deutsche,)*

nennet man die köstlichen Borstörferäpfel, welche von Borstorf, einem Dorfe gegen dem meißnischen Gebirge, den Namen haben. (*Kohl.* Hausb.)

Pompe,

×

Eselsgurke; **cucumer asininus**. (*Ernsting.*)

Porpel,

×

(die,) ein gewisser niedlicher Fisch, den die Preussen allso nennen. Lat. **thrissa**. (*Olaus Mag.* XXI 31.)

pratgen,

×

präten, prätzeln, (Niderd.) plaudern, ein Gewäsche haben. (*J.L.Fr.*) Holl. ***praaten***.

Prick,

(der,) Stachel; **aculeus, stimulus**. It. männliche Rute; **virga virilis**. (*Kilian.*) It. Punkt; **punctum**. AS. *Prikka, Prikke*. Engl. ***Prick***.

Proll,

×

(die,) ein holländischer Apfelbrey, mit Milch zubereitet. (*Halma.*)

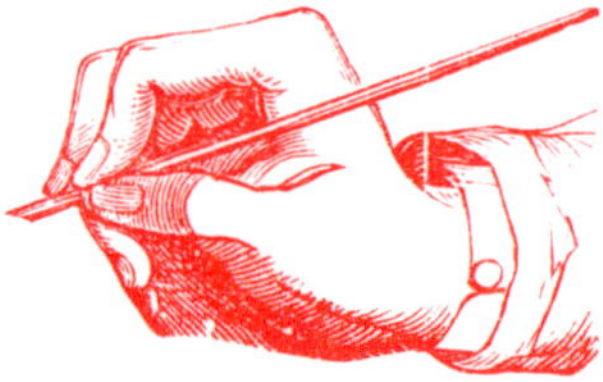

Püfferling,

×

ein Fingerring, dem eine heilsame Kraft zugeschrieben wird. Mancher trägt gerne *Püfferling* am Finger. Etliche sagen, sie tuns um des Krampfes willen, Etliche anderer Ursachen halben. Wenn einem *ein Püfferling* am Finger zerspringt, so ist ihm gewöhnlich ein groß Unglück vor der Tür. (*Kohl.* Hausb. I B. XVII 20.)

Purpursohn;

✳ ×

porphyrogenitus, der von einem wirklichen Keiser oder König geboren wird.

Quabbel, *Quappel,*

(die,) eine harte unschmerzhafte Geschwulst; **scirrhus, tumor durus sine dolore.** (*Kilian.*)

Quack,

(die,) kurzweilige Geschicht, lächerliches Geschwätze, possichte Erzählung. Daher haben *die Quacksalber* und *Quäcker* ihren Namen, weil sie viel aufschneiden, und allerley tolles Zeug schwatzen. Holl. **Quak.**

Quackelwinter,

✱✕

matter und kränklicher Winter, da es immer riselt und feucht ist, und selten frieret; **hyems aquosa, imbrifera, ignava** [verregneter, regnerischer, träger Winter].

Quackernelleken,

✕

(Niderd.) ein flinkes, niedliches und ränkliches Mägdgen; **puella venusta, lepida, lasciva.** (*Kil.*)

Quade,

(der,) Satan. s. *Queed.*

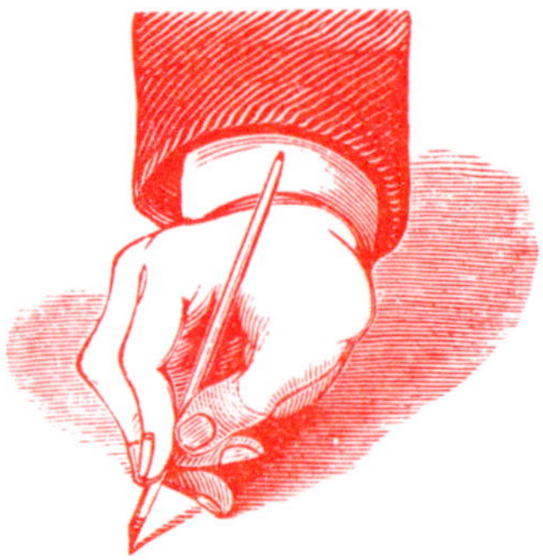

Quadrillion;

✱✕

Quadrillon, bedeutet nach der neuern Art die Zahlen auszusprechen tausendmal Tausend Trillionen, und ist eine Zahl, worinnen man bis auf tausend- tausend- tausend- tausend- tausend- tausend- tausendmal Tausend zählet. Sie bestehet aus Acht Klassen und Einer Stelle, oder in 25 Stellen der Einer, und wird über der letsten Stelle durch Vier Punkte oder Strichlein angedeutet, z.Ex.:

4,000,532,123,002,656,786,456,721

da die 25te Stelle zeiget, wie viele *Quadrillionen* in der Zahl enthalten seyn.

Quälgang,

✱✕

Stuhlzwang; **tenasmus.** *Qualgang gehen*, hart zu Stuhle gehen. (*Schottel.*)

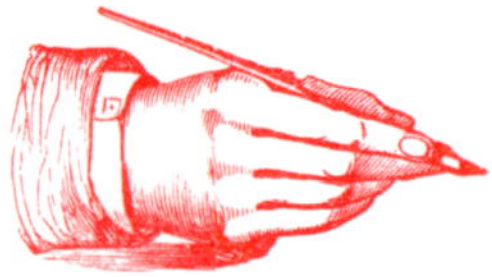

Quänzel oder *Quänzler,*

der viel händelt und trüschelt. s. *Quant* [Tauschhändler].

Qualster,

(der,) zäher Speichel, Koder; **pituita, phlegma.** It. Schnuppen, Pfnüsel; **coryza.**

Quarrbauch,

Gebrumme und Gepolder der Därme; **borborygmus.** (*J.L.Fr.*)

Quatter,

Vier auf den Würfeln. (**Cod. Blasian Msc.**)

quedern,

✱ ×

ein unnützes Gewäsche und Gezänke haben; **multum loqui, litigare.** (*Leibn.* **Gl. Chauc.**)

Quendelseide,

×

ist ein seidenähnlicher Filz, dessen zarte Fäden sich um den Quendel, Majoran, und andere dergleichen Kräuter spinnen.

querdeln,

×

riestern, Schuhe flicken; **suppingere soleas.** (*Kilian.*) It. knotichtes, ungleiches Garn spinnen; **dura & nodosa fila nere.** (*Eb. Ders.*)

Querlaut,

✱ ×

heißt in der Singkunst, wenn man in Zwo verschiedenen Stimmen Zween Klänge nach einander hören läßt, die man sonst ohne ungemeinen Mißlaut nicht zusammenbringen kan. Die Singkünstler nennen es *einen unharmonischen*, oder ✱ *ungleichstimmenden Querstand*, **relationem non harmonicam.**

quickhändig,

✱ ×

hurtig und flink von der Hand oder Faust, flink und fertig in allerley Handübungen; **manu promptus.**

Quiselbeere,

✱ ×

eine Gattung kleiner süsser Kirschen. (*Ernsting.*)

Rabe,

welcher der Verstorbenen nicht schonet, wird derowegen für das Sinnbild eines Lästerers gehalten. (*Jabl.*) Weil aber der Rabe vornemlich die Tier- und Galgenässer angreifet, so ist das Sinnbild zweydeutig und mißlich.

Rabendukaten oder *Räbleinsdukaten*,

ein ungarischer Schlag von Dukaten, welche der König Matthias Hunniades münzen lassen, und worauf ein Rabe mit einem Ringe in dem Schnabel erscheinet: zum Angedenken, daß er einen solchen Vogel, der ihm einen smaragdenen Ring von der Tafel geraubet, mit einem Armbruste in dem Fluge gefället. Sie seyn von unterschiedlichem Schlage, indem der Rabe bald unter dem Bilde, bald in einem Felde des Wapens stehet. (*Jabl.* und *J.L.Fr.*)

Rabenkoch,

×

Scharfrichter. Holl. ***Ravenkok***; der die Rabenässer zurichtet.

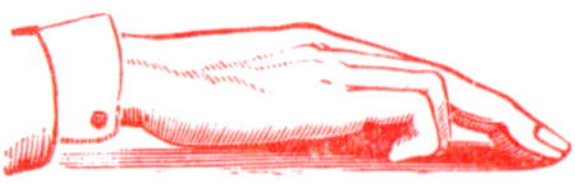

Rabennase;

✱×

nasus corvinus, die sich gleich bey der Stirne zu biegen anfängt, da hingegen *eine Adlersnase* in der Mitte gegen dem Ende zu erhaben ist. Jene soll ein unverschämtes, dise aber ein grosses Gemüte anzeigen. (*Eppend.* in den weys. Spr. Blts. 270.)

rabisch,

aufgebutzt und gerüstet, wie auf die Reise. Es ist ein Sprüchwort (in Bayern,) daß man sagt: *Du bist rabisch*, von Einem, der auff die Reis herfürgebutzt und auffgemacht ist. (*Turnm.* Bl. 98 b.) Vielleicht kömmt dise Redensart von der Gewohnheit unserer Alten her, *die Räfe, Rabe,* oder Leichen ihrer Freunde mit der besten Kleidung und Rüstung, die sie in ihrem Leben getragen, auf die Reise in jene Welt zu versehen.

Rackelhahn;

✱×

Schweiz. *Griegelhahn*. Lat. **grygallus.** (*Linnäus.*)

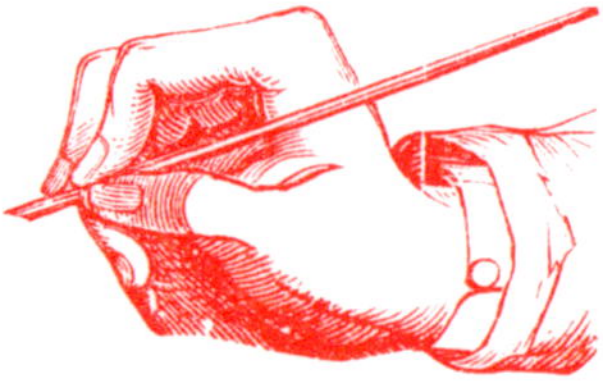

räbeln,

sich ungebärdig stellen, rasen, wüten, hin und wider rennen wie ein Narr; **aestuare, fluctuare, delirare, insanire, furere [schäumen (vor Wut), aufbrausen, spinnen, toll sein, wüten]**. Holl ***ravelen, raveelen***. (*Kilian.*) Engl. ***to rave.***

räckeln,

×

heißt sich verlarven und vermummen, wie die Fasnachtnarren. s. *hafendöckelen.*

Rämer,

×

Schlotfeger. *Er ist schwarz, wie ein Römer,* sagt man gemeiniglich aus Irrtum, für *Rämer*.

Rafausel,

×

(die,) Alprose. Die Einwohner des Urserntals brennen zum Hausgebrauch Alprosen oder *Rafauslenstauden*. (*Scheuchz*. schweiz. Naturgesch.)

raffatzen,

(mit dem Langlaute auf der ersten Sylbe,) rölpsen. (**Voc. Aa. VIII 7.**) s. *golkatzen*.

Ragnares,

×

(Mannsn.) **dux exercitus** **[Heerführer]**. Von *Ragn,* Fürst, und *Ar,* Heer; *Ares*, des Heers. s. *Ar, Ara*.

ramseln,

sagen die Schweizer von leichtfertigen Weibsbildern, die den Buben nachlaufen.

Ramsler,

ungezogener, unzüchtiger, unverschämter Geselle; **lascivus**. (*Fries.*)

Rand, *Rain*;

✳

margo, in dem Feldbau ein Streife zwischen den Aeckern, der ungepflügt bleibet. Wem solcher *Rand* zugehöre, wird oft gestritten, und ist wol anderst nicht, als nach der Gewohnheit und dem Herbringen eines jeden Ortes zu entscheiden. Indessen ist verboten, *den Rand abzusacken* oder abzupflügen und zu seinem Acker zu schlagen. Wer Solches tut, wird *ein Erddieb* genennet. (*Jabl.*)

rangen,

ränken. Winden, *rangen* vnd trayen (drehen.) (*Salat.*)

ransiren,

brandschatzen. Ein Kriegsfürst hatte eine Stadt vmb [um] etliche tausent gulden *ransirt*, Rath vnd gemein aber wusten solchen Ranson in eyl nicht auffzubringen. (*Mathes*. Hochzeitpr. Bl. 163 a.)

Rappen,

(der,) eine Scheidmünze zu Basel, deren Neun einen Schweizerbatzen, und Zehn einen guten Batzen ausmachen. Die ersten sollen zu Freyburg im Breisgau geschlagen worden seyn, und von *dem Rappen* oder Raben, den dise Stadt im Wapen führet, den Namen empfangen haben.

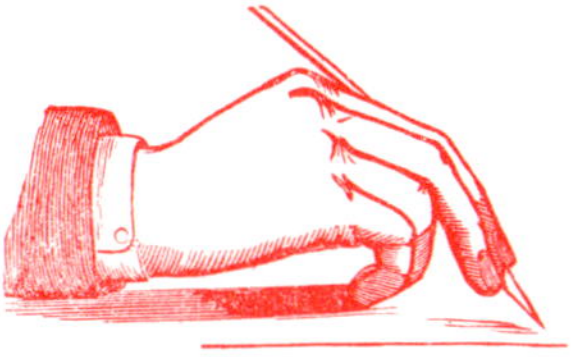

Ras,

—

(der,) Wut; **furor;** ***Rage***. Die Oberländer gebrauchen dis Wort nur in der Redensart: *Er ist im Ras*; **furit** [wütet/ ist in Rage].

Rasenkux,

✳

(Bergw.)
unerbautes Feld.

Ratsfreund,

wird insbesondere ein Ratsglid genennt, welches aus den Handwerkern genommen wird; wie z.E. in Nürnberg der Rotgärber, welcher mit den Geschlechtern in den Rat gehet.

Ratsrichter,

heißt zu Luzern ein Glid des neuen Rates, der in dem Rate die Umfrage hält, und, wo die Stimmen gleich werden, zu Einem Teile fällt, wie auch die Gefangenen verhört, da er noch Zwey Glider des neuen Rates zu sich nimmt. Er hat aber in dem Rate nichts zu raten; in Solchem hat er auch seinen abgesönderten Sitz, und ist des Fürsprechens entlassen. (*Simmler* vom Reg. der Eidsgen.)

Ratzenbart,

(Spottw.) dünner Bart; **barba rara**. (*Henisch.*)

rebbeln, *uthrebbeln,*

×

(NS.) Ein Tuch, das nicht gesäumt ist, *rebbelt* aus. (*Richey.*)

rechtfertigen ein Buch,

verbessern, von Fehlern säubern; **corrigere, emendare**. (*KB.* in den Vorr. des Hieron. über das Buch Hiobs, und über die Psalmen.)

rechtsschwebige

oder

✳ *rechtshängige Sache;*

×

lis pendens.

Redbruch;

✳×

αποσιωπησις [aposiopesis], ist ein plötzlicher Halt mitten in einem Redsatze, da man aus häftiger Bewegung oder Ohnmacht den Verstand nicht vollendet, und dennoch mehr sagt, als ob man sich völlig ausgedrückt hätte. Ein solcher *Redbruch* stehet nur in Gedichten wol, nicht aber in Stats- und Kanzelreden.

Redgosche,

×

heißt in Schwaben so viel, als ein trefflicher Redner oder güldener Mund, **Chrysostomus**. Mit disem Namen pflegt man daselbst noch wirklich einen gewissen hochverdienten Herrn Bürgermeister zu unterscheiden.

Redgott,

✳×

ehmals bey den Römern, welchen man anrief, daß er den jungen Kindern die Zunge löste, und sie bald reden machte; **Loquutius, Fabulinus**.

Redhaus

nennet man zu Basel eine treffliche Brust, woraus eine helle, volle und starke Stimme erschallet. *My Bueb het gar ä guet Redhus und Gedächtnus; Es wär ewig Schad, wenn er kai Gaistlichä wurd.*

redkafeln,

×

viel vernünfteln wollen. s. *kafeln.*

redlicher Krieg *in der Kunst;*

×

dialectica. (Voc. Y. IV 23.)

reezen,

×

(Schweiz.) brunzen; **mingere.** Wird nur im Verdruß und zum Spotte gesagt.

Regenschuhe,

✻×

Überschuhe, welche man bey garstigem Wetter über die gewöhnlichen Schuhe anziehet, und, ehe man in ein sauberes Zimmer gehet, bey der Haustüre stehen läßt.

Registerschiff,

ist dasjenige Schiff, welches die Bücher über alle auf der ganzen Flotte befindliche Waaren und Sachen führet.

So reich *wird nichts bezahlt, als was man ärmlich kauft,*

(Sprüchw.) Arme, die Alles zur Unzeit und nur, wenn sie können, erkaufen, werden am teuersten gehalten. **Carius haud raro pauper praedivite vivit [Nicht selten lebt der Arme teurer als der Reiche.].** Ein geknüttelter aber wahrer Vers!

Reitschnecke,

✻×

Schneckenstiege, da man hinauf reiten kan; **cochlea equorum [Wendeltreppe für Pferde].** (*Frischl.* nomencl.)

Rett den Mann,

bey den Landleuten ein Name aller dreymöndigen Früchte, die dem Bauern bald aus der Not helfen. Ein geschlecht weyssens [Weizens] ist *rett den man,* das in drei monaten wachsen kan, welches am meisten für die ackerleut ist; **triticum trimestre.** Die bonen seind auch ein drei mönige frucht oder *rett den man,* die man im hornung säen soll. – – Ich hör offt die alten bawern sagen, jn seiend lieber zeitige bonen, denn *rett den man* oder drei mönige frucht, **fructus trimestris.** (*Deut. Kol.* Bl. 14 a und 16 b.)

reuschig,

×

rauch, scharf, streng, **austerus, severus.** Wie auch Keys. Seuerus ein grausamer *reuschiger* Mann gewest, so ist er doch anderer tugent halben gemeiner statt seer nützlich gesein. (*Eppend.* in den weys. Spr. Blts. 390.)

reven,

×

revelen, schwärmen, Grillen fangen; **delirare, errare, nutare animo, ineptire [spinnen, irren, in seinem Urteil schwanken, albern reden];** *rever* **[träumen].** It. quaken, wie die Frösche; **coaxare instar ranae.** (*Kilian.*)

Rhadamanthus,

der Beysitzer des Minos in dem Höllengerichte nach der griechischen Fabelkunde, soll nach *Rudbeks* Erklärung seinen Namen von den Goten haben, und *einen Radaman*, **senatorem**, bedeuten. (**Atlant. p. 549.**) Vergl. mit *Minner*.

richten seinen Schragen,

(sprüchw. Redensart,) sich alle Anlässe zu Nutzen machen.

Neid vnd geitz *richten jr schragen*,
wie yeder fülle seinen kragen.
(*Tenglers* Layensp. Bl. 124 a.)

Richtkünstler;

✱ ✕

criticus.

Rick,

✱

(der,) heißt in Sachsen ein Stränglein Garn, wie *Zaspel* in Schlesien; **fasciculus filorum.** (*Spate.*) s. *Gebinde*.

rifieren,

✕

auf dem freyen Felde tanzen, schwärmen, und allerley Freudenspiele anstellen. s. *Treialtrei*.

Rinzel,

✱ ✕

nennen die Bauern in der Mark Brandenburg ein gewisses Kraut, welches sie in dem Sommer häufig eintragen, und auf den Bünen dörren, damit sie es in dem Winter den Kühen mit aufstreuen, wenn sie ihnen brühen; denn darvon bekommen sie gelbe Butter, als wenn sie in dem Mayen gemacht wäre. Das Kraut wächst an den Wegen, ein wenig höher als eine Spanne, und hat kleine Knöspelchen, und oben weisse Blümchen, und in den Knoten kurze schmale, grüne Blättchen, wie Tannenreis. (*Kohl.* Hausb. T. I B. XI 67.) Mich deucht, *Rinzel* sey so viel als *Rindsel*, d.i. Rinds- oder Kühkraut, und man müsse sagen *das Rinzel*.

Rise,

(die,) Kahlsucht, Harsucht; Glatze, da das Har riset oder ausfällt. Wysser senff mit honig gestossen verdribt *die rysenen* ob [wenn] man es daran strichet. (*Geschr. Arzneyb.*)

Ritt,

✕

(Kimbr.) Gemälde, **pictura**; und figürlich für *Schild*, weil die Alten solchen zu bemalen pflegten. (*Lodbrogs* Sterbged. § XVI in *Ol. Worms* **Literat. dan.**) So haben auch im Hochdeutschen *die Schilde* die Namen daher, weil sie geschildert waren.

Rittermal,

✕

ritterliches Wahrzeichen oder Meisterstück.

Sun, nim des gegen komenden war
vnd senke schone dinen schaft
als ob er si gemalet dar.
Las an din ors mit meisterschaft
Je bas vnd bas ruere im die kraft.
Ze nagelen vieren vf den schilt
da sol din sper gewinnen haft
oder da der helm gestricket ist:
Dü zwei sint rehte *ritter mal*, vnd
vf der brust der beste list.
(*Winsbeck*, Str. XXI.)

Ritzkel,

✳

Ritzkle, (die,) ***Ultramarino; Outremer.*** Der Schöpfer hat sein natürliche *ritzkle* vnd vltramarin, damit er seine gleser vnter der erden ferbet. – Zu Venedig vnd zu Antorf [Antwerpen] macht man das schönste schmelzglas, als *ritzkel*, vltramarin von allerley farben. (*Mathes*. Bergpr. Bl. 187 b und 194 b.)

Robert,

✕

(Kochw.) eine Tütsche oder Brühe von Zwibeln, Senf, Butter, Pfeffer, Salz und Essig. (***Bailey.***)

rochzen,

quaksen wie die Frösche; **coaxare.**

Rodler,

Herumgänger, bestellter Gassengänger, herumstreichender Bettler. Wider den leichtfertigen Bettel auf öffentlicher Gasse, vor den Kirchen vnd Haustüren wurden etliche *Verräther*, (Rüger, Ausspäher, Angeber,) *Rodler*, vnd *Prettlinsknechte* bestellt. (*Werlichs* augstb. Chron. III 4.) Vnverschämte Bettler ohne Zahl strichen täglich durch alle Gassen, da vnderdessen *die Rodler* schlaffen und schlingen schlagen giengen. (*Eben das.* III 118.) *Rodler* ist von *roden*, herumstreichen, wie auch die Bettler tun. s. *Prettlinsknechte.*

Röchelmarkt,

✳ ✕

Murren und Röcheln des zusammenlaufenden Pöbels; **turba, tumultus, murmur.** (*Kilian.*)

rösseln,

(Schweizerw.) unnötige Reisen zu Pferde tun. Der Landvogt macht den Bauern viele vergebliche Kosten mit *Rößlen* und Augenscheinen.

Rohbert,

✕

(Mannsn.) berühmter Fels. Wird gelesen *Rochbert.* s. *Roch.*

Roland,

✕

heißt eine ungeheure Klocke zu Gent, die auf dem hohen Turme Belfort hängt, und 11000 Pfund wegen soll. Die Bürger bedienten sich derselbigen ehmals bey ihren vielfältigen Aufruhren, das gemeine Volk zu versammeln. Auf dem Rande derselbigen stehen dise niderdeutschen Reime herum:

Roland, Roland,
als ik klappe, dann ist Brand.
Als ik luye, dann ist Orlog [Krieg] in
Flanderland.
(*Schottels* Abhandl. von dem Weichbildrechte.)

Rollbrücke,

✱

ist eine mit beweglichen Walzen zugerichtete Strasse, worüber man kleine Schiffe aus einem Wasser in das andere mit Seilen ziehen kan, dergleichen es in Holland gibt.

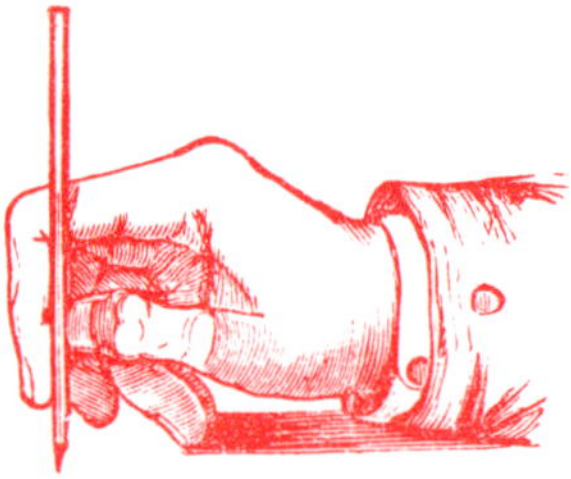

Rolly,

Buebenrolly, (der,) heißt zu Basel eine leichtfertige Dirne, die immer hüpfet und springt, auf allen Strassen ist, und nicht ruhet, bis sie an einem Hute anstößt. Das Stammw. ist vermutlich das Kelt. *rhull*, frech, mutig, vorschüssig; **temerarius, alacer, praepes.**

Rosbär,

× —

Honig- oder Zeidelbär: Von *Ros,* Honigwaben. Unverständige schreiben darfür *Roßbär.*

Rosen,

heißt der Erker an den Hosen der Alten, welcher gemeiniglich mit Nesteln und Bändeln, wie mit Rosen, geziert war. Nach *den Rosen* oder durch die *Rosen* hauen, d.i. in dem Gefechte seinem Gegner zwischen den Beinen durch hauen oder stechen. (*Lebkomm.* Fechtk.)

Roß *und* Trat,

×

Reiter und Fußgänger. Z.E. in dem jägerlichen Morgenrufe:

Wolauf *Roß und Trat,*
daß uns heut der berat,
der uns Alle erschaffen hat!

(*Meur.* Jagd- und Forstr. Bl. 71 b.) s. *Trat.*

Roßknecht,

✱ ×

ein gewisses Essen. Nimm schön Weizenmähl und warme Milch, ein Ey, und ein Par geschnidtene Zwibeln; quirle es unter einander, lasse Butter in der Pfanne zergehen, und geuß von dem Gequirlten immer ein wenig nach einander daran, wende es oft um, und geuß wieder darauf; und lasse es wieder erwallen. Wenn das geschehen ist, so tue noch ein wenig Butter darneben in die Pfanne, wende es wieder um, und geuß wieder darauf, bis es Alles hinein ist. Darnach rühre eine Ecke nach der andern, daß es fein ausbacke. Wenn solches nach dem Augenmaß geschehen, so ist *der gute Roßknecht* fertig. (*Kohl.* Hausb.)

Roßtanz,

✱

(Roßballet,) ein Aufzug zu Pferde, da etliche Reiter mit wolabgerichteten Pferden nach dem Trompeten- und Paukenschalle mit abgemessenen Tritten und Sprüngen gleichsam einen Tanz machen. Sie dienen bey hohen Freudenfesten, und wird insonderheit dasjenige, welches bey dem ersten Beylager Keiser Leopolds gehalten worden gerühmet. (*Jabl.*)

Rottbruder;

✱

commilito [Kommilitone].

Rotzfisch,

✱

✱ *Rotzer,* – *Schnotolf,* – *Schnuderfisch;* **orbis scutatus.** (*Geßner.*) s. *Meerflasche.*

Rücken *von einem Schweine,*

eine dienstbare Liferung. s. *Bratwurst.*

rüselächtig,

×

sommersprossicht; **varius.** (*Mahl.*)

rugelen,

×

(Wirkw.) fortkugeln, wälzen, rollen; **provolvere globum** s. **cylindrum.**

Ruhgott der Römer;

×

Pausus. (*Arnob.*)

Rumpelbier,

nennet man in der schwarzburgischen Stadt Frankenhausen ein geringes Bier, welches nur zu einem Speisbiere in der Haushaltung dienet; und *rumpeln* heißt man daselbst, ein solches Bier brauen. (*Jabl.*)

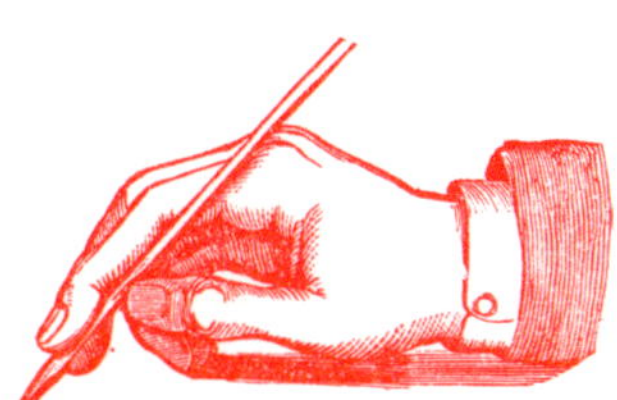

Rundel,

×

(das,) eine Gattung gekünstelter Gedichte von 13 Zeilen und Zween Reimen, da der Anfang des ersten Verses mit veränderter Bedeutung nach dem achten Verse und an dem Ende wiederholt wird. Franz. ***Rondeau.*** s. *Ringelreime.*

runder *Kopf,*

geschickter und sinnreicher Kopf; **ingenium acre, felix, fertile [scharfes, glückliches, ergiebiges Genie].** Thubal Cain hatte einen geschwinden vnd *runden kopf.* (*Mathes.* Bergpr. Bl. 9 a.)

Rundstücke,

Laib Brot. (*Ludw.*) Ist Niders.

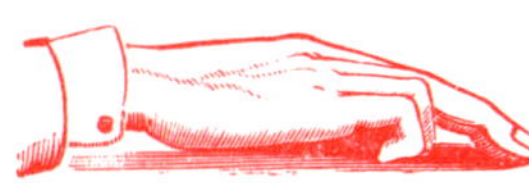

Rundtafel oder *Runtofel*

hieß ehmals eine öffentliche Gastung und Spieltafel. So sagt *Königshofen* Blatts. 304, daß im J. 1332 *die Runtofel* oder *die Martsche* zu Straßburg Vier Wochen nach Ostern an der Mitwoche bis lange in die Nacht gehalten worden, und über dem Tanze ein Gestösse und grosses Blutvergiessen unter den Edeln entstanden sey. Eben diser schändliche Gebrauch herschte in Italien, wovon *Schilter* ein Exempel aus *dem Poggius* angezogen. s. Dessen **Gloss.** in *Runtofel,* und oben in *Arturs Hof* und in *Martsche,* und hierunten *Tafelründe.*

Rundtrunk,
✳
den man auf die Gesundheit und Wolfahrt grosser Herren oder Anderer, die man ehret und liebet, herumgehen läßt. (*Mathes.* Hochzeitpr. Bl. 158 a und 159 b.)

Runs,
✳
(die,) oder *der Runst,* Gang und Lauf eines Flusses in seinem gewöhnlichen Bette. *Runs* ist bey den Schweizern noch üblich, und zwar billig, weil es regelmässig und das einzige Wort diser Bedeutung in unserer Sprache ist: *Runst* aber ist veraltet. Es kömmt sonderlich in Freyheitsbriefen vor. Eine Bach von ihrem rechten Fluß und *Runste* kehren. (*Lehm.* Bls. 759.)

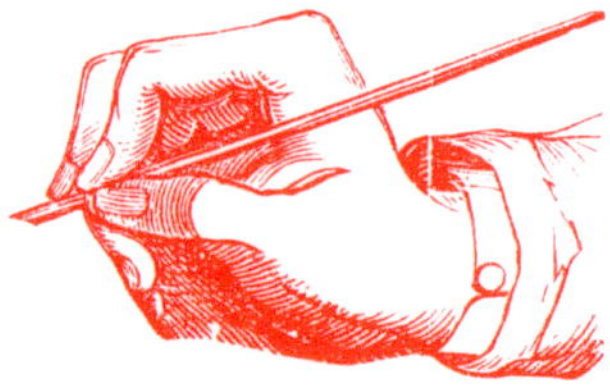

Runtzenal,
(der,) ***Ronceval,*** die Pyrenäen. Ist so viel als *Runsenfall,* weil viele Runsen oder Flüsse da herabfallen. **Montes Pyrenaeos** (sagt *Schöferlin* in s. deut. Liv. Bl. 52.) nennen die tütschen *den Runtzeual.* So heisset auch ein Teil des Hauensteins im Baslergebiete *der Wasserfall,* oder wie es das gemeine Volk ausspricht, *die Wasserfalle,* wegen seiner Schneeschmelzen und Runsen.

Rupfer,
✳ ×
falsche Wehen einer Gebärerinn; **dolores spurii parturientium.** It. die Schreibgichter eines Poeten oder andern Verfassers; **spurii conatus poëtae v. alius scriptoris multa & praeclara minantis.**

Rusch *und* Busch,
allerley wildes Gesträuche und Gebüsche. (*Haltaus.*)

russen,
schnarchen; **stertere, fremere.** Er tranck so vil bis er truncken wart, vnd leyt sich nider vnd fieng an zu *russen* vnd *schnurfflen.* (*Ziely* Bl. 78 a.) Der Löw fieng an ze *russen.* Er entschlieff in dem warten als vast das er *russet.* (*Schod.*) Wol ab des Bären *russen* warent sy gflohen drus. (*Lied. v. edl. Bären.*) Das *u.* wird lang gesprochen. s. *raussen.*

russen,
brummen wie die Bienen oder Wespen; **susurrare.** (*Fries.*)

Ryserlein
oder *Rinderscheisser,*

×

gewisse kleine Vögel, welche viel um die Rinder zu fliegen, und sich auf dieselbigen zu setzen pflegen; **budytae.** (*Geßner.*). Einige Schweizer nennen sie etwas höflicher *Rinderkleber*, nach der Art, wie man auch die Baumkletterlein, **certhias**, *Rindenkleber* nennet. Für *Ryserle* sollte man vielleicht *Rindsehrlein* schreiben, weil sie die Rinder sehren und böse machen. Eigentlich seyn es eine Gattung Quicksterzen; **motacillae** [Stelzen].

S

Sabberer,

✱

ein Schmierer, es sey mit der Feder oder mit dem Pinsel.

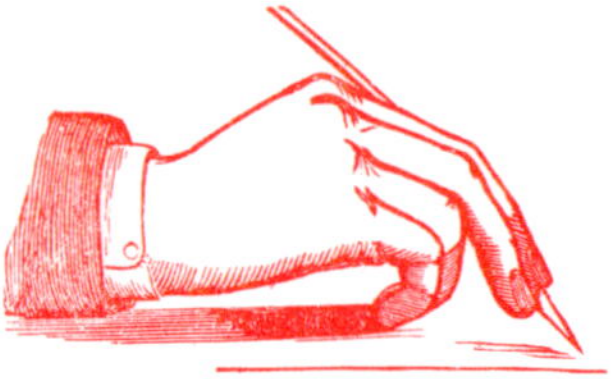

Sacker,

✱

✱*Sockerfalk*, ✱*Kuppel*, *Stockarn*, ✱*Stockadler*; **falco britannicus, sacer aëlius, aëriphilus.** Holl. **Saaker,** der edelste Falk, beynahe so groß als der Adler, hat einen grossen Kopf und sehr starken Schnabel, grosse knorrichte Füsse, schärfere Klauen als der Adler, rötliche oder rote Federn, ein scheußliches Gesichte, rotgelbe häftig brennende Augen, grosse Flügelbogen, und eine grobe gebrochene Stimme. (*Geßner.*)

Safrantod,

✱

Mort de Safran, nennet man gewisse drüsenähnliche kleine Nüsse in den Safranfeldern, welche sich mit sehr feinen Fäden bis in das Herz der Safranzwibeln einspinnen, und solche tödten. (***Dict. d'Hist. natur.***)

Salzverschwärzer,

✱×

der bey dem Salzverkaufe einen Unterschlaif oder Betrug vornimmt; **adulterator salis.** (*Jabl.*)

Saribant,

×

(der,) soll eine Gattung kleiner Drachen bedeuten. Der Name ist aus **serpens** geradbrecht worden, oder aus dem Altd. *Sare*, Verwundung und *Band*, *Bend*, Tier, entstanden, in welchem Sinne *Saribant* so viel als ein Schadtier heissen würde. Vergl. mit *Olbend.*

Nu höret durch ein wunder
wie das tierlin ist gnant.
Es heißt zue welsch ein zunder
zue teutsch *ein saribant.*
In Sittelen lant nach eren
ist es ein vipper gnant.
Den löwen vnd den herren
hett es gar nah verbrant.

(*Heldenb.* Bl. 163 a.)

Sariß,

×

(der,) Säbel. *Er hat einen Sariß*, sagen die Landleute in dem Kanton Basel von einem Berauschten, dem der Kopf, wie ein Säbel, herunterhängt. *Sariß* läßt sich von *saren*, verwunden, ableiten, und hat eine Übereinkunft mit **sarissa,** macedonischer Spieß; und mit dem Kelt. *Serr*, Schwert.

Die Sau *sticht den König,*

sagen die Schweizer im Sprüchworte, wenn der Bauer über den Herrn Meister wird. (*Stettl.* I S. 505 a.)

Die **Sau** *will Pallas grunzen lehren;*
Das Ey ist klüger, als die Henne; **Sus Minervam. Pullus gallinam [Die Sau Minerva. Das Küken die Henne].** Wird von einem Nasweysen gesagt, der seinen Meister ziehen will.

Sauerland,
✱
unfruchtbares, unbauliches oder unartiges Land, dergleichen in Westfalen ist.

Säuberbrosamen;
✱ ✕
apomagdalia s. **apomagdala**, Brosamen, womit die Alten die Finger säuberten, und die sie hernach den Hunden oder Katzen vorwurfen. So kan man auch die Brosamen nennen, womit man öfters Reißkohlen, Reißbley, Schmutzflecken, und drgl. auszureiben pflegt.

Schachenfischer,
✕
heissen um den Luzernersee die Beständer der Fischwaiden in den Schachen oder Sumpfländern. Sie seyn Lehnleute der sogenannten *Herren Rohrgesellen* von Luzern, welche das Eigentum solcher Fischwaiden und zugleich eine gewisse Strafgerechtigkeit in der Umgegend haben. Die Obrigkeit von Luzern hat auch ihre eigenen *Schachenfischer*. (*Baltasar.*)

Schachplatz,
✱ ✕
Mördergrube.

Schafkäse,
werden zu Jena im Gespötte die **Baccalaurei** genennet, aus der Ursache, weil ehmals ein **Baccalaureus** seinen **Decanum** und **Promotorem**, um einen Vorzug vor seinen Mitbrüdern zu erhalten, mit dergleichen bestechen wollen. (***Limn.*** **7 Publ. T. III, l. 8 c. 8 § 24.**)

Schandhütlein
oder *Schelmenhütlein*;
✱ ✕
Ital. ***Sambenito***, heißt das besondere Hütlein, welches in Italien die Kaufleute, die ihre Gläubiger mutwilliger Weise betrogen, zu tragen verurteilt werden. Vormals war an einigen Orten in Deutschland und Frankreich die Farbe diser Hüte gelb oder grün. (*Jabl.* u. And.)

Schauereule,
✱ ✕
Schuderhuh, die gröste und scheußlichste Eule.

Schembart,
(der,) Butzenantlitz; **larva**. Mißbräuchlich sagt man öfters *Schönbart*.

Schießschlange:
✱
acontia, jaculus, sagittarius: eine Gattung indianischer, gefährlicher Schlangen, welche auf die Bäume kreucht, und von solchen auf die vorbeygehenden Menschen und Tiere, wie ein Pfeil, herunterschießt. (*Jabl.*) s. *Pfeilschlange*, *Strahlwurm*.

Schirb,

✕

(das,) Kermes- oder Scharlachwürmchen. Wer die Gesandten Iesu annimmet, wie die Schenckin Rahab, vnd tregt das Feldzeichen des Heeres Christi, nämlich die rosinfarbe binde auff seinem hertzen, geferbet in dem rechten Kermesinwürmlein oder *Schirbe*, welches ist das Lemblein Gotttes, den nimmet Christus zu genaden an. (*Mathes.* Leichenpr. Bl. 109 a.)

Schlägleinskranz
oder
Schlägleinsring,

✱✕

ein Knabenspiel: Viele Knaben schliessen einen Kreis; Einer aber gehet hinter dem Kreise herum, und läßt heimlich hinter einem Knaben eine Rute oder einen Strick fallen. Wenn Diser den Possen nicht merket, bis der Andere wieder herum kömmt, so kriegt er eine Anzahl Schläge, und muß den Erstern ablösen. Wird er aber des Betrugs gewahr, so teilet er dem Herumgänger mit der Rute oder dem Stricke selbst Schläge aus, es wäre denn, daß der Erwischte allsobald an des Ausgetretenen Stelle in den Kreis hineinstünde, da denn der Letstere den Kreisgang tun muß. (*Emmeli* aus *dem Pollux*.) Griechisch wird dis Spiel **schoenophilinda** genennet.

schlafen,

bis St. Michael deutet oder aufbläst, d.i. in dem Tode entschlafen, und erst bey dem letsten Posaunenschalle erwachen. Ist eine sprüchwörtliche Redensart, welche *Mathesius* mehrmals gebrauchet.

Schlafhaus,

✱

heißt auch ein Bürgerhaus, da ohne obrigkeitliche Erlaubniß allerley fremde Leute mit Geliger, Essen und Trinken versorgt werden; dergleichen *Schlafhäuser* in verschiedenen Stadtordnungen verboten seyn.

Schlauche,

(die,) Stute; **equa**. Zu Basel ist *Schluche* ein pöbelhafter Spottname schnöder und fauler Weibsbilder. s. *Schläuchlein*.

Schlauchwal
oder *Uterwal*,

✱

grosses Meerschwein; **orca rostro & fistula, pinnis & cauda delphino similis, corpore vero vicies crassiore, circa ventrem potissimum** [Orca, der an Schnabel und Öffnung (Atemloch?), Flossen und Schwanz einem Delfin ähnlich ist, aber einen zwanzigmal dickeren Körper hat, besonders um den Bauch herum]. *Faber* setzet, es sey *der Springwal*; es mag aber vielmehr der sogenannte *Butzkopf* seyn.

schlecht,

aufrecht, gerade. Ein fraw was wol sechs iar lam [eine Frau war etwa sechs Jahre lahm] gewesen an henden vnd an füessen, vnd mocht nit on hilff geen. – Die kroch vff allen vieren zuo sant Sebolds grabe, vnd bat jn mit grosser andacht, das er ir gnädiger bott wär zuo got vnd ir vmb got erwurb das sie gesund wurd. Da erhort er sie, vnd sie ward wol gesund, vnd stuont zuohand vff ir füeß, vnd *gieng eins schlechten gangs wider heim.* (*Leb. d. Heil.* I Bl. 150.)

Schlindgrube,

×

Schlund, Schwalg; **barathrum**.

Schlirpete,

(die,) heißt zu Zürich ein Geschenke, welches man einer Kindbetterinn schicket, wider deren Kostbarkeit in den obrigkeitlichen Verordnungen daselbst vielfältig geeifert wird.

schlitten,

mit Schlitten fahren; **traha vehere**. Im J. 1363 was ein so kalter winter, das man vber [über] den Züricher see riten vnd *schlitten* kunte. Vber den Rhin *schlittete man* mit lesten. (*Tschud.* I. 461.)

Schlubbe,

✳

(die;) Fries. ***Slub***, eine Gattung Wasservögel, kleiner als die Enten, aber breiter geschnäbelt. (*Geßner.*)

Schmachthans,

ein karger Filz, der vor Geize schmachtet, und die Seinigen schmachten läßt; **avarus, qui languet ipse & suos languere facit.** (*J.L.Fr.*)

Schmaderbuch,

Sudelbuch, Tagbuch; **adversaria, diarium.** (*Kirsch.*)

Schmaicher,

Schmeycher, (der,) Tückmäuser, meuchellistiger und arger Mann. It. Afterredner, Verleumder. Bößlistig vnd *ein schmaicher*. (*Megenb.*) *Schmeycher*, die den leuten nachreden. (*Eb. Ders.*)

Schmaljunker,

✳ ×

ein Edelmann von geringen Einkünften, dergleichen ehmals die Schweiz und das Bündtnerland erfüllten. Vergl. mit *Schmalherr*.

Schmar,

(der,) Sauwanst oder Leiste an einem Rinde. Holl. ***Smaar*** oder ***Smeer; abdomen.*** (*Kilian.*) Ein gesotten Haber mit guten Nudelpauntzen (langen Knödeln) vnd einem feisten *Schmarn* hat neben dem Einhenkel (dem Buge) sein preis in Bayern. (*Mathes.* Hochzeitpr. Bl. 69 b.)

schmatzen *mit der Nase,*

✳

sagt man von Unflätern, welche den Tabak grob und laut einschlürfen. s. *schnifelen.*

schmoldern,

×

zu einer Suppe oder Tütsche einbrocken; **panem sipare, insipare s. frangere [Brot brocken, einbrocken oder brechen].** (**Vocab. Aa. VIII 7.**) s. *einschmoldern.*

schmutziger Donnerstag,

der Donnerstag vor der Herren Fastnacht, von den fetten Mahlzeiten, die man alsdann zu halten pflegt, allso genennet. (*Sepp* u. Böhm Blts. 62 und 63.)

schnabelräß,

×

der ein loses Maul hat, und räsſe, beissige Worte führt. Die römischen Legaten an die Gallier warend zeuil [viel zu] hitzig vnd *schnabelräß*. (*Stumpf* B. III 15.)

Schnadriaks,

×

(Niders.) Engster, enghälsige Flasche. (*Schottel.*) s. *Kutter.*

Schnäfler,

×

heißt zu Bern ein unbestimmter Schreiner oder Zimmermann, der weder Eines noch das Andere ist, und doch in beiden Handwerken allerley zu künsteln weiß.

schnaken,

auf dem Boden herumkriechen; **repere, serpere.** Ein *schnakendes* Kind; **infans quadrupes.** (*Fries* und *Mahl.*)

schnakhaft,

scherzhaft, schwatzhaft; **facetus, loquax.**

Schnarre,

zänkisches Weib, **mulier maledica, rixosa.** (*Kil.*)

Schnatz,

heißt in Hessen der Aufbutz eines Weibsbildes in blossen Haren. Braut und Brautmägdchen waren alle *im Schnatze*, d.i. bloßköpfig, mit Banden und Rosmarin geziert, und Zween geflochtenen Harzöpfen. (*Estors* deut. Rechtsl. I S. 293.)

Schnäuke,

✱

Schnöuke, Hundsschnäuke, Hundsschnurre; **rostrum canis.** (*Mahl.*)

Schmecker,

nennen die Schweizer eine grosse Nase, die anderswo ein Dampfhorn genennet wird.

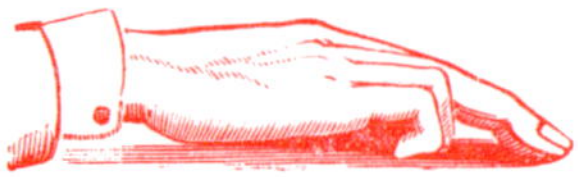

Schneeblüte,

✱×

Schneeblust, nennen die Schweizer ein kleines, weisses, krauses und gleichsam gefidertes, oder, wie sie reden, *gevögeltes Wölklein*, welches gegen dem Spätjahre an schönen und lieblichen Tagen so hoh in der Luft erscheinet, daß es mit blossen Augen schwär zu sehen ist. Wenn sie ein solches wahrnemen, so wissen sie, daß sie nächstens Schnee haben werden, und mit ihrem Vieh von Alp fahren müssen. (*Scheuchz.* schweiz. Naturgesch.)

Schneeschlaifen,

Snesleiphinan, derjenige Teil der Schneeberge, da der abgehende und abschmelzende Schnee auf eine oder die andere Seite sich teilet und herunterrinnet. In alten Verträgen werden solche *Schneeschlaifen* als eine Scheidung beiderseitiger Gränzen angezogen. Sonst heißt man sie auch in der Schweiz *Schneeschmelzen* und *Schneeseigen.* s *Schlägelwälzen, Schneeläufe.*

schneiden *einen Wein,*

✱

heißt bey den Weinhändlern, einen fremden Wein mit einländischem Weine verfälschen. (*Jabl.* in *Wein.*)

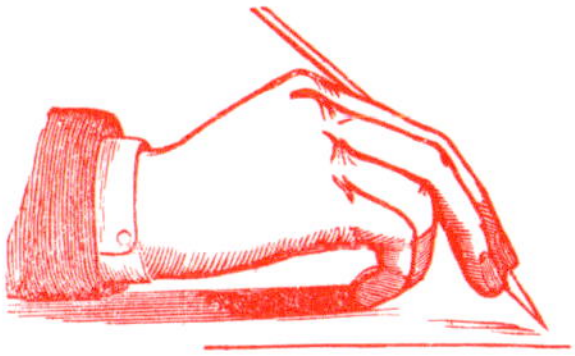

schnuren,

✱ ×

heißt, wenn ein Wolf stets den Trab läuft, und mit den hintern Klauen jedesmal genau in die vordersten Tritte eintritt. (*Flem.* deut. Jäg.) Die Lüchse und Füchse *schnuren* gleichfalls wie die Wölfe. (*Jabl.*)

Schöney,

✱ ×

gemaltes Osterey, oder ein ander Ostergeschenke unter disem Namen.

schrecken,

springen. Daher hat *die Heuschrecke,* oder, wie die Schweizer sagen, der Heuspringer den Namen. Deßgleichen *der Schrickelmand* und *das Schrickeljahr,* d.i. der Schaltmonat und das Schaltjahr, weil da gleichsam ein Sprung geschieht. s. *Skrickpinnen.*

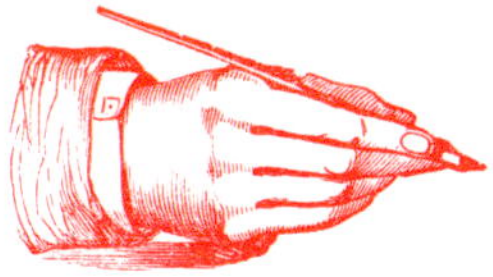

Schreyvogel,

✱

schlechter Prediger, widerlicher Redner oder Kreischer. It. ein lästerhafter Zänker, dergleichen es auch unter den Schriftstellern gibt. s. *Groll.*

Schriftdieb,

✱

der für seine Arbeit ausgibt, was er aus einem andern Schriftsteller gestohlen; **plagiarius literarius.**

Schrumpel,

(die,) Erdkloß; **gleba** [Landstrich]. Der Harz, als eine kleine *Schrumpel* auf der Erdkugel hat nur etwann 3 bis 350 Lachter mehr Höhe, als das umligende Land. (*Böse* von dem Bergwes. Blts. 22.)

Schubelwurst,

✱

grosse Magenwurst, die scheibenweise geschnidten wird. s. *Rosenwurst, Schübling.*

Schülpe,

Musselschülpe, (NS.) Schale, Muschelschale; **valva conchylii.**

Jemands Schuhe *auf dem Halse tragen*,

war voralters ein Zeichen der Unterwerfung und Zinsbarkeit. Zum Beyspiele führet ***du Frêne*** König Muregard von Irrland an. Disem schickte Olaus Magnus, ein König in Norwegen, seine Schuhe, mit dem Machtgebote, daß er solche in Gegenwart seiner Boten am Tage der Geburt des Herrn mitten durch seinen Hof auf den Schultern tragen sollte; um dardurch feyerlich zu erkennen zu geben, daß er ein Untertan des Königs Ol. Magnus wäre, **se subjectum esse Magno Regi [dass er dem großen König untertan sei]**. s. ***du Frêne*** in **Calceamenta.**

Schuhu,

—

nennet *Flemming* in s. deut. Jäger den Uhu oder Urhuw, d.i. eine Steineule. s. *Schuffhu.*

schulflüchtig,

✱✕

der vor der Zeit die Schule verläßt, oder gar drausen bleibet. *Schul-* vnd *arrbeitsflüchtige* Bettelkinder hinwegtreiben. (*Kursächs. KO.* von 1555.)

Schwabber,

(der,) ein Schiffbesem von alten aufgelösten Tauen. It. ein Schiffsjunge, der das Schiff darmit auskehren muß. Holl. ***Zwabber.***

schwädern,

✱

mit dem Schnabel in dem Wasser wühlen, wie die Enten. It. figürl. wacker saufen. Schlemmen vnd *in sich schwedern*, bis Brot, Fleisch vnd Bier zu sumpf gezogen ist. (*Mathes.* Hochzeitpr. Bl. 147 a.)

Schwärzfisch,

✱✕

ein Fisch wie eine Meerspinne, der sich vermittelst seiner dünnen ringen Flossen wie ein Pfeil und scharenweise auserhalb dem Wasser aufschwinget. Sein Schweiß ist so schwarz als Dinte. Er hat Zwey Beinlein wie ein Messer und eine Feder, daher ihn die Welschen **calamarium**, *Schreibzeug*, nennen. Lat. **loligo.** (*Deut. Lyk.* und *Fries.*)

Schwappenhauer,

Plauderer, Aufschneider; **blaterator, jactator, grandiloquus, vaniloquus.** So nennet man in der Schweiz auch einen seichten, aber lungenmächtigen Prediger.

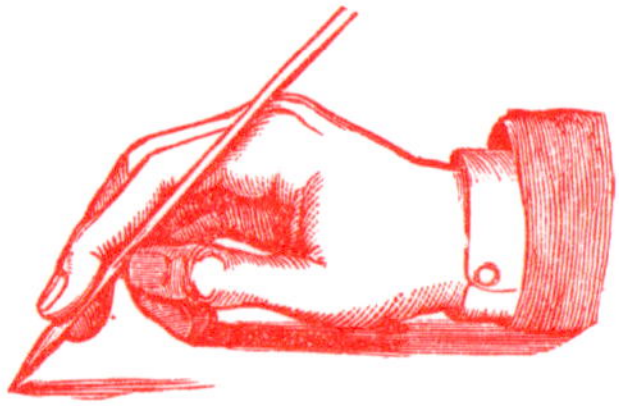

schwarze Bücher,

Zauberbücher; **libri magici.** Er kunde *die swartzen buoch*; Er verstand die Zauberkunst. (*Königsb.* Blts. 136.)

schwarze Reiter,

waren ehdessen niderländische Reiter, in schwarzer Rüstung, welche so gar das Antlitz schwärzten, und sich *Teufel* nennten, damit sie den Feinden ein desto grösseres Schrecken einjagen möchten, wie sie denn wirklich viel Unheil anrichteten, bis sie endlich durch die vielen Kriege aufgerieben wurden. (*Beat v. Reinach* und *Kilian.*)

Schweingräserey,

✱

Graswaide der Schweine in einem Walde. Etliche Leute unterstehen sich, zu Herbstzeiten, da keine Mast vorhanden, ihre Schweine in die Holzungen und Wildbahnen, ungeachtet sie mit *der Schweingräserey* darinnen nicht berechtiget sind, zu treiben. (*Flem.* deut. Jäg. T. II Blts. 352.)

Schweinsfedern,

waren ehmals scharfe Piken bey dem Fußvolke, womit sich die vordersten Glider der Soldaten, gleichsam als mit Schweinsstacheln, vor dem Einbruche der Reiterey bewahrten. Dise *Schweinsfedern* hatten einen Haken in der Mitte, worauf man die Muskete im Anschlag zu legen pflegte. (*J.L.Fr., Jabl.* und *Fesch.*)

Schweinwal,

✱

(der,) Meerschwein; **phocaena, delphinus septentrionalis.** Isl. *Suinhual* oder *Suinhuallur*, oder auch *Witinger.* (*Anderson.*) s. *Springwal, Täumler.*

Schweizermeer

oder *deutsch Meer,*

×

nennen Einige *den Bodensee*, **lacum Bodamicum.** (*Wagners* **Merc. helv.**)

Schwetze,

×

(die,) Schaumünze; **numus memorialis.** Die römischen Keyser hielten je zuo zehen jaren herrliche spiele, als ob sie die Regierung vernewerten [erneuerten], vnd wurden die Fest zehenzwentzig- vnd dreissig järige Fest genant. – Daher dann noch in den alten *Schwetzen* vnd Pfenningen offtmals solche vmbschrifften gesehen werden: **Votis decennalibus, vicenalibusque.** (*Gobl.* Rechtssp. Bl. 210 b.) Ist ein seltsames Wort, welches vielleicht von *schowen*, schauen, herkömmt, und so viel als *Schowetze* oder Schaustück bedeuten soll.

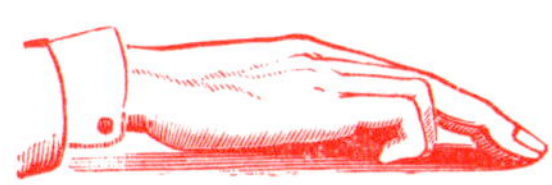

Schwickart,

×

Betrieger. König Christiern, der Andere [der Zweite], hatte einen Schalksnarren, mit Namen *Schwickart,* das ist so viel als ein Betrieger. (*Fickler,* Blts. 421.)

Sechsschäufler,

✱ ×

ein vierjähriges Schaf, welches die dritten und letsten Schaufelzähne geschoben. s. *Doppelschäufler.*

Seehahn,

Seeräuber, und zwar ein mächtiger Kaper, der, wie ein Han, lange den Meister spielet. (*Alb. Kranz.* verd. **Vand.** Bl. 345 a.)

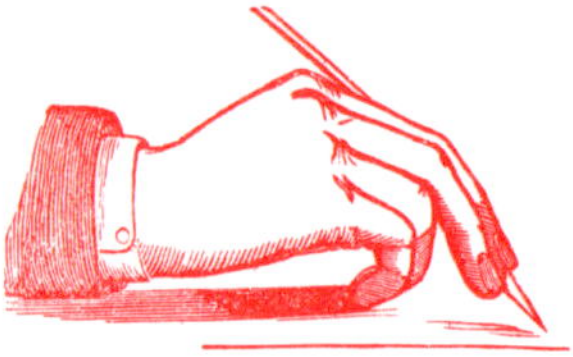

Seelbuch,

*

besonders Todtenbuch und Seelenregister für gewisse Stifter und Guttäter. – N. vnd sein Eewirtin [und seine Ehefrau] kaufften ein leibgeding bei den Closterfrawen zuo A....... So bald der selben eins oder beide mit tod abgangen, so sollen die Closterfrawen sie insonders in jren [ihrem] kirchhof begraben lassen, dar zuo jr begrebd zimlich begeen, jr beider namen in jr *Seelbuch* schreiben, vnd järlich, so sich gebürt, verkünden, vnd jr jarzeit zuo ewigen zeiten ausrichten. (*Alex. Hug.*)

Seele *eines Federkiels,*

*

ist das Mark darinnen, welches man herauszieht, wenn man ihn schneiden will.

Segensbaum,

*

der seine Frucht zu rechten Zeiten bringt; **arbor felix, arbor frugifera.** Vergl. mit *Fluchbaum.*

sehender *Käs,*

ein Käs der viele Augen hat; **caseus fistulosus.** (*Faber.*)

Semeler,

ein unnützer Grittler und Staubkneiper; **scrupulosus in re parvi momenti, curiosus rerum frivolarum, ignavus in re gravi [peinlich genau in einer Angelegenheit von geringer Bedeutung, um Albernheiten ängstlich besorgt, bei Wichtigem unfähig].** (*Kilian.*)

Senfmühle,

(sprüchwörtl.) *eine Senfmühle rauben, eine Senfmühle mit ihm heimführen* oder *heimbringen, mit seiner Senfmühle heimziehen*, d.i. eine Schlappe holen, mit einer langen Nase abziehen, Schande und Schaden erjagen. (*Senkenb.* T. III S. 399, 408 und 452 und T. V S. 482.)

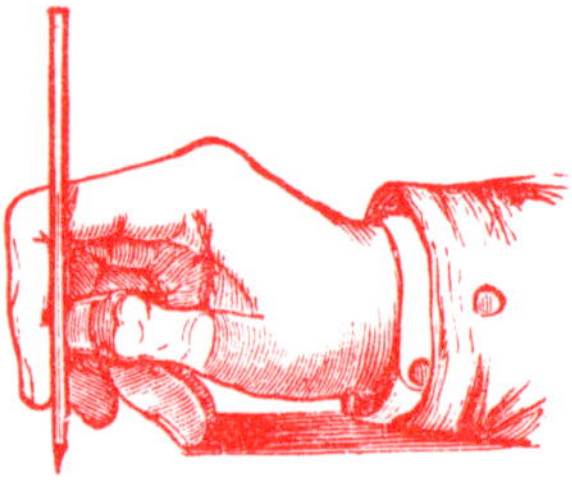

senkeln,

mit Senkeln oder Nesteln vermachen, zunesteln. s. *ungesenkelt.*

Sensenwurf,

*

heißt der Stiel an einer Sense. (*Feesch.*) Sonst *Sensenwerb.*

Sibdreher,

✱

✱*Sibwicker,* ✱*Sibtreiber*, **vates cribro divinans, coscinomantis.** Ein Solcher berühmet sich, wenn etwas gestohlen worden, den Dieb zu entdecken. Zu disem Ende nimmt er eine Zange in Zween Finger, leget ein Sib darauf, und spricht einen Zaubersegen darzu. Sodann nennet man etliche Personen, die man im Verdachte hat, und, so man des rechten Diebes Namen trifft, soll das Sib sich allsobald bewegen, oder wol gar herumschwenken. (**Io. Praetorius de coscinomantia.**) s. *Erbsib.*

Sibenkünstler,

✱

heißt im Scherze ein Lehrer der Weltweysheit, **Magister septem artium.**

sibenmännerige *Pflanzen;*

✱

heptandria, da sich in dem Ehbette der Blume Siben Männchen bey Einem Weibchen befinden; **stamina septem in eodem flore cum pistillo.** (*Linnäus.*)

Sicherheit *machen* oder *werben,*

unter dem Vorwande der Sicherheit zusammenschweren [sich verschwören] und Rotten machen. Wir Rat und die burger von Zürich hein gesworen das nieman werben noch machen sol enhein [keine] zunft noch meisterschaft noch geselleschaft noch kein *sicherheit* mit eiden mit worten noch mit werken. (*Zür. Richtbr.*)

siechlüftig;

✱

impuro infectus aëre [mit unsauberer Luft verpestet]. Rom ist ye vnd ye für ein *siechlüfftige* vnd vngesunde stat gehalten worden. (*Schöf.* Bl. 11.)

Sier,

✱×

(die,) ein allerkleinstes Stäubchen. Holl. ***Zier.*** *Sierchen*, unteilbares Teilchen. Holl. ***Ziertje.*** **Atomus** läßt sich nicht schicklicher übersetzen. Man könnte allso dises Wort in die hochdeutsche Sprache, wo man es darbet, übertragen, oder man müßte sich mit dem Worte *Urteilchen* vergnügen.

von Sinn *zu Sinn;*

✱

quoad sensum [hinsichtlich des Sinns, sinngemäß]. Eins dolmetschers ampt vnd befelch ist, *von synn zuo synn*, vnd nit von wort zuo wort zuo transferieren. (*Eppendorf.*)

Sitzel,

(das,) artiger Sitz, ränkliches Hinterteil. *Ir sizzel gedrolle*, ihr kernhaftes und gedrechseltes Hinterteil. s. *gedrollen*, und *Minnes.* II 66 a.

Slabberbütte,

×

(die,) Plaudertasche. (*Richey.*)

Slop,

×

(AS.) langes Kleid; **stola.** (*Som.*) Engl. ***Slop*** oder ***Slops*** heissen die Pumphosen eines Bootsknechtes.

Snaak,

(NS.) Rede, Gewäsche. *Een Stück Snaks, een dummen Snak*, eine alberne Rede. *Wat Snak is dat?* Was will das sagen? *Man nich veel Snaks!* Nur nicht viel Redens! *Wat Snak!* Mitnichten, keineswegs. (*Richey.*)

Snarrenzer,

×

schnarrender Sänger, Schnarrpfeifer, schlechter Dichter. In brechte ein meister bas ze mere danne tusent *snarranzere*. D.i. Ein einziger Meisterdichter brächte ihm grössern Ruhm, als Tausend Pfuscher. (*Schwb. Lied.* S. 95.) Vielleicht soll es wol auch einen Fidler oder Leyrer bedeuten, wie das Holl. ***Snarenspeeler***; von ***Snare***, Seite. Einmal ist es kein Schmarotzer, wie es in dem kl. **Glossario** über die gedachten schwäbischen Lieder erklärt wird.

Snees,

(die,) ist bey den Niderdeutschen eine Zahl von Zwanzig. *Eine Snees* Plattfische. (*Kilian, Halma,* und And.)

sneuwelen,

×

einander mit Schneeballen werfen; **nivea colludere massa.**

Snofel,

×

Snofl, (AS.) Schleim, Rotz, Pfnüsel; **phlegma, mucus, rheuma**. *Snoflig*, schleimicht, rotzig, schnuppicht; **phlegmaticus, mucosus, rheumaticus.** (*Som.*) s. *Snote, Snyflung.*

Sonnenglas;

✳

helioscopium: Ist ein Sehrohr mit gefärbten Augläsern, wodurch man ohne Schaden des Gesichtes in die Sonne sehen kan.

Sonnenseite,

✳

heißt an allerley Früchten diejenige Seite, die gegen der Sonne gestanden, und daher eine lebhaftere und höhere Farbe gewonnen; deßgleichen an den Bäumen, die Seite, da die Ringe im Holze von der einwirkenden Sonne weiter aus einander und ordentlicher zu wachsen pflegen.

Sonnenwendvogel,

✳

Johannswürmgen, Lichtmücke, Nachtmücke, Gleimchen, Feuerkäfer; **noctiluca, cicindela. (Vocab. Aa.** VIII 7.)

spärzen,

sagt man in Bündten von einem Ergrimmten der mit den Füssen gegen Jemand ausschlägt. s. *Sparz.*

Spargelschwamm,

×

ein Spargelstock. Man nimpt des spargen samens so vil als eyner mit dreien fingern begreifen mag, den legt man zuosamen in eyn löchlin oder grüeblin, das verwechßt inderthalb viertzig tagen in eynander, als were es eyn ding; dieselben verwürten [ineinander verwirrten] wurtzlen heyssen die gärtner *spargen schwammen*; **sativi asparagi radiculas sic illigatas olito-**

res *spongias* appellant [derart verwickelte Würzelchen des gezüchteten Spargels nennen die Gemüsegärtner Schwämme]. (*Deut. Kol.* Bl. 114 a.)

spatzmausen,

der Wollust nachziehen, und auf alle Weiber zufliegen wollen, wie die Spatzen. Auf einem vollen bauch stehet ein fröliches haupt, darauf gehet man *spatzmausen* vnd felt einer dem andern in sein vierung vnd gehege. (*Mathes.* Bergpr. Bl. 9 b.)

Speckkrieg:

„Im jar 1516 zohe [zog] Herr Gangolf von Geroltzeck mit grosser Macht in Lothringen, vnd thet [und tat] darinn grossen schaden, raubt vnd plündert allenthalben, was er fande; vnd dieweil dis jars ein fruchtbares jar war, fürnemlich von Eychlen, also daß die Leut ein grossen vorrath von Speck hatten, raubten die Kriegsknecht allenthalben souiel Specks, vnd mesteten sich dermassen im Speck, daß sie diesen Krieg *den Speckkrieg* nennten.“ (*Seb. Fr.* Chr. T. II Blts. 636.)

Speluca,

✕

Splugen, ein bekanntes Dorf in Graubündten an dem Hinterreine, welches bey der strengen Durchfahrt über den Urseler- oder Splugerberg in Italien den Reisenden ungemeinen Vorschub tut. (***Del. de la Suisse.***)

Spendtuch oder *Spendwat*,

✱✕

Almosentuch, welches unter die Armen ausgeteilt wird, wie z.E. zu Basel an Luxen Tage zum Angedenken des grossen Erdbebens, von welchem auf disen Tag im J. 1356 die ganze Stadt erbärmlich zerfallen.

Speß,

✕

(Brit.) Gespenste; **spectrum**. (***Greg. Rostr.***) Fragt sich, ob nicht der bekannte *Speßhart* im Frankenlande den Namen daher empfangen habe, und so viel als *Gespensterwald* bedeute? Denn daß er von den vielen Spechten, die darinnen hecken, *Spechteshart* heissen solle, ist ein Gedichte für Kinder.

speyzenswürdig,

✱✕

was nicht mehr wert ist, als daß man darüber speye; **sputatilicus**.

Spickheering;

✱

halec fumatum [geräucherter Hering]. Kaufe dir eine Tonne frischen Heering, wie er aus dem Wasser kömmt, der fein und gesalzen ist; lege ihn Eine Nacht oder Zwo ins Wasser; nimm eicherne Borke, seud sie, daß aller Saft herauskömmt; darnach geuß das Wasser ab, und lege den Heering darein; lasse ihn eine halbe Stunde darinn ligen; alsdann hänge ihn auf in Rauch. Das nennet man *Spickheering*. (*Kohl.* Hausb.)

Spiegelrede,

✱ ✕

Blendrede einen Fehler zu beschönen. Geschainte vnd verzickte *spiegelrede*, d.i. scheinbare und mit vielem Drehen und Ränken herbeygebrachte Vorwände. (*Kob. Chr.* 156 b.)

Spiegelstein,

✱

✱*Mondschaum*, ein durchsichtiger Gipsstein, der sich sehr dünne schifert; **lapis specularis, selenites, glacies Mariae, spuma lunae, argyrolithos [Spiegelstein, Selenit, Marienglas, Mondschaum, Silberstein].** (*Waller.*) s. *Eselsspiegel.*

Spiegler

oder *Eherer,*

Aehrenleser; **spicilegus.** (*J.L.Fr.* aus einem **Vocab.** von 1482.) s. *ähren.*

spieken,

(Niderd.) in frischem Wasser waichen; **aqua recenti macerare.** (*Kilian.*)

Spießbühel,

✕

Einer der Siben Berge in Rom: **Mons Quirinalis.** (*Deut. Lyk.* Blts. 159 und 225.) s. *Pferdsbühel.*

Spikelwerk,

✕

musivische Arbeit. Zu Yvonan, einem Dörflein unweit Yverdon, ist in eines Bauern Garten anzutreffen ein **pavimentum tesseratum, opus musivum** oder **musaicum** [gewürfelter Estrich (Mosaikboden), musivisches Werk oder Mosaik], von *Josef Furtenbach Spikelwerk* genannt, d.i. ein Pflaster mit kleinem gewürfeltem Marmolstein eingelegt, und von mancherley Farben künstlich gearbeitet. (*J.J. Wagners* **Merc. helvet.** Blts. 213.)

spikern,

(Schifferw.) nageln. s. *Bauchstücke.*

Spillseite,

✱

Spindelseite, weibliche Geschlechtslinie; **linea v. prosapia foeminina [weibliche Abstammungslinie oder Sippe].** s. *Spillhalbe.*

Spink,

✕

(der,) Span; **segmen ligni [Holzspan]:** ein schwedisches Wort, welches sich bey den Nidersachsen einschleichet.

Spißkuchen,

✱ ✕

eine Gattung Eyerkuchen, die mit Milchram und Butter bereitet, und an einem besondern Kuchenspisse gebacken werden. (*Kohl.* Haus- und Kochb. Kap. 159.)

spitzhütig,

der gerne angibt und die kleinsten Dinge anzeiget und rüget; **delator.** (*Schottel.*)

spornflüchtig,

✱ ✕

nennet man die Pferde, die bey dem geringsten Spornkützel gählings auffahren oder gar ausreissen.

Spornhenne,

✱

gespornte Henne wie ein Hahn. Bezeichnet auch eine Meisterfrau, die ihren Mann reitet.

Sprenzel,

(der,) womit man Einem den Mund knebelt; **oris obturamentum.** (*J.L.Fr.*)

sprickelicht,

✱

✱ *gesprickelt*, scheckicht, gefleckt.

Springbilder oder *Spritzbilder*;

✱ ✕

silani s. **Tullii**, heissen die Bilder auf den Springbrunnen, die da Wasser spritzen; oder die Bilder, welche durch die künstliche Springflut vorgestellt werden.

Springersbuben,

✕

nennet man zu Nürnberg starke Bracher und schädliche Buben, welche an den Füssen gespannt und mit einer Schelle am Kopfe am Stadt- und Herrenwerke schaffen müssen. (*Geiers.* **Spicil.**) s. *Schellenwerk, Springerhaus.*

Springreise,

✱

kurze, schnellentschlossene Reise; **eruptio, excursio.** (*Kilian.*)

Stachelfeige;

✱

Nucthtli, eine erfrischende und feigenähnliche Frucht in Amerika, von unterschiedlichen Farben, worunter eine Gattung von innen dermassen rot ist, daß, wenn man darvon ißt, der Mund ganz blutig aussieht. s. *Blutfeige.* Alle Gattungen diser Frucht haben eine mit feinen und schier unvermerklichen Stacheln besetzte Haut, die man abziehen muß, ehe man das Fleisch darvon geniessen kan.

Stachelschweinsteine *in der Gallblase*;

✱

lapides hystricini de fellicula fellea: seyn grün, rot oder gelblich, auswerts voller Narben und Vertiefungen, und bitterlich von Geschmacke. Sie kommen von einer geronnenen Galle. Man rühmet sie als ein herrliches Mittel in verschiedenen Krankheiten, so daß man in Holland eine Dukate gibt, einen solchen Stein für 24 Stunden nur geliehen zu kriegen.

Stadel,

(der,) heißt in der Schweiz bey den Alpkühern ein sömmerlicher Aufenthalt ihrer Kühe auf den Bergen, welcher zugleich eine geschmeidige Wohnung des Kühers samt einer Heuscheuer begreift; denn zuweilen bleibet ein Küher mit ein Par oder doch sehr wenigen Kühen auch im Winter darauf, wenn er gleich mit seiner Hütte in dem Schnee begraben wird. *Stadel* heißt sonst durchgehends eine Heuhütte auf Matten, die weit von den

Leuten entlegen seyn, und da man das Heu im Notfalle vor Sturm und Regen in Verwahrung bringt.

Stänker,

✻

wird der Iltiß darum genennt, weil er den Hunden, die ihn packen wollen, seinen abscheulich stinkenden Harn in die Augen zu sprützen pfleget. (*Jabl.*) *Stänker* heissen sie insonderheit, wenn sie ranzen, da sie auserordentlich stinken. (*Florin.*)

Stätzler,

×

Dolch; **pugio**. Die Evangelischen waren mit den besten Seitengewehren, scharfen *Stätzlern* und Fünstlingen (Fäustlingen, Sackpuffern) versehen, die sie unter den Mänteln trugen. (*Bischoffb.* App. Chr. Blts. 217.) Für *Stätzler* hat *Walser* in s. App. Chr. *Dolche.*

Stammblütsche,

(das,) Stammblock, das untere Ende eines gestutzten Baums. s. *Totz.*

Stangenklettern,

ist ein in Deutschland hin und wider bekanntes Spiel, da die Bauern eine bey 30 Elen lange und mit Oele beschmierte Stange, woran oben ein Gewinn hängt, hinaufklettern. (*Florins* adel. Hausv. B. I Blts. 63.)

Stankfuchs,

✻ ×

Ysquiepatli, eine Gattung Füchse oder Iltisse in der amerikanischen Landschaft Guatimala, mit zartem schwarzem Hare am Leibe, und einem langen schwarz und weiß gesprengten Schwanze. Sein Unrat und der Wind, den er streichen läßt, seyn von so unleidentlichem Gestanke, daß er sich dardurch der Jäger und Hunde erwehret.

Stankwurze,

wolriechendes Gewürze. Der stank dinero [deiner] salbon ist uber alle *stankwurze.* (*Willer.* IV.)

Stapelrecht;

✻

jus stapulae, jus emporii, ist das Recht der Niderlage, oder die von Keisern und Königen verliehene Freyheit, vermöge deren die Güter an einem Orte nicht mögen durchgeführt, sondern daselbst müssen abgelegt, oder wenigstens eine Zeit lang zu Kaufe gestellet werden: welches Recht sich an einigen Orten auf alle, an andern aber nur auf gewisse Waaren erstrecket. ***Stapula* est jus, in quo potestas conceditur aliunde invectis mercibus quasi manum injiciendi, ab instituto cursu retrahendi, ac denique ita sistendi, ut non prius, quam publico foro divenditae ibi fuerint, alio transferantur. Ita autem dicitur a *stapelen,* quod in unum aliquid coacervare designat [Stapula ist das Recht, durch welches (jemandem) die Freiheit zugesprochen wird, die von anderswoher eingeführten Waren sozusagen, wie bei einem Vollstreckungsverfahren, zu ergreifen, von ihrem bestimmten Kurs abzubringen und vor Ort solange festzu-**

halten, dass sie nicht eher anderswohin verführt werden können, bis sie auf dem öffentlichen Marktplatz im Einzelhandel angeboten wurden. Jenes Recht wird von *stapelen* her so genannt, was „an einem Ort zusammenhäufen“ bedeutet]. (*Boxhorns* **Theatr. Holland. p. 100.**)

Stapelstadt,

✳

und kurz *Stapel* oder *Staffel*, ist eine Stadt, welche des Rechtes der Niderlage entweder in weitläuftigem Verstande, oder nur in Ansehung einiger Waaren geniesset, und zu dessen Ausübung so wol die Kauf- und Waghäuser aufführen, und die darinnen erforderlichen Arbeiter bestellen, als auch die kaufmännischen Gerichte nidersetzen, die staffelbaren Güter würdigen, und die Frachten zu Wasser und zu Lande bestimmen darf. An dem Reine seyn Drey Staffeln, nämlich *Speyer*, *Maynz* und *Köln*, eben so viele an der Donau: *Ingolstadt*, *Regensburg* und *Passau*; an der Mosel *Trier*, an der Elbe *Magdeburg* und *Hamburg*, an der Oder *Frankfurt*, an der Maas *Dordrecht*; *Leipzig* hat das Stapelrecht auf 15 Meilen umher; *Buchhorn* hat es über die Güter, welche von St. Gallen über den Bodensee nach Schwaben gehen; und *Kempten* über die Waaren, welche man aus Italien in die Niderlande fertiget, wie auch über das Salz, welches aus Tyrol in das Schweizerland geführet wird.

Steine

zu Steinen werfen,

taten die Alten das Angedenken merkwürdiger Begebenheiten zu erhalten. „In Gotland gibt es vast hohe Steinhaufen, welche da allein von den Wandersleuten vnzalbarlichen [unzählbar] zusammengeworfen vnd getragen worden. Dann es ist die gewonheit dises Volkes, wo sie für namhaftige ort reysen, do etwan mirakel geschehen, das sie da selbst stein auf einander werfen.“ (*Fickler*, Blts. 37.)

Steinland;

✳ ✕

Ital. **Pietra paese**, heißt ein Figurenstein, worauf eine Landschaft mit allerley Gesträuche und Gewürme natürlich vorgestellet ist, wovon sehr verschiedene Gattungen in Deutsch- und Welschland und in der Schweiz gefunden werden.

Steinzünglein;

✳ ✕

glossopetrae: sollen versteinerte Zähne des Hayen, (**carchariae [des Hais]**, eines sogenannten Meerfisches,) seyn. Es werden deren zur Seltenheit in der Schweiz gefunden. (*Scheuchz*. Naturg.)

Sternbirnbaum,

✳ ✕

ein amerikanischer Baum, der unsern Quittenbäumen ziemlich gleichet; auser daß er viel grösser wächst.

stickeln,

mit Rebstecken oder Pfälen versehen; **statuminare**. (*Fries*.)

Sticken,

(der,) oder *ein Stock Aale*, bestehet in Zwanzig gedrengten Aalen. (*Stadens.* Erkl. der bibl. Wörter, Blts. 65.) s. *Lunde*.

Stiefauge

×

nennet man auch das geschliffene Hülfsglas, dessen sich kurzsichtige Leute zu bedienen pflegen. It. ein gläsernes Auge, welches von Einäugigen an Platz des ermangelnden Auges eingesetzet wird.

Stiefreime,

✱ ×

Halbreime, die übel zusammenklingen, wie *drehen* und *erhöhen*, *wäre* und *störe*, *Meer* und *Herr*, *schläft* und *häft*, u. dgl.

Stiege,

✱

(die,) ist eine Zahl von 20, eben wie man eine Zahl von 15 sonst eine Mandel nennet. Die Alten zählten *stiegenweise*. Drey *Stiegen* machten 60 oder ein Schock, weil sie da aufhörten, und dann zwanzig- oder *stiegenweise* fortzählten: Daher sagen die Franzosen noch immer **soixante-dix, quatre-vingt, six-vingt,** für 70, 80, 120. s. *J.L.Fr.* in *Stiege*. Die Bohnen, die in den Schwaden (abgemäheten Lagen) nicht recht gereifet oder gestreuget, das läßt man in den Hocken (Häufen) *Stiegen* oder Mandeln 2 oder 3 Tage desto länger in dem Felde ligen. (*Kohl.* Hausb. T. I B. V 13.) Ein Gut *Vier Stiegen Jare* im Besitze gehabt haben. (*Strub.* **de Bonis mayerd. p. 281.**)

Stier von Uri,

heißt auch Derjenige, der bey einer Heerfahrt oder Schlacht das gröste von allen Kriegshörnern der Urner bläst. (*Fäsis* Beschr. der Eidsgen. B. II S. 165.). s. *Kuh*.

stierig,

✱

ist eine Kuh, die des Stiers begehrt. Nimm 3 rote Schnecken, die dörre, und mache sie zu Pulver; tu Kalmus und Abstrenzen darzu: Das gib der Kuh ein, wenn sie nicht *stierig* werden will, so wird sie in 3 Tagen *stierig*. (*Geschrieb. Arzneyb.*)

Stigelhupfer,

ein Ungelehrter, der keine sonderliche Sprünge macht. *Ein Stigelhupfer*, der nichts kan. (*Seb. Frank.*)

stiller Mond,

✱

✱**Stillmond,** Neumond; **novilunium, luna silens.**

stinken,

(figürlich:) Dem Egyptischen Keyser Ptolomeo *stanck das maul* nach dem edeln Asien; d.i. wie man sonst sagt: Ihm wässerte das Maul darnach. (*Turnm.* Bl. 104 a.)

Stippe,

(die,) Halm, Splitter; **stipula, festuca.** Stosse den traum (Tram, Balken,) von deinem auge, ee du *die stippen* vertreibest von deines nächsten auge. (*Die 24 Alten.*)

Stippe,

✳

eingetunkter Bissen; **offa panis juri intincta [ein in die Sauce getunkter Bissen Brot]**. (*Kil.*)

Stockamt,

×

ist zu St. Gallen das Amt der Herren, welche das Almosen, das in die Kirchenstöcke für die Armen fällt, besorgen und verwalten. s. *Fäsis* Beschr. der Eidsgen. B. III S. 699.

Stockbampel,

(die,) Rebschoß aus dem Weinstocke; **pampinaria virga**. (*Deut. Kol.* Bl. 27 b.) s. *Bampel.*

Stör den Kerl,

heißt das Bier von Dernbach, einem halberstädtischen Stättlein. (*Brückmann.*)

auf der Stör *seyn,*

sagt man in der Schweiz von sitzenden Handwerkern, als Schneidern, Schustern, Sattlern, und dergleichen, welche den Satz [die Ausstattung] nicht haben, ihren Beruf zu Hause zu treiben, und daher genötiget seyn, die meiste Zeit im Jahre in den Kundenhäusern zu arbeiten. s. *Stettler*, II 122 b.

Stopfer;

punctores, eine Gattung abenteuerlicher Springer in Bündten, von welchen *Gilg Tschudi* in s. Beschr. der Alpen, Haubtst. 17 Folgendes meldet: „In der Riuier [Revier, Bezirk] der Etuatiern zuo Ylantz, Lugnitz vnd [und] in der Gruob ist der sytt [die Sitte] von heydnischen ziten harkommen, das sy zuo ettlichen jaren gemein versamlungen hond, verbutzend (vermummen) sich, legend harnasch vnd gwör [Harnisch und Wehr/Waffen] an, vnd nimpt yeder ein starcken, grossen stecken oder knüttel, ziehend also in einer harscht (Rotte) mit einandren von eim dorff zuom andren, thuond hoch sprüng vnd seltzam abenthür, als sy by warheyt veriehend [behaupten], das sy söllich sprüng nach hinthuoung [dem Ablegen] jrer harnisch vnd endung jrs fürnemens sollicher höhe vnd wyte nirndert gethuon mögend. Sy louffend starcks anlouffs in einandren, stossend vnd putschend [botschen; prallen] mit krefften ye einer an den andern, das es erhilt, (ertönet.) Sy stopffend lut (laut) mit jren grossen stecken. Dannenthar werden sy daselbs zuo land *die Stopffer* genempt. Sy thuonds, das jnen jr korn desterbaß geraten sol, haltend also disen aberglouben.“

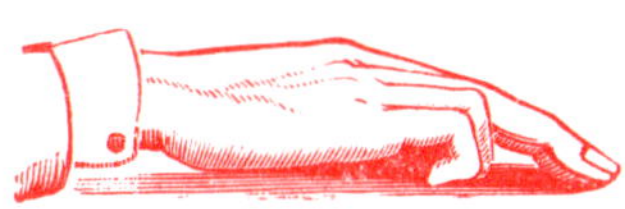

Storchsgesätze;

✳ ×

leges ciconiariae, pelargici nomi: in welchen enthalten ist, daß die Kinder ihre armen und alten Eltern ernähren und pflegen sollten, dergleichen Liebe die Naturkündiger den Störchen zuschreiben, daß sie ihre schwachen Eltern niemals verliessen. (*Kirsch.*)

Storesbrief,

×

(Jüdischdeutsch,) Handfeste, Gabbrief. Was ein Jüde durch einen Ehbrief oder sogenannten *Storesbrief* mit dem Mantelgriffe und in Beyseyn der darzu verordneten Zeugen nach jüdischem Gebrauche gegen seinem Ehweibe oder sonst Jemand sich verbindlich gemacht und verschrieben, kan Derselbe auf keinerley Weise ändern noch widerrufen. (*Estors* deut. Rechtsl. II S. 33.)

Streckpisel,

×

nennen die Meißner das Bier von Mersburg.

streichen *vor Jemand,*

*

nämlich die Flagge, heißt im Sprüchworte, Einem nachgeben, sich vor Jemand demütigen.

Struckeln,

(gefüllte und ungefüllte,) ein wurstförmiges Gebäcke von Nudelnteige, sauerm Milchram, süsser Milch, Butter, kleingehacktem Fleische und einiger Grünigkeit. (*Hof- u. Mundkoch.*)

Strüdel,

(der,) Landstörzer. Dieben, Mörder, *Strüdlen* vnd ander derglichen maleficische personen. (*Sanerhandl.* von 1571.)

Strutzel,

(der,) Saugzäpflein, Saugtäfelgen. Ein latwerge [breiförmige Spezerei, Obstmus, Saft] nach *strutzel* weis das die kind daran *sutzeln*. (*Metlinger.*) Von dem AS. *Strykel*, Brustwärzgen.

den Stuhl *auf die Bank setzen,*

(sprüchwörtl.) Jemand zu viel ehren; **hominem novum atque obscurum honoribus augere [das Ansehen eines unbekannten Aufsteigers vermehren].**

den Stuhl *räumen,*

ist eine Redensart in dem Kanton Appenzell, wenn bey einer unruhigen Landsgemeinde die Landeshäubter, welche auf einem erhöchten Orte sitzen, ihrer Aemter entsetzt werden. Man heißt es auch *den Stuhl umwerfen*.

Stumme Hunde *beissen gern;*

(Sprüchw.) Stille Wasser fressen Grund; **A muto cane & aqua silente tibi cave [Hüte dich vor dem stummen Hund und dem stillen Wasser.].** Stummer Feind gedenkt auf Rache. Tut die Katze leise, so lauert sie auf Mäuse; **Mors musculorum est felium silentium [Das Schweigen der Katzen ist der Tod der Mäuse.].**

Sturmfässer,

*

**Sturmkufen* oder **Sprengtonnen*, seyn gewisse mit Schlägen und Granaten versetzte Fässer, welche man unter die Stürmenden kan laufen lassen. (*Feesch.*)

Sturz,

(der,) **calyptra**; eine hochgesteifte und kostbare Hülle von zarter weisser Leinwat, worein sich noch vor etwann Vierzig Jahren [etwa zw. 1710 und 1720] das Frauenzimmer in Basel und Straßburg, und vermutlich anderswo mehr bis an die Augen und Nasen zu verstecken pflegte. Das ledige Frauenzimmer trug dise gotische Unzierde bis auf die Halskrause, die Weiber aber hatten einen langen Riemen von gleicher Leinwat längst dem Kleide herunterhangen, und so oft sie reden wollten, welches natürlicher Weyse sehr oft geschah, mußten sie das steife Zeug, wie ein Wehrbrett, von dem Munde hinwegziehen. s. *Falje, Huike.*

Stutzel,

(der,) Stütze. Dye [die] kurfürsten sint feste *stutzel* vnd vnbewegliche sule des reichs; **solidae bases imperii & columnae immobiles** [feste Sockel und unbewegliche Säulen des Reichs]. (*Güld. B.* gedr. 1477 Tit. XII.)

Subelroche,

× –

Spitzroche; **oxyrinchus**. (*Faber.*) Von *Subel*, Ahl; **subula** [Ahle].

subtilberen,

×

subtil machen, reinigen. Regen wirm *subtilberen* die adern. (*Brunschw.* Blt. 127.)

sülchen,

plagen, placken; **vexare**. (*Schottel, Fries.*)

Suppenwüstle,

(der,) ein kleiner Unfläter; **sordidulus**.

surpfen,

sürpfeln. s. *supfen* [schlürfen].

Suser,

pflegen die Züricher den harten neuen Landwein um ihren See zu nennen. (*Scheuchz.* schweiz. Naturgesch. T. I Blts. 26.) Von *sausen*; **fremere**.

Sust,

(die,) Kaufhaus. Es ist *die Sust* oder Kaufhaus zu Lucern nahend der Hofbrucken zu Niderlag der Kaufmannsgütern ein kommlicher Bau. (*Cysats.* Beschr. des Luzernersees, Blatts. 201.)

sutzeln,

lullen, nudeln, an etwas saugen wie die Kinder. s. *Strutzel.*

symbel,

symble, (AS.) **solennis**; **semper** [jährlich wiederkehrend; immer, beständig]: samt den Zusammensetzüngen, s. in *simbel, simble.*

Tabulet,

(das,) hieß ehmals der Kram, den die Krämer an dem Halse tragen.

tächteren,

✕

umarmen, liebschmeicheln, küssen; **amplexari, osculando amplecti.** Wenn die Hasler [Einwohner der Ortschaft Hasli] wissen wollen, ob ein Hochzeitknabe dis oder jenes Mägdchen heuraten werde, so fragen sie, *eb er sie an dem Tisch ouch tächteret heigi?*

Tändelschürze,

✱

eine kurze Schürze des Frauenzimmers von kostbarem Stoffe, obschon sie eine hauswirtliche Schürze bedeuten soll. Franz. ***Menagère***. s. *Vorflecke*.

Tafel,

Brustkleidung des Frauenzimmers, Steifbrust. Als bishar ein schnöder doch eerlich geachteter Bruch gewesen, das die Töchteren an den Hochzyten vnd Fyrtagen ire Häls vnd Hertzen vnd Brüst entblößt zuo anreitzung viler böser begirden, ist erkent dieselben *Tafelen* zuo beschliessen vnd das sy fürhin nach eeren bedeckt syn sollind. (*St. Gall. Reformationsgesch.*)

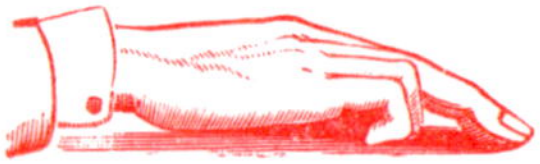

Tafelbesen,

✱✕

(der,) Tafelschäumer, Tellerlecker, Schmarotzer.

Tagesschlaf,

ein gewisser tagscheuer Vogel, sprenkelicht von Farbe, und in der Grösse eines Kibitzes. (*Flem.* deut. Jäg. T. II. Blts. 202.)

Tagina,

✕

ist der jetzige Flecken ***S. Pelegrino***, südlich bey ***Capraja***, an der westlichen Gränze der ankonitanischen Mark. Der Ort wird darum bemerket, weil Totilas [König der Ostgoten], ehe er wider den Narses [oströmischer Befehlshaber] bey den **Bustis Gallorum** einbüßte, sein Lager daselbst hatte. (*Kluv.* alt. Ital. B. II 6.) s. **ad Busta** und **ad Capras**.

Tagluft:

✱

Wenn die Bergleute nur die Halden ausklauben, und nicht im Tiefsten arbeiten, so sagt man: Die Bergleute gewöhnen sich an *die Tagluft*. (Jabl.)

Talmann,

✱✕

Tolmetsch. It. Redner, Gerichtsredner. s. *Tolke*.

Tanzbach,

✕

nennet *Seb. Frank* den Skirtus, einen Fluß in Mesopotamien, an welchem ehmals die Stadt Edessa gelegen war: als ob derselbige von dem Gr. σκιρταν [skirtan], tanzen, wäre genennt worden.

Tanzfröne,

✱✕

auserordentlicher Dienst der Eigenleute in einigen Aemtern des Fürstentums Wolfenbüttel, da die Neuverehlichten den Tag nach ihrer Hochzeit vor dem Amtmanne einen Tanz halten müssen, wenn sie anderst die Fröne nicht mit Gelde abkaufen; **opera extraordinaria, quam in nonnullis praefecturis Guelpherbytanis novi nupti praefecto exhibere tenentur: scilicet prima a nuptiis consummatis die coram ipso saltare debent, quod in praefectura Warbergensi, Bardorfensi, & praedio nobili Swulp-stett, magni Conringii quondam Tus-culano, ita observatur. Solet autem haec opera pecunia redimi.** (*Göbel,* **de Iur. Rusticor. p. 103.**)

[Nur der Nebensatz *quod in praefectura... magni Conringii quondam Tusculano, ita observatur* wird von Spreng nicht wiedergegeben. Es handelt sich um eine namentliche Nennung der betroffenen Ämter Wolfenbüttels. Er bedeutet: Was auf diese Weise in den Ämtern Warberg und Bardorf, dem Adelsgutsitz Swulpstett, und bisweilen auch in dem Tusculanum des großen Conring eingehalten wird.]

Tanzspinne;

✱✕

tarantula, phalangium: eine berühmte Spinne, die meistens in Tarent, einer Stadt in Apulien, gefunden wird, und daher ihren Namen hat. In dem Deutschen wird sie wegen der Tanzsucht, die aus ihrem Stiche entspringet, allso genennet.

Tarantelsucht,

✱✕

Tanzsucht, Krankheit derer, die von den Taranteln gestochen werden; **tarantismus.**

teichfrey,

✱

der an dem Teiche nicht mitarbeiten darf; **immunis a labore aggerali.**

Tellen,

hiessen alle Bundsgenossen, welche anfänglich zu Behaubtung der helvetischen Freyheit zusammengeschworen hatten. Den Ort, da diser Bundsschwur geschah, nennet man noch immer um den Luzernersee herum *das Grütli*, da *die Tellen* zusammengeschworen. Und in *dem aufnemenden Helvetien*, einem Lustspiele, werden die Drey verschworenen Bundshäubter *die Drey Tellen* genannt: So daß diser Name nicht, wie man gemeiniglich darfürhält, dem berühmten *Wilhelm Tellen* alleine gehöret.

Tellerschlecker,

ein gewisser Meerfisch. Bey dem Delphin sol gemeiniglich seyn der fisch *Meerlaus* genannt, sein *Tellerschlecker*; gelebt des fleisches, so der Delphin in seinem gejegt überig leßt, wirt mächtig feißt daruon. (*Geßn.* Fischb. Bl. 95 b.)

Teuerling,

Liebling. s. *Dirling.*

Teufel,

Wasserhenne. Der Name ist mißbräuchlich aus Teuchel und dises aus *Täucher,* mergus, entstanden. Den Irrtum habe auch die Franzosen angenommen, welche eine Wasserhenne ununterschiedlich *Foulque* und *Diable* zu nennen pflegen.

des Teufels Arsch *im Hügel;*

Engl. ***Devils Arse in the Peak,*** nennen die Engelländer eine ungeheure Höhle mit unzähligen Abwinkeln, als so vielen Kammern, in der Grafschaft Derby, da man allerley abenteuerliche Dinge darvon erzählet. (***Bailey.***)

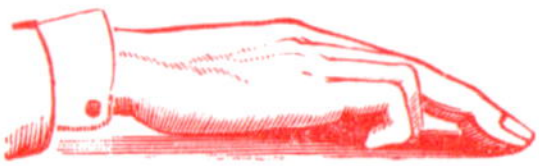

Teufelsbrücke,

mißbräuchlich gesagt für *Tobelsbrücke,* von *Tobel,* Tal, Kluft. Eine solche *Teufels-* oder *Tobelsbrücke* hat das Gotteshaus Einsideln über die Sil auf dem Etzel im Kanton Schweiz, und die Urner über die Reuß auf dem Gotthart.

Teufelseyer;

*

ova Daemonis, gewisse Erdschwämme [Pilze] in Holland, die wegen ihres abscheulichen Gestankes allso genannt werden.

Teufelsfängerinn,

*

erzböses Weib, Erzhexe; **Proserpina.**

Teufelsfarbe,

*

fressende und verzehrende Farbe betrieglicher Tuchfärber. – Uns ist vorgebracht, daß durch die neulich erfundene schädliche und betriegliche, fressende Farbe, so man *die Teufelsfarbe,* **colorem corrosivum**, nennet, Jedermann viel Schadens zugefügt wurde, indem man zu solchen Farben anstatt des Waids Vitriol und ander fressendes wolfeileres Zeug brauchet, dardurch das Tuch gleichwol so schön, als mit der Waidfarbe, gefärbet, und wolfeiler hingegeben werden kan, aber es wird solches Tuch auch auf dem Lager in wenigen Jahren verzehret und durchfressen. (*Reichspoliceyordn.* Tit. XXI.)

Teufelsflühe,

Tüffelsfluo; ***Vulcanella*** oder ***Monte del Diavolo***, eine kleine öde, vor etwann Dritthalbhundert Jahren entstandene und feuerspeyende Insel bey Sicilien. (*Deut. Lyk.* Blts. 144.)

Theodanus,

×

(Eigenn.) Fürst des Volkes. Von *Diet*, **populus** [Volk], und *An*, **princeps** [Fürst].

thokrökeln,

×

(NS.) ✱zerkrökeln, verrümpfen, verrunzeln, verfalten; **plicis & rugis corrumpere v. deformare librum, vestem, etc. [ein Kleidungsstück, Buch etc. mit Falten und Runzeln verunstalten].** s. *Krökel.*

thor, kühn;

audax. *Thor,* Kühnheit; **audacia.** Die Bedeutung dises Bey- und Haubtnennwortes geben die darvon abgeleiteten und zusammengesetzten Eigennamen und ***Hickesii* Ind. Island.** zu erkennen.

Thräl,

(AS.) Knecht; **servus.** (*Som.*) Isl. *Thräll.* Engl. ***Thrall.*** Alem. *Droll.*

Thräle,

×

(AS.) Zucht, Bestrafung; **disciplina, correctio.** (Eb. Ders.)

Thule,

dessen die Alten gedenken, hielt man lange für *Island*, welches aber erst im IX Jahrhundert bewohnet worden, und allso bey den Griechen und Römern noch in keine Betrachtung kommen konnte. Glaubwürdiger seyn *Sped, Kambden,* und andere gelehrte Britten, welche durch **Thulen** *Thiel*, d.i. die letste orkadische Insel gegen Norden, dardurch verstehen. *Rudbek* ist sehr bemüht, das äuserste Landsende von Schweden gegen Norden in **Thule** zu finden, und zu beweisen, daß es nach dem gotischen *Tülöö*, d.i. Gränzau oder Gränzinsel allso genennt worden sey. s. dessen **Atlant. Cap. XIX.**

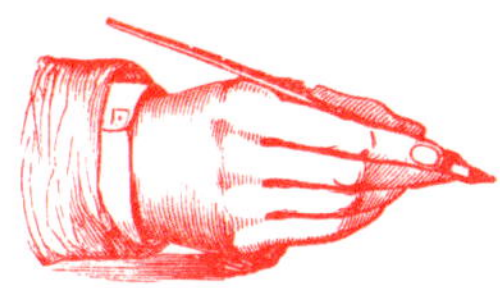

Thule,

Tüle, Tial, Tiel, (Got.) heißt eine Gränze, ein Landsende oder äuserstes Vorgebirge, und überhaubt das Äuserste eines Dinges. Wo denn irgend ein Ort mit disem Worte anfängt, so ist es ein Zeichen, daß es der letste Ort eines Landes sey. s. *Rudb.* **Atlant. p. 514.**

tiletzen,

scherzen und herzen, wie Verliebte pflegen; **amatorios s. conjugales jocos agitare.** Da Isaac an dem Hofzaun wonete, vnd auff ein Zeit mit seiner Rebecca schertzte, vnd guter ding war, vnd sie lacheten vnd *tiletzeten* freundlich mit einander, sihet es der Philister König auff dem Schloß. (*Mathes.* Hochzeitpr. Bl. 38 b.) Das Wort scheinet von dem Angels. *tilian*, zeugen, erzielen, herzukommen.

Tischleser,

✱

der über der Mahlzeit lesen muß; **anagnostes.**

Todtenaugen,

✳ ×

kleine runde Fenster: **fenestrellae rotundae ore angusto.** *Todtenaugen* nennen die Seefahrer auch gewisse Blöcker oder Rollen mit vielen Hohlstreifen, worauf die kleinen Schiffseile laufen. Engl. **Dead-mens-eyes.**

Todtenköpfchen,

✳

nennen Einige das Kölbchen an einem ausgebrannten Tachte [Docht].

Tolke,

(der,) Dintenkleck, Farbenkleck; **macula ex atramento v. alio fluido.** Sein Lebtag wird er disen *Tolken* nicht ausätzen; **Quoad vixerit, haec macula illi inhaerebit.** Ist eine baselische Redensart. s. *vertolken.*

tolle *Woche;*

Schweiz. *die taube Woche;* **hebdomas vesana,** ist die Woche zwischen den Sonntagen **Esto mihi** und **Invocavit,** d.i. zwischen der Herrenfasnacht und grossen Fasnacht, da gemeiniglich die grösten Unsinnigkeiten im Jahre vorgehen. (s. *Hotting.* helv. Kirchengesch. T. II Blts. 696.) s. *Dorledage.*

tolltriftig,

✳

von tollen Trieben angereizt, tollkühn, Schwindelhirn; **inconsideratus, temerarius, ferus.** s. *triftig.*

Tolpatschen,

heißt das ungarische Fußvolk. ***(Feesch.)***

Topfstein

oder *sogenannter Lavezstein,*

✳

lapis ollanis, bricht in der rätischen Grafschaft Kleven, und in dem Luggarnergebiete, und ist ein grauer, in dem Wasser unauflöslicher und feuerbeständiger Stein, woraus allerhand Kessel, Töpfe, und andere Geschirre verfertigt, und in grosser Mänge hin und wider verführt werden. (*Scheuchz., Gruner,* und And.) *Plinius* nennet denselbigen **lapidem comensem,** *Komerstein,* weil er ehmals auch zu Kom gegraben worden.

Tradel,

(die,) Franse, **fimbria fasciolae adsutae extremis oris.** (*Schottels* Sprachl. Blts. 1319.)

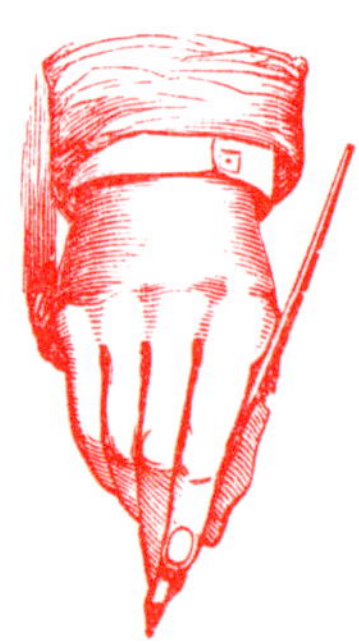

tratzlich,

tratzig, trotzig. It. tapfer, der dem Feinde auf der Stelle begegnet, und ihm Stand hält.

Die Berner sind all *tratzlich lüt*
vnd befesten vnser sach mit strit.
(*Von den IV Ketz. Pred. Ord.*)

Trauerbaum;

✱

arbor tristis, ein Baum, der in Goa und Malakka wächst, und alle Abende, nachdem die Sonne untergangen, frisch blühet, und des Morgens, so bald die Sonne aufgehet, die Blüten wieder fallen läßt.

Trauerweise *im XVI Jahrhundert.*

Im Hornung des 1507den Jahrs kam zu Augspurg eine neue Weise zu klagen auf. Anstatt daß die Männer zuvor mit einer schwarzen Binde oder Kappe Mund und Hals verbunden und verdeckt hatten, fieng man an nach des Adels Gebrauch nur die Hüte mit einem schwarzen Tuche zu umwinden, womit es so weit gekommen, daß man auch lange Mäntel darzu getragen. (*Werlichs* augstb. Chr. T. II S. 269.)

Traumbescheid,

Erklärung eines Traumes. *Traumbescheider,* **somniorum interpres.**

Träutelkind,

✱

Schooßkind. *Träutelkind des Glückes,* **albae gallinae filius [Sohn einer weißen Henne].**

Treialtrei,

×

(der,) grüner Platz mit Lustbäumen besetzt; **viridarium**.

La den tanz al uf den wasen
[Rasenstück] riten – –
Wie getorste Otte uber lut werden
alde [oder] komen dar
das er uns helfen will *rifieren*
[abschaben?]
Da muos er *den treialtrei*
selbe zwelfte von der linden rumen
Lihte wirt im eins ald zwei.

(*Minnes.* II 57 a.)

Die Bedeutung dises Wortes schliesset man aus der Stelle selbsten, und aus der Aehnlichkeit desselbigen mit dem AS. *Trew, Tryw,* Baum. Got. *Trü.* Isländ. *Trie.* Engl. ***Tree.***

Trenndenschimpf,

Sauertopf, Lustverderber. Er sicht so sur vnd ernstlich, sähe er in ein süeß milch, sy wurd sur; das lutet von *eim Trenndenschimpf.* (*Seb. Frank.*)

Triesel,

(der,) Schatz; **gaza, thesaurus, aerarium.**

Triesler,

Schatzkämmerer; **gazophylax.** (*J.L.Fr.*)

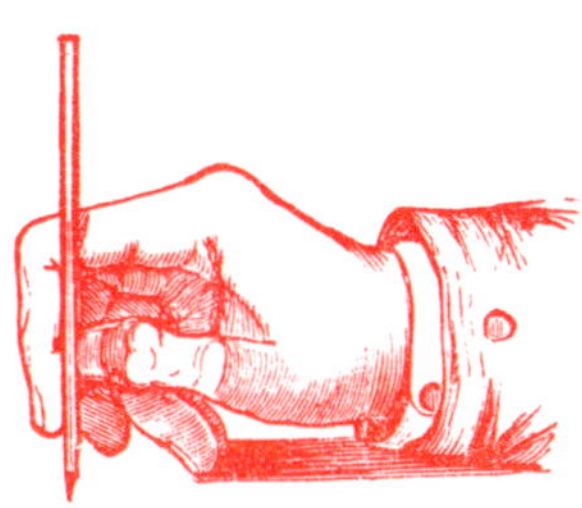

Trimilchi,

×

nennten die Angelsachsen den Maymonat, weil sie in solchem ihr Vieh dreymal zu melken pflegten. (*Hickes* AS. Sprachl. aus *dem Beda.*)

tröndeln,

(Niders.) rollen, (beides in leidender und unseitiger Bedeutung,) (**in sensu passivo & neutro.**) *He tröndelt*, er wälzet auf der Erde hin, er tut keinen Bogewurf. *De Kugel tröndelt*, die Kugel rollet an der Erde hin. (*Richey.*)

trojanisches Schwein,

×

ein gebratenes Schwein, dessen Bauch mit Krametsvögeln [Drosseln], Rebhünern, und andern Leckerbißchen, wie das trojanische hölzerne Pferd mit Kriegsknechten, angefüllt wird; **trojanus porcus.** (*Makrob.*)

Troll,

(Isl.) Rise; **gigas.** (*Hickes.*) *Trollicht* heißt noch im Deutschen was groß, ungeschaffen und plump ist.

trollen,

bezaubern, vergiften; **fascinare, spargere venena.** Schwed. *trulla.*

Trollen,

eine Gattung Mittelgeister; **lemures.** Bey den Geten wohnen *Trollen*, sollen Geister seyn, obs gut oder bös, sind die Gelehrten noch nicht eins. (*Turnmayer,* Bl. 13 a.)

Trollmaul,

der grosse Lippen hat; **labeo.** (*Mahl.*)

Trompe,

(die,) Posaune; **tuba.** It. Jagdhorn; **cornu venatorium.** Franz. ***Trompe.*** (*Kilian.*)

trompen,

mit guten Worten überlisten, Einem ein Specklein durch das Maul ziehen; **dare verba, illecebra verborum decipere.** (*Eb. Ders.* [*Kilian.*])

Trompetergänglein;

✱

Franz. ***Balcon***, ist auser dem Fenster eines Pallastes ein kleiner Gang mit einem Geländer, worauf die Trompeter währender Tafel blasen.

Truffe,

Lügnerinn, Betriegerinn; **mulier mendax & fallax.** (*Kilian.*)

Es **tucht** *sich, wie mans spinnet,*

(Sprüchw.) Wie das Garn, so das Tuch. Wie die Zucht, so die Frucht; **Par praemium labori** [Der Lohn gleicht der Arbeit.].

tuckelbollen,

×

(alt Niderd.) mit der Stirne wider einander stossen; **coniscare**. (*Silvius*.)

Tuili,

Zwillinge; **gemelli**. AS. *Twin*. Holl. ***Tweelinge***. s. *Twiel*.

Gedrat (gedrechselt) sin dine brüste
Nu tanze eht [wieder] hin min liebes
min gelüste
La si *tuili* bleken
(Laß sie beide bloß scheinen)
ein weninc dur den den willen min.
(*Minnes*. II 67 a.)

In dem Drucke heißt es ohne Verstand: *La sitüli bleken*.

tülpen,

wacker zuschlagen; **deverberare, batuere**. It. sich raufen; **confligere, praeliari**. It. wehklagend Haubt und Brust schlagen; **plangere**. (*Fries* und *Mahl*.)

Tüpfe,

—

(das,) Pfänngen ohne Stiel oder Schüsselgen; **patella**. (*Mahl*.) It. ein dreyfüssiger nidriger Deckeltopf. *Tüpfle*, ein klein Schüsselgen oder dreyfüssiges Kochhäfelgen. Holl. ***Doppe, Duppe***.

Turili,

(das,) Türlein. *Luzzilo turili;* **posterulae** [Hintertürchen]. (*Kero*.)

U

überäffen,

*

überlisten, über den Tölpel werfen; **astu vincere, circumvenire, frustrari fallaciis.**

Wir muessen vns sein imer frewen
[immer darüber freuen]
daz wir den list funden haben
damit wir Pehaim [Böhmen] die Swaben
haben *vberäfft* also.
(Ottok. Blts. 207 a.)

Überbau,

*

Bau zu des Nachbaren Beschwärde; **obstructio.**

überbauen *Jemand,*

Einem das Licht oder eine Bequemlichkeit verbauen; **obstruere.**

überblasen,

*

sagen die Seeleute von dem Winde, wenn er so häftig ist, daß das Schiff keine Segel führen kan.

überdrucken *sich,*

sagt man einem fruchtbaren Schriftsteller, der so viel drucken läßt, daß er endlich gar zu leichte und schnöde Waare lifert, und dardurch in Verachtung gerät. It. von einem Buchführer, der zuviel oder sonst unnützes Zeug in Verlag nimmt, daß sein Handel dardurch gestecket wird.

Überedler,

ehmals ein Ehrentitel nach dem Lat. **Nobilissimus.** (*Deut. Retor.* Bl. 37.)

überglästig,

allzu hell und licht, blendend. (*Metlinger.*)

übergraben *seinen Nachbarn,*

*

mit Graben übervorteilen, ihm etwann Einen oder mehr Schuh abgraben, **vicini cespitem nostro affodere.** (*Mahl.*)

überhügig,

übermütig. Altfr. ubarhuhtig. Von *Hüge,* Mut.

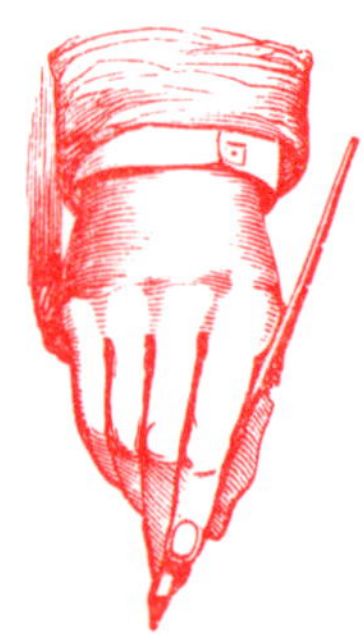

überkröpfen,

*

überfüllen, übersättigen. Einen Undankbaren *überkröpfen.*

über Land segeln;

Holl. ***over Land zeilen***, sagt man, wenn ein Steuermann mehr Weg rechnet, als sein Schiff gemacht hat, dergestalt daß er nach seiner Rechnung sehr nahe gegen das Land gekommen, da sich doch sein Schiff noch weit in der See befindet.

sich
übermeynen,
✳✕

viel auf seiner Kuttel halten; **nimium sibi tribuere** [eine zu hohe Meinung von sich haben]. s. *Überwahn.*

übernöten,

heißt *Albr. Dürer,* die Natur in einer Schilderung übertreiben, wenn man z.E. das Bild eines Menschen oder Tiers allzu frech und grimm oder allzu faul und schläferig vorstellet.

überschnauben *Jemand,*
✳✕

wild und trotzig anfahren; **fremebundis naribus atque inflatis verbis invehi in aliquem** [mit zornschnaubenden Nüstern und hochmütigen Worten auf jemanden einfahren].

Götter, die uns *überschnaubten,*
und an keine Gottheit glaubten,
fühlen die nun zu gewiß.
(*Spreng* von dem jüngsten Ger.)

übersingen *Jemand,*
✳

mit Singen überwinden. *Einander übersingen,* um die Wette singen. (*Kart. Ps.* Bl. 223.)

übersitzen *einen Tag,*
✳

eine Zahlfrist ohne Richtigkeit übergehen. (Auch zu *Königsh.* Blts. 1148.)

übersitzen *einen Wirt,*

über die von der Obrigkeit gesetzte Abendsstunde in dem Wirtshause sitzen bleiben. (*Senkenb.* **Sel.** T. I S. 34.)

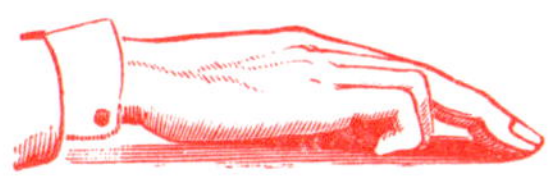

Ürten *tragen,*

heißt in der Schweiz seinen Anteil bey einer hochzeitlichen Mahlzeit bezahlen, oder sonst ein angemessenes Geschenke unter disem Namen tun.

Umbigengitzeri,

der gerne herumgehet und spazieret; **peripateticus, circumambulator.** (Cod. Blas.)

Umbler,

(der,) Schultergewand der römischen Priester; **humerale.**

umhersulzen,
✕

auf einander schimmeln, versauern und verderben lassen, versülzen.

Korn, wyn, fleisch, saltz hat er als vil.
Ee ers den armen recht gän wil
er sulzt es vmbher jar vnd tag
stellt vf ein türe wie er mag.
(*Salat.*)

Unanfänglichkeit,

✳

die göttliche Eigenschaft keinen Anbeginn zu haben. It. die Gottheit, das unanfängliche Wesen selbst.

– Der Gottheit Feuer
war wie ein Ungeheuer
im Angesicht der Zeit;
die Kreatur ward augenblicklich scheuer
vor diser Spur *der Unanfänglichkeit.*
(*Graf v. Zinzend.*)

Unantwort,

unbescheidene, grobe Antwort. (*Bern. Stadtr.*) s. *Herd küssen.*

unbeflogen,

✳

wohin noch kein Flug geschehen.
Ich fliehe stolz der Sterblichen Revier;
Ich eil in unbeflogne Höhen.
Wie keichet hinter mir
der Vogel Jupiters, beschämt mir nachzusehen!
(*J.P. Uz.*)

underobs,

unterübersich. Sonst gat es bald gantz *vnderobs*; **permiscentur omnia** [Alles wird durcheinander gebracht.]. **(Bercht. rediv.)**

undichter *Mann,*

✳

luckerer Mann, der keine Treue und kein Geheimniß hält; **sublestae fidei homo, secreti prodigus, rimarum plenus.**

unendig,

der nichts enden kann, und mit dem man niemals fertig wird.
Ein Knecht war einfeltig vnd schlecht
in allen sachen gar *vnendig*
vnd auszurichten vnuerstendig.
(*Waldis* B. II Fab. LXI.)

unerbert,

×

(*unehrbaret,*) grob, unschonlich, undauerlich.
Recht als di swein haber
vnerbert ezzen
also wolten vrezzen
Framzoyser den selben man.
(*Ottokar,* Blts. 17.)

Unfasel,

✳

(der,) was nicht faselt, oder nicht faseln und gedeihen soll. Allen vnrat vnd *vnfasel* von schelmen vnd buoben zuor statt auswerffen, **exhaurire sentinam furum ex urbe** [Diebesgesindel aus der Stadt schaffen]. (*Fries.*)

ungelasch,

unaufhörlich. Von *lasch,* müde.

Je einer zu dem andern sprach
dem Pfaffen geben wir viel nach....
Kurtzumb, wir wöllens nimmer leiden,
Er machts zu grob vnd vnbescheiden
Darum sie allsamt zu jm kamen
vnd sprachen, Herr, es ist nit gut
das jr vns also schmehen thut
mit solchen worten *vngelaschen*
vns von der Cantzel auszuwaschen.

(*Waldis* B. IV Fab. XCVIII.)

ungeläufelte *Nüsse,*

✱ ✕

die noch in der Laufel oder grünen Schale stecken. s. *läufeln.*

ungesenkelt,

✕

ungenestelt. Schlotterhose, dem das Gesäß *ungesenkelt* herabhängt. (*Huls.*)

unglaichig,

—

ungelenksam, schwär zu wenden und zu regiren. Ein *unglaichiger* Bursch, d.i. ein unwendiger, plumper Kerl. s. *glaichig.*

Unke,

✱

(der,) Basilisk. **Basiliscus** heißt *ein vnck,* der ist ein könig aller schlangen. *Der vnck* ist ein sonderlich vbel vff [Übel auf] ertrich, an der lenge ist er halb füessig, vnd hat weisse flecken vff dem haubt recht als ob er geziert sei mit einer kron. *Den vnck* fliehen alle schlangen, wann er tödet sie mit seinem anhucheln vnd die menschen mit seinem anblicke. Kein vogel mag on schaden für *den vncken* kommen, wann wo *der vnck* wonet, da vergifftet er den lufft zuemal. (*Naturb.* Bl. 33 b.)

unkeusch machen,

unkeusche Triebe erwecken. It. zu ehlicher Übung stärken. Das pulver von Campfferkraut *macht* die frawen *unkeusch* die es zue der nasen heben. (*Megenb.*)

Unschuld *will Recht, nicht Gnade;*

(Sprüchw.) **Mala causa est, quae requirit misericordiam** [Die Rechtssache, welche Barmherzigkeit verlangt, ist eine schlechte.]. (PUBL. SYR.)

unsere liebe Frau,

✕

wird in den Niderlanden auch von den Römischkatolischen *die Butter* wegen ihrer Güte genennt. (*Ten Kate,* T. II Blts. 603.)

untergehen,

✱

die Markungen umgehen oder umreiten und besichtigen. Numa teylte die äcker vnd das bawfelt vnder [und das Baufeld unter] die Römer vnd satzt marksteyn vnd *vnderging* das vor zuo Rom nit was [was es zuvor in Rom nicht gab]. (*Schöf.* Bl. 7.)

unterholzen,

(Schweiz.) unterstützen; **fulcire, sustinere.** Eine starcke Partey, die von dem Hof *underholtzet* wird.

Unterstretzer,

×

ist ein Fehler des männlichen Glides, da das Löchlein gar zu eng, oder unterwerts dem Zäumlein und der Eichel gelegen ist, daß die Kranken untersich zu harnen, oder das Glid in die Höhe zu halten gezwungen werden. (*Joh. Muralts* Hebammenb. Blatts. 103.)

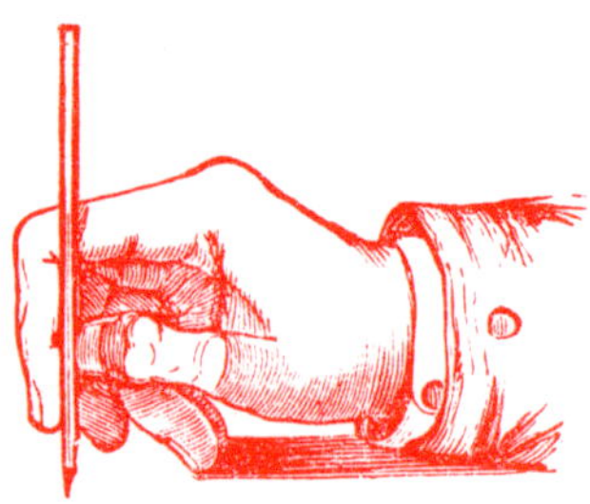

Unterwalden,

der helvetische Kanton dises Namens, welcher einen Teil des ehmaligen Zürichergaues ausmacht, hieß vor alters *das Land zu Stans*, oder *das Land ob vnd nid dem Wald Stans*, weil der Ort *Stans* von Alter her der Haubtflecken des Landes gewesen. s. hierüb. weitläuft. *Tschud.* Chron. I Blts. 71 und 73.

unterzweien *sich,*

×

sich mit einem Junggesellen oder Mägdgen anreihen und paren. s. *Mayen*, Frühlings- u. Sommermonate, und *zweien*.

unverschwolgen,

×

onuerswolgen, unverschlungen; **non absorptus, non deglutitus.** Das noch *unverswolgene* gut.

Uol,

(der und die,) Erde; **terra.** So nennten sie unsere ältesten Väter, wie aus einigen zusammengesetzten Wörtern erscheinet, von *alen, uol*, nähren, nährte, weil sie unser Aller Muter ist. Von *Uol* haben wird noch mit Vorsetzung des zufälligen *w. wülen*, in der Erde graben. s. *Ol.*

Urkatze,

*

wilde Katze; **felis silvestris.** (*Wacht.*)

Urkind,

(das,) Zwerg.

Ein Zwerglin vf dem mere
das ruoft den fürsten an
Wolfdietrich lieber herre
ker gegen mir herdan.
Ergrifen dich di winde
du muost geligen tot.
Do half jm *das vrkinde*
vs jamer vnd vs not.

(*Heldenb.* Bl. 133 a.)

Urluog,

Urlüg, Urlig, (das,) Krieg. Eigentlich ist es ein offener Krieg nach redlicher Absage, und allso das Gegenteil von *Loge*, Hinterhalt. Der geyr volget den kriegern nach vnd frewet sich *vrliges* vnd strites das er des aaß vol werd. (*Megenb.*) *Vrluog halloes*, Marktkrieg unter den Krautweibern. – *Vrlig* zwischen dem wolffen vnd dem vieh. (*Alem. Fabeld.* XXVII 25 und LXXIII 1.) It. Kampf, Streit, Widerwertigkeit. Deßgleichen das Isl. *Orlog*. (***Verel.***) Holl. ***Oorlog***. Krieg. s. *Urluge*.

Ursaft,

*×

ursprüngliche Feuchtigkeit; **humidum primigenium s. radicale.**

usfitzen,

gräßlich beschreiben, ärgerlich heruntermachen, ausstäupen. Augustin, Ambrosius vnd alle schrifft *fitzet* den eergyt [Ehrgeiz] *vs* fürs aller verderblichst gifft. (*Salat.*)

utsch,

(lang ausgesprochen,) ist ein uraltes Wort der Basler, welches mehrenteils bey dem Trunke üblich ist. Schenket man Einem so ein, daß das Glas bald überläuft, so ruft er dargegen *utsch*! D.i. voll bis oben aus! Du verschüttest! Will Jemand den Becher recht voll haben, so sagt er zum Schenken: *Mach mir utsch!* D.i. so voll, daß es in der Mitte emporstehet. Dises Wort ist ohne Zweifel verwandt oder einerley mit dem Kelt. *Uch* und *uchel*, welches ehmals wie *utsch* und *utschel* ausgesprochen worden, und hoh, erhaben; **altus, sublimus**, bedeutet. (*Boxh.*)

V

Venus,

nennten die Römer den höchsten und glücklichsten Wurf mit Drey Würfeln, nämlich Drey Sechs. Eben so benennten sie auch Vier ungleiche Zahlen oder ein ungleiches Vier, wenn man mit Vier Würfeln spielte. In einer poetischen Beschreibung des Würfelspiels könnte diser Name auch einem Deutschen noch dienen. s. *Cyklops, Hund.*

verbällen *sich,*

✳

ist ein Gebrechen sprödhüfiger oder vollhüfiger Pferde, die lange barfuß gegangen, und darüber das Leben an dem Fusse verloren, daß sie nicht mehr darauf treten können. Es ist auch das Zeichen eines *verbällten* Pferdes, wenn es die Füsse von sich strecket, und so leise tritt, als wenn es auf Nadeln gienge. Man sagt auch, *ein Pferd habe sich erbället.* (*Jabl.* und *Kohl.* Hausb. T. I B. X 69.)

verblanketten,

✕

schminken, einen Anstrich geben; **fucare.** (*Apherd.*) s. *blanketten.*

verbräutelgaben,

✕

als eine Brautgabe und Aussteuer einem Kinde in die Ehe geben. In den Lehnbriefen der hohen Schule zu Giessen ist versehen, daß der Lehnmann von der Leihe nichts *verafterlehnen* noch *verbräutelgaben* solle.

verdammte Kute,

✕

heißt zu Basel in dem sogenannten Mohrenspiele oder Kugelspiele junger Bursche eine Grube, die Einer unter ihnen mit seinem Stocke verhütet, daß Keiner der Übrigen seine Kugel darein spielen könne. Daher kömmt ein Sprüchwort daselbst, wenn Jemand sein Geld irgend anwendet, da er das Seine, ich weiß nicht wie, verlieret, oder sonst darum kömmt, daß er nichts darvon zurückkrieget: Denn da heißt es, *das Gut sey in die verdammte Kute gefallen.* s. *Kaute* [Vertiefung, Mulde].

vereinzeln,

✳

einzelweise zerteilen, stückweise weggeben oder verkaufen. Einen stattlichen Büchervorrat oder eine reiche Sammlung von Seltenheiten und Münzen *vereinzeln* und verganten [versteigern]. Die Teile eines Buchs durch Weglehnen oder sonst aus Irrtum *vereinzeln.*

verfaulwitzen *etwas,*

✳

durch Faulwitz oder Betrieb unnötiger Geschäffte das Nötige versäumen; **aliena agendo necessaria negligere.**

Verfinsterungszoll,

✳✕

nennt man in der Sternkunde den zwelften Teil des Durchmessers eines verfinsterten Weltkörpers. Lat. **digitus eclipticus.**

vergalstern,

erschrecken; **terrefacere**: wie man von den Hexen sagt. s. *ergälstern.*

Vergalsterung,

Blendwerk; **praestigiae.**

vergautschen,

×

verschütten, durch Zusammenschütten verderben. Wasser aus einem allzu vollen Gefässe *vergautschen. Vergautschter* Wein, der mit Wasser verfälscht ist. s. *gautschen.*

Vergeisterung,

✳

Schwärmerey, Geisttrieb; **enthusiasmus.**

Vergion,

×

ein sonderbarer Name des Landes der Sueonen, welcher aus dem Got. *Wargöön*, **luporum v. pyratarum insula** [Wolfs- oder Pirateninsel], entstanden. Den Anlaß zu diser Benennung gab die ungläubliche Mänge der Raubschiffe, die ehmals jährlich von Schweden ausliefen, und vermöge ausdrücklicher Landsgesätze etliche Monate die See halten mußten. Solche Meerräuber oder *Warger* hatten den Namen von *Warg*, Wolf, wegen der gräulichen Verwüstung, die sie in den Gegenden, da sie ausstiegen, anzurichten pflegten. Eben daher mag auch die uralte Fabel von *den Werwölfen*, d.i. von Leuten, die sich jährlich eine Zeitlang in Wölfe verwandelten, und sonderlich dem weiblichen Geschlechte nachsetzten, entstanden seyn. Hierüber lese man das IV B. *des Herodotus* und *Rudbecks* **Atlant. Cap. XX.**

verglafft *ab etwas*,

über der Betrachtung oder Empfindung eines Dings wie nicht mehr sein, und wie aus sich selbst gesetzet. Die kinder Gottes singen wie die kinder in seinem Hause, sind frey, vngenöt, alles kompt sie leicht an, sie wissen selbs nit, das sie arbeiten, Ja sie sind also *verglafft ab* dem Vatter, das sie der arbeit nit empfinden, die der Vatter selbs in jn anschafft vnd wirkt, sie gehn nur feyrend daher im willen des Vatters, willos vnd erstorben. Dise *erfeyren* also den Himmel. (*Seb. Frank.* **Parad.** Bl. 247.) s. *verglafern.*

verkugelt,

in einem Kugelhute verstecket.
Einsmals het sich der Man gerüst
verkapt, *verkugelt* vnd verstelt
denn er wolt reiten vber veld.
(*Waldis* B. IV Fab. XI.) s. *Kugel.*

verledern,

veralten und abgehen lassen, abschaffen; **obsoletare.** *Verledert*; **obsoletus, inveteratus, mucidus, situ corruptus [abgenützt, in die Tage gekommen, schimmlig, modrig]**, wie alt moderich Leder. (*A.Fr. Kirsch.*)

verlüppen,

verlippen, vergiften; **veneno inficere, venenare.** Alles menschlich blut ist durch eines menschen blut vergifft vnd *verlipt*. (*Mathes*. Leichpr. Bl. 28 a.) s. *Luppe* [Gift].

vermaledigen,

(die vorletste Sylbe wird lang und das *g*. wie ein *j*. gesprochen;) verfluchen; **maledicere.**

vermannen oder *verweiben* ein Gut,

✱

d.i. einem Ehmanne oder Ehweibe zubringen. Wie die kind nach der teilung ir teil [ihren Anteil] guots *vermannen* oder *verwyben* mögent so sol die muoter ouch mechtig sin iren teil einem andern mann zuozuobringen, ze vbergeben vnd ze *vermannen*. (*Bern. Stadtr.*)

vermaucheln,

heimlich verstecken, verstehlen und verhehlen. Wäre Sach, daß die Frau wenig oder viel von ihres Mannes Gut *vermauchlet* und auf Fluchtsame [Flucht, durch die man sich seinen Pflichten oder Gläubigern entzieht] behalten und hingeben hätte, – so solle die Frau von diser *Vermauchlung* wegen vor Rath erfordert werden. (*Gerichtssatz. v. St. Gallen.*)

verminken *Jemand*,

✱ ×

(Niderd.) Einem ein Glid stümmeln oder abnemen. *Verminkt* und unfähig sein Brot zu verdienen. Von *mank*, **mancus** [verkrüppelt], welches in der Schweiz noch gehört wird.

vermöken,

×

(Schweiz.) vermauchen, verstehlen, heimlich auf die Seite schaffen. Wird von unzahlhaften Schuldnern [gesagt], welche ihr Gut den Gläubigern darschlagen, und einen Teil darvon verhalten. s. *vermaucheln.*

vermoseln,

×

vermuseln, beflecken, besudeln. Von *Mosel* oder *Musel*, Flecken; **macula.**

verpampeln,

×

welk greifen, verkuttelflecken, mit den Händen grob zurichten, daß es lampet wie Pampeln oder Rebgabeln.

verscheinbartes *Bild*,

×

vermummtes Bild, Poppanz. Zu Mönchen ward *ein verschömbart Bild*, wie Luther angethan, in der Comödi verbrennt, woraus ein Tragödi worden, daß das Schloß daselbs verbronnen. (*Ungen.*) s. *Schembart, verschönbarten* [vermummen].

verschiessen,

✳

(Baselw.) vor Mänge der Gedanken oder aus Mangel des Gedächtnisses nicht mehr wissen, was man hat sagen wollen, wie manchem Redner widerfährt; **s'echaper, batre la campagne.**

Versuchs *einmal, so weist du, was du kanst;*

(Sprüchw.) **Quid quisque possit, nisi tentato nesciit.** Versuchs, so wirst du dessen inne. Versuchs, so gehts. Viel verdirbt, das man nicht wirbt. Erfahre deine Kräfte. Schweiß und Fleiß lehret viel, das man nicht weiß. Grabe dein Pfündlein hervor, ehe es der Rost fresse. Wer sie bäte, wer weiß, was sie täte. Soll das Mausloch nach der Maus laufen? **Quid tentasse nocet? Tentantes ad Trojam venere Pelasgi. Audaces fortuna juvat [Was schadet der Versuch? Die Griechen kamen, auf eine Kraftprobe aus, nach Troja. Den Wagemutigen hilft das Glück.]**. Wer sich jeden Wind schrecken läßt, wird niemals säen, noch ausreisen. Denke frisch über Meer, und nimmer her! Die Hände aus dem Busen! Henke nur den Angel ein. Ist der Fang schon heute klein, morgen kan er grösser seyn. **Semper tibi pendeat hamus; Quo minime credis gurgite piscis erit** [Wirf nur immerzu deine Angel aus. Der Fisch wird in dem Gewässer sein, in welchem du ihn am wenigsten vermutest.].

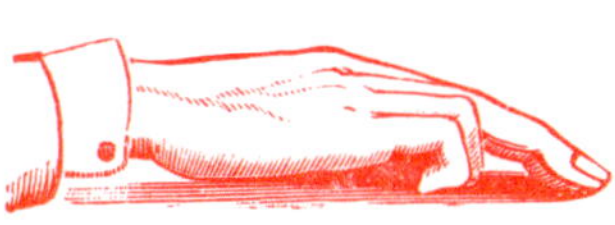

vertummteufeln,

×

Einen so lange, als einen tummen Teufel mißhandeln, daß er darüber wirklich tumm wird.

verweiben,

✳

durch Heurat verlieren. *Seine Hosen verweiben*, in das Joch eines herrschsüchtigen Weibes geraten. s. *vermannen.*

verweinen *einen Bach,*

✳

einen Tränenbach ergiessen.

Ach! ach! ach! ach!
wem ist mehr weh als mir.
Wer mißt *die Bach*,
die ich verweine hier?

(*Flemming.*)

verwesen *die Zeit,*

d.i. solche zubringen; **tempus terere.**

Es ducht mich basser sin
das man etwan ließ den win
vnd in einem buoch lese
das man darmit *die zit verwese.*

(*Wolfr. v. Eschenb.*)

verwohnen *ein Haus,*

✳

sagt man von Mietleuten oder andern Bewohnern eines Hauses, welche solches in Unbau verfallen lassen, oder durch dessen unrätlichen und verderblichen Gebrauch unbewohnbar machen. Dis Wort kömmt in gewissen Bestandbriefen vor.

Verziehkunst;

✻ ✕

anamorphosis, ist die Kunst, ein Abbild dergestalt zu verziehen, und in einer regelmässigen Mißkänntlichkeit darzustellen, daß es bald alle Aehnlichkeit mit dem Urbilde verlieret, und dennoch, wenn es in einer gewissen Entfernung mit blossen Augen, oder in einem Spiegel, oder duch ein gläsernes Vieleck betrachtet wird, in seiner rechten Aehnlichkeit erscheinet. Man heißt es auch *eine ungestaltete Durchsicht.*

verzwickt *schreiben*,

d.i. mit abgekürzten Worten; **notis scribere.** (*Fries.*)

verzwunzen,

züchtiglich, bescheidentlich, gar zu jungfräulich und zierlich. Es ist kum ein thier das also züchtiglichen, *verzwunzen* vnd hübschlich trinckt vnder allen thieren als der esel, wie ein grob thier er doch suß ist. (*Geil.* Pilg. Bl. 128 b.) *Verzwunzen seyn*, sich etwarmit göuchen, zeuil [zu] hoflich wöllen sein, sich weeren eins dings das man gern wolt vnd sich bitten lassen; **delicias facere.** (*Fries.*)

Viertel,

(der,) heißt in der Schweiz eine Krankheit des Rindviehes, darvon ihm der Bauch gräulich aufschwillt, daß es in einem halben Tage dahinfällt, wenn ihm nicht sogleich geholfen wird. Es ist eine schnelle Krankheit, und wird von den einfältigen Landleuten den Gespenstern oder Hexen zugeschrieben.

vies,

(Holl.) grittlich, eigenrichtig, dem Niemand nichts nach seinem Sinne und Kopfe machen kan. It. gar zu ränklich in Kleidern und Hausgeräte. It. eckelicht, verschleckt, dem keine Speisen noch Getränke gut genug seyn. Einen Solchen pflegen auch die Basler *einen Visi* zu nennen.

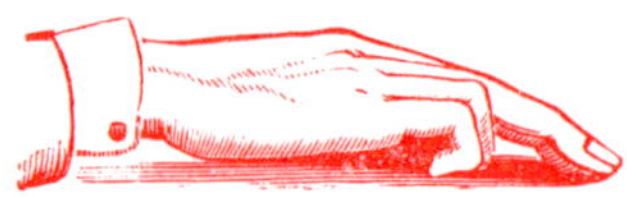

Vilibrötle,

✕

Füllenbrötchen oder Mürbbrötchen für Kinder, da es keine Gefahr hat, daß sie die Milch- oder Füllenzähne daran ausbeissen; **crustulum.** (*Mahl.*)

Vindonissa,

die noch im VI Jahrhundert berühmte, aber auch vor Ende des gleichen Jahrhunderts von den Alemanniern zerstörte Stadt *Windisch* in dem Aargau, die sich ehdessen eine Stunde bis auf Altenburg erstreckte. Sie lag an dem Ausflusse der Reuß in die Aar. Darauf zielet auch der Name **Vindonissa**, welcher von *winden*, erwinden, aufhören, ausgehen, enden, oder *Windo, Windon*, Auslauf, Ausgang, und *Iß*, Wasser, herkömmt.

virguliren,

✕

virgilieren, einen schriftlichen Aufsatz nach allen seinen **Virgulis** und Teilen wol unterscheiden. (*Deut. Ret.*)

Vögtinn,

Beherrscherinn. *Fögetinne ze himel,* **caelorum Imperatrix** np. **diva Servatoris genitrix** [Herrscherin der Himmel, offenbar als göttliche Mutter des Erlösers]. (*Minnes.* II 123 a.)

Vollheit,

ein Name, der in der Sprache gewisser Rottgeister [Dogmatiker] in Engelland Gott, den Allgenugsamen, bedeuten soll. (*Eckharts* monatl. Ausz. von 1702 May, Blts. 17.)

vollkommene Zahl;

✱

numerus perfectus, heißt in der Rechenkunst diejenige Zahl, welche so groß ist, als alle Zahlen zusammengenommen, wodurch sie sich teilen läßt; z.E. 6. Dergleichen Zahlen seyn wenig, wie man denn von 1 bis 40 000 000 deren nur Fünf herausbringt. (*Matem. Lex.*)

Vorbruch,

✱

nennen die Melker ein schaumichtes und sehr niedliches [köstliches] Wesen, welches auf der Sirte oder Käsbrühe, wenn sie wiederum über ein stärker Feuer gesetzt wird, obenauf zu schwimmen pfleget, da sie denn dasselbige mit einer breiten hölzernen Kelle oder dem sogenannten *Schweidnapfe* abnemen, und entweder alleine oder mit andern Speisen vermischt zu geniessen, aufheben. (*Scheuchz.*)

Vorgängerinn,

✱

nennet man zu Basel die Wartfrau und Pflegerinn einer Sechswöchnerinn und ihres Kindes.

Vorschlag,

✱

ein Kunstwort der Goldschmide und Schmelzer, heißt ein Zusatz. Dem Golde *einen Vorschlag* von Silber oder Kupfer geben.

Vuschmunt,

×

(Mannsn.) schneller, hurtiger Mann. Von *fus*; **promptus, alacer** [gewandt, eifrig].

W

Waddeke,

Wadike, oder *Wattik,* (die,) nennen die Nidersachsen **serum luctis**, Molken oder Schotten. (*J.L.Fr.* **ex** *Chytr.*) Einem Kinde wird in Island über 8 oder 14 Tage die Muterbrust nicht gereicht. Nachher leget man dasselbe an die Erde, und stellet darneben ein vermachtes Gefäßlein mit lauwarmer *Wattick* oder Molken, in welches entweder ein mit Zwirn umwundenes hohles Röhrlein oder dicker Federkiel gestecket, und ein wenig Brots, wenn mans hat, zur Stärkung des Kindes darvor gelegt wird. (*Anderson.*) Das Getränke der Isländer ist Wasser. – Auser disem trinken sie *Wattick* oder Molken. (*Eb. Ders.*)

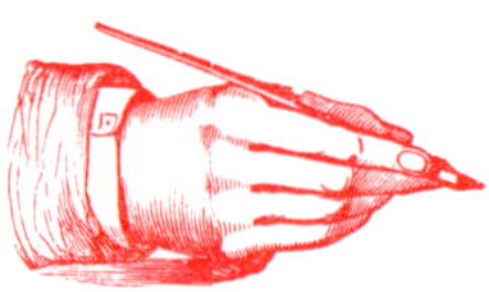

Wägbord,

×

heißt bey den Angelsachsen die Arche Noachs. (*Somner.*) Ist so viel als *Seehaus*; von *Wäg,* **fluctus** [Meereswoge], und *Bord,* **domus** [Haus] s. *Wägthele.*

Wägthele,

×

(AS.) schwimmendes Haus; **tectum fluctuans, arca Noachi.** (*Som.*) s. *Wägbord.*

Wälztag,

Nachhochzeit, Tag der Heimfahrt einer Braut; **repotia.** (*Heils* **Lex.**)

wagensiech,

✱×

dem von dem Fahren zu Lande übel wird.

Wahnarzt,

✱×

Quacksalber; **medicaster, circumforaneus medicus [Kurpfuscher, auf den Märkten umherschweifender Arzt].**

Wahnlust,

✱

Lüsternheit oder seltsame Lust einer Schwangern. It. Unlust, Widerwille.

Waiche,

(die,) ein milder aufweichender Regen; **largus imber**. Das J. 1540, der heisse Sommer genant. Es war ein stäte wärme vnd schöne vom Hornung [Februar] an bis in Christmonat [Dezember]. Es kamen nicht vber vier *waichinen*, sondern ein solche beständige dürre, daß die flüß vnd bäch abgiengen. Doch fielen des nachts grosse thauw, welche allerley frücht erquickten. (*Grossens* kurze Baslerchr.)

Wake,

✱

(Seew.) der gleiche Überstrich der See bey stillem Wetter; **stratum aequor** [geebnetes Meer]. It. die Furche, die ein Segler nach sich läßt; **sulcus aequoris, navis rostro scissi** [Furche im Meer, das durch einen Schiffsschnabel geteilt wurde]. Das Wort ist angelsächsisch und englisch, könnte aber von den Hochdeutschen, denen noch ein solches gebricht, angenommen werden.

Walapauz oder *Walpoz*,

×

(Longob.) fremder Butz, Mummerey, oder vermummter Kopf. Die Stelle, da dises Wort vorkömmt, lautet in König Rothars Gesätzen § 31, wie solche in der heineckischen Herausgabe geordnet seyn, allso: **De *Vradeht* (*Walapauz.*) Si quis homini libero violentiam injuste fecerit, id est *Walapauz*, LXXX solidos ei componat. *Walapauz* est, dum quis alienum furtivum vestimentum induit, aut si caput, latrocinandi animo, aut faciem transfiguraverit:** d.i. Wer einen Freyen gewaltsamer und unbilliger Weise angreifet, und zu disem Ende einen *Walpoz* macht, der soll es Demselben mit 80 Gülden büssen. *Walapauz* oder *Walpoz* aber ist ein fremder verstohlener Butz oder ein vermummter Kopf, womit sich ein Strassenräuber unkennbar macht. Von *wal*, **alienus** [fremd], oder *Wal*, **caput** [Kopf], und *Pauzo* oder *Poz*, **tegumentum** [Bedeckung, Schutz].

Waldsage,

×

nennen die Alten eine Rede, die nicht mehr sagen will, als wenn man in Wald schreyt, und der Widerhall darauf antwortet. So nennet man auch in der Schweiz an einigen Orten gewisse Reden, die etwann Einer dem Andern als sehr verfänglich aufhebt, und dennoch als solche nicht erweisen kan. Nicht minder wird allso das Verfahren des Richters genennet, der Zween streitige Teile, die einander darüber in die Hare geraten, zu Vermeidung vieler Weitläuftigkeiten, dergestalt aus einander setzet, daß er die beiderseitigen Aussagen auf gleichem Werte oder Unwerte beruhen läßt. – – „Als der Streit sich je länger je mehr erweitern wollte, und die Gemüter ohne dis erhitzt waren, so schlug der kluge Venner, Hans von Weingarten, ein Mittel vor, aus der schwären Sache zu kommen und den Streit zu beendigen. Nämlich er brauchte die heutigstags sogenannte *Waldsage.* Seine Meynung war: Er wöllte beeden teilen glouben, vnd sy in irem wesen belyben lassen." (Lebensbeschr. Bercht. Hallers v. Bern.)

Walzengebiß,

✱×

ist eine Gattung Mundstücke, welche sich im Maule des Pferdes wie Walzen drehen, und wegen ihrer Schädlichkeit von keinem rechtschaffenen Bereiter geduldet werden. (*Florins* Hof- und Landl. T. II Blts. 57.)

das wandelnde Blatt;

folium ambulans, eine Gattung Heuschrecken in Brasilien, deren Flügel wie ein Blatt aussehen.

Wandeltürne;

✱ ×

turres ambulatoriae, waren gewisse Türne auf Rädern, welche man voralters nahe an die Mauern eines belagerten Ortes zu schieben pflegte. Mehrenteils war eine Brücke an dise Türne angehangen, um dieselbige auf die Mauern herunterzulassen, und gerades Fußes hinaufzugehen, da indessen Diejenigen, welche in dem obersten Stockwerke des Turns waren, ohne Unterlaß mit Pfeilen auf die Feinde schossen; und unten war öfters noch ein Sturmbock angemacht, womit Andere an die Mauern stiessen. Solche *Wandeltürne* waren auch sonst noch auf unterschiedliche Weise erbauet. (*Feesch.*)

Wanolf *ist Triegolfs Bruder,*

(Sprüchw.) Wer leichtlich glaubt und hofft, wird gar zu gern betrogen; **Spes credula erroris soror** [Leichtgläubige Hoffnung ist die Schwester des Irrtums.]. Von dem Geizigen, dem eine Gans täglich ein gülden Ey legte, sagt *der alemannische Fabeldichter* Fab. LXXX.

Er tot die gans das was im leit
als schier do er si vf gesneit
Er wande si were goldes vol
Er wart betrogen das was wol
Wanolf triegolfs bruoder ist
Er vant da nit wan gensen mist.
[Von wähnen und trügen.]

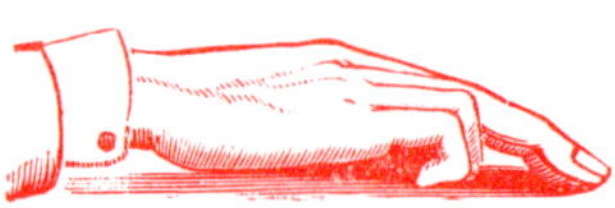

Warg,

Vertriebener; Deutschlat. ***Wargus*, exul.** It. Todtschläger, Mörder; **occisor, homicida, latro.** Isl. Vargur. s. *Wrak.*

warme Zimmer,

nennet man zu Bern auch ungewärmte Zimmer, wenn man sie nur wärmen kan.

Warthölle,

✱ ×

der Ort oder Zustand der abgeschiedenen Seelen der Gottlosen, darinnen sie des Gerichtes zur Verdammniß erwarten; αδης [hades (Unterwelt, Hölle)] **damnandorum** [der zu Verdammenden].

Wartrobe,

Kleiderkammer. *Kilian* ***Waardrobbe, Waardrubbe, Waarderebbe***; **vestiarium, conclave.** Franz. ***Garderobe.*** Von *warten*, bewahren, und *Raub, Robe*, Kleid. *Wartrobe*, heißt bey *Kilian* auch das heimliche Gemach; **latrina domestica.**

Warzenkürbse,

✱

Pfebe [Kürbisgewächs], runde Kürbse; **melopepa.**

Wasser,

✱

Glanz einer Perle oder eines Diamants; **color margaritae & adamantis.** Nettes, reines oder sauberes *Wasser* eines Steins. Dise Perle ist ungleich *besser von Wasser*, als alle andere.

Wasser,

✱

(figürlich:) *zwischen Wasser und Winde treiben;* d.i. gleichgültig seyn: Franz. ***être neutre***. *Sich zu Wasser schreyen*; d.i. in Tränen vergehen. *Gottes Wasser gehen lassen*; d.i. sich in Fall und Unfall schicken, Alles seinen Lauf gehen lassen.

Wasseralf,

Wassernicker, Wassergott nach dem Wahne der Alten; **daemon aquaticus, Ennosigaeus, Neptunus.** (*Kilian.*)

Wasserbesuch;

✱ ✕

jus aquationis, das Recht, seine Heerde auf einem fremden Boden zu tränken. s. *Blumenbesuch.*

Wasserchristen;

✕

Aquarii, waren ehmals gewisse Irrgeister, die in dem heil. Abendmahle lediges Wasser gebrauchten.

Wasserfärber,

nennet man die Bierschenken, welche zu viel Wasser in das Bier giessen. (*Jabl.*)

Wasserkalb,

✱

nennet man ein gewisses Wassergewürme, das nicht dicker als ein Pferdshar ist. *Kalb* nennten die Alten eine jede Tiergeburt, und allso muß man sich über dise Benennung nicht verwundern.

wasserläufig *machen Jemand,*

✱ ✕

Einem das Maul wässerig machen; **salivam movere, desiderium excitare** [den Speichel anregen, Verlangen wecken]. (*Kilian.*)

Wassersprung,

✱

saltus aquae, heißt, wenn ein bisheriger Gränzfluß seinen Lauf einsmals und dergestalt verändert, daß nach demselbigen keine Gränze noch Markung mehr bestimmt werden kan. (*Beck*, **de Iur. limit. lib. I cap. VIII Obs. III.**)

Wasserturn,

—

✱ *Wassersäule* oder ✱ *Wolkensäule*, eine seltsame Luftwassergeschichte, da in Gestalt einer Säule das Wasser aus einem See oder aus dem Meere emporgezogen, oder eine Wolke hernidergezogen wird, und auf dem Wasser zu stehen kömmt, zugleich auch, oder, wenn die Säule geborsten, ein schrecklicher Wirbelwind oder Sturm entstehet. (*Scheuchz.* Naturgesch.)

Wasserwölfe,

✱

eine Gattung Wölfe in dem südlichen Amerika, welche wie die Landwölfe heulen, und die Schifffahrt sehr unsicher machen.

Watländer,

✕

nennet *Gilg Tschudi* nebst andern Schweizern die Niderdeutschen weil sie in vielen Wörtern, da die Hochdeutschen zischen und ein s. haben, ein *t.* gebrauchen, und sonderlich *wat* für *was* sprechen.

wechzen,

schreyen und wimmern wie ein Wiegenkind. Die heuligen drey könig haben den himlischen könig ettwen in der krippen *wechtzende* mit gaben geeret. (*Kob. Chr.* Blt. 90 b.) Kömmt überein mit dem Lat. **vagire [wimmern, schreien]**.

wedelich,

munter, fröhlich; **alacer, hilaris**. Der vogellin zungen sungen *wedellich.* (*Minnes.* I 189 b.)

Weechte,

(die,) Schneetiefe, da der Wind vielen Schnee zusammengeweht, wie in holen Wegen, Tälern, u. drgl. **congestae & glomeratae turbine nives** [durch Sturmwind zusammengetriebene und angehäufte Schneemassen]. (Ist ein Schweizerwort, welches aber den Hochdeutschen mangelt.)

wegfunseln,

(NS.) heimlich von der Hand schlagen, über die Seite bringen. (*Richey.*) s. *funseln.*

Weib

bedeutete anfänglich eine jede Weibsperson, mit der Zeit aber nur eine verehlichte. s. *Frowen. Weib* kömmt entweder von *waffen*, weinen, oder von *weben*, und heißt allso Weib überhaubt ein Geschöpfe, dessen Eigenschaft und Beruf vornemlich ist zu weinen, zu weben, zu stricken, u. dgl.

weiben,

✱

einen Nachtbesuch bey seiner Liebsten abstatten. Mein Jokeli will hinacht (heutnacht) *wiben.* (*Aufnem. Helvet.*)

weiben,

sagt man in der Schweiz von einer erwachsenen Tochter, die bereits alle Aehnlichkeit eines Weibes hat. Üser Blunneli (Apollonia) *wybet* schon, es wird sich wol bald füegen.

weiben,

✱

sagt man auch von einem weibischen Manne, sonderlich wenn er unflück um das Maul [milchbärtig] ist. Hans *wybet* mehr, als daß er schwyzerlet [die Art eines Schwyzers hat]. Ueli *het gmannet*, vnd sis Mensch [Geliebte,

Braut] *het gwybet*, **dicitur de marito murcido, viragini nupto, & de viragine ducente maritum** [Wird von einem trägen Ehemann gesagt, der mit einer mannhaften Frau verheiratet ist, und von einer solchen mannhaften Frau, die ihrem Mann sagt, wo's lang geht.]. s. *mannen*.

Weiberschule *ist über hohe Schulen*;

(Sprüchw.) **Mulier, omnium artium magistra** [die Frau, Meisterin aller Künste]. Das einfältigste Weib ist neunfältig. Ohne dise kleine Welt lernt man nichts in der Grossen. Die Weysesten, wie Salomon, Sokrates, u. drgl. waren *Weiberschüler*.

weiblicher *Magnet*

✱ ×

oder ✱ *Sigelstein*, heißt diejenige Gattung Magnet, die sich nicht nach Norden wendet, und kein Eisen, sondern nur einen andern Magnet ziehet. Er wird sonst auch *Bleser* genennet.

Weibsrute,

✱

clitoris, vena venerea, penis muliebris, oestrum Veneris.

Weichbild,

für *Wickbill*, Stadtrecht, **jus municipale, jus civitatis.** Von *Wick*, **urbs, civitas [Stadt, Gesamtheit der Bürger (Stadt, Staat, Gemeinde)]**, und *Bild* für *Bill*, **jus.**

Weichbild,

Stadtgebiete; **civitatis ager** s. **territorium.** Von *Bild*, Gebiete. (s. ***Loccen.* Antiqq. sueogot.** L. **II** c. **5.**) *Herr Wachter* und Andere haben viel Übriges über dis Wort gesagt.

Weihnachtsuppe,

×

nennen die Engelländer eine sonderbare Suppe, welche sie von Rosinen, Korinten, Pflaumen und dergleichen bereiten. Engl. ***Christmassporridge.***

Wein *redt bös Latein*;

(Sprüchw.) **Lapitharum compotatio** [Trunkgesellschaft der Lapithen (berühmt durch ihren Kampf mit den Zentauren)] Trunkene koldern gerne. Ein Trunkener bessert die Faust mit der Kanne.

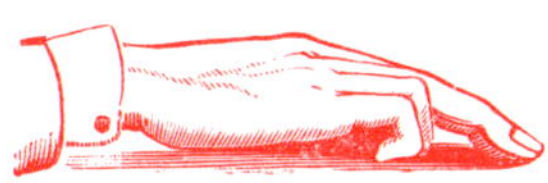

Wein *und Most verbieten*,

eine hohe Strafe in dem Appenzellerlande. Diejenigen fehlbaren Personen, so sich auf eint- oder andere weise gröblich versehen, werden allen Cantzeln mit Vermeldung ihrer Verbrechen unter disen **Terminis** infam gemacht: *Wein und Most sollen ihnen zu trinken verboten seyn*; gleichwie bey den alten Römern das Feuer, Wasser und Salz: welches ohne das Malefitz der höchste Grad der Strafe ist. (*Wals.* App. Chr. Blts. 55.)

Weinganten,

✕

nennet man diejenigen Ganten [Versteigerungen], da den Umstehenden, damit sie Mut und Herz kriegen, wacker zu bieten und zu handeln, ein ziemlicher Trunk herumgereichet wird. Dergleichen *Weinganten*, wobey manche Gefährde unterläufft, und mancher unbedächtlicher Kauf geschieht, seyn an vielen Orten durch obrigkeitliche Verordnung verboten.

weingrün,

✳

nennet man ein Gefässe, das frisch und wol nach Weine riechet. Den neuen Wein in *weingrünen* Fässern gären lassen. Er ist noch *weingrün* seit gestern; d.i. Er ist mit einem dichten Rausche schlafen gegangen. *Weingrüne*, frischer Weingeruch eines Gefässes oder Trinkers. s. *angeweint*.

Weinwarm,

✳

(das,) eine Gattung Brautsuppe, dergleichen in der Schweiz neuverheuratete Leute den ersten Morgen nach der Hochzeit, oder auch langgeschiedene und wieder vereinigte Ehleute den Morgen nach ihrer Versöhnung zu geniessen pflegen. (*Etterl.*) [Chaudeau-Sauce?]

Weißkopf;

✳

Penguin; Holl. ***Withooft,*** eine Gattung Seegänse, mit Zween fleischernen Lappen, anstatt der Flügel, die ihnen zum Schwimmen dienen. Deren wird eine grosse Mänge um die magellanische Strasse gefunden (*Kandisch*. Reise um die Welt.)

Weißnichts,

✳

weisser Hüttenrauch, sonst *Mausgift, Ratzenpulver.*

Weißwurst;

✳

Boudin blanc, eine Gattung niedlicher Würste, die von Koppenfleisch und andern Leckereyen bereitet werden.

Weit beherret,
und nahe befreundet,

ist ein Rat der Alten, daß man sich weit von den Herren anbaue, damit man nicht immer dem Hofe dienen und frönen müsse, und daß man hingegen näher bey den Seinigen wohne, damit man Rat und Trost von ihnen haben, und ihnen geben könne.

Welspring,

✕

Welspreng, (AS.) Quelle; **latex.** (*Som.*)

Weltfraß,

✳

gräulicher Weltbezwinger, wie Alexander, welchem Eine Welt nicht genug schien. Ist ein Wort nur für Dichter.

Weltjahr;

✳

annus mundi, ein Jahr, in welchem alle Sterne ihren Lauf dergestalt vollenden, daß ein jeder derselbigen wiederum an seine vorige Stelle zu stehen komme. Nach Einigen soll dises *Welt-* oder *Sternjahr* aus 5000, nach Andern aber aus 15000 oder gar aus mehr als 22000 Jahren bestehen.

Welträuber,

✳ ✕

werden von Einigen sehr wol ein Alexander, Cäsar, Attila, Temurleng, und dergleichen unersättliche Landbezwinger genannt. s. *Weltfraß.*

Wempel,

(das,) zarter Bauch. Er wuohs ir uf [wuchs ihr auf] *das wempel.* (*Minnes.* II 80 b. und 85 a.) Von *Wamme, Wampe*; **uterus, vulva.**

Wendelin,

✕

nennet das Frauenzimmer zu Augstburg einen Sonnenfecher.

Wendelstein,

Wendeltreppe; **cochlea. (Voc. Blas. Msc.,** *Fries* und *J.L.Fr.* aus **Alberi Lex.)** *Wendelstein* oder *Windelstein,* **cochlidium.** (*Heils* **Lex.)** Hölzerner *Wendelstein*; **cochlidium ligneum.** (*Spate.*) Das Wort ist aus *Wendelsteige,* mit Auslassung des gelinden Buchstabens *g.* entstanden.

Wendelstein

vel [oder] *Klockhaus*; **campanile, turris in qua campanae suspenduntur** [Campanile, hoher Turm, in dem die Glocken aufgehängt werden]. **(Voc. Y. IV 23.)** Der winruofer sol vf [auf] *dem wendelstain* wachen. *Alt. Lind. Stadtr.* in **Actis Lindav. p. 640.)**

wenden,

übersetzen. Aelfred kuning wäs wälhstod thisse bek, and hie of boklädene on Englisk *wende*; d.i. König Aelfred war der Tolmetsch dises Buches, und übersetzte solches aus reinem Latein in das Angelsächsiche. (*Alfr.* Vorr. über den Boetius.)

Wendfahrt oder *Wendfahre,*

✳

ist, wenn das Feld zum zweyten Male gepflügt wird. (*Kohl.* Hausb. von dem Ackerb. Kap. 17.) Kohler nennt es anderstwo auch *die Windfahr.* – Man stürzet den Acker im alten Monde; darnach tut man *die Windfahr* zwischen den beiden Oehsten, d.i. zwischen der Korn- und Habererernde, und alsdann ackert man etwas tiefer. (*Eb. das.*)

Wer,

(Kelt., Altfr., AS. und Alem.) Mann; **vir.** Skyt. *Aior.* Kambr. *Gwr, Gwer.* Got. *Wair.* s. *Wachters* Gloss. mit Mehrerem.

Wer,

bedeutete mit der Zeit einen jeden Menschen von beidem Geschlechte; wie denn der Aberglaube unter *den Werwölfen* mehr *Weibswölfe* als *Mannswölfe* zu begreifen pflegt.

Wer *recht will wissen, wer er sey, der schelte seiner Nachbarn Drey,*

Qui se nosse cupit, litiget cum vicinia [Wer sich selbst kennen will, der streite nur mit der Nachbarschaft.]: Dise nämlich werden ihm seine Verdienste fein ordentlich erzählen und vorzuschnüren [immer wieder vorzuwerfen] wissen.

Werbzwang,

✱ ✕

gewaltsame Hinwegnemung der Landskinder und Reisenden zu Kriegsdiensten.

werfen *über Neun,*

den Magen über sich erleichtern, sich brechen. Die Alten hielten ein Zuchtgericht in öffentlichen zusammenkünfften, vnd sol [und soll] noch derwegen geheget werden, das man die vnfletigen vnd vnzüchtigen Hochzeitgeste strafe vnd büsse, als z.E. ein vollen zapffen, der das essen verschütt, geflucht, oder mit der sewglocken gelewt [Sauglocke geläutet hat], sich am tantz vngebürlich verhalten, oder der *vber neun geworffen*, oder sonst ein leichtfertigkeit oder vnzucht begangen. (*Mathes.* Hochzeitpr. Bl. 145 a.)

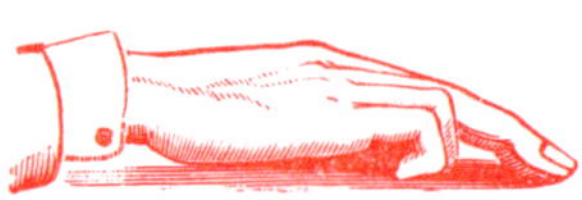

werkgierig,

✱ ✕

arbeitsam, der gerne arbeitet; **operosus.** (*Kilian.*)

Weschgengel,

✕

Fußgänger, Fußknecht; von *Was*, **Vassus, servus** [Vasall, Knecht], allso genennt.

Der kunic (Alexander) *die*
weschgengel bat
vaste suochen an di stat, d.i.
der Stadt streng zuzusetzen.
(*Eschenb.* B. I 2535.)

der **Wesende,**

Iehova, Ens entium [Sein der Seienden]: ein sonderlicher Name Gottes, durch dessen öftern Anzug sich die Ranter [Prahler] auszuzeichnen suchen. s. *Ranter.*

wesenlich,

quick, lebhaft, munter. Ein *weselis* Kind, ein *weselis* Hüenli. (Schweiz.)

Wesler,

✕

nennet man in dem Durlachischen eine Gattung rauchhülsichter, aber mildfleischichter Birnen von mittelmässiger Grösse.

Wespennest,

wird eine Gattung Kuchen genennet; sonst *Gugelhopf*, **laganum testaceum in orbem crustatum** [ziegelfarbiger Eierkuchen, der rundum mit Kruste versehen ist].

Westbarn,

Täufling, Taufsohn; **neophytus.** (***Gl. Hrab. Mauri.***) Dises Wort hilft einigermassen auf die Spur, wie man den Ursprung von *Westerabend, Wester-*

hemde und *Westerlege* finden solle, nämlich nicht in dem Got. *wastian*, kleiden, oder in *wehest*, sehr fein und schön, oder in dem Gr. Εσϑητι φωτισιϰη [Estheti photisike; Lichtgewand], oder gar in dem angenemen Westen, als von welchen Deutungen sich keine durchgehends schicket; sondern, wie *Herr Wachter* wol getroffen, in dem Skand. *wäster*, naß, getaucht; **madidus**. Vielleicht hat die Taufe selbst bey unsern Alten *die Wäße* geheissen.

Wetterlöcher,

✳

Berghöhlen oder andere tiefe Löcher, von denen man erzählet, daß, wenn man etwas hineinwerfe, ein Wetter daraus entstehe, deren es verschiedene in der Schweiz gibt; **aeoliae cavernae, patria nimborum, loca foeta furentibus austris** [äolische Höhlen, Wolkenvaterland, Geburtsorte der Sturmwinde].

Wetternadel;

✳ ×

acus hygrometra, ist die sinnreiche Erfindung eines Wetterzeigers, da man vermittelst einer Nadel die Abwechslung der Feuchtigkeit und Tröckne der Luft wahrnemen kan. (*Matem. Lex.*)

Wetterscheuer,

✳ ×

Wetterhütte, das Heu oder Getraide bey schnellem Ungewitter dahin zu flüchten; **nubilarium.** (*Fries.*)

weyse Frau,

bedeutet nicht nur eine Wehmuter, sondern auch eine Hexe. Kilian ***Wite-vrouwe, Witike-wyf, Witte-vrouwe, Wit-vrouwe*; lamia, larva, saga, maga, incantatrix, mater sciola [weiblicher Vampir, Gespenst, Zauberin, Magierin, Hexe, kleinwissende Mutter]**.

Wibel,

(der,) Ring und Krümmung eines geschlungenen Wurms. Ein schnitter fand ein schlangen vmb [um] einen adler verwickelt, den sie also mit jren [ihren] *wiblen* verknüpffet, das er bald erworgen muoßt. (*Deut. Lyk.* Blts. 105.)

Wichtel,

(die,) ein gewisses Gaukelspiel, da den Zuschauern hunderterley seltsame und widerwertige Dinge in schnellem Abwechsel vorgespiegelt werden.

Swer weis und doch nicht wissen wil
der sleht [schlägt] sich mit sin selbes
hant
Des weisheit aht [acht'] ich zeime spil
das man *dü wichtel* hat genant
Er hat uns schauen wunders vil.

(*Schwäb. Lied.* S. 113.)

Wichtel,

✳

(das,) Lockpfeifchen, womit man den Ruf einer Eule natürlich nachahmet. (*Jabl.*)

wiechelen,

×

wiehern; **hinnire.** It. vorlosen, Vordeutung geben, wahrsagen, wicken; **hariolari, augurari, divinare, vaticinari.** (*Kilian.*) Dise doppelte Bedeutung kömmt von dem Aberglaube der alten Germanier her, die aus dem Wiehern ihrer Pferde wahrsagten, wie *Tacitus* von ihnen berichtet. s. *wiglian.*

wielen,

aufbrennen, aufsieden, hitzig werden, wüten; **aestuare, fervere, furere.** Nach einer gewöhnlichen Verwechslung der Stummbuchstaben sagten die Alten auch *wölen*, wie aus etlichen Eigennamen erscheinet. s. *Wieland, Wielen.*

Wiggügel,

× —

soll in der Gegend um Frankfurt an dem Mayn ein gewisser Vogel mit überaus zierlichen Federn heissen. (*Geßner.*)

Wighart,

×

Wigart, Wichart, (Eigenn.) **bello fortis** [im Krieg tapfer].

wikian,

×

(AS.) wohnen, sein Hauswesen in einem Wick oder Flecken haben; **habitare, manere.** (*Som.*) s. *wiknian.*

wikian,

×

(AS.) sich mit Schiff und Gut an eine Reede, in eine Bay oder in einen Haven begeben; **navem in portem subducere.** (*Eb. ders.*) s. *Wick*, **sinus** [Bucht], und *wiknian.*

Wiking,

(AS.) Seeräuber; **pirata.** (*Som.*) Skand. *Vikingur.* Wurden voralters für ruhmvolle Krieger und Helden gehalten. s. *Wick*, **sinus** [Bucht].

wilder Gast:
Wer ein Solcher sey?

✱

Wer teglich, vnd von wochen zue wochen, von stetten zue stetten, von lande zue lande seine wandelunge hat, vnd in keiner statt jar vnd tag wonhaftig ist, der heißt *ein wilder Gast.* (**Respp. Scabinor. Magdeb. P. II cap. 5 dist. 2.**)

Wildhirn,

✱

ein toller wilder Kerl. s. *Taubhirn, Tollhirn.*

Wildsülze oder *Salzlacke*,

✱ ×

ist ein mit Laimen [Lehm] und Steinsalze wie auch anderm Zeuge zubereiteter Platz, da sich die Hirsche und ander Gewilde gern aufzuhalten pflegen. An den Gränzen werden dergleichen *Sülzen* von den benachbarten Herrschaften nicht leichtlich geduldet.

Wildwegluog,

wilder Wegerich. (*Fries.*) s. *Wegluog.*

Wildwörf,

×

(AS.) Waldesel; **onager**. (*Som.*) s. *Wörf.*

Wilhelm;

×

Armor. *Gwillu*; und *Gwillowik*, kleiner Wilhelm, bedeutet in der scherzhaften und Fabelsprache der Britten einen Wolf. (**Gr. *Rostren.***) Ohne Zweifel weil das Britt. *Gwill* Jemand, der in dem Finstern und in der Irre schwärmet, **tenebrionem, erronem**, anzeiget.

der Wind *gehört der Herrschaft;*

d.i. der Herr des Landes ist auch Herr der Luft darinnen und darüber. Ihm kömmt allso zu das Gebot und Verbot zu Reinhaltung derselbigen; deßgleichen die Erlaubniß, Windmühlen zu erbauen, Feuerwerker zu spielen, u. drgl. ferners das Vogelwaidwerk, sonderlich der Hochflug; Ja an einigen Orten werden die Fremden in seiner Luft seine Leibeigene. (*Engau* **Elem. Iur. germ.** L. II § **CXXXIX.**)

Wind,

(sprüchwörtl.) *mit allen Winden wehen, mit jedem Winde segeln*, sich nach der Zeit zu bequemen wissen; **accommodare se tempori.**

Windknoten;

✱×

nodi magici ventiferi [magische, windbringende Knoten]: seyn Drey Knoten an einem Riemen gebunden, welche von den Finnen an die Fremden verhandelt werden, mit dem Bedinge, daß die Auflösung des ersten Knotens einen gelinden, die Auflösung des zweyten Knotens einen stärkeren, und die Eröffnung des dritten Knotens einen aus der Massen strengen Sturmwind, der Alles zu Grunde richte, erwecken solle. Seit der Zeit aber, daß die Finnen den christlichen Glauben angenommen, dörfen sie bey Lebensstrafe dergleichen *Windknoten* nicht mehr verkaufen, noch verfertigen, noch Andere lehren. (*Fickler.* Blts. 102.) Gleichwol versichern glaubwürdige Schriftsteller, daß die Lappländer den Wind in Knoten eines Tüchleins gebunden den Seefahrenden noch immer zu verkaufen pflegen.

Wind- oder Luftloch,

✱

eine Berghöhle oder unterirdische Röhre, woraus ein beständiger Wind bläst, kühl und stark nämlich, wenn es gutes Wetter geben will, und hingegen lau und schwach, wenn ein Regenwetter entstehen soll; **crypta aeolia**. Dergleichen finden sich in den Alpgegenden des Schweizerlandes.

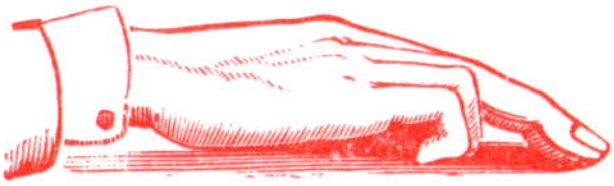

Winkler,

(*Zborokoi,*) d.i. Leute, die da heimliche und unrechtmässige Winkelversammlungen halten, pfleget man in Polen Kalvins Anhänger zu nennen. s. *Sachsen.*

Winterlaue;

×

Ital. **Lavigne di freddo**, Schneebrüche, welche sich nur im Winter eräugnen. s. *Schlaglaue, Windlaue, Staublaue.*

Wintertroll,

(der,) Herling; **labrusca** [wilde Rebe]. Der weingart solte trauben bringen, so hat er *wintertrollen* gebracht.

Winterung;

✱

hybernaculum, nennen die Kunstgärtner das Gartenhaus, da die fremden zarten Gewächse vermittelst der Oefen den Winter hindurch in erforderlicher Wärme gehalten und getrieben werden.

Winzurnel,

Winzer, Rebmann; **vinitor**. Der den weingarten pflanzeta, der hat imo *winzurnela* gesezzet. – – Ich habe minen wingarten beuolehan [anbefohlen] *den winzurnelon*. (*Willer.* VIII 12.)

Wirrjahr;

✱×

annus confusionis, heißt das verworrene und übersetzte Jahr, in welchem Julius Cäsar den römischen Kalender verbesserte.

Wirrwerre,

×

Würwer, (das,) Verwirrung, Unordnung. It. Uneinigkeit. Ein hexenproceß vnd *wiriwere* das niemen vs einander zysen [auseinanderzeisen; entwirren] vnd erlesen kan. – Vil *würwer* vnder brüedern machen. (*Geil.* Pilg. Bl. 38.) s. *Wirrewärrete.*

wirselen,

×

widerstreben; **reluctari, reniti, obniti.** *Wirseler*, halsstarriger, zänkischer, boshafter Geselle; **refractarius, contumax, contentiosus.** *Wirselung*, Widersetzlichkeit; **repugnantia, contrarietas.** Holl. ***werselen, Werseler, Werselinge.*** (*Kilian.*)

wispeln,

zischen; **sibilare.** Die wipper locket ire weyb mit einem sanfften *wispeln.* (*Megenb.*) It. *lispeln.*

Wissenschaft;

scientia, war ehmals ein Ehrentitel der Keiser, sonderlich wenn von einem Rechtszuge an Dieselben die Rede war. s. **Cod. Theod. lib. XI tit. 29 l, 2.**

Witte,

(der,) Weizen; **triticum, strumentum.** – so spricht si dan

Ach das ich ie kan (kam) zuo dir
jan haben wir [wir haben nicht]
den witte noch das smalz
noch das fleisch
noch vische pfeffer noch den win
was wolte ich din
so han wir niender salz.

(*Minnes. II* 188 b.)

witten,

jäten. Linsen muß man *witten* und jeten, wie den Hirs. (*Kohl.* Hausb. T. I B. V 11.) s. *wieden.*

Wittwensommer,

freundlicher Nachsommer. Auf ein zeit treib ein früer schnee die ameisen ab; da aber *ein wittwe summer* vnd grosse werme wider einfelt, fert die ameiß wider an vnd siht sich im felde vmb. (*Mathes.* Bergpr. Bl. 24 b.)

wittwisch,

was dem Wittwenstande geziemet. *Wittwische* küscheit. (*Geiler.*)

Witzbold,

Frühwitz oder Kühnwitz; **ingenium praecox, v. ingenio suo nimium confisus** [vorwitzig oder wer zu sehr auf seinen Scharfsinn vertraut]. Man hört es nur in dem Sprüchworte: *Witzbold gerät selten.*

witzschläfrig,

×

schlafgierig, schlafsüchtig, **lethargicus, veternosus.** (*Geßn.* Tierb. I Bl. 24 b.) D.i. wie die Schweizer und Elsässer reden, wenn Einem *watz ist*, oder wenn er begierig ist zu schlafen.

Wodestock,

×

(AS.) Waldland; **silvarum locus.** (*Som.*)

wölbelen,

×

sagen die Schweizer von einem Trunkenen, der da schwanket und taumelt und sich wölbet, als ob er einen Burzelbaum schlagen wollte. s. *Habe.*

Wölkung in der Malerey,

✳

da immer eine Farbe in die nächstähnliche verschiesset. Franz. ***Nüance.***

nach dem Wolfe *rufen;*

lupum proclamare, geschah vorzeiten von denen, welche die Losung gaben zu fliehen und auszureissen. (***Du Frêne.***)

Wolfkatze,

×

wird von Einigen der Luchs genennet. (*Geßner.*)

Wolfram,

×

Wolfern oder *Wolfert;* **ferrum arsenico mineralisatum, minera nigra vel fusca attritu rubente, crystallisata planis nitidis splendente** [Mit Arsen mineralisiertes Eisen, schwarzes oder dunkles Mineral, das nach Abrieb rötlich schimmert und kristallisiert in schimmernden Flachstücken glänzt]: ist auf Bergwerken eine Unart bey Gewittern, schwarz wie eine Zinngraupe; Wenn man es mit Eisen ritzet, krieget es einen roten Strich, die Zinngraupe aber einen weissen. Etlicher ist langstrahlicht, etlicher aber sieht den Zinngraupen ganz gleich. Er betriegt die Bergleute in der Sicherung gar sehr, weil er mit dem Zinnsteine vor dem Wasser stehet; Er verderbet und raubet im Schmelzen das Zinn, und muß derowegen durch den Brennofen von dem Zinnsteine geschieden werden. Vermutlich bedeutet es so viel als Wolfsart, und ist wegen seines Raubes allso genennt worden. (*Linnäus und Jabl.*) In *Herkels* **Pyritologia** heißt es *eine Zinnblende* oder eisenschüssige Zinnbergart. *Matthesius*, welchen *Herr Frisch* anführet, nennet dieselbige auch *Wolfrum, Wolfsschaum* oder *Wolfshar*, weil es schwarz und länglich ist.

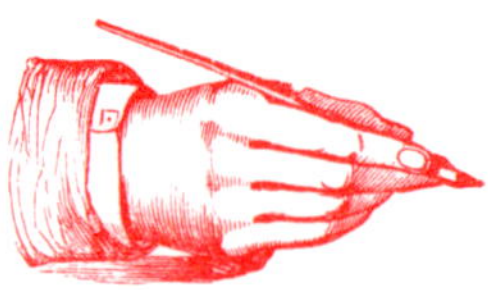

Wolfsgarten,

✱

ein Einfang in dem Walde, mit etlichen leichten und nur ein wenig geöffneten Toren, und an jedem Ende mit einer Wolfsgrube versehen. Inwendig seyn die Bäume mit todten Pferden, Kühen und andern Aesern behangen, die Bären, Wölfe und Füchse hineinzulocken. In der Mitte stehet ein Haus, darinnen ein Jäger auf die Tiere lauert, und, wenn sie in dem Garten seyn, sogleich vermittelst gewisser Schnüre, die aus dem Hause gehen, die Tore schliesset. (*Kohl.* Hausb. T. I B. XIV 24.)

Wollust *ist eine fröhliche Unsinnigkeit;*

(Sprüchw.) **Voluptas hilaris insania.**

Worte schöpfen,

wider die Natur Worte hervorbringen, **contra naturam verba facere.**

Es wont ein wurm (**serpens**) in einem
hol
der stiftet manigen mort
gar ark mag ich in nennen wol
Er rueret bein und *schepfet wort.*

(*Minnes. II* Blts. 175 a.)

Wortgriff,

✱

Worträtsel; **logogryphus.** (*Schottel.*)

Wortkneiper,

✱ ✕

der sich leichtlich in ein Wortgezänke einläßt; **verbosus altercator, cavillator.**

Wortwandel,

✱ ✕

(in der Sprachl.) **metaplasmus [Umformung]**, heißt eine Freyheit der Redner und Reimer, die gewöhnliche Form eines Wortes zur Zierde oder aus Not zu verändern. *Ein Wortwandel* z.E. ist es, wenn man *ziehet, fliehet, ewiger, seliger,* in *zeucht, fleucht, ewger, selger,* u.s.w. einkürzet, oder mit den Pritschmeistern gar *han, gan, Werelt, Zoren,* für *haben, gehen, Welt, Zorn,* u. drgl. in die Verse flicket.

Wuduälfenne,

✕

(Angels.) Waldälfen, Baum- oder Waldnympfen; **dryades.** (*Somner.*)

Wudubukka,

×

(AS.) wilder Bock. (*Som.*)

Wudugat,

×

(AS.) wilde Geiß; **caprea.** (*Som.*)

Wudukok,

×

(AS.) Waldhahn; **gallinago.** (*Som.*)

Wudumär,

×

(Angels.) Widerhallgöttinn; **Echo.** (*Somner.*)

Wühlgeist,

*×

unruhiger Geist, Gemeinstörer, wilder Aufrührer; **turbulentus, seditiosus, patriae procella, turbo ac tempestas pacis.**

Wüne,

(die,) die tiefe Einfaltung an dem Menschen zwischen dessen Hinterbacken und Beinen. Vom end des hindern vndersich seyn (an einem langen Weibe, das einem Manne von 8 Kopfhöhen gleichmässig ist,) ein 14 teil, da mach ich *die wünen* innen im obern bein. (*Alb. Dür.*) s. *Eintiefe.*

Wurm,

*

heißt bey den Druckern der Titel, den man in grossen Werken von etlichen Teilen, die man häftenweise druckt, auf das erste Blat eines jeden Bogens mit Benennung des Teils unten anzudrucken pflegt, damit die Buchführer bey Ergänzung oder Vergleichung eines Exemplars sogleich daran erkennen, wohin ein verschossener Bogen hingehöre.

Wurzelbaum;

*

Derays, ist ein seltsamer Baum in Ostindien, dessen Wurzeln erstlich, wie bey andern Bäumen, unterwerts schlagen, hernach aber, wenn der Stamm zu einiger Dicke erwachsen ist, wieder übersich wachsen, und sich mit der Zeit über 40 Schritte weit ausbreiten, daß auch die Malabaren sich derselbigen anstatt eines Tempels zu bedienen, und ihren Göttern darunter zu opfern pflegen; daher ihn die Holländer *den Teufelsbaum* nennen.

Wurzelwort,

*

Stammwort; **etymon.**

Wyx,

×

das Männchen unter den Eisvögeln oder Seeschwalben. Das Weiblein des Eisvogels (**habyconis**) hat seinen Mann, den man *Wyx* nennet, so lieb, daß es allezeit um ihn ist, und ihm niemals von der Seite kömmt. Wenn er alt und unvermögend wird, so ernähret und trägt es ihn. Stirbt er ihm aber, so läßt es von allem Essen und Trinken ab, besingt ihn mit einem kläglichen Liede, und ruft ihm beym Namen *Wyx, Wyx,* und hungert sich endlich zu Tode. (*Kohl.* Hausb.)

Y

Yffelen,

oder *Yfel,* (die,) Infel, Bischoffs- oder Abtsmütze. Kommt bey verschiedenen schweizerischen Schriftstellern vor.

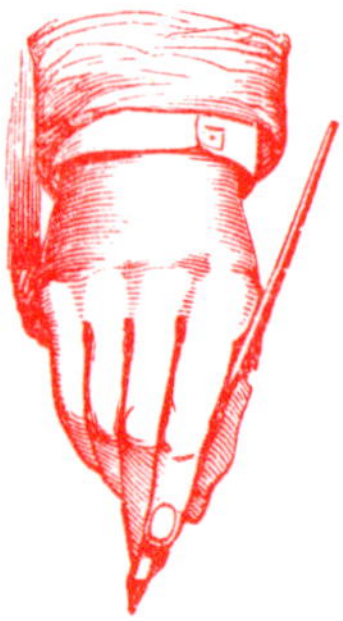

Ymel,

×

Ymele, Ymle, (AS.) Wibel, Kornwurm; **curculio.** (*Som.*)

Yrich,

(das,) Gedärme. Hat das Pferd die Floßgalle [fetter, weicher Höcker, üblicherweise an den Beinen des Pferdes] auserhalb des Beines, so brenne sie mit einem glühenden Eisen, darnach lege darauf Rockenbrot allso heiß, wie es aus dem Ofen gekommen ist, und lasse es 3 Tage und 3 Nächte darauf ligen; darnach nimm alt Schmer, Schwefel, Pech und Tannenblätter, und mische es unter einander, und salbe das Pferd darmit; oder nimm ein schäfen [vom Schaf] *Yrich*, und mache es naß, und umwinde die Floßgalle darmit. (*Kohl. Hausb.* T. I B. X 63.) Kohler, der dises Mittel aus den Roßarzneyen eines ehmaligen Pferdarztes und keiserlichen Marstallers, Namens Albrecht, ausgeschrieben, gestehet, daß ihm *das Yrich* unbekannt sey, und dises Mittel den Lesern nur darum mitteile, damit es etwann ein Anderer verstehen und gebrauchen möchte. Wenn ich denn alle deutschen Spracharten durchsuche, um irgend ein ähnliches und darmit verwandtes Wort zu erspüren, so finde ich doch keines, als das Wort *irrichen* oder *üdrichen*, wiederkäuen, d.i. eine Speise aus dem Vorwanste wiederholen, und allso käuen, daß sie durch die Därme gehe; woraus ich mutmasse, daß *Yrich* ein Gedärme bedeuten, und mit dem Isländischen *Ydur*, Eingewaide, verwandt seyn müsse.

Yrnis;

×

Iornicum, ein schöner und ehmals wehrhafter Flecken in dem Livinertale, bey 3 Meilen von dem Gotthart hinunter, in einem engen Tale an der linken Seite des Tessins gelegen, wo im J. 1478 die Eidsgenossen den Welschen treffliche Schläge ausgeteilet. (*Stumpf* B. IX Kap. 4 und *Gulers* Rät. Bl. 205.) Den Namen *Yrnis* hat der Ort vielleicht von dem Kelt. *yrnen*, rennen, wegen seiner gähen Lage, da man vielmehr läuft als gehet. Aus dem Alter des Namens ist auch das merkliche Alter des Fleckens abzunemen.

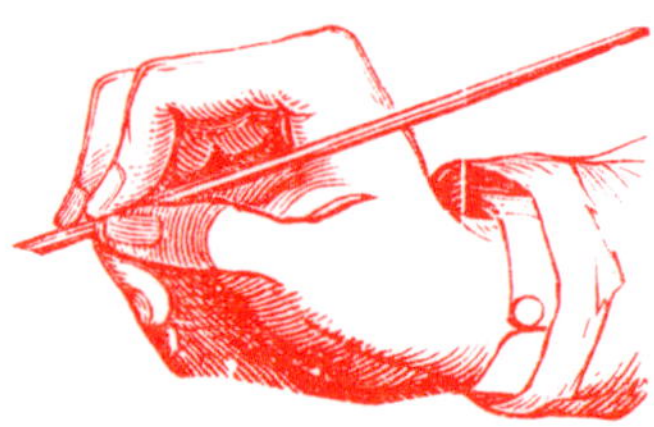

yselen,

×

eiseln, Klareis geben, ***faire du verglas*** **[zufrieren, Glatteis geben]**.

Ysenberg *bey Bremgarten*,

in den freyen Aemtern, da man noch die Überbleibsel eines sehr alten grossen Gebäudes antrifft, welches die Landleute *die Heidenkilch* nennen. Wegen der Aehnlichkeit des Namens wird von einigen Gelehrten dasselbige *Isisberg* genennet, und für einen Tempel der Isis ausgegeben. Es kan aber der Name auch von den *yselichen* oder gräulichen daselbst vollbrachten Menschenopfern entstanden seyn.

Ysengrim,

und nach der französischen Aussprache ***Isengrin***, bedeutete ehmals einen grimmigen schrecklichen Kerl, oder ein Ungeheuer; und sonderlich pflegten die Alten einen Wolf allso zu nennen. So hiessen auch vorzeiten gewisse Kriegsleute in Flandern, welche sich unter Filipp August durch ihre Tapferkeit und rohe Art disen Namen zugezogen. s. ***du Frêne*** mit den Vermehr. in **Isengrinus** und **Ysengrini**. Die Benennung hat den Ursprung von *ysen*; **horrere** [schaudern, sich schrecken]. Vergl. mit *Isengrin*.

Ytsche,

(NS.) Kröte. s. *Uytsche*.

7

Zabel,

×

haben einige Alten für *Teufel*, von dem Gr. Ζαβολος [Zabolos], **Diabolus**: Oder vielmehr von *zabeln*, künstlich seyn, weil er ein Tausendkünstler ist.

zabeln,

geschickt und künstlich seyn.

Ein fuhs zeinem rappen sprach
[Fuchs zu einem Raben sprach]
der hoh uf einem boume sas
und truog einen kese in sinem snabel
Herr rappe ir sint gar kluog
so schönen vogel ich nie gesach
Nie lerke noch galander bas
gesang dann ir. *Sus ich niht zabel*;
d.i. so trefflich gelinget es mir wol nicht. (*Schwäb. Lied.* Blts. 269.) Vergl. mit *zafen, zawen.*

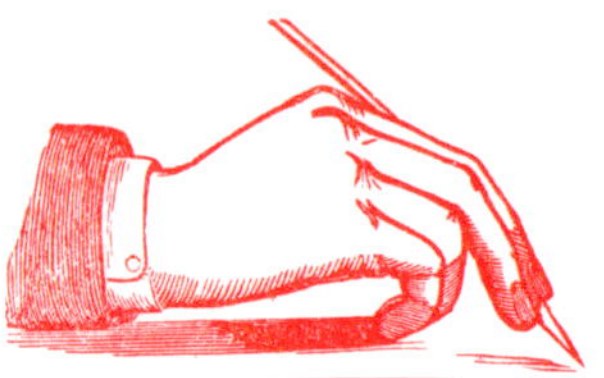

Zackelkraut,

✳×

ein gewisses Kraut, welches dem Weine alle Kraft benimmt; **zaolus, herba, quae in vinum injecta illud in aquam convertit** [Zaolus, ein Kraut, das, einmal in den Wein geworfen, diesen in Wasser verwandelt.]. Wo ist *das Zackelkraut*, das Wein in Wasser kehrt? (*Lohenst.* in s. Agripp. Blatts. 94 und in der Anmerk. darüber aus *dem Plutarch.*)

Zackenflegel,

×

hölzerne Flegel mit eisernen Spitzen oder Zacken, dergleichen man ehdessen in den Kriegen geführt; **murices.**

Zader,

(Schweiz.) Zaser. *Zaderich, zaderig*, zasicht; **fibrosus** [faserig].

Zähler,

×

heissen in den Glarneralpen gewisse Männer, welche das Vieh auf den Alpwaiden zählen, damit solche nicht zum Nachteile der Armen übersetzet [mehr Vieh auf eine (Alp)Weide treiben, als diese ernähren kann] werden. s. *Alpleyder.*

zähmen,

Jemand, vertraulich machen, verführen. Beda spricht, das dieselbig schlang ein junkfrawen antlücz [Antlitz] gehapt, *die Evam zemet vnd zulocket.* (*Megenb.*)

Zähne *ausreissen;*

eine gewisse Strafe. Wer in der Fasten Fleisch gegessen hatte, dem wurden *die Zähne ausgerissen.* Wer aus Jemands Rebe oder Garten Trauben oder Früchte bey Tage gestohlen, mußte *einen Zahn lassen*, oder solchen mit Gelde lösen. s. ***du Frêne*** in **Dentis evulsio [Herausreißen des Zahns, Zahnziehen]**. s. *Zahnbruch.*

Zähnstaunung,

×

eine schmerzhafte Erstaunung der Zähne, wenn man etwas Sauers oder Kaltes gegessen oder getrunken hat; **haemodia.**

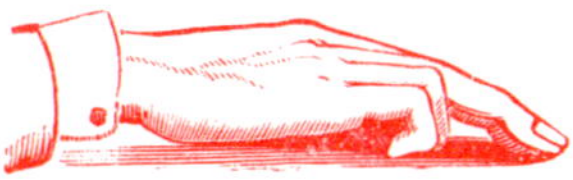

zäpperlen,

wie ein Kind oder kleines Weibchen wispeln und geschäfftteln. *Darvon zäpperlen* wie ein alts müeterle gewont hat; **anili studio celerare gradum** [mit Altweibereifer den Schritt beschleunigen]. (*Mahl.*)

Zag,

(der,) faige Memme, Hasenherz, Bärnhäuter. *Keiner wolt des anderen zag sin*; d.i. Keiner wollte sich von dem Andern der Zagheit beschuldigen lassen. (*Schod.*) Du öder wicht, *din zag wil ich nit sin,* mit eeren wil ich hüt sterben old [oder] genesen. (*Tschudi.*)

Zagel,

Zagil, Czagel, Zal, (der,) Schwanz, Schweif, Sterz. Ein Hund dem *czagel* vnd oren besneden waren. (*J.L.Fr.* aus **Chron. rhythm. Brunsuic. Leibn.** T. **III.**) Wann man den pfawen lopt, so streckt er *sein zagel* auf vnd zeiget *seines zagels* schöne. (*Megenb.*) Der pfaw hat ein langen geäugleten *zagel.* (*Eb. Ders.*) Der Biber mag nit lang belyben, er hab dann *den zagel* in dem wasser, wann der geleycht eines visch *zagel.* (*Megenb.*)

Zager,

×

eine Gattung Leder; vielleicht Zapfenleder; **corium camelinum.** Franz. ***Chagrin.*** Holl. ***Segryn.***

Das zepter vnd das swert
dew [die] parg man man listiglich
in ein vas (Gefässe) das was geleich
einem chocher zue ainem pogen
mit *zager* vberzogen

(*Ottok.* Blts. 747 b.)

Zahlzeit,

gezählte oder bestimme Zeit. Der heilig hertzog Heinrich zuo Bayern kom eins mals von andacht wegen zuo sant Wolfgangs grabe vnd fund daselbst geschriben die zway wort *Nach Sechs.* Do maynet hertzog Heinrich, er wurd nach sechs tagen, monaten, iarn sterben. Aber nach verscheynung der selben *zalzeit* wart er zuo römischem könig gekrönet. (*Kob. Chr.* Bl. 182 a.)

zahme *Güter,*

✱

nennet man zu Basel und in der Nachbarschaft die Wiesen längst einem wilden Wasser, so lange sie von solchem nicht zerrissen, versümpfet, oder mit Grien [Schlamm und Kies] und Sande überschwemmt werden.

Zahnklaffer,

×

Steinkauz, Steineule. *Strix* heißt eigentlich *ein Sauser* oder *Zanklaffer* vnd hat den namen von seiner stym [Stimme], wann so er singt so sauset er recht als ob er den luff durch sein zän saug. (*Megenb.*) s. *Wütsch.*

Zahnwehbaum,

*

in Jamaika; **xanthoxylon spinosum, lentisci longioribus foliis, euonymi fructu capsulari** **[stacheliges Gelbholz mit Blättern, die denen des Mastixstrauches ähneln, aber länger sind, und mit der verkapselten Frucht eines Spindelstrauchs]**. Sonst auch *Bertrambaum*. (*Miller*.)

Zartluste,

Niedlichkeiten; **deliciae** **[Vergnügen]**. (**Cod. Blasian.** und *Willer.* VII 6.)

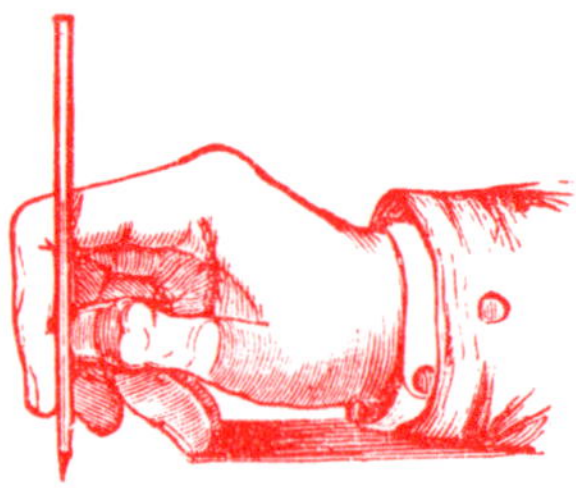

Zaubelschafe,

×

eine sonderbare Gattung Schafe in dem Herzogtum Würtemberg und Markgraftum Ansbach. Sie lämmern des Jahrs zweymal, und bringen jedesmal Drey bis Vier Junge. Ihre Wolle ist ungemein zart, hoh, haricht und lang, und wird daher *die Zaubelwolle* genennet. Sie können deßwegen nicht einschürig gebraucht werden. Sie seyn viel waichlicher als die gemeinen deutschen Schafe, aus welcher Ursache man sie zu Nacht nicht auf dem Felde lassen darf, und, ungeachtet ihr Fleisch besser ist, ihre Vermehrung sich dennoch nicht stark angelegen seyn läßt. Man glaubt, daß sie in vorigen Zeiten bey einem gewissen Umstande aus Engelland oder Spanien, oder einer andern warmen Gegend in Deutschland gebracht worden. (*Würtemb. gemeinnützl. Wochenschrift.* St. XVI § 3.)

Zaubereid,

* ×

war ehdessen der Eid, den die Kämpfer, ehe sie den Kampf antraten, einander vor dem Richter schweren mußten, daß sie weder mit Segensprechen noch andern Zaubermitteln Gefährde treiben, und sich einigen Vorteil schaffen wollten. s. *Achteid.*

Zauberluppe,

×

Zöverluppe, (die,) Zaubergift.

Zauberrunen,

×

allerley abergläubische Segen und Zeichen der alten Skandier und Goten. s. *Baumrunen, Bergrunen, Bierrunen, Brunnrunen, Hugrunen, Malrunen,* und *Sigsrunen*, deren kurze Erklärung *Olaus Worm* aus einem alten isländischen **Glossario** gesammelt.

Zauberviereck;

* ×

quadratum magicum, ein Viereck, darinnen gewisse Zahlen, die eine abziehende oder aritmetische Verhältniß gegeneinander haben, allso geschrieben seyn, daß sie, welchen Weg man sie zusammenrechne, immer die gleiche Summe geben.

Zaunrübe,

✱

✱*Zitterrebe,* ✱*faule Rübe,* ✱*Gichtrübe,* ✱*Stichwurz,* Hundskürbse, **bryonia**.

Zaza,

×

Zatze; **canis femina [Hundeweibchen]. (Cod. Vindob. Seu. XI.)**

zehenzeh,

zehenzogh, zehenzug, Hundert. *Zehenzeh tusent man,* 100000 Mann. (**Fragm. de B. H. V 4273** und *Tatian.* LXXI 5, LXXV 4.) *Zuiren zehenzog,* Zweyhundert. (*Willer.* VIII 12.) *Zehenzo* endi förzuc wehhono, 140 Wochen. (*Isid.* V 6.)

Zehn Tugenden *der Jungfrau Marien,*

Annunciade, nennet man in Frankreich einen geistlichen Orden von der ersten Tugend der heiligen Jungfrauen, daß ihr nämlich von dem Engel Gabriel das Geheimniß der Menschwerdung des Heilands angekündigt worden. Diser Orden *der X Tugenden* soll von der Königinn Johanna in Frankreich, König Ludwigs XII Gemahlinn, gestiftet, und von den Päpsten in den J. 1501 und 1517 bestetiget worden seyn. (*Jabl.*)

Zehrstein;

✱×

sarcophagus, lapis assius [Fleischesser (wörtl.), assischer Stein], ein Stein, von welchem *Plinius* sagt, daß er in Kleinasien gebrochen werde, und daß er die Leichen, die man darein vergräbt, in 40 Tagen bis auf die Zähne verzehre.

Zeidelbär,

✱

✱*Bienenbär,* ✱*Honigbär,* heißt eine Gattung kleiner, kurzer, dicker und etwas lichtbrauner Bären, die den Bienen fleissig nachstellen und den Honig zeideln [die Waben ausschneiden]. Ein solcher Bär klettert besser, als die andern, und tut dem Menschen so leicht nichts, wenn er nicht böse gemacht wird. (*Flem. deut. Jäg.*) s. *Rosbär.*

Zeidelzins,

✱×

die Honiggülte, die ein Zeidler seinem Herrn oder dem Reiche jährlich abstattet.

Zeidlertag,

✱×

wird in *Kohlers* Hausb. T. I B. XIII 138 allso beschrieben: In der Nähe um Berlin halten die Zeidler von Fürstenwalde, Stockau, Köpenik, Beskow und da umher, alle Jahre einen Tag zum Kienbaum [Kiefer. Der Kien ist das harzgesättigte, leicht entzündliche Holz dieses Baumes.] jenseit dem Lubenberge am Sonntage nach **Burcardi.** Dahin kommen viele Zeidler, mehr denn in die Dreyssig. Da geben sie dem Landsherrn Vier Tonnen Honig, oder, wenn sie nicht Honig geben können, so zahlen sie darfür 36 Taler. Da richten und urteilen sie unter einander, was ein Jeder das Jahr durch verbrochen und verwirket hat. Hat sich nun Einer etwann an eines Andern Beuten vergriffen, oder Einem einen Schwarm aufgefangen, oder was er sonst mag getan haben, so wird er alldar gebunden und hinter den Ofen gesetzt, und wird heiß eingeheizet, und, wer ihm einen Trunk Bier schenket, der muß eine Tonne Bier zur Strafe geben. Es wird ihnen auch alldar wegen des Landsherrn eine Tonne Bier mit Zweyn Scheffeln Brot und ein Viertel Erbsen gereichet; darzu legen sie von dem Ihrigen noch andere Vier Faß, und schlemmen etliche Tage nach einander. Sie haben schöne Heyden und Wiesen darzu; sie kaufen einander die Honigzeitung (Zeidlung oder Schneidung des Honigs) Bienen und Beuten (Bienenstöcke) ab, wie andere gemeine Erbgüter, geben Leihkauf, und werden eingewiesen. Darnach die Heyden seyn, darnach geben sie darfür. Wer nur eine halbe Heyde hat, der gibt nur die Hälfte; wer eine ganze Heyde hat, der gibt ganz. Um Acht, Neun oder Zehn Schock kan man eine ganze Heyde kaufen. Es hat auch ein Jeder Macht alle Jahre Zwelf neue Beuten auszuhauen, jedoch daß es mit Bewust und Bewilligung der Heydenreiter geschehe. Es taugen aber nicht alle Bäume darzu; die da rindfällig und nicht fein dick seyn, die nemen sie nicht darzu.

Zeile

×

Brot, eine gewisse Anzahl Brötchen, nach welcher die Verteilung und Verrechnung an gewissen Höfen in Deutschland geschieht. Mit dem Hofbecker ist auf ein Gewisses gehandelt, daß er von jedem Malter Weizen 200 *Zeilen* oder 800 Semmeln, und jede Semmel von 8 Loten, ingleichem von jedem Malter Roggen 190 *Zeilen* weiß und schwarz Brot, als Vier runde Brote auf Eine *Zeile* gerechnet, und jede *Zeile* von 18 Loten, geben soll. – Für die Mägde und andere Diener wird gegeben vor Mittag um 9 Uhr auf jede Person eine Maß Bier, und eine halbe *Zeile* Brot, und nach Mittag um 4 Uhr wieder eben so viel. – Auf die Schürfrau soll täglich gegeben werden 2 Maß Bier und 1½ *Zeilen* Brot, auf den Kesselschürer 4 Maß Bier und 2 *Zeilen* Brot, auf die Küchenjungen und Bratenwender 5 Maß Bier und 1½ *Zeilen* Brot, und auf die Waschmagd 2 Maß Bier und 1 *Zeile* Brot; u.s.f. (*Florins* adel. Hausv. B. I Blts. 40 und 41.)

zeisen,

zeiseln, zerzeiseln; **carminare [Wolle krempeln].** s. *ceisan.*

Zeislein,

nennet man zu Basel und anderswo mehr junge Leute, die sich gar zu viel zärteln und schonen. s. *zeiz.*

auf der Zeit *gehen,*

✳

der Geburtsstunde nahe seyn; **prope a partu esse.** Jacob zeucht [zog (weiter)] mit seinen kindlein vnd schwangern Rahel, *die jetzt auff der zeit gieng,* fein gemechlich. (*Mathes.* Hochzeitpred. Bl. 85 b.)

Zeitfehler,

✱ ✕

Irrtum in der Zeitrechnung; **anachronismus, parachronismus**. s. *Zeitschnitzer.*

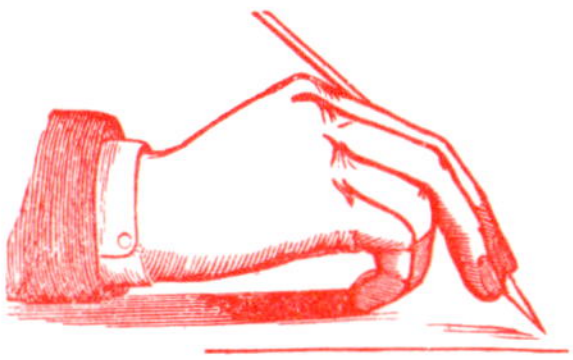

Zeitiger,

Zeitschaf, zweyjähriges oder zweyzähniges Schaf. Jabel hat der erst die schaf von den pöcken, die einferbigen von den gespreckelten, vnd die ierling von *den zeitigern* abgesündert. (*Kob. Chr.* Bl. 10.)

zeitlicher Pfenning,

läufiger, gewöhnlicher Preis, Wert und Schätzung nach den Zeitumständen. – Man sol den von Spire [Speyer] in der Pfaltz alle zit feilen kouf vmb [um; für] *einen zitlichen pfenning* geben. (*Lehm.* Blts. 854.)

Zeitwölfe;

✱ ✕

sollen Leute seyn, welche sich nach dem alten Aberglauben etliche Tage in Wölfe verwandeln, und dann ihre menschliche Gestalt und Schickung wiederum annemen. (*Deut. Lyk.* Bl. 10.)

Zelt,

(der,) Kuchen, Klumpe, zusammengeschmolzener Klotz; **corpus, massa** [Körper, Masse]. Kirchengeschirre soll niemand Kauffs noch Pfands weyse annemen, – so sie aber zerschmelzt wären, soll man auff *die zelten* zuo klagen haben. – – So man die Kelch, Monstrantzen, Paten oder anders Kirchengeschmeyd einem Layen schulden halben verkauffen müeßte, so solte man dieselben nit so gantz hingeben, sondern zerbrechen vnd zuo *einem zelten* zerschmelzen, vnd alsdann erst verkauffen. Aber es läßt sichs ansehen, das soliche Geschirr, ob sie gleich *zuosamen gerennet* wären, nichts desto weniger hailig seind, u.s.f. (***Pegius*** in s. Großb. Bl. 32 b und 33 b.) s. *zusammenrennen.*

Zenzler,

Possenmacher, Gaukler, **praestigiator**. Der griech. Keis. Alexander hat die verwaltung des Reichs auf *die zentzler*, gauckler vnd andere mithafften seiner buobereyen geschoben. (*Keller.*)

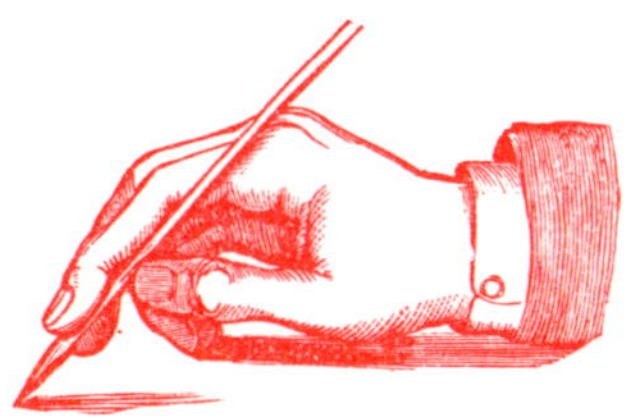

zerdülpen,

✕

(Schweiz.) zerklopfen, zerbrügeln; **pertundere**.

zermörschen,

✳

(Waidw.) Die Hindinn *zermörscht* [zerquetscht] das Gras mit den Ballen; der Hirsch aber tritt es ab. (*Schottel.*)

zerstrielen,

(Glarnerw.) Alles unterübersich kehren. (*J.T. Tschudi.*)

Zert,

(der,) oder *die Zerte,* Edelnase, Elb- oder Odernase, Meernase; **capito anadromus [(den Fluss) hinaufrennender oder anadromer Dickkopf]**, ein niedlicher Fisch, der aber einen guten Magen erfordert. Im Herbste werden *die Zerten* eingebraten, in Fäßchen mit Essig und Gewürze geschlagen, und weit und breit verführt. (*Geßner* und *Jabl.*)

Zeug,

(das,) Scham; Gemächte; **pudenda.** Schweiz. *Züg.*

Zeugen *zu ewigem Gedächtniß;*

testes ad perpetuam rei memoriam, seyn hochbetagte und kränkliche Zeugen, von denen man, weil sie bereits einen Fuß in der Grube haben, zuweilen vor der Zeit und vor der Befestigung eines Rechtskrieges geschworene Kundschaft aufzunemen besorgt ist, damit man sich über kurz oder lange darauf berufen könne. (*Gobl.* gerichtl. Proc. Bl. 115 b.)

Ziegenbarsch;

✕

sargus: ist ein Fisch in dem Meere, der eine sonderliche Lust zu den Ziegen hat, allso daß er auch vonferne ihre Gegenwart, wenn sie etwann an dem Ufer waiden, riechen und vernemen, ja gar zu ihnen an das Land schwimmen und heraußspringen soll. Gehen aber die Ziegen in das Wasser, wie sie denn bisweilen in grosser Hitze tun, und wollen sich ein wenig erfrischen, so schwimmen *die Ziegenbarsche* häufig zu ihnen, und lecken sie, und werden gar künstlich gefangen. Denn die Fischer brauchen dise List: Sie bekleiden sich mit Ziegenfellen, nemen ihr Fischzeug, und gehen ins Wasser, da denn dise Fische auch bey Scharen zu ihnen schwimmen, und sich allso fangen lassen. (*Kohl.* Hausb. T. I B. XII 99.) Andere nennen den **sargum** eine Meerbrasse.

Ziegenmelker oder *fliegende Kröte,*

✳

caprimulgus; Crapeau volant, ein gewisser Nachtvogel. (***Dict. d'Hist. natur.***)

Zimmerlaus,

✳

heißt bey den Zimmerleuten ein eingeflicktes Stück Holz, wenn sie zuweilen das Maß zu kurz genommen, und zu dessen Ergänzung *eine Zimmerlaus* einsetzen müssen. (*Jabl.*)

Zimmervogel,

✱ ✕

ein amerikanischer Vogel in der Grösse einer Lerche, mit einem so scharfen Schnabel, daß er die härtesten Palmbäume, welche man mit Eisen und Stahle kaum zwinget, in einem Tage durchbohren, und das Mark daraus saugen kan. Franz. ***Charpentier.***

Zinnoberpfebe;

✱ ✕

Bobora oder ***Uruma***, ist eine grosse, runde, zarte und dünnschälige Pfebe oder Melone in Brasilien. Auswendig ist sie zinnoberfärbig, mit weiß untermischt, inwendig aber safrangelb, und voller Körner. Sie ist gesund und von gutem Geschmacke, und wird von den Brasilianern mit Honig genossen. (*Jabl.*)

zinseln,

zeiseln, die Hare oder Fäser ausbreiten. Der Comet *zinselt* gegen dem teyl der welt, da jm [ihm] der dunst zuogeet der jn nert. (*Megenb.*) s. *zeisen.*

Zinzerelle,

(das,) Böhmerlein, Seidenschwanz, ein Vogel; **garrulus bohemicus [böhmischer Schwätzer (wörtl.) oder Häher]**. (*Geßn.* Vogelb. Bl. 14 a.)

zipfelsweise

Holz hauen und fällen, d.i. einzelner Dinge und nur hin und wider, nicht aber zu ganzen und ordentlichen Schlägen, da ein gegebener Platz im Forste dardurch geräumt und darauf wieder gehägt [(zur Schonung) umhegt] wird. (*Meurers* Forstw. S. 3 b.)

Zipfler,

Schmarotzer, der an allen Tischlachzipfeln hängt; **mensivagus, histrio vagusque circa mensas aliorum** [Tischwanderer, ein Prahler und Umschweifer fremder Tische]. **(Vocab. Aa, VIII 7.)**

Zipperlein *und Geld bleibt, wo man es warm hält;*

(Sprüchw.) Gespart und verwahrt, so gehts dir niemals hart.

Zirkelbrüder

oder *Junkernkompanie* in Lübeck; **Sodalitas S. Trinitatis apud Lubecenses** [Tischgesellschaft der Heiligen Dreifaltigkeit bei den Lübeckern]. (*J.L.Fr.* und *vermehrt. Besold.*)

Ziseunel,

(das,) eine Gattung säuerlicher Tütsche in Bayern. Kren vnd rote Ruben oder Meerrettich in ein fleischbrü oder gesotten Weinbeer und Preyselbeer (Beisselbeer, **berberis,**) geben einen guten eindunck zum Gebratenen. Senff zur grossen Wurst hat auch sein art. Ausgesotten Pirn und *ein Beyrisch Ziseunel* schmeckt auch wol. (*Mathes.* Hochzeiptr. 69 b.)

Zitterbrücke;

×

pons tremulus, heißt auf der hohen Strasse des Gottharts, die in Italien führet, bey Orienz (*Airol*) ein gefährlicher Ort, da es sich in dem Winter oft zuträgt, daß die Reisenden über den mit Schnee und Eise bedrückten Tesin kommen, etwann aber, wenn das Eis nicht wol hält, zu Grunde gehen. (*Scheuchz.* Naturhist. des Schweizerlandes.) *Zitterbrücke* nennet sie *Jovius* u. *Simmler* in der Beschr. der Alpen, nicht als ob sie eigentlich zitterte, sondern weil man nicht ohne Zittern und Beben darüber fährt und wandelt, so wol wegen des gräßlichen Anblickes des überhangenden Gebirges, als auch wegen der augenscheinlichen Lebensgefahr in dem Sommer, weil alsdann zuweilen Gruben einbrechen, da Menschen und Vieh, wenn schon von dem Wasser, welches daselbst nicht sonderlich tief ist, wenig zu befahren [befürchten] wäre, in dem Schnee und Eise begraben werden, oder wenigstens Arme und Beine brechen. Das Tal selbst, da sich dise gefährliche Brücke befindet, wird *das Zittertal*, **Vallis tremula**, genennet. (***Délic. de la Suisse.***)

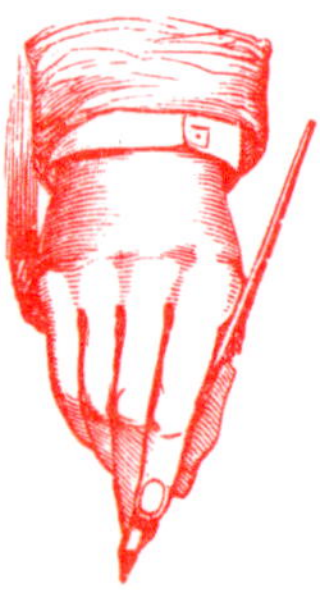

Zitti,

×

(Baslerw.) Hund. Nachlaufen, wie *ein Zitti*. It. der Magen. Jetzt gehet er, da er *den Zittti* gefüllt hat. Doch gilt dis Wort nur in der Pöbelsprache.

zölen,

mit Liebkosung locken; **blandimentis allicere**. Bellonius schreibt, daß er mit ruoffen Simon einen delphin auff dem Meer, so bey Narbona gelägen, so naher dem schiff *gezölet habe*, daß er gar nach mit der hand zuo tasten wäre gewesen. (*Geßn.* Fischb. Bl. 94 b.)

Zollrolle;

*

Tarif du Péage. An denen Orten, wo Zoll muß gegeben werden, ist eine vollkommene, nach dem Alfabete eingerichtete *Zollrolle*, nebst der Taxe aller und jeder zollbaren Waaren vor dem Zollhause unter dem Kammer- oder Amtssigel anzuschlagen, damit Alle und Jede so fort sehen können, wie hoh jeder Frachtwagen oder Karn [Karren], Pack oder andere Waare, ingleichem das durchgetriebene Vieh verzollet werden müsse. (*Grupe*, von den Amtsverwalt. Blts. 86.)

zorniger *Sommer*,

da es viele Hagel- und Donnerwetter gibt.

zornwehe,

zornsüchtig, hitzig. Ein hunt hat die natur, das er *zornwehe* vnd ein entbrant thier ist. – Mein hündlin ist zuo gehe [übereilt], zuo schnell vnd *zorn-*

wehe, vnd laufft vor mir anhin vnd billet eh ichs geheiß. Was tuot das [woher kommt das]? Das hündlin ist zuo hitzig in dem houpt. – Erzieh dinen hunt, d.i. dinen ernst, von iugend vff vnd gewene [auf und gewöhne] jn recht, das du nit zuo gehe vnd *zornwehe* vnd schnabelschnell bist. (*Geil.* Pilg. Bl. 142 b, 145 b und 146 a.)

Zug,

✱ *Folterzug*, wenn z.E. ein Dieb den andern, als seinen Gesellen, angibt, und sich erbietet, weil er Einiges davon nicht beweisen könne, er wolle *Zug um Zug*, d.i. einen Zug an der Folter um den andern leiden: da noch streitig ist, ob man dergleichen Folterwechsel zulassen könne. (*Besolds* **Thes. pract.**)

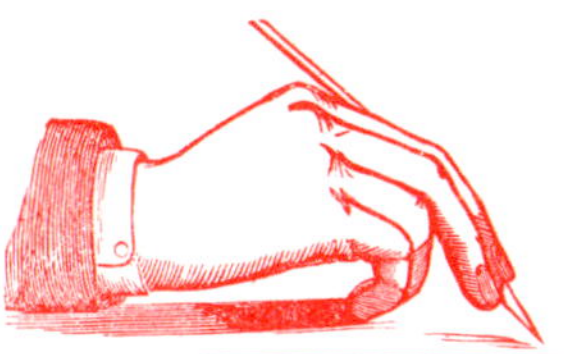

Zugemälde,

✱ ×

Begleitung eines Bildnisses. *Das Zugemälde* dises Heiligen war die Leiter Jakobs. In *dem Zugemälde* Helvetiens sah man den Merkur und die Musen auftreten, da hingegen Mars und Asträa in dem Verschusse abzutreten schien.

zugewintert,

✱

mit Schnee und Eise verschlossen; **nivibus glacieque occlusus**. (*Opitz.*)

zugewirbelt,

✱

oben rund und unten spitz; **turbinatus**. (*Mahl.*)

zugraben
Einem sein Haus:

Solches geschah vorzeiten in dem Hildesheimischen, wenn ein bänniger Mann in dem Banne verharrte; *Man grub seine Wohnung zu*, wirkte dem Graben einen Friden [Umfriedung] mit Vorsteckung des Fronkreuzes, und, wenn er sein Vieh darüber aus dem Hause trieb, oder selbst darüber gieng, um Gemeinschaft zu suchen, so ward er verfolget und verfestet. (Urk. Bisch. Hennings von Hildesh. von 1479 in *Strub.* **Obs. de potest. Iudicc. eccl. in causs. civil. p. 238.**)

zugreppisch,

vergraben, verdeckt; **absconditus**. Die warheit ist aller welt verborgen vnd *zugreppisch*, das sy die weder verstehn, singen oder sagen kan. (*Seb. Frank.*) s. *Grebbe.*

Zügler,

der mit seinem Hauswesen aus einem Orte in den andern zeucht. It. der die Sucht hat, seinen Wohnsitz immer zu verändern.

Zünsler,

×

(Glarnerw.) der Einem mit der Fackel oder Laterne leuchtet. (*J.T. Tschudi.*)

Zürich,

✕

Sauerampfer, Sauerkohl; **acetosa.** (*Ernsting.*)

Zürichgau,

Comitatus Turrichgow, wie es in den einsidelischen Briefen von den Keisern Otto I und II genennet wird, erstreckte sich gegen Morgen [Osten] an das Sarganserland und Turgau, gegen Mittag [Süden] an den Gotthart, gegen Abend [Westen] an den Luzernersee und an die Rüß, und gegen Mitternacht [nun ratet] bis an den Rein. (**Lib. Einsid. Ann. ad. Docum. VII.**)

die Zunge *Einem schaben,*

sagt man von Jemand, dem keine Speise, kein Mägdchen, keine Arbeit gut genug ist. Dise Redensart ist insonderheit bey den Schweizern üblich, welche sie von den Kühen hernemen, die von den Würmern auf der Zunge so sehr geplagt werden, daß ihnen kein Futer noch Getränke schmecket, es sey denn, daß man ihnen den Unrat mit einem eichernen Span herunterschaben lasse.

Zungenkehldeckelmäuslein;

✱✕

musculus glossoëpiglottideus.

Zungenlehre,

✱✕

Abhandlung von der Zunge; **glossologia.**

Zungenschraper,

✱✕

der Jemands Geheimniß listiglich ausholet; **callidus percontator s. indagator** [verschlagener Ausforscher oder Erforscher]. *Einem die Zunge schrapen*, Einem, wie die Franzosen zu sagen pflegen, das Würmchen auf der Nase spinnen; ***tirer le vers du nez à quelcun.*** (*Kilian.*)

Zungenstrecker,

✱✕

ein gewisser Vogel, der die Zunge immer herausstrecket; **glotta.** Holl. **Glutte.** (*Holl. Plin.*)

zu Rück verklagen,

hinterrücks verklagen, da der Sacher [Angeklagte] nicht zugegen ist. (*Amor.*)

zusammenrennen,

zusammenschmelzen. So ein Kirch hette vberflüssige (**conflata** [zusammengeschmolzene]) Geschirr, da sie schuldig ist, – mögen dieselben *zuosamengerennet* einem yetlichen [jedlichen] zuo kauffen geben werden. (***Pegii*** Großb. Bl. 33 b.) s. *Zelt.*

Zuschge,

✕

(die,) Schiffer- oder Waarenlager. s. *Gräte*, und *Zust.*

Zusprung,

✱

gemahnte und ungemahnte eilige Hülfe. Im J. 1622 erklärten sich auf der Tagsatzung zu Baden alle und jede Orte der Aufhebung etwas gefaßten Mißtrauens besonderbar, mit Versprechung in allem Notfall erforderlicher unverweilter Hülfe und getreues *Zusprungs*. (*Stettl.* II S. 537 a.)

s. *Beysprung*.

zustreichen *einem Dinge*,

*

eine Aehnlichkeit oder Gemeinschaft mit etwas haben; **affine v. simile esse, speciem referre**. Der Marder schmeyßt ein kaat, das etwas dem Bisem am geschmack *zuostreycht*. (*Geßn.* Tierb. I Bl. 31 a.)

Zutrittsfrauen,

*

nennet man in Wien vorneme Frauen, welche unangemeldet zu der Herrschaft gehen dörfen.

zutüteln,

schmeicheln; **abblandiri**. Keiser Constantius ließ jm gerne *zutüteln*. (*Turnm.* Bl. 230 a.)

Zutütler,

Ohrenmelker; **susurro**.

Zuzug *und* Heimzug *bey Sonnenschein*,

war vorzeiten in der Eidsgenossenschaft üblich, da die Herrschaften ihren Untertanen mit dem Bedinge, daß sie bey Sonnenscheine wieder zu Hause seyn sollten, benachbarten Ständen zuzuziehen und Hülfe zu leisten erlaubten. (**Lib. Einsid.** Blts. 189.)

Zwangbrief,

*

ist ein solcher, wodurch der Oberrichter den untern zwinget, die zu Erörterung einer Rechtssache nötigen und hinter Demselbigen ligenden Schriften herauszugeben, und ihm zuzuschicken; **literae compulsoriales**. (*Gobl.*)

Zwangnagel,

* ×

Nagelzwang, da sich die Haut um die Nägel schälet und zäsert [ausfasert]; **reduvia**. (***Iun.*** **Nomencl.**)

Ob Zween *schon Eines tun, so ists doch zweyerley*;

(Sprüchw.) **Duo cum fecerint idem, non est idem** [Sollten zwei auch dasselbe tun, ists doch nicht dasselbe.]. Andere sagen darfür: Wenn Zween oft Gleiches tun, so ist es doch nicht gleich.

Zween Frauentage,

zwischen welchen man nach einer alten Regel gewisse Dinge zur Arzney sammeln soll, werden unterschiedlich genommen. Einige verstehen dardurch die Zeit zwischen dem 2 Heumonats oder Marien Heimsuchung und dem 8 Herbstmonats oder Marien Geburt; Andere hingegen die Zeit zwischen dem 14 Augstmonats oder Marien Himmelfahrt und Marien Geburt. Die Jäger halten die letste Meynung, und sammeln zwischen Marien Himmelfahrt und Geburt das Hirschhorn. (*Kohl.* Hausb.)

Zweifelstrick,

✳

nennen die Schreibmeister einen zierlich geflochtenen Kunstzug, womit sie zuweilen eine Schrift beschliessen. Figürl. ein verworrenes Wesen.
Waruf die welt jr hoffnung buwt,
das weret kum ein augenblick.
Es heißt billig *ein Zwyfelstrick.*
(*Reuchlins* Komöd.)

Zwergköpfe,

×

nennet das abergläubische Volk in den nördlichen Ländern die Aschenkrüge, **urnas cinerarias**, welche in den Grabhügeln gefunden werden: in der Meynung, daß die unterirdischen Männchen oder Zwerge sich solcher Gefässe bedienen. (*Arnk.* Kimbr. Heident. T. III Blts. 289.) s. *Todtenköpfe.*

Zwetzen,

nennen die Bauern zu Augst bey Basel die alten Münzen, welche sie daherum aus der Erde graben.

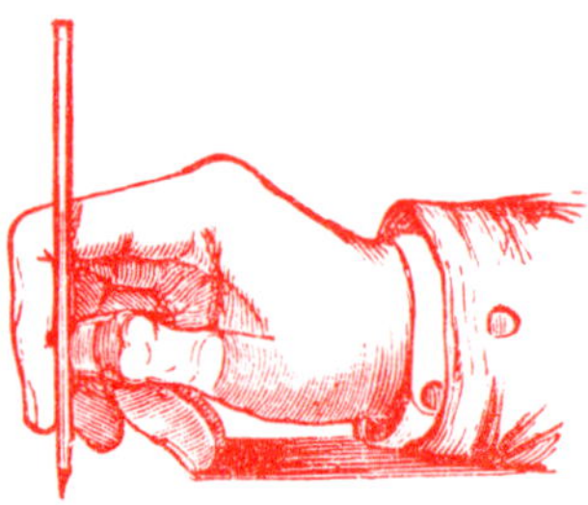

zweyhäubtig;

✳

biceps. Das rych ist *zwihöuptig,* hat Zween widerwertige Keiser.

zweyschattichte *Völker;*

✳

amphiscii, werden diejenigen Völker genennet, welche zwischen den Zwein Wendzirkeln [Tropen] wohnen, und aus diser Ursache den Schatten im Mittage zu einer Zeit des Jahres gegen Mittage, zu einer andern aber gegen Mitternacht werfen.

zweyschürige *Schafe,*

✳

denen man in dem Jahre die Wolle zweymal abnimmt, als um Walpurgis und um Michels Tag. Man pflegt aber von *den einschürigen* mehr zu halten, als von *den zweyschürigen*; daher in der Mark Brandenburg aus kurfürstl. Befehle Bürger, Bauern und Edelleute alle *zweyschürige Schafe* wegtun, und *einschürige* zulegen mußten. (Kohl. Hausb. T. I B. XII. 3.) s. *einschürig.*

zweysprächig,

✳

der Zwo Sprachen redt; **duarum linguarum peritus.** It. doppelzüngig, **bilinguis,** der kalt und warm aus Einem Munde bläst. AS. *twyspräke.*

Zwibelfische,

✳

nennen die Buchdrucker und Setzer die entfallenen Buchstaben, die aus dem Kehricht zusammengesucht werden.

Zwibeln *hintragen und Knoblauch wiederbringen,*

✱

(Sprüchw.) wird von Reisenden und Romfahrern gesagt, die auf der Reise nicht besser werden. (*Waldis* B. IV Fab. XXVIII.)

Zwickelbart,

✱

Knebelbart; **mystax.** Der Pöbel spricht darfür *Zwilchenbart.*

zwispeln,

verdoppeln, zweyfältigen; **duplicare.** Bey *Ottokar* Blts. 410 b läßt sich ein sarazenischer Unterkönig gegen einem neuen Sultan allso vernemen:

Deinem vater fuert ich ee
gegen den chaiser Fridreich
zwainzig tawsent held lobleich.
Daz wil ich *zwispeln* nu.
Der waruch (Oberpriester) vnd du
von mir sullen gewiß han
vierczikch tawsent man.

Zwitterzahl;

✱ ×

numerus hermaphroditus, wird die Zahl 5 genennet, weil sie aus 2 dem Weibchen, und 3 dem Männchen, zusammengesetzet ist. Man nennet sie deßwegen auch *die Haubtzahl*, **numerum principem**; deßgleichen *die Zirkelzahl,* weil sie in der Vervielfältigung wie im Zirkel gehet, und sich allemal mit Fünf endiget. Denn 5 mit sich selbsten vervielfältiget mach 25 und dis wiederum mit 5 vervielfältiget macht 125 u.s.f. (***Bailey.***)

Signaturen der verwendeten Bestände der Basler Universitätsbibliothek

UBH NL 71: IX: 1–20 (Allgemeines deutsches Glossarium: Montierte Zettel)

UBH NL 71: IX: 1 (Zettel Aa-Am)
UBH NL 71: IX: 2 (Zettel An-Az)
UBH NL 71: IX: 3 (Zettel Ba-Be)
UBH NL 71: IX: 4 (Zettel Bi-By)
UBH NL 71: IX: 5 (Zettel C)
UBH NL 71: IX: 6 (Zettel D)
UBH NL 71: IX: 7 (Zettel E)
UBH NL 71: IX: 8 (Zettel Fa-Fo)
UBH NL 71: IX: 9 (Zettel Fr-Fy)
UBH NL 71: IX: 10 (Zettel Ga-Gen)
UBH NL 71: IX: 11 (Zettel Gen-Gem)
UBH NL 71: IX: 12 (Zettel Gn-Gy)
UBH NL 71: IX: 13 (Zettel H-Haz)
UBH NL 71: IX: 14 (Zettel He-Hez)
UBH NL 71: IX: 15 (Zettel Ma-Me)
UBH NL 71: IX: 16 (Zettel Mi-My)
UBH NL 71: IX: 17 (Zettel P-Q)
UBH NL 71: IX: 18 (Zettel Wa-We)
UBH NL 71: IX: 19 (Zettel Wi-Wy)
UBH NL 71: IX: 20 (Zettel Y-Z)

UBH NL 71: X: 1-23 und 33 (Allgemeines deutsches Glossarium: Lose Zettel)

UBH NL 71: X: 1 (Zettel Hi-Hyz)
UBH NL 71: X: 2 (Zettel I)
UBH NL 71: X: 3 (Zettel Ka-Kiz)
UBH NL 71: X: 4 (Zettel Kla-Kyz)
UBH NL 71: X: 5 (Zettel La-Ley)
UBH NL 71: X: 6 (Zettel Lib-Ly)
UBH NL 71: X: 7 (Zettel N)
UBH NL 71: X: 8 (Zettel O)
UBH NL 71: X: 9 (Zettel Ra-Riz)
UBH NL 71: X: 10 (Zettel Ro-Ry)
UBH NL 71: X: 11 (Zettel Sa-Schly)
UBH NL 71: X: 12 (Zettel Schma-Sez)
UBH NL 71: X: 13 (Zettel Sib-Spy)
UBH NL 71: X: 14 (Zettel Sq-Syz)
UBH NL 71: X: 15 (Zettel Ta-Toz)
UBH NL 71: X: 16 (Zettel Tra-Tz)
UBH NL 71: X: 17 (Zettel Ua-Umz)
UBH NL 71: X: 18 (Zettel Un-Unry)
UBH NL 71: X: 19 (Zettel Uns-Uz)
UBH NL 71: X: 20 (Zettel Vaa-Verly)
UBH NL 71: X: 21 (Zettel Vermac-Viz)
UBH NL 71: X: 22 (Zettel Vl-Vy)
UBH NL 71: X: 23 (Zettel H (Übergröße))
UBH NL 71: X: 33 (Zettel V (Übergröße))

UBH NL 71: XI: 12 (Allgemeines deutsches Glossarium: Supplement, montierte Zettel)

UBH NL 71: XI: 12 (Buchstabe Z)

UBH NL 71: XII: 1–3, 8, 13 (Allgemeines deutsches Glossarium: Supplement, lose Zettel)

UBH NL 71: XII: 1 (Buchstabe H (hi-hy))
UBH NL 71: XII: 2 (Buchstabe I)
UBH NL 71: XII: 3 (Buchstabe K)
UBH NL 71: XII: 8 (Buchstabe S)
UBH NL 71: XII: 13 (Diverse Zettel (groß))

UBH NL 71: IV: 12 (Quellenverzeichnis)

Verzeichnis der wichtigsten von Spreng auf Zetteln verzeichneten Quellen

Altmann, Johann Georg et al.: L'état et les délices de la Suisse, en forme de relation critique, par plusieurs auteurs célèbres. 4 Bdd. Amsterdam: Wetsteins und Smith 1730.

Anderson, Johann: Herrn Johann Anderson, I.V.D. und weiland ersten Bürgermeisters der freyen kayserl. Reichsstadt Hamburg, Nachrichten von Island, Grönland, und der Strasse Davis. Frankfurt und Leipzig: 1747.

Anicius Manlius Severinus Boethius: Von dem trost der weißheit. Übersetzt von Peter von Kastl [?]. Straßburg: Schott 1500.

Apherdianus, Petrus: Tyrocinium latinae linguae. Köln: Gymnicus 1575.

Aristoteles: Ain Büchlin, das durch die natürlichen Mayster Arestotelem, Avicennam, Galienum, Albertum unn andern natürlichen Maystern von mancherley seltzamen wunderlichen Fragen beschriben unn der menschlichen Natur gar nutzlich zewissen ist, unnd hayßt Propleumata Arestoteles. Ulm: Johann Zainer d. J. 1499.

Bailey, Nathan: An Universal Etymological English Dictionary. London: Gedruckt für E. Bell et al. 1721.

Bauss, Johann Georg: Institutiones Juris Metallici Germanici. Leipzig: Schönermarck 1740.

Beatus Rhenanus et al.: Rerum germanicarum libri III. Straßburg: Pauli und Simon 1670.

Besold, Christoph et. al.: Christophori Besoldi thesaurus practicus. Stadt am Hof bei Regensburg: Gastl 1740.

Biering, Johann Alberti: Johann Alberti Bieringens Historische Beschreibung des sehr alten und löblichen Mannssfeldischen Berg-Wercks. Eisleben: August Martini 1734.

Bischofberger, Bartholomäus: Appenzeller Chronic, das ist, Beschreibung dess löblichen Lands und eidgenössischen Orts Appenzell, der Inneren und Usseren Roden. St. Gallen: Jacob Redinger 1682.

Bodmer, Johann Jakob (Hg.): Chriemhilden Rache und Die Klage. Zwey Heldengedichte aus dem schwaebischen Zeitpuncte. Zürich: Orell und Co. 1757.

Bodmer, Johann Jakob (Hg.): Der Richtebriev der Burger von Zürich. Zürich: Orell und Co. 1735.

Bodmer, Johann Jakob; Breitinger, Johann Jakob (Hgg.): Proben der alten schwäbischen Poesie des dreyzehnten Jahrhunderts. Heidegger und Co. 1748.

Bodmer, Johann Jakob; Breitinger, Johann Jakob; Füssli, Johann Rudolf (Hgg.): Fabeln aus den Zeiten der Minnesinger. Zürich: Orell 1757.

Böse, Christian: Generale Haushalts-Principia Von Berg- Hütten- Saltz- und Forstwesen, inspecie vom Hartz. Leipzig/Frankfurt: 1753.

Boxhorn, Marcus Zuerius: Origines Gallicae. In quo veteris et nobilissimae Gallorum gentis origines, antiquitates, mores, lingua et alia eruuntur et illustrantur. Amsterdam: Jansson 1654.

Brant, Sebastian: Der Richterlich Clagspiegel. Straßburg: Joh. Albrecht & Wortzel Rihel 1538.

Brockes, Barthold Heinrich: Irdisches Vergnügen in Gott, bestehend in Physicalisch- und Moralischen Gedichten. Zürich: Johann Heinrich Bürckli 1740–1757.

Brunschwig, Hieronymus: Dis ist das Buch der Cirurgia. Straßburg: Grüninger 1497.

Brusch, Kaspar: Chronologia monasteriorum Germaniae praecipuorum. Ingolstadt: Gebrüder Vueyssenhorn 1551.

Carpzov der Jüngere, Benedikt [Ludovicus de Montesperato]: Jurisprudentia forensis Romano-Saxonica. Leipzig: Timotheus Ritzschius 1663.

Crucigerius, M. Georgius: Harmonia linguarum quatuor cardinalium. Frankfurt: Godefridus Tampachius 1616.

Cysat, Johann Leopold: Beschreibung dess berühmbten Lucerner- oder 4. Waldstaetten Sees und dessen fürtrefflichen Qualiteten und sonderbaaren Eygenschafften. Luzern: David Hautten 1661.

Damhouder, Joos de; Vetter, Johannes: Practica, Gerichtlicher Handlunge in Burgerlichen Sachen: auß den gemeinen beschriebenen Rechten... mit sonderm fleiß zusamen getragen. Frankfurt/M: Basse 1591.

Dasypodius, Petrus: Dictionarium Latinogermanicum. Straßburg: Wendelin Rihel d. Ä. 1548.

Denzler, Johann Jacob: Clavis linguae latinae. Basel: König 1666.

Der elende Knabe: Das dis büchlin werde beka[nn]t. Amor die lieb ist es gena[nn]t. Straßburg: Mathis Hüpffuff 1499.

du Fresne, sieur du Cange, Charles et. al. [Mönche des Benediktinerstifts Saint-Maur]: Glossarium ad scriptores mediae et infimae latinitatis. Paris: Carolus Osmont 1733–1736, erweiterte Auflage.

Dürer, Albrecht: Hierinn sind begriffen Vier Bücher Von menschlicher Proportion. Arnheim: Formschnyder 1604.

Dürer, Albrecht: Etliche underricht zu befestigung der Stett, Schloß und Flecken. Arnheim: Janssenn 1603.

Eckstein, Utz: Reichstag: oder Versammlung der Bawren, gehalten zu Fridberg im Rychthal, darinnen die gemeine Klag der jetzigen Welt gehört und erörteret wirdt. Basel: Sebastian Henricpetri 1592.

Emmelius, Helfricus: Sylva quinque linguis vocabulorum et phrasium, Germanicae, Latinae, Graecae, Hebraicae & Gallicae linguae. Straßburg: Dietzel & Haered. ab Heyden 1630.

Ertel, Anton Wilhelm: Neue u[nd] allerdings umb die Helffte vermehrte Praxis aurea. Augsburg: Walder 1715.

Etterlin, Petermann: Kronica von der loblichen Eydtgnoschaft jr harkommen und sust seltzam strittenn und geschichten. Basel: Michael Furtter 1507.

Faber, Basilius Soranus: Thesaurus eruditionis scholasticae. Leipzig: Hans Rambau d. Ä. und Ernst Vögelin 1571.

Fäsch, Johann Rudolph: Kriegs- Ingenieur- Artillerie- und See-Lexicon. Leipzig: Friedrich Hekel 1735, zweite erweiterte Auflage.

Fäsi, Johann Konrad: Genaue und vollständige Staats- und Erd-Beschreibung der ganzen helvetischen Eidgenossschaft. 4 Bdd. Zürich: Orell, Gessner und Co. 1765–1768.
Feyerabend, Sigmund (Hg.): Heldenbuch, darinn viel seltsame Geschichten und kurzweilige Historien, von den grossen Helden und Rysen, wie sie so Ritterlichen umb eines Königs Tochter gestritten haben, und wies inen zu Wormbs im grossen und kleinen Rosengarten ergangen ist. Frankfurt/M: Feyrabendt 1590.
Fickler, Johann Baptist: Olaj Magni Historien der mittnachtigen Länder. Basel: Heinrich Petri 1567.
Fischart, Johann: Affentheurliche, Naupengeheurliche Geschichtklitterung: Von Thaten und Rahten der vor kurzen, langen und jeweilen Vollenwolbeschreyten Helden und Herrn: Grandgoschier, Gorgellantua unnd deß Eyteldürstlichen, Durchdurstleuchtigen Fürsten Pantagruel von Durstwelten... Etwan von M. Frantz Rabelais Frantzösisch entworffen. Gedruckt zur Grenflug im Gänssereich: 1631.
Fleming, Hans Friedrich von: Der Vollkommene Teutsche Jäger. 2 Bdd. Leipzig: Martini 1719.
Fleming, Paul: Geist- und Weltliche Poëmata. Hg. von Adam Olearius. Jena: Martin Müller 1666.
Franck, Sebastian: Paradoxa ducenta octoginta, das ist, CC.LXXX. Wunderred und gleichsam Rhäterschafft auss der H. Schrifft so vor allem Flaisch ungläublich und unwar sind, doch wider der gantzen Welt Wahn und Achtung gewiss und war. Ulm: Varnier 1534.
Franck, Sebastian: Sprüchwoerter Gemeiner Tütscher nation, erstlich durch Sebastian Francken gesammlet, nüwlich aber in kommliche ordnung gestellt und gebessert. Zürich: Eustachin Froschouer 1545.
Franck, Sebastian; Ghönnerius, Calonius: Chronick: Geschichte und Zeitbuch aller Nammhafftigsten und Gedechtnusswierdigsten Geystlichen und Weltlichen Sachen oder Handlungen von anbegin der Welt nach erschaffung des ersten Menschen, biss auff das gegenwertige jar Christi M.D.LXXXV. verlengt. Basel: Sebastian Henricpetri 1585.
Frisch, Johann Leonhard: Teutsch-Lateinisches Wörterbuch. 2 Bdd. Berlin: Nicolai 1741.
Frischlin, Nicodemus: Nomenclator trilinguis. Frankfurt/M: Kempffer 1612.
Frisius, Johannes; Cholinus, Petrus: Dictionarium latinogermanicum. Zürich: Froschoverus 1541.
Frisius, Johannes: Dictionarium latinogermanicum: huius vero praecipuus est usus ad Latini sermonis foelicitatem, & cum Germanico idiomate consensionem demonstrandam. Zürich: Froschauer 1556.
Fuchsberger, Ortolf: Justinianischer Instituten warhaffte dolmetschung. Ingolstadt: Weyßenhorn 1541.
Gessner, Conrad: Fischbuoch: das ist ein kurtze, doch vollkommne Beschreybung aller Fischen so in dem Meer und süssen Wasseren... yetz neüwlich aber durch D. Cuonrat Forer

zuo grösserem Nutz allen Liebhaberen der Künsten in das Teütsch gebracht. Zürich: Christoph Froschauer 1563.

Gessner, Conrad: Thierbuoch: das ist ein kurtze Bschreybung aller vierfüssigen Thieren, so auff der Erden und in Wassern wonend... yetzunder aber durch D. Cuonrat Forer zuo mererem Nutz aller mengklichem in das Teütsch gebracht und in ein kurtze komliche Ordnung gezogen. Zürich: Christoph Froschauer 1563.

Gessner, Conrad: Vogelbuoch. Darinn die Art, Natur und Eigenschafft aller Vöglen, sampt jrer waren Contrafactur angezeigt wirt... neüwlich aber durch Ruodolff Heüsslin mit Fleyss in das Teütsch gebracht und in ein kurtze Ordnung gestelt. Zürich: Christoph Froschauer: 1557.

Gobler, Justin: Der Rechten Spiegel: Auß Natürlichem, den Beschribnen, Gaistlichen, Weltlichen, vnd andern gebreuchlichen Rechten. Frankfurt/M: Christian Egenolff 1550.

Gross, Johann: Kurtze Bassler Chronick, oder, Summarischer Begrieff aller denckwürdigen Sachen und Händeln, so sich von vierzehenhundert Jahren biss auff das MDCXXIV Jahr... zugetragen. Basel: Johann Jacob Genath 1624.

Halma, François: Woordenboek der Nederduitsche en Fransche Taalen. Amsterdam: Wetsteins und Smith 1729.

Haltaus, Christian Gottlob: Christiano Gottlob Haltausii, Lips. Calendarium Medii Aevi Praecipue Germanicum. Leipzig: Schuster 1729.

Haltaus, Christian Gottlob: Glossarium medii aevi. Leipzig Gleditsch 1752.

Hautt, Anna Felizitas; Hautt, Innocenz Dietrich: Municipale Oder Statt-Recht Der Löblichen Statt Lucern. Luzern: bei Anna Felicitas Hauttin durch Innocentium Theodoricum Hautt 1706.

Heineccius, Johann Gottlieb: Corpus iuris Germanici antiqui. Halle/Magdeburg: Orphanotropheum 1738.

Henisch, Georg: Teutsche Sprach und Weißheit. Thesaurus linguae et sapientiae germanicae. Augsburg: David Frank 1616.

Henzelmann, Johannes; Holzwart, Matthäus: Loci communes; Predigtsammlung, Saul (Schuldrama); Dokumente zur Schule und zur Kirche der Stadt St. Gallen. 1550/1599 (Handschrift). [Signatur: Kantonsbibliothek Vadiana St. Gallen: VadSlg Ms 76].

Hermann, Johann Hieronymus: Allgemeines Teutsch-Juristisches Lexicon. Jena u.a.: 1739.

Heyl, Samuel: Novum Lexicon Sveco-Germanico-Latinum... Oder Neues Schwedisch-Teutsch Und Lateinisch Wörter-Buch. Hamburg: Heyl 1716.

Hickes, George et al.: Linguarum vett. septentrionalium thesaurus grammatico-criticus et archæologicus. Oxford: Sheldon 1705.

Hugen, Alexander: Rhetorica und Formulare, Teütsch. Tübingen: Ulrich Morhart 1548.

Hulsius, Levinus: Dictionnaire François-Allemand et Allemand-François. Frankfurt: Par Matthias Becker, Aux dépens de la Vefve de L. Hulsius 1607.

Iunius, Hadrianus [Adriaen de Jonghe]: Nomenclator, omnium rerum propria nomina variis linguis explicata continens. Antwerpen: 1577.

Jablonsky, Johann Theodor: Allgemeines Lexicon der Künste und Wissenschaften. Königsberg und Leipzig: Hartung 1748.

Keller, Diethelm: Kunstliche und aigendtliche Bildtnussen der rhömischen Keyseren, jhrer Weybern und Kindern, auch anderer verrümpten Personen, wie die auff alten Pfennigen erfunden sind, sampt einer kurtzen Beschreybung jhrens Härkommens. Zürich: Andrea Gessner 1558.

Kiliaan, Cornelis: Kilianus auctus, seu Dictionarium Teutonico-Latino-Gallicum. Amsterdam: Janson 1642.

Knoblochtzer, Heinrich: Formulare und deutsch Rhetorica. Straßburg: Heinrich Knoblochtzer 1483.

Köhler, Johann: Oeconomia Ruralis et Domestica. Frankfurt/M: Schönwetter 1672.

König, Emanuel: Georgica helvetica curiosa. Das ist: Neu curioses eydgnossisch-schweitzerisches Hausz-Buch. Basel: König 1706.

Krantz, Albert; Eppendorf, Heinrich: Norwägische Chronick Alberti Krantzii aus Hamburg. Straßburg: Schotten 1545.

Krantz, Albert: Des Fuertrefflichen Hochgelahrten Herrn Alberti Krantz Wandalia oder Beschreibung wendischer Geschicht. In Hochteutsch transferiret und ubersetzet durch M. Stephanum Macropum vom Andreaßberge. Lübeck: Albrecht 1601.

Krüger, Johann Gerhard: Die beglückte und geschmückte Stadt Lübeck: D.i. Kurtze Beschreibung der Stadt Lübeck. Lübeck: Johann Gerhard Krüger 1697 [im Anhang Morgenwegs Geschichte].

Kundmann, Johann Christian: Rariora naturae et artis item in re medica, oder Seltenheiten der Natur und Kunst des Kundmannischen Naturalien-Cabinets. Breslau/Leipzig: 1737.

le Preux, Jean: Der Statt Bern christliche Satzungen, die sy wider allerhand wucherische, vortheillige, eygennützige Verkomnussen unnd Finnantzen, so mit grossem Landtschaden die Zytt dahero eyngefürt worden, gemacht und publicieren lassen. Bern: Johann le Preux 1615.

Lehmann, Christoph: Chronica Der Freyen Reichs-Statt Speyer. Frankfurt/M: Rosa 1662.

Leibniz, Gottfried Wilhelm von: Illvstris Viri Godofr. Gvilielmi Leibnitii Collectanea Etymologica. Hannover: Foersterus 1717.

Lesser, Friedrich Christian: Friedrich Christian Lessers... Lithotheologie, das ist, Natürliche Historie und geistliche Betrachtung derer Steine. Hamburg: Christian Brandt 1735.

Limnaeus, Johannes: Ius publicum imperii romano-germanici. 3 Bdd. Straßburg: Spoor 1631.

Linné, Carl von: Systema naturae. Lepizig: Kiesewetter 1748.

Ludwig, Christian: Teutsch-Englisches Lexicon: worinnen nicht allein die Wörter, samt den Nenn- Bey- und Sprich-Wörtern, sondern auch so wol die eigentliche als verblümte Redensarten verzeichnet sind. Leipzig: bei Thomas Fritschen 1716.

Lycosthenes, Conrad: Wunderwerck Oder Gottes unergründtliches vorbilden, das er inn seinen geschöpffen allen, so Geystlichen, so leyblichen, in

Fewr, Lufft, Wasser, Erden ... erscheynen, hören, brieven lassen. Übersetzt von Johann Herold. Basel: Henricpetri 1557.

Maalers, Josua: Die teütsch Spraach: alle Wörter, Namen und Arten zuo reden in hochteütscher Spraach, dem ABC nach ordenlich gestellt unnd mit guotem Latein gantz fleissig unnd eigentlich vertolmetscht. Zürich: Christophorus Froschouerus 1561.

Mathesius, Johannes: Bergpostilla, Oder Sarepta: Darinn von allerley Bergkwerck vnd Metallen, was jr eigenschaft vnd natur, vnd wie sie zu nutz... gemacht, guter bericht gegeben wird... Jetzund mit fleiß widerumb durchsehen, corrigiert vnd gemehret mit einem newen Register vnd kurtzen Summarien... Sampt der Jochimsthalischen kurtzen Chroniken, biß auff das 1578. Jahr. Nürnberg: Katharina Gerlach 1578.

Mathesius, Johannes: Hochzeitpredigten, vom Ehestand und Haußwesen. Nürnberg: Gerlachin-Berg 1579.

Meteren, Emmanuel van: Meteranus Novus, Das ist Warhafftige Beschreibung Deß Niederländischen Krieges: So wol was sich Denckwürtiges in dem gantzen Römischen Reich, auch in Franckreich, Hispanien, Engelland... zugetragen. Übersetzt von Hendrik Cannegieter. Amsterdam: Jansson 1640.

Meurer, Noe: Jag und Forstrecht. Frankfurt/M: Sigmund Feyerabend 1576.

Meurer, Noe: Wasser Recht vnnd Gerechtigkait fürnemlich des Weitberümbten vnd Goltreichen Rheinstrams. Frankfurt/M: Feyerabend 1570.

Miller, Philip: Das englische Gartenbuch, Oder Philipp Millers... Gärtner-Lexicon. Übersetzt von Georg Leonhart Huth. Nürnberg: 1750–1758.

Muralt, Johannes: Kinder- und Hebammen-Büchlein. Basel: Emanuel und Johann Georg Königen 1697.

Museum des Remigius Faesch: Schwabenspiegel. 1350/1399 (Handschrift). [Signatur: Universitätsbibliothek Basel: O II 18].

Myricaeus, Johann Kaspar; Anonymus: Berchtoldus redivivus, das ist, Ein schöne, lustige und sehr-anmütige neue Comödien, von Erbauung der loblichen Statt Bern. Bern: Jakob Studer 1630.

Oberländer, Samuel: Lexicon Iuridicum Romano Teutonicum. Nürnberg: 1736.

Otto von Passau: Die vierundzwanzig Alten, oder, der goldene Thron. Augsburg: Anton Sorg 1483.

Perneder, Andreas: Der Lehenrecht kurtze vnd aygentliche Verteütschung Ingolstadt: Weißenhorn 1551.

Perneder, Andreas: Gerichtlicher Process, in wöllichem die gemainen Weltlichen vnnd Gaistlichen recht, auff alle vnnd yede Articul... schlecht allegirt... vnd verdolmetschet seind. Ingolstadt: Weißenhorn 1551 [darin auch die Halsgerichtsordnung].

Perneder, Andreas: Summa Rolandina. Das ist ain kurtzer Bericht von allerhand Contracten u. Testamenten. Ingolstadt: Weißenhorn 1551.

Pez, Hieronymus: Scriptores Rerum Austriacarum Veteres Ac Genuini. Leipzig: 1745.

Publius Vergilius Maro; Murner, Thomas: Vergilii Maronis dreyzehen B[ü]cher von dem tewren Helden Enea. Frankfurt/M: David Zöpfel 1562.

Rappenstein, Andreas: Dialogus: ein tütsch Gespräch vom Ampt und Dienst der Kilchen. Bern: Mathia Apiario 1547.

Richey, Michael: Idioticon Hambvrgense: Sive Glossarium Vocum Saxonicarum. Hamburg: König 1743.

Ritter, Albrecht: Relatio historica de itinere in Hercyniae montem Famosissimum Bructerum. Helmstadt: 1740.

Roschmann, Anton: Kurtze Beschreibung Der Fürstlichen Graffschafft Tyrol. Innsbruck: Holtzer 1740.

Rostrenen, Grégoire de: Dictionnaire français-celtique ou français-breton. Rennes: Julien Vatar 1732.

Sachs, Philipp Jacob: Ampelographia sive vitis viniferae eiusque partium consideratio physico-philologico-medico-chymica. Lepizig: 1661.

Salat, Johannes: Eyn nutzlichs biechlin in warnungs wyss, an die XIII Ort. Luzern: 1537.

Saxo Grammaticus; Stephanius, Stephanus Johannes: Saxonis Grammatici Historiae danicae libri XVI. Sora: J. Moltkenius 1644.

Scheuchzer, Johann Jacob: Helvetiae Historia Naturalis Oder Natur-Historie Des Schweitzerlandes. Drei Teile. Zürich: Bodmer 1716–1718.

Schilling, Diebold: Diebold Schillings Beschreibung der Burgundischen Kriegen, und einicher anderer in der Schweitz und sonderlich zu Bern um selbige Zeit vorgefallenen merckwürdigen Begebenheiten. Bern: Frantz Samuel Fätscheryn 1743.

Schilter, Johann: Glossarium ad scriptores linguae Francicae et Alemannicae veteris. Ulm: Daniel Bartholomäus 1728.

Schilter, Johann: Johannis Schilteri Icti olim Argentoratensis Thesaurus antiquitatum Teutonicarum. 3. Bdd. Hg. von Bartholomäi, Daniel; Wagner, Christian Ulrich. Ulm: Christian Ulrich Wagner 1726–1728.

Schottel, Justus Georg: Ausführliche Arbeit Von der Teutschen HaubtSprache: Worin enthalten Gemelter dieser HaubtSprache Uhrankunft, Uhraltertum, Reinlichkeit. Braunschweig: Zilliger 1663.

Schottel, Justus Georg: De singularibus quibusdam & antiquis In Germania Juribus & Observatis. Wolfenbüttel: Buno 1671 [darin auch die Abhandlung vom Weichbildrecht].

Sebisch, Melchior et al.: Sieben Bücher von dem Feldbau. Straßburg: Bernhard Jobin 1580.

Senckenberg, Heinrich Christian: Selecta iuris et historiarum tum anecdota tum iam edita, sed rariora. Frankfurt: Fleischer 1734.

Sepp von Rechegg, Anton; Böhm, Anton: Antonii Sepp und Anton Böhm Reiß-Beschreibung, wie dieselbe aus Hispanien in Paraquariam kommen. Nürnberg: 1698.

Silvius, Willem; Plantin, Christophe [?]: Dictionarium tetraglotton seu voces Latinae omnes et Graecae eis respondentes cum Gallica et Teutonica quam passim Flandricam vocant, earum interpretatione. Antwerpen: Willem Silvius 1562.

Somner, William; Benson, Thomas:

Vocabularium Anglo-Saxonicum, lexico Gul. Somneri magna parte auctius. Oxford: Smith & Walford 1701.
Spangenberg, Cyriacus: Chronicon, Oder Lebens-Beschreibung und Thaten, aller Bischöffe des Stiffts Verden. Hamburg: Wiering [ca. 1720].
Speidel, Johann Jacob et al.: Speculum Juridico-Politico-Philologico-Historicarum Observationum Et Notabilium. Nürnberg: Endter 1683.
Spelman, Henry: Glossarium archaiologicum: Continens Latino-Barbara, Peregrina, Obsoleta, & Novatae Significationis. London: Pawlett & Freeman 1687.
Speth, Johann Friedrich: Constantini m. triarcus triumphalis... oder dreytheilige Beschreibung der, nach alter Red-Arth beständig in der That, edlen, vöst- und ehrsamen Stadt Constantz. Konstanz: Johann Conrad Waibel 1733.
Sprecher, Fortunat: Rhetische Cronica Oder Kurtze und wahrhaffte Beschreibung Rhetischer Kriegs, unnd Regiments-Sachen. Chur: Johann Georg Barbisch 1672.
Stade, Dietrich von: Erläuterung und Erklärung der vornehmsten deutschen Wörter in Luthers Bibel-Übersetzung. Bremen: 1737.
Stettler, Michael: Schweitzer-Chronic. Das ist gründliche und wahrhaffte Beschreibung der... Geschichten welche sich bey löblicher Eydgnosschafft seyt etlich hundert Jahren her verloffen. 2 Bdd. Bern: Jacob Stuber 1627–1631.
Stieler (Spate), Kaspar von: Der teutschen Sprache Stammbaum und Fortwachs. Nürnberg: 1691.
Strub, David Georg: Commentatio de jure villicorum vulgo v. Meyer-Recht. Hildesheim: Matthäus 1735.
Strub, David Georg: Accessionum ad commentationem de jure villicorum, Tractatio de bonis Meyerdingicis. Braunschweig u. Hildesheim: Schröder 1739.
Stryk, Samuel: De Jure Sensuum Dissertationes Legales. Frankfurt: Viadrum 1737.
Stumpf, Johannes: Schweizerchronik. Zürich: 1546.
Stumpf, Johannes: Des grossen gemeinen Conciliums zuo Costentz gehalten kurtze, doch grundtlichere und volkommnere, dann vor nie in Teütsch gesähen Beschreybung. Zürich: Christoph Froschauer d.Ä. 1541.
Tauler, Johannes: Predigten zu einen recht christlichen Leben. Basel: Adam Petri 1521.
ten Kate, Lambert: Aenleiding tot de Kennisse van het verhevene deel der nederduitsche Sprake. 2 Bdd. Amsterdam 1723.
Tengler, Ulrich; Brant, Sebastian: Der neü Layenspiegel Von rechtmässigen ordnungen in Burgerlichen und peinlichen Regimenten. Straßburg: W. Richel und G. Messerschmidt 1550.
Thuldenus, Christianus: Christiani Adolphi Thuldeni Kriegs unnd Friedens Histori. Übersetzt von Ambrosius Kolb. Köln: Antonius Kinckius 1656.
Tschudi, Aegidius: Chronicon Helveticum. 2 Bdd. Basel: Hanss Jacob Bischoff 1734–1736.
Turmair (Aventinus), Johannes Georg; Cisnerus, Nikolaus: Johannis Aventini Des Hochgelerten weitberümbten Be-

yerischen Geschichtschreibers Chronica. Frankfurt/M: Feyerabend 1580.
Twinger von Königshofen, Jakob; Schilter, Johann: Die Alteste Teutsche so wol Allgemeine Als insonderheit Elsassische und Straßburgische Chronicke. Straßburg: Josias Städel 1698.
Valois, Adrien de: Notitia Galliarum, ordine alphabetico digesta. Paris: Frederic Leonard 1615.
Wachter, Johann Georg: Glossarium Germanicum: Continens Origines & Antiquitates Totius Linguae Germanicae, Et Omnium Pene Vocabulorum, Vigentium Et Desitorum. Leipzig: Gledtisch 1737.
Wagner, Johann Jacob: Historia naturalis Helvetiae curiosa. Zürich: Johann Henric Lindinnerus 1680.
Waldis, Burchard; Han, Weigand: Esopus gantz neu gemacht und in Reimen gefasst mit sampt hundert newen fabeln. Frankfurt: Wygandt Han 1555/1557.
Waller, Johann Gottschalk: Mineralogie oder Mineralreich. Übersetzt von Johann Daniel Denso. Berlin: Christoph Gottlieb Nicolai 1750.
Walser, Gabriel: Neue Appenzeller-Chronick, oder, Beschreibung des Cantons Appenzell der Innern- und Aussern-Rooden. St. Gallen: Ruprecht Weniger 1740.
Wehner, Paul Mathias: Pauli Matthiae Wehneri practicarum juris observationum selectarum liber singularis. Straßburg: Schilter 1701.
Wirz, Johann Heinrich: Einrichtung und Disciplin eines eidgnössischen Regiments zu Fuss und zu Pferd. Zürich: Johann Kaspar Ziegler 1758.
Wurstisen, Christian: Bassler Chronick. Basel: Sebastian Henricpetri 1580.
[s.n.]: Geschichte und Handlung der französischen Pflanzstädte in Nordamerika. Stuttgart: Mezler 1756.
[s.n.]: Mandat und Ordnungen Unserer Gnädigen Herren Burgermeister Klein- und Grosser Rähten der Stadt Zürich; Aus denen vorigen Mandaten... zusammen gezogen, erneueret, und zu jedermänngliches Nachricht zu Stadt und Land in Truck verfertiget. In: Donnstags-Nachrichten von Zürich. Zürich: 1739.
[s.n.]: Naturbuch, vonn nutz, eigenschafft, wunderwirkung unnd Gebrauch aller Geschöpff, Element unnd Creaturn. Frankfurt: Christian Egenolff 1535.
[Von unseren Gnädigen Herren Schultheiss Räth und Hundert gut geheissen und bestättet]: Zusatz-Puncten und Erleuterungen über einige Artickell dess Statt-Rechtens löblicher Statt Lucern. Luzern: Heinrich Rennward Wyssing 1731.

Weiterführende **Literatur**

Frank, Sandra et al.: Findbuch zum Nachlass Johann Jakob Spreng (1699-1768). (Signatur: NL 71). In: *ub.unibas.ch*. URL: <https://aleph.unibas.ch/F/?local_base=DSV05&conlng=GER&func=find-b&find_code=SYS& request=000072091> (23.09.2020).

Löffler, Heinrich: Johann Jakob Sprengs Allgemeines deutsches Glossarium. Das Original, seine Geschichte und seine Edition. In: *Sprachspiegel* 74 (2018), S. 66–73.

Löffler, Heinrich: Sprengs Absichten und seine Zeit. Landessprachliches Wortlexikon im Geist der Aufklärung. In: *Sprachspiegel* 74 (2018), S. 74–79.

Löffler, Heinrich: Das Glossar als Lesehilfe und Wissensschatz. Mit akademischem Anspruch das Ungewöhnliche gesucht. In: *Sprachspiegel* 74 (2018), S. 80–88.

Roche Löffler, Suzanne de: Gestirnte Wörter für die Nachwelt. Spreng markierte seine Empfehlungen mit Sternchen. In: *Sprachspiegel* 74 (2018), S. 89–91.

Schaffter, Gabriel: Verzettelte Wortwelten. Johann Jakob Sprengs Allgemeines deutsches Glossarium (um 1743-1768) – Entstehungsgeschichte eines nicht publizierten Wörterbuchs. Basel 2020.

Schmid, Barbara: Johann Jakob Spreng. In: *Historisches Lexikon der Schweiz (HLS)*. URL: <https://hls-dhs-dss.ch/de/articles/012302/2012-11-07/> (23.09.2020).

Schuler, Abraham: *Ueber Johann Jakob Spreng, weiland Professor der Griechischen Sprache, der Dichtkunst, und vaterlaendischen Geschichte, den Uebersetzer der Psalmen und Saenger des Messias.* Basel: E. Thurneisen 1818.

Socin, Adolf: Spreng, Johann Jacob. In: *Allgemeine Deutsche Biographie (ADB)*, Bd. 35. Leipzig: Duncker & Humblot 1893, S. 291–293.

Socin, Adolf: Johann Jakob Spreng. Ein baslerischer Gelehrter und Dichter aus dem 18. Jahrhundert. In: *Basler Stadtbuch*, 1893, S. 227–250.

Spreng, Johann Jakob: *Idioticon Rauracum oder Baseldeutsches Wörterbuch von 1768*. Hg. von Heinrich Löffler. Basel: Schwabe 2014.

Staehelin, Martin: Johann Jakob Spreng (1699-1768) über Kuhreihen und Namengebung. In: *Literatur – Geschichte – Literaturgeschichte. Beiträge zur mediävistischen Literaturwissenschaft*. Hg. von Nine Miedema und Rudolf Suntrup: Frankfurt/M und Bern: P. Lang 2003, S. 335–349.

Zur dieser Ausgabe

Der Text folgt weitgehend dem handschriftlichen Original. Orthographie und Interpunktion wurden behutsam modernisiert (beispielsweise Verkürzung von *sß* zu *ß*, konsequente Großschreibung nach Punkt).

Besonders Zitate wurden in ihrer teils altertümlichen Rechtschreibung belassen. Deren Aufschlüsselung (etwa *v* für *u* am Wortanfang, und *u* für *v* im Wortinneren) bleibt zumeist der Geschicklichkeit, dem Ehrgeiz und der Erfahrung des Lesers anheimgestellt. Fremdsprachige, insbesondere lateinische Abschnitte wurden immer übersetzt, wenn Spreng ihnen keine deutsche Entsprechung beigefügt hat.

Die Verweise, die sich meist am Ende eines Eintrags finden (s. Abeyantia), wurden der Vollständigkeit halber auch dann belassen, wenn sie in vorliegender Ausgabe ins Leere führen (weil der entsprechende Eintrag nicht in die Auswahl aufgenommen wurde).

Sprengs Manuskript unterscheidet in der Großschreibung nicht zwischen *I* und *J*. Dies wurde in vorliegender Ausgabe zwar angepasst, allerdings sind die entsprechenden Stichworte (mit *I* und *J* beginnend) immer noch zu einem Kapitel zusammengefasst, um der originalen Abfolge nicht mehr als nötig Gewalt anzutun.

Die Anordnung der Einträge entspricht weitgehend der handschriftlichen Vorlage, auch wenn diese in seltenen Fällen nicht mit der Reihenfolge des Alphabets übereinstimmt.

Dank

Ein Buch entwächst selten genug *einem* Kopf, noch entkriecht es *einem* Ohr; mein innigster Dank gilt daher den Angestellten des Verlags und seinen Partnerinnen für die engagierte Mitarbeit. Mein herzlichster Dank geht dabei an Wolfgang Hörner, ohne dessen freundliche Ermunterung und tätige Unterstützung die Spreng-Sammlung weder begonnen noch beendet worden wäre.

Wärmsten Dank schulde ich Herrn Heinrich Löffler und seinem gesamten Team, die mich ohne Scheu mit ihrem historisch-kritischen Editionsprojekt des *Glossariums* vertraut gemacht und mein Verständnis der Materie nachhaltig verbessert haben. Auch Frau Akağaç und ihren Kolleginnen und Kollegen von der Abteilung Handschriften und Alte Drucke der Universität Basel unter der Leitung Herrn Dills sei an dieser Stelle herzlich gedankt.

Ein ganz besonderes Dankeschön für Durchsicht und Kritik der Blütenlese geht an Janina Fankhauser, welche mir die hochalemannischen und pferdefachsprachlichen Besonderheiten Sprengs zu entschlüsseln half, sowie an Thomas Fink, Robert Dunst, Tabea Edelmann, Sabine Gebhardt Fink, Snorre und Joel Fink.

Nicolas Fink

Der **Verlag Das Kulturelle Gedächtnis** dankt für diesen Band besonders Alain Claude Sulzer und wie immer seinen Unterstützer-Innen: Reinhart Binder, Frederic Böhle, BUCHMARKT, Andrew & Jeff Goldstein, Philipp Graf, Eva Großjean-Ehe, Heinz Hörner, Lucian Krawczyk, Kathrin Kunkel-Razum, Elke Müller, DAS MAGAZIN Die Kulturzeitschrift, Ulrich Noethen, Gabriele Pohlmann, Oliver Razum, Elisabeth Ruge, Thomas Sarbacher, Thomas Schöttler, Hartmut Sommer, Janine Stratmann, Beate Swoboda, den Gesellschaftern des Verlages sowie einigen Ungenannten, die im Dank eingeschlossen sind.

Wir danken zahlreichen LeserInnen, die uns auf Satzfehler und Korrekturen aufmerksam gemacht haben.

ISBN 978-3-946990-47-5
1. Auflage 2021

Verlag Das Kulturelle Gedächtnis GmbH, Berlin
mis en bouteille au château

Herausgabe:
Nicolas Fink und Gabriel Schaffter

Reihentitelgestaltung:
2xGoldstein+Fronczek / studio stg

Gestaltung & Satz:
2xGoldstein (Andrew Goldstein, Jeff Goldstein, Joshua Kaiss, Erik Schöfer), Rheinstetten
www.2xgoldstein.de

Druck & Bindung:
CPI books GmbH, Ebner & Spiegel Ulm

Mehr zum Verlag auf
www.daskulturellegedächtnis.de

Aus Gründen des Umweltschutzes schweißen wir unsere Bücher nicht ein.